L'ÉTAT

ou

LA RÉPUBLIQUE.

L'ÉTAT

ou

LA RÉPUBLIQUE

DE PLATON

TRADUCTION DE GROU

REVUE ET CORRIGÉE

SUR LE TEXTE GREC D'EMM. BEKKER.

PARIS

CHARPENTIER, LIBRAIRE-ÉDITEUR
17, RUE DE LILLE.

1881.

AVIS DE L'ÉDITEUR.

———

La *République* de Platon a été traduite pour la première fois dans notre langue par Louis Leroi, dit Regius, en 1559. Cette traduction offre quelques tours heureux, quelques expressions énergiques, mais le sens littéral y est généralement trop peu respecté. Toutefois, on doit tenir compte à Regius d'avoir ouvert la route, et son travail n'a pas été inutile à ses successeurs. En 1721, Dacier, dans la préface de sa traduction de Plutarque, promettait une traduction de la *République* et des *Lois*. « A mon âge, » disait-il avec cette élévation pleine de simplicité qui caractérise tous les érudits du grand siècle, « je ne puis guère espérer de finir des ouvrages si longs, » si considérables, et qui demandent de si profondes mé- » ditations ; mais je ferai ce que je pourrai, et j'aurai du » moins la consolation de finir mes jours dans une occu- » pation utile et digne d'un homme de bien. Quelqu'un a » dit que c'était un beau suaire que la tyrannie : mot » horrible ; et moi je dis que le plus beau et le plus hono- » rable de tous les suaires, c'est un travail entrepris pour » le bien public. » Puis il ajoute ces paroles, qui semblent écrites d'hier : « La moisson est si riche, et il se » présente tant de choses neuves qu'on pourrait donner, » et qui seraient très-utiles, que rien ne marque davan- » tage la disette où l'on est aujourd'hui de gens savants et » habiles, que cette infinité d'ouvrages frivoles que l'on » donne tous les jours au public, au milieu de tant de » choses excellentes qu'on néglige. »

Dacier fut arrêté par la mort dans l'exécution de son louable projet ; et il eut un successeur auquel certes il ne

1*

s'attendait pas. Nous voulons parler de M. de la Pillon-
nière, qui, en 1726, fit imprimer à Londres, sous ses
yeux et à ses frais, comme il a grand soin de le déclarer
lui-même, une traduction de la *République*, qu'il dédia
au roi d'Angleterre alors régnant. Ici l'incapacité du
traducteur se montre à chaque ligne; et la lecture de ses
préfaces suffirait au besoin pour établir qu'il n'est pas
toujours maître de sa raison. Nous ne le citons donc que
pour mémoire, et sans plus tarder nous arrivons à Grou,
dont nous avons adopté la traduction. Savant helléniste,
écrivain distingué, philosophe érudit, Grou est réellement
le premier qui nous ait à la fois donné l'esprit et la lettre
de Platon. Profitant de ses travaux, et de la traduction
allemande de Schleiermacher, M. Cousin, avec cette
sûreté de critique et d'analyse que nous nous plaisons à
lui reconnaître, a pu rectifier quelques erreurs de détails
de son prédécesseur ; mais il s'empresse de déclarer lui-
même qu'il lui a beaucoup emprunté. Notre unique soin a
donc été de faire disparaître les taches qui se trouvaient
dans l'œuvre de Grou, et de remettre sa traduction au
niveau des progrès de la philologie contemporaine. Ainsi,
chaque fois qu'un texte mieux élaboré nous a présenté un
sens plus clair et plus naturel, nous l'avons préféré à celui
qui avait été suivi par cet excellent traducteur. Durant
cette révision, nous avons eu sous les yeux l'édition publiée
à Londres, en 1836 par Emmanuel Bekker, en 11 volumes
in-8°, aux frais de Ricard Priestley ; avec des annotations
de Étienne, Heindorf, Heusd, Wyttenbach, Lindavius,
Boeck, Serranus, Cornarius, Thomson, Fischer, Gott-
leler, Ast, Butmann, Stalbaum et autres. C'est assez dire
que nous avons recueilli toutes les améliorations qui
depuis un demi-siècle ont été introduites dans le texte de
Platon.

Mais ce qui ne sera pas un des moindres avantages de

notre édition, ce sont des sommaires et des tables que M. Aimé-Martin avait rédigés pour lui-même, et transcrits sur un sien exemplaire, et dont il a bien voulu se départir en notre faveur. Sans doute, la pensée de Platon est toujours rigoureusement déduite, et, sauf un très-petit nombre de cas particuliers, elle n'a nul besoin de résumé préparatoire. Mais si l'on songe que la forme dont il la revêt toujours est le dialogue, et que le caractère même de ses interlocuteurs l'entraîne souvent dans des digressions qui le détournent de son but principal, on ne sera point étonné que nous ayons fait précéder chaque livre d'un sommaire où l'idée fondamentale, l'idée culminante se trouve brièvement, mais substantiellement présentée. Le besoin d'un pareil travail se fait sentir dans l'édition de M. Cousin, et l'on regrette qu'il n'ait pas eu l'idée d'en enrichir sa traduction.

Maintenant, est-il besoin d'ajouter que si, parmi les divers dialogues traduits par Grou, nous avons choisi la *République*, c'est qu'il n'en est point où Platon se soit aussi complétement manifesté? Partout ailleurs il n'embrasse qu'un côté de la réalité immatérielle; dans la *République*, il les embrasse tous : il se montre, tour à tour, profond métaphysicien, judicieux moraliste, savant observateur et sublime écrivain. Au reste, nous ne pouvons en donner un aperçu à la fois plus exact et plus court plus apologétique et en même temps plus sévère, qu'en faisant suivre cette notice de l'un des fragments les plus remarquables du livre le plus moralement utile qui ait encore été   de nos jours. Nous voulons parler de l'*Éducatio   mères de famille*, ou *de la Civilisation du genre humain par les femmes*, ouvrage couronné par l'Académie française. Dans le chapitre XXXVII de ce livre vraiment évangélique, M. Aimé-Martin nous donne une appréciation entièrement neuve de la *République* de

Platon, en comparant les lois du législateur aux *Lois de la nature ;* et il y fait la part du juste et de l'injuste avec une sagacité et une force de persuasion au-dessus de tous les éloges. Nous y trouvons surtout cette allégation, qui étonne au premier abord, et qui cependant n'est qu'un fait, il est vrai, méconnu jusqu'à ce jour :

« On a reproché à Platon de n'être point assez positif, et moi je lui reprocherais volontiers de n'être point assez idéal ; car c'est par ses idéalités qu'il a civilisé le monde. »

C'est à ce point de vue, peu vulgaire, que se place M. Aimé-Martin. Laissons-le maintenant parler lui-même avec ce langage qui a tout le charme de la poésie et toute la rigueur de la prose

H. T.

INTRODUCTION.

La *République* se compose de deux parties distinctes, que
le génie de Platon a jetées, comme deux métaux, dans le
même moule, et qu'il faut séparer avec soin si l'on veut faire
la part de l'erreur et celle de la vérité. L'une établit les principes éternels du beau et du bon : c'est la partie sublime de la
République; l'autre est destinée à donner le mouvement à ces
principes, à les mettre en œuvre, si l'on peut s'exprimer
ainsi, dans une société imaginaire dont le philosophe règle les
formes et fonde l'éducation : là commencent les immoralités,
en sorte que, par la plus fatale contradiction, toutes les lois
de la justice, c'est-à-dire les lois de la nature, se trouvent
violées dans le livre même où Platon se propose de les établir.

Un pareil fait a de quoi surprendre, mais il ne reste pas
sans explication. Platon s'égare toutes les fois qu'il reproduit,
même en les rectifiant, les idées de Lycurgue; ses erreurs
viennent des autres, ses découvertes sublimes viennent de
lui ou de Socrate. S'il s'était plus fié à son génie, s'il eût
moins étudié les lois des hommes, jamais il ne se serait écarté
de ce type éternel du beau, lumière de ce monde invisible,
de ce temple céleste dont il lui fut donné d'entrevoir les parvis.

On lui a reproché de n'être point assez positif, et moi je lui
reprocherais volontiers de n'être point assez idéal; car c'est
par ses idéalités qu'il a civilisé le monde.

Trouver le meilleur des gouvernements possibles; établir
une société sans luxe, sans corruption, sans ambition et sans
injustice, où chaque citoyen occupe la place de son intelligence, et où la vertu soit naturellement et éternellement
portée au pouvoir suprême : telle est la question purement
humaine qui occupait les législateurs, et dans laquelle le génie
de Platon découvrit cette question toute divine : trouver les

véritables principes de la justice. Quel trait de lumière dans les ténèbres de l'antiquité ! et c'était la première fois qu'un homme embrassait dans la même pensée le bonheur des hommes et la découverte de la vérité.

Malheureusement cette haute pensée ne lui est pas toujours présente : il la suit dans la théorie et il l'abandonne dans l'exécution ; en sorte que la partie morale du livre nous apprendrait, au besoin, à rejeter sa partie politique. Venons aux preuves.

Sa première loi, dont le but est admirable, puisqu'elle appelle au culte d'un seul Dieu, suffirait cependant pour livrer la cité à toutes les horreurs du fanatisme ; car elle prononce le bannissement de quiconque osera, soit dans ses écrits, soit dans ses discours, donner une idée fausse de la Divinité.

Véritable loi de sacrilége, qui sera juste ou injuste, suivant les lumières des juges. Au sein de l'aréopage, c'est la même loi qui frappa Socrate.

Une fois sur la route de l'erreur, Platon ne s'arrête plus. Il voulait deux choses, détruire les priviléges de la naissance, qui placent trop souvent le pouvoir entre les mains de la médiocrité, et prévenir les ambitions et les aveuglements de l'amour paternel : ces deux choses, il les obtient par la communauté des femmes. Les enfants ne connaîtront pas leur père, les mères ne connaîtront pas leurs enfants. Il n'y aura qu'une famille dans la république, et chaque membre de cette famille y occupera le rang de sa vertu. Idée généreuse, qui mérite sans doute qu'on lui fasse quelques sacrifices, mais qu'il ne fallait pas acheter par la violation de toutes les lois de maternité, d'amour et de pudeur.

Ces premiers règlements en enfantent une multitude d'autres non moins déplorables. D'abord, un peuple libre doit avoir le temps de s'occuper de la chose publique. — Nécessité et consécration de l'esclavage. — Il doit éviter l'influence corruptrice des peuples qui l'environnent. — Nécessité de l'isolement. Les portes de la cité seront fermées ; le législateur la retranche du genre humain. Enfin il faut que ce peuple se perpétue dans toute la vigueur de sa race primitive ; de là cette foule de lois empruntées à Lycurgue.

Éducation des femmes semblable à celle des hommes.

Apprentissage des femmes au métier de la guerre.

Avortement des femmes qui auraient conçu après l'âge de quarante ans. La loi leur permettra l'amour sans leur permettre la maternité.

La mort des enfants mal constitués.

La mort des enfants incorrigibles.

La mort des enfants nés sans la permission de la loi.

Libertinage, esclavage, cruauté, immoralité !

Violation de la loi de l'amour, qui établit l'unité dans le mariage.

Violation de la loi du partage du globe, qui assigne à l'homme et à la femme des occupations séparées.

Violation des trois lois de notre être :

Du sentiment de la Divinité, sur lequel repose la fraternité de tous les hommes ;

De la loi de sociabilité, qui rapproche les peuples et crée le genre humain ;

De la loi de perfectibilité, qui développe sa puissance et l'appelle, chaque siècle, à de plus hautes destinées.

Or, voici un phénomène bien digne de l'attention des philosophes. Cette législation, en partie exécutée à Sparte, mais dont l'ensemble platonique apparut aux anciens comme le type d'une perfection impraticable, n'est impraticable aujourd'hui que parce qu'elle est immorale ; son idéalité n'atteint plus à notre réalité. Quelle route immense le genre humain a parcourue ! et comment se fait-il que les objets de son admiration soient devenus les objets de son mépris ? — Entre le monde ancien et le monde moderne, il y a l'Évangile.

Il est beau de trouver la sanction de la loi de perfectibilité jusque dans le chef-d'œuvre de la législation antique.

Mais c'est assez nous occuper des fautes du philosophe ; passons à l'autre partie de l'ouvrage : nous avons vu le disciple de Lycurgue, voyons le disciple de Socrate. C'est là que Platon s'élève tout à coup à cette science révélée *qui fait regarder l'âme en haut*, et qui a pour objet ce qui est et ce qu'on ne voit pas ; c'est là qu'il retrouve les véritables lois de la nature dans la contemplation du beau et du bon, dont les types invisibles existent dans le ciel, qui ne les réfléchit que sur nous ; c'est là enfin qu'il rend témoignage à la vérité, en posant les limites du juste et de l'injuste, et en attribuant au premier les plus grandes joies de l'âme, et au second ses plus effroyables supplices.

Car, à cette époque, c'était une doctrine fort répandue que rien n'est plus à charge que la sagesse, et que rien n'est plus utile que l'injustice. En voyant la vertu faible et indigente, on la jugeait malheureuse; en voyant le crime riche et puissant, on le jugeait heureux; et de ce double spectacle, qui n'afflige pas seulement les républiques, on avait tiré ce principe, que l'injustice est plus favorable au bonheur que la vertu.

Loin d'affaiblir ce tableau, Platon le consacre en créant un juste et un méchant imaginaires, qu'il place dans les plus hauts degrés du crime et de la sagesse. Son juste ne sera pas seulement soumis à la misère; il le sera à l'infamie et au supplice. Il sera calomnié, fouetté, maudit, chargé de fers, traîné dans l'ignominie, puis livré au bourreau et cloué sur la croix.

Il y a là comme un pressentiment, comme une révélation de la vie et de la mort du Christ.

Son méchant ne sera pas seulement un ambitieux éhonté; il sera un hypocrite, le type hideux où Molière ira chercher son Tartufe; heureux par ses richesses, puissant par ses alliances, tirant avantage de tout, parce qu'aucun crime ne l'effraye, se conciliant la bienveillance du peuple par des apparences vertueuses, et la protection des dieux par ses sacrifices. Scélérat consommé, que la fortune couronne et que les hommes honorent.

Eh bien ! c'est en présence de ce supplice et de ces prospérités, c'est en contradiction avec la voix générale des peuples, que Platon, dès le second livre de la *République*, proclame solennellement le juste heureux, parce qu'il est juste ; le méchant malheureux, parce qu'il est méchant. Admirable révélation de la conscience de Socrate, première lueur de la conscience du genre humain !

A présent, tournons quelques pages; arrivons droit au huitième et au neuvième livre de la *République* ; le disciple de Socrate va prouver ce qu'il a affirmé. Sa doctrine est d'autant plus belle, qu'elle donne la même base au bonheur des masses et au bonheur de l'individu : morale politique , moral.

privée; c'est tout un. Et d'abord il compte cinq espèces de gouvernements et cinq caractères de l'âme qui leur répondent; car les gouvernements se font avec les mœurs, ils sont toujours l'expression du caractère d'un peuple. Il examine ensuite les causes de leur élévation et de leur chute, et comment ils s'engendrent les uns les autres, signalant toujours le vice qui les tue ou plutôt qui les métamorphose. Ainsi l'aristocratie devient une timarchie par l'orgueil et la corruption; la timarchie devient une oligarchie par la puissance donnée aux richesses, et l'oligarchie devient une démocratie par la misère du peuple, qui se réveille et se fait roi. C'est alors que, dévoré de la soif ardente de la liberté, et servi par de mauvais échansons qui la lui versent toute pure, et le font boire jusqu'à l'ivresse, ce même peuple court de crime en crime jusque dans les bras d'un tyran sorti de son sein, pétri de ses vices; enfant qui n'embrasse son père que pour l'étouffer. Ainsi, la démocratie devient une tyrannie par ce seul fait que les excès de la licence enfantent toujours un maître : on sent dans cette partie du livre de Platon la puissance d'un génie qui domine l'histoire d'assez haut pour lui tracer sa marche éternelle. Et quelle joie divine remplit soudain notre âme, lorsqu'elle vient à découvrir que cette marche éternelle de l'histoire n'est que l'accomplissement des lois morales de la nature!

Voici le point décisif de la question.

Les cinq caractères qui répondent à chaque espèce de gouvernement reçoivent tour à tour les empreintes de l'ambition, de l'intrigue, de l'avarice et de la cruauté; toujours plus malheureux à mesure qu'ils deviennent plus vicieux. Le caractère tyrannique est le dernier, et c'est lui que Platon va nous présenter comme le double modèle de la scélératesse et du malheur.

« N'allons pas, s'écrie-t-il, nous laisser éblouir par le bonheur apparent de cet homme, en ne jetant les yeux que sur ses richesses et sur les voluptés qui l'environnent. Arrachons cet appareil de théâtre, dépouillons ces grandeurs ajoutées, pénétrons partout. Que le tyran nous apparaisse tout entier, et disons ensuite simplement ce que nous aurons vu. »

Alors commence le tableau hideux de la vie du méchant. Pour le rendre plus frappant, Platon établit ce fait, que la

condition de l'homme opprimé par ses passions est la même
que celle d'une ville opprimée par un tyran. Or, la ville opprimée par un tyran gémit sous le poids de la plus basse servitude. Pauvre, insatiable, cruelle, rampante, toujours
humble ou furieuse, déchaînée par la vengeance ou soumise
par les supplices, elle n'obéit qu'au bourreau, et ne se repose
que dans le sang. C'est l'agitation de la mer, c'est le flux et le
reflux éternel du crime et de la terreur. Et où donc trouverez-
vous plus de sanglots, plus de misère, plus de gémissements
et plus de douleurs sans consolation !

Ainsi l'âme du tyran est esclave de tous les vices qui la peu-
plent et qui la travaillent. Ainsi elle est pauvre au milieu des
richesses, parce qu'elle est insatiable; elle est couarde au milieu de ses esclaves, parce qu'elle est isolée. Tout ce qui est
juste la fuit; tout ce qui est vil la suit, mais à condition de la
dominer. Elle éprouve sans cesse toutes les convulsions d'une
ville en tumulte, tous les délires d'une populace effrénée,
tous les supplices d'un coupable qui sent la main du bourreau.
Enfin, le dernier trait de tant de misère est l'obligation que
ses crimes lui imposent, de venir chaque jour plus envieuse,
plus perfide, plus féroce, plus impie. Et voilà cependant la
condition éternelle du méchant !

A présent, écoutons Socrate s'écrier qu'il va charger un
héraut de publier dans toute la Grèce que les méchants sont les
plus malheureux des hommes; et voyons si une seule voix
osera protester contre ce jugement solennelle de la sagesse et
de la vérité.

Telle est la partie morale de la *République;* telles sont les
doctrines qui ont préparé la civilisation du monde. C'est là,
c'est dans cette source vivifiante du beau, que les anciens et
les modernes ont puisé à pleine coupe. Les Pères de l'Église
s'y sont plongés. Voyez revivre les idées éternelles de Platon
dans les écrits de saint Augustin; voyez comme l'âme brûlante
de l'Africain s'inspire dans la contemplation de ce monde céleste, invisible au vulgaire, et qui est cependant le seul véritable. Qui connaît Platon, le retrouve partout: dans les écrits
de Plutarque, de Fénélon, de Rousseau, de Bernardin de
Saint-Pierre. Ces grands hommes semblent n'avoir pensé que
pour témoigner de sa sagesse, de sa gloire, de son génie !

Leur âme s'est empreinte de la sienne ! Il est le soleil de toutes ces planètes, qu'il pénètre de ses feux et qu'il inonde de sa lumière.

Oh ! quelle joie pour l'humanité qu'une telle pensée se soit manifestée au monde, qu'elle ait animé un corps terrestre !

Ce livre, témoin toujours vivant de son passage, n'est que l'ombre de son âme. Dira-t-on que l'âme a pu cesser d'être lorsque l'ombre existe encore? Ne serait-ce pas dire qu'un Dieu a moins vécu que son ouvrage !

Ame sublime ! reçois ici les hommages d'une postérité de plus de deux mille ans. Nous honorons en toi l'homme qui a le plus fait pour l'homme, la seule créature terrestre dont la lumière soit venue se confondre avec les lumières de l'Evangile, la seule qui ait écrit dans l'unique intérêt de la vérité et de la vertu, et dont l'âme se soit retrouvée dans l'âme de Fénélon. Bienfaiteur du genre humain, tu lui léguas les plus hautes pensées; précurseur de Jésus-Christ, tu nous ouvris dès cette vie le monde des contemplations célestes, et il te fut donné d'entrevoir une sagesse ignorée de toute la terre, et qui ne pouvait être révélée que par un Dieu !

H. Aimé-Martin.

L'ÉTAT

ou

LA RÉPUBLIQUE[1]

INTERLOCUTEURS.

SOCRATE.
CÉPHALE.
POLÉMARQUE, fils de Céphale.
GLAUCON,
ADIMANTE, } fils d'Ariston et frères de Platon.
CLITOPHON.
THRASYMAQUE, sophiste.

La scène de ce dialogue, que Socrate raconte, est au Pirée, dans la maison de Céphale.

LIVRE PREMIER.

ARGUMENT.

Platon réfute successivement cette maxime : *Il est juste de faire du bien à ses amis et du mal à ses ennemis;* et cette autre maxime : *La justice est ce qui est avantageux au plus fort.* Une fois débarrassé de ces sophismes, il cherche la nature de la justice; il établit qu'elle est sagesse et vertu, comme l'injustice est vice et ignorance. Or le propre de la sagesse et de la vertu est de gouverner bien; le propre de l'injustice et de l'ignorance est de gouverner mal : la condition de l'homme juste sera donc meilleure que celle de l'homme méchant En d'autres termes, l'homme juste est heureux parce qu'il est juste, l'homme méchant est malheureux qu'il est méchant : d'où l'on peut conclure rigoureusement que la justice est en tous sens préférable à l'injustice. Tel est le principe transcendant de ce sublime ouvrage. C'est sur la justice que Platon va bâtir sa république idéale.

SOCRATE. J'allai hier au Pirée avec Glaucon, fils d'Aris-

[1] Le mot république, par lequel Grou a traduit Πολιτεία, donne une idée

2*

ton, pour faire ma prière à la déesse [1], et pour voir de quelle manière se passerait la fête qu'on célébrait pour la première fois. La Pompe [2] des habitants du lieu me parut fort belle ; mais, à mon avis, celle des Thraces ne lui cédait en rien pour l'élégance et la beauté. Après que nous eûmes fait notre prière et vu la cérémonie, nous reprîmes le chemin de la ville. Polémarque, fils de Céphale, nous ayant aperçus de loin ; dit à l'esclave qui le suivait de courir après nous, et de nous prier de l'attendre. L'esclave nous joignit, et me dit en me tirant par le manteau : « Polémarque vous prie de l'attendre. » Je me retournai, et lui demandai où était son maître. « Il me suit, me dit-il ; attendez-le un moment. — Nous l'attendrons, » reprit Glaucon. Un peu après, nous vîmes paraître Polémarque avec Adimante, frère de Glaucon, Nicérate, fils de Nicias [3], et quelques autres qui revenaient de la Pompe. Polémarque, en nous abordant, me dit : « Socrate, il me parait que vous vous en retournez à la ville. — Tu ne te trompes pas, lui dis-je.

— Vois-tu combien nous sommes ? — Oui. — Vous serez les plus forts, ou vous resterez ici. — Il y a un milieu, c'est de vous persuader de nous laisser aller. — Comment

fausse du but et du caractère de cet ouvrage. Il n'est ici question ni d'une république ni d'une monarchie, mais de l'État en lui-même. Nous avons traduit comme Schleiermacher, *der Staat*, l'État, mais en laissant au second titre le mot république, consacré par l'usage et par le temps.

[1] On croit communément qu'il s'agit ici de Minerve, qu'on appelait à Athènes la Déesse. Je croirais plutôt, avec Origène, qu'il est question de Diane, et que c'était en son honneur que se célébrait la fête qui avait attiré au Pirée Socrate et une foule d'Athéniens. C'est pour cela que dans la Pompe il est fait mention des Thraces, qui étaient à la solde des Athéniens, pour faire la garde au Pirée, et qui honoraient Diane sous le nom de *Bendis* : d'où cette fête est appelée par Thrasymaque, à la fin de ce livre, *Bendidela*.

[2] Le mot *Pompe* signifie proprement une cérémonie païenne, où l'on portait en procession les statues des dieux. Comme ces cérémonies se faisaient avec beaucoup d'appareil et de magnificence, on a depuis employé ce mot dans ce dernier sens.

[3] C'est le fameux Nicias qui périt au siège de Syracuse, durant la guerre du Péloponèse.

nous le persuaderez-vous, si nous ne voulons pas entendre vos raisons?—En effet, dit Glaucon, cela n'est guère
possible.—Eh bien, reprit Polémarque, soyez assurés
que nous ne les écouterons pas.—Ne savez-vous pas, dit
Adimante, qu'on fera ce soir, à cheval, la course des
flambeaux [1] en l'honneur de la déesse?—A cheval, cela
est nouveau. Comment? ils feront cette course à cheval,
tenant en main des flambeaux, qu'ils se donneront les uns
aux autres?—Oui, dit Polémarque; et de plus, il y aura
une veillée [2] qui vaudra la peine d'être vue. Nous l'irons
voir après souper, et nous nous entretiendrons avec
plusieurs jeunes gens qui s'y trouveront. Restez donc, et
ne vous faites pas prier davantage.—Je vois bien qu'il
faut demeurer, dit Glaucon.—Puisque tu le veux, lui
dis-je, j'y consens. »

Nous allâmes donc chez Polémarque, où nous trouvâ-
mes ses deux frères, Lysias [3] et Euthydème, avec Thrasymaque de Chalcédoine [4], Charmantide, de la tribu
Péanée, et Clitophon, fils d'Aristonyme; Céphale, père
de Polémarque, y était aussi. Je ne l'avais vu depuis
longtemps, et il me parut beaucoup vieilli. Il était assis,
la tête appuyée sur un coussin; il avait aussi une couronne, parce qu'il avait fait ce jour-là un sacrifice

---

[1] Voici un passage de Pausanias, dans les *Attiques*, qui donnera du jour à
celui de Platon : « Il y a, dit cet auteur, dans l'Académie (ce lieu était hors
des murs d'Athènes), un autel consacré à Prométhée. Les champions courent
de là vers la ville, tenant en main un flambeau allumé. Celui qui le conserve
allumé pendant toute la course gagne la victoire. Si le flambeau s'éteint entre
les mains de celui qui court le premier, toute espérance de vaincre est perdue
pour lui. Un second prend sa place, puis un troisième; et si le flambeau
s'éteint entre les mains de tous, le prix n'est à personne. » Lucrèce, liv. II,
fait allusion à cette course, lorsqu'il dit, en parlant des générations qui se
succèdent les unes autres : *Et quasi cursores vitaï lampada tradunt.*

[2] La pièce intitulée *Pervigilium Veneris*, ou *Veille des fêtes de Vénus*, a
dû être faite dans une occasion à peu près semblable. On ne peut pas douter
que les Latins n'en aient pris le modèle chez les Grecs.

[3] C'est le fameux orateur de ce nom. Euthydème était un sophiste. Platon
se moque de lui dans le dialogue qui porte son nom.

[4] De Sertes traduit *de Carthage*.

domestique. Nous prîmes place auprès de lui sur des
siéges, qui étaient disposés en cercle. Dès qu'il m'eut
aperçu, il me salua, et me dit : « Socrate, tu viens bien
rarement au Pirée; cependant tu nous ferais plaisir. Si
j'avais encore assez de force pour aller à la ville, je t'épar-
gnerais la peine de venir ici, et j'irais moi-même te
trouver. Tu m'obligeras de venir désormais plus souvent ;
car tu sauras que je trouve tous les jours un nouveau
charme dans la conversation, à proportion que les plaisirs
du corps diminuent et m'abandonnent. Aie donc pour moi
cette complaisance. Tu converseras aussi avec ces jeunes
gens; mais n'oublie pas un vieil ami.—Et moi, Céphale,
lui dis-je, je me plais infiniment dans la compagnie des
vieillards. Comme ils sont au bout d'une carrière qu'il
nous faudra peut-être parcourir un jour, il me parait
naturel de s'informer d'eux si la route est pénible ou aisée.
Et puisque tu es à présent dans l'âge que les poëtes
appellent le seuil de la vieillesse[1], tu me ferais plaisir de
me dire ce que tu en penses, et si tu regardes cette saison
comme la plus rude de la vie.—Socrate, me répondit-il,
je te dirai ma pensée sans rien déguiser. Il m'arrive souvent, selon l'ancien proverbe, de me trouver avec plusieurs gens de mon âge : tout l'entretien[2] se passe en
plaintes et en lamentations de leur part ; ils se rappellent
avec regret les plaisirs de l'amour, de la table, et autres
de cette nature qu'ils goûtaient dans leur jeunesse. Ils
s'affligent de cette perte comme de la perte des plus
grands biens. La vie qu'ils menaient alors était heureuse
(disent-ils); à présent elle ne mérite pas même le nom de
vie. Quelques-uns se plaignent des outrages auxquels la
vieillesse les expose de la part de leurs proches. Ils ne
parlent d'elle que pour l'accuser d'être la cause de mille
maux.

» Pour moi, Socrate, je pense qu'ils ne touchent point

[1] Homère, *Iliade*, XXIV, v. 487.
[2] Cicéron a traduit presque tout entier ce discours de Céphale dans son
Traité de la Vieillesse, et il l'a mis dans la bouche du vieux Caton.

du tout la véritable cause de ses maux : car si c'était la vieillesse, elle devrait sans doute produire les mêmes effets sur moi et sur tous les vieillards. Or, j'en ai connu d'autres d'un caractère bien différent ; et je me souviens que, me trouvant autrefois avec le poëte Sophocle, quelqu'un lui demanda en ma présence si l'âge lui permettait encore de goûter des plaisirs de l'amour. « A Dieu ne plaise ! répondit-il ; il y a longtemps que j'ai secoué le joug de ce maître furieux et brutal. » Je jugeai alors qu'il avait raison de parler de la sorte. L'âge ne m'a pas fait changer de sentiment. La vieillesse est en effet un état de repos et de liberté, où l'on n'éprouve rien de la part des sens. Lorsque la violence des passions s'est relâchée, et que leur feu s'est amorti, on se voit, comme disait Sophocle, délivré d'une foule de tyrans forcenés. Quant aux regrets des vieillards dont je parle, et aux mauvais traitements qu'ils se plaignent de recevoir de leurs proches, ce n'est pas sur la vieillesse, Socrate, mais sur leur caractère, qu'ils doivent en rejeter la cause. Avec des mœurs douces et commodes, on trouve la vieillesse supportable : avec un caractère opposé, la vieillesse, et la jeunesse même, n'ont rien d'agréable. »

Je fus charmé de sa réponse, et, pour engager de plus en plus l'entretien, j'ajoutai : « Céphale, je suis persuadé que, lorsque tu parles de la sorte, la plupart ne goûtent pas tes raisons, et qu'ils s'imaginent que tu trouves moins de ressources dans ton caractère que dans tes grands biens, contre les incommodités de la vieillesse ; car les riches sont, disent-ils, à la portée de se procurer bien des soulagements. — Tu dis vrai ; ils ne m'écoutent pas : ils ont, à la vérité, quelque raison en ce qu'ils disent, mais beaucoup moins qu'ils ne pensent. Tu sais la réponse que fit Thémistocle au Sériphien qui lui reprochait qu'il devait sa réputation à la ville où il était né plutôt qu'à son mérite : « Il est vrai, répondit-il, que si j'étais de Sériphe, je ne serais pas connu ; mais toi, tu ne le serais pas davantage, fusses-tu d'Athènes. » On peut faire la

même repartie aux vieillards peu riches et chagrins, et
leur dire que la pauvreté rendrait la vieillesse insupportable au sage même ; mais que, sans la sagesse, jamais les
richesses ne la rendront plus douce. — Mais, repris-je,
ces grands biens que tu possèdes, Céphale, te sont-ils
venus de tes ancêtres, ou en as-tu acquis la meilleure
partie? — J'en ai acquis quelque peu. J'ai tenu en cela
le milieu entre mon aïeul et mon père; car mon aïeul, dont
je porte le nom, ayant hérité d'un patrimoine à peu près
égal à ma fortune présente, fit des acquisitions qui sur-
passaient de beaucoup le fonds qu'il avait reçu. Mon père
Lysanias, au contraire, m'a laissé encore moins de biens
que tu ne m'en vois. Pour moi, je serai content si mes
enfants trouvent après moi un héritage qui ne soit ni
au-dessous ni beaucoup au-dessus de celui que j'ai trouvé
à la mort de mon père.

— Ce qui m'a engagé à te faire cette question, lui dis-
je, c'est que tu ne me parais guère attaché aux richesses ;
ce qui est ordinaire à ceux qui ne sont pas les artisans de
leur fortune; au lieu que ceux qui la doivent à leur industrie y sont doublement attachés : car ils l'aiment d'abord
parce qu'elle est leur ouvrage, comme les poëtes aiment
leurs vers, et les pères leurs enfants; et ils l'aiment
encore, comme les autres hommes, pour l'utilité qu'ils en
retirent. Aussi sont-ils d'un commerce difficile, et n'ont-ils
d'estime que pour l'argent. — Tu as raison, dit Céphale.
— Fort bien, ajoutai-je. Mais, dis-moi encore, quel est,
à ton avis, le plus grand avantage que les richesses pro-
curent?

— J'aurais peine à persuader à beaucoup de personnes
ce que je vais dire. Tu sauras, Socrate, que quand on approche du terme de la vie, on a des craintes et des inquiétudes sur des choses qui ne faisaient nulle peine auparavant : ce qu'on raconte des enfers et des supplices qui y
sont préparés aux méchants revient alors à l'esprit. On
commence à appréhender que ces discours, qu'on avait
jusque-là traités de fables, ne soient autant de vérités :

soit que cette appréhension vienne de la faiblesse de l'âge, soit que l'âme voie alors ces objets plus clairement, à cause de leur proximité. On est donc plein de soupçons et de frayeur. On repasse sur toutes les actions de sa vie, pour voir si on n'a fait tort à personne. Celui qui, dans l'examen de sa conduite, la trouve pleine d'injustices, tremble, se laisse aller au désespoir; souvent, pendant la nuit, la frayeur le réveille en sursaut, comme les enfants; mais celui qui n'a rien à se reprocher a sans cesse auprès de lui une douce espérance, qui lui sert de nourrice ; car, comme dit très-bien Pindare,

L'espérance, qui gouverne à son gré l'esprit flottant des hommes, sert de nourrice à la vieillesse de ceux qui ont mené une vie pure et exempte de crime.

Or, c'est parce que les richesses sont d'un très-grand secours, qu'elles sont à mes yeux si précieuses, non pour tout homme, mais pour le sage seulement ; car c'est à une fortune aisée qu'on est redevable en grande partie de ne point se trouver exposé à tromper personne, même involontairement, ni à user de mensonges ; on lui doit encore l'avantage de sortir de ce monde, exempt de toutes craintes au sujet de quelques sacrifices qu'on aurait manqué de faire aux dieux, ou de quelques dettes dont on ne se serait pas acquitté envers les hommes. Les richesses ont encore d'autres avantages sans doute; mais, tout bien pesé, je crois que tout homme de sens donnera de bien loin la préférence à celui-là sur tous les autres.

— Rien de plus beau, repartis-je, que ce que tu dis, Céphale. Mais est-ce bien définir la justice que de la faire consister simplement à dire la vérité, et à rendre à chacun ce qu'on en a reçu? ou plutôt, cela n'est-il pas juste ou injuste, selon les occurrences? Par exemple, si quelqu'un, après avoir confié ses armes à son ami, les redemandait étant devenu fou, tout le monde convient qu'il ne faudrait pas les lui rendre, et qu'il y aurait de l'injustice à le faire. On convient encore qu'il y aurait du mal à ne lui déguiser en rien la vérité dans l'état où il

est. — Cela est certain. — La justice ne consiste donc
pas à dire la vérité, et à rendre à chacun ce qui lui appartient. — C'est en cela même qu'elle consiste, reprit
Polémarque, s'il faut en croire Simonide. — Continuez
l'entretien, dit Céphale. Je vous cède la place. Aussi
bien il faut que j'aille achever mon sacrifice. — C'est donc
Polémarque qui te succédera, lui dis-je? — Oui, repartit
Céphale en souriant; » et en même temps il sortit.

« Apprends-moi donc, Polémarque, puisque tu prends
la place de ton père, ce que dit Simonide au sujet de la
justice, et en quoi tu l'approuves. — Il dit que le propre
de la justice est de rendre à chacun *ce qu'on lui doit;*
et en cela je trouve qu'il a raison. — Il est bien difficile
de ne pas s'en rapporter à Simonide : c'était un sage, un
homme divin. Mais peut-être, Polémarque, entends-tu
ce qu'il veut dire par là? Pour moi, je ne le comprends
pas. Il est évident qu'il n'entend pas qu'on doive rendre,
comme nous disions tout à l'heure, un dépôt, quel qu'il
soit, lorsqu'on le redemande n'ayant plus sa raison. Cependant ce dépôt est une dette, n'est-ce pas? — Oui. —
Il se faut néanmoins bien garder de le rendre lorsqu'on
le redemande n'ayant plus sa raison. — Cela est certain.
— Simonide a donc voulu dire autre chose. — Sans doute,
puisqu'il pense qu'on doit faire du bien à ses amis, et ne
leur nuire en rien. — J'entends. Ce n'est point rendre à
son ami ce qu'on lui doit que de lui remettre l'argent
qu'il nous a confié, lorsqu'il ne peut le recevoir qu'à son
préjudice. N'est-ce pas là le sens des paroles de Simonide? — Oui. — Mais faut-il rendre à ses ennemis *ce
qu'on leur doit?* — Oui, sans doute, *ce qu'on leur doit :*
et on ne doit à son ennemi que ce qu'il convient qu'on
lui doive, c'est-à-dire du mal. — Simonide s'est donc
expliqué en poète et d'une manière énigmatique sur la
justice, puisqu'il a cru, à ce qu'il semble, qu'elle consistait à rendre à chacun *ce qui lui convient,* quoiqu'il se soit servi d'une autre expression? — Il y a apparence.

— Si quelqu'un lui eût demandé : « Simonide, à qui la médecine rend-elle ce qui convient, et que lui donne-t-elle? » que penses-tu qu'il eût répondu? — Qu'elle donne au corps la nourriture et les remèdes convenables. — Et l'art du cuisinier, que donne-t-il, et à qui donne-t-il ce qui convient? — Il donne à chaque mets son assaisonnement. — Et cet art qu'on appelle justice, que donne-t-il, et à qui donne-t-il ce qui convient? — Socrate, s'il faut nous en tenir à ce que nous avons dit plus haut, la justice fait du bien aux amis, et du mal à ses ennemis? — Simonide appelle donc justice faire du bien à ses amis, et du mal à ses ennemis? — Du moins il me le semble. — Qui peut faire le plus de bien à ses amis, et de mal à ses ennemis, en cas de maladie? — Le médecin. — Et sur mer, en cas de danger? — Le pilote. — Et l'homme juste, en quelle occasion et en quoi peut-il faire le plus de bien à ses amis, et de mal à ses ennemis? — A la guerre, ce me semble, en attaquant les uns et en défendant les autres. — Fort bien; mais, mon cher Polémarque, on n'a que faire du médecin quand on n'est pas malade. — Cela est vrai. — Ni de pilote lorsqu'on n'est pas sur mer. — Cela est encore vrai. — L'homme juste, par la même raison, est-il inutile lorsqu'on ne fait pas la guerre? — Je ne le crois pas. — La justice sert donc aussi en temps de paix? — Oui. — Mais l'agriculture sert aussi en ce temps-là, n'est-ce pas? — Oui. — A la récolte des biens de la terre? — Oui. — Et le métier de cordonnier sert aussi? — Oui. — Tu me diras que c'est pour avoir une chaussure. — Sans doute. — Dis-moi de même en quoi la justice est utile pendant la paix? — Elle est utile dans le commerce. — Entends-tu par là des rapports pour affaires, ou bien quelque autre chose? — Non, c'est cela même que j'entends. — Lorsqu'on veut apprendre à jouer aux dés, qui vaut-il mieux, l'homme juste, ou un joueur de profession? — Un joueur de profession. — Et pour la construction d'une maison, vaut-il mieux s'en rapporter à l'homme juste qu'à l'architecte? — Tout au

3

contraire. — Mais, de même que pour apprendre la musique je m'adresserais au musicien préférablement à l'homme juste, en quel cas m'adresserai-je à celui-ci plutôt qu'à celui-là? — Dans la disposition de mon argent. — Si ce n'est peut-être lorsqu'il faudra en faire usage; car, si je veux acheter ou vendre en commun un cheval, je ferai plutôt société avec le maquignon. — Je pense de même. — Et avec le pilote ou l'architecte, s'il s'agit d'un vaisseau. — Oui. — En quoi le juste me sera-t-il d'une utilité particulière lorsque je voudrai faire en commun quelque emploi de mon argent? — Lorsqu'il s'agira, Socrate, de le mettre en dépôt et de le conserver. — C'est-à-dire quand je ne voudrai faire aucun usage de mon argent et le laisser oisif. Ainsi la justice me sera utile quand mon argent ne me servira de rien. — Apparemment. — La justice me servira donc lorsqu'il faudra conserver une serpette seul ou avec d'autres; mais, si je veux m'en servir, je m'adresserai au vigneron. — A la bonne heure. — Tu diras de même que, si je veux garder un bouclier ou une lyre, la justice me sera bonne à cela; mais que, si je veux m'en servir, j'aurai recours au musicien et au maître d'escrime. — Il le faut bien. — Et, en général, à l'égard de quelque chose que ce soit, la justice me sera inutile quand je me servirai de cette chose, et utile quand je ne m'en servirai pas. — Cela peut être.

—Mais, mon cher, la justice n'est donc pas d'une grande importance, si elle ne nous est utile que pour les choses dont nous ne faisons pas usage? Prends garde encore à ce que je vais dire. Celui qui est le plus adroit à porter des coups, soit à la guerre, soit dans une lutte, n'est-il pas aussi le plus adroit à *se garder* de ceux qu'on lui porte? — Oui. — Et celui qui est le plus habile à *se garder* d'une maladie et à la prévenir, n'est-il pas en même temps le plus capable de la donner à un autre? — Je le crois. — Quel est le plus propre à *garder* une armée? n'est-ce pas celui qui sait *dérober* les desseins et les projets de l'ennemi? — Sans doute. — Par conséquent le même homme qui est propre à *garder* une chose, est aussi propre à la *dérober*. — Oui. — Si donc le juste est propre à *garder* de l'argent, il sera propre aussi à le *dérober*. — Du moins, c'est une conséquence de ce que nous venons de dire. — L'homme juste est donc un fripon. Il paraît que tu as puisé cette idée dans Homère[1], qui vante beaucoup Anto-lycus, aïeul maternel d'Ulysse, et dit qu'*il surpassa tous les hommes dans l'art de dérober et de tromper.* Par conséquent, selon Homère, Simonide et toi, la justice n'est autre chose que l'art de dérober pour le bien de ses amis et pour le mal de ses ennemis : n'est-ce pas ainsi que tu l'entends? — Non, par Jupiter. Je ne sais ce que j'ai voulu dire. Il me semble cependant toujours que la justice consiste à obliger ses amis et à nuire à ses ennemis.

— Mais qu'entends-tu par *nos amis?* Est-ce ceux qui nous paraissent gens de bien, ou ceux qui le sont, quand même nous ne les jugerions pas tels? J'en dis autant des ennemis. — Il me paraît naturel d'aimer ceux qu'on croit gens de bien, et de haïr ceux qu'on croit méchants. — N'est-il pas ordinaire aux hommes de se tromper en ce point, et de juger que tel est honnête homme qui n'en a que l'apparence, ou que tel est un fripon, qui est un honnête homme? — J'en conviens. — Ceux à qui cela arrive ont donc alors pour ennemis des gens de bien, et des méchants pour amis? — Oui. — Ainsi, à leur égard, la justice consiste à faire du bien aux méchants et du mal aux bons? — Il me paraît ainsi. — Mais les bons sont justes et incapables de nuire à personne. — Cela est vrai. — Il est donc juste, selon ce que tu dis, de faire du mal à ceux qui ne nous en font pas? — Point du tout, Socrate; c'est un crime de penser de la sorte. — Il faudra donc dire qu'il est juste de nuire aux méchants et de faire du bien aux bons? — Cela est plus conforme à la raison que ce que nous disions tout à l'heure. — Il arrivera de là, Polé-marque, que pour tous ceux qui se trompent dans les

[1] *Odyss.*, XIX, v. 396

jugements qu'ils font des hommes, il sera juste de nuire à leurs amis, car ils les regarderont comme des méchants, et de faire du bien à leurs ennemis par la raison contraire : conclusion directement opposée à ce que nous faisions dire à Simonide.

— La conséquence est bien tirée; mais changeons quelque chose à la définition que nous avons donnée de l'ami et de l'ennemi; elle ne paraît pas exacte. — Comment disions-nous, Polémarque? — Nous disions que notre ami était celui qui nous paraissait homme de bien. — Quel changement veux-tu faire? — Je voudrais dire que notre ami doit tout à la fois nous paraître homme de bien et l'être en effet, et que celui qui le paraît sans l'être n'est aussi notre ami qu'en apparence. Il faut dire la même chose de notre ennemi. — A ce compte, le véritable ami sera l'homme de bien, et le méchant le véritable ennemi. — Oui. — Tu veux donc aussi que nous changions quelque chose à ce que nous disions touchant la justice, qu'elle consistait à faire du bien à son ami et du mal à son ennemi; et que nous ajoutions, si l'ami est honnête homme et si l'ennemi ne l'est pas? — Oui; je trouve que cela est bien dit. — Mais quoi! est-ce le fait de l'homme juste de faire du mal à un homme quel qu'il soit? — Sans doute; il en doit faire à ses ennemis, qui sont les méchants. — Les chevaux et les chiens, à qui on fait du mal, en deviennent-ils meilleurs ou pires? — Ils en deviennent pires. — En quoi? N'est-ce pas dans la vertu qui est propre à leur espèce? — Oui. — Ne dirons-nous pas aussi que les hommes à qui on fait du mal deviennent pires dans la vertu qui est propre à l'homme? — Sans doute. — La justice n'est-elle pas la vertu propre à l'homme? — Sans contredit.

— Ainsi, mon cher ami, c'est une nécessité que les hommes à qui on fait du mal en deviennent plus injustes.

— Il y a apparence. — Un musicien, en vertu de son art, peut-il rendre quelqu'un ignorant dans la musique? — Cela est impossible. — Un écuyer peut-il par son art

rendre quelqu'un maladroit à monter un cheval? — Non.
— L'homme juste peut-il par la justice rendre un homme
injuste? En général, les bons peuvent-ils par leur vertu
rendre les autres méchants? — Cela ne se peut. — Car,
refroidir n'est pas l'effet du chaud, mais de son contraire;
humecter n'est pas l'effet du sec, mais de son contraire. —
Sans doute. — L'effet du bon n'est pas non plus de nuire;
c'est l'effet de son contraire. — Oui. — Mais l'homme juste
est bon? — Assurément. — Ce n'est donc pas le propre de
l'homme juste de nuire, ni à son ami, ni à qui que ce soit;
mais de son contraire, c'est-à-dire de l'homme injuste.
— Il me semble, Socrate, que tu as raison.

— Si donc quelqu'un dit que la justice consiste à rendre
à chacun ce qu'on lui doit, et s'il entend par là que
l'homme juste ne doit à ses ennemis que du mal, comme
il doit du bien à ses amis, ce langage n'est pas celui d'un
sage; car il n'est pas conforme à la vérité, et nous venons
de voir que jamais il n'est juste de nuire à personne. —
J'en tombe d'accord. — Et si quelqu'un ose avancer
qu'une semblable maxime est de Simonide, de Bias, de
Pittacus, ou de quelque autre sage, nous le démentirons
tous deux. — Je suis prêt à me joindre à toi. — Sais-tu
de qui est cette maxime, qu'*il est juste de faire du bien
à ses amis, et du mal à ses ennemis?* — De qui? — Je
crois qu'elle est de Périandre, de Perdiccas, de Xerxès,
d'Isménias le Thébain, ou de quelque autre homme riche
et puissant. — Tu dis vrai. — Puisque la justice ne consiste
point en cela, en quoi consiste-t-elle? »

Pendant notre entretien, Thrasymaque ouvrit plusieurs
fois la bouche pour nous interrompre. Ceux qui étaient
assis auprès de lui l'en empêchèrent, voulant nous entendre
jusqu'au bout. Mais lorsque nous eûmes cessé de parler,
il ne put se contenir plus longtemps, et, se retournant
tout à coup, il fondit sur nous, comme une bête féroce
pour nous dévorer. La frayeur nous saisit, Polémarque et
moi. Puis, m'adressant la parole : « Socrate, me dit-il,
à quoi bon tout ce verbiage? Pourquoi vous céder comme

de concert la victoire l'un à l'autre, ainsi que des enfants ?
Veux-tu sincèrement savoir ce que c'est que la justice ?
Ne te borne pas à interroger et à te faire une sotte gloire
de réfuter les réponses des autres. Tu n'ignores pas qu'il
est plus aisé d'interroger que de répondre. Réponds-moi à
ton tour. Qu'est-ce que la justice ? Et ne va pas me dire que
c'est *ce qui convient*, *ce qui est utile*, *ce qui est avantageux*, *ce qui est lucratif*, *ce qui est profitable ;* réponds
nettement et précisément, parce que je ne suis pas homme
à prendre des sottises pour de bonnes réponses. »

A ces mots, je fus épouvanté. Je le regardai en tremblant, et je crois que j'aurais perdu la parole s'il m'avait
regardé le premier [1] ; mais j'avais déjà jeté les yeux sur
lui, au moment où sa colère éclata. Aussi je fus en état de
lui répondre, et je lui dis, à demi mort de peur : « Thrasymaque, ne t'emporte pas contre nous. Si nous nous
sommes trompés, Polémarque et moi, dans notre entretien, sois persuadé que ç'a été contre notre intention. Si
nous cherchions de l'or, nous n'aurions garde de nous en
faire accroire l'un à l'autre, et de nous en rendre par là
la découverte impossible. Pourquoi veux-tu donc que dans
la recherche de la justice, c'est-à-dire d'une chose mille
fois plus précieuse que l'or, nous soyons assez insensés
pour travailler mutuellement à nous tromper, au lieu de
nous appliquer sérieusement à en découvrir la nature ?
Mais, je le vois bien, cette recherche est au-dessus de nos
forces. Aussi vous autres, gens habiles, vous devriez concevoir pour notre faiblesse plus de pitié que d'indignation.

— Ha, ha, reprit Thrasymaque avec un rire forcé,
voilà l'ironie ordinaire de Socrate. Je savais bien que tu
ne répondrais pas ; je les avais prévenus que tu aurais

---

[1] Selon l'opinion populaire, tout homme qu'un loup venait à regarder perdait la parole pour un temps : on évitait ce malheur en regardant le loup le
premier. Voyez le *scoliaste* de Théocrite, *Idylle* xiv, 22 ; Virg., *Eglog.*, ix, 153 ;
Pline, *Hist. nat.*, viii, 34.

recours à tes feintes accoutumées, et que tu ferais tout
plutôt que de répondre.

— Tu es fin, Thrasymaque, lui dis-je; tu savais fort
bien que si tu demandais à quelqu'un de quoi est composé le nombre douze, en ajoutant : « Ne me dis pas que
c'est deux fois six, trois fois quatre, six fois deux, ou
quatre fois trois, parce que je ne me contenterai d'aucune
de ces réponses; » tu savais, dis-je, qu'il ne pourrait
répondre à une question proposée de cette manière. Mais
s'il te disait à son tour : « Thrasymaque, comment expli-
ques-tu la défense que tu me fais de ne donner pour réponse aucune de celles que tu viens de dire? Mais si la
vraie réponse se trouve être une de celles-là, veux-tu que
je dise autre chose que la vérité? Comment l'entends-tu?»
Qu'aurais-tu à lui répondre?

— Vraiment, dit Thrasymaque, il s'agit bien ici de
cela ! — Peut-être. Mais quand la chose serait différente,
si celui qu'on interroge juge qu'elle est semblable, croyez-
vous qu'il en répondra moins selon sa pensée, que nous
le lui défendions ou non? — Est-ce là ce que tu prétends
faire? Me vas-tu donner pour réponse une de celles que je
t'ai d'abord interdites? — Tout bien examiné, je ne serais
pas surpris si je prenais ce parti. — Hé bien! si je te
montre qu'il y a une réponse à faire, touchant la justice,
meilleure que les précédentes, à quoi te condamnes-tu
— A ce que méritent les ignorants, c'est-à-dire à apprendre
de ceux qui sont plus habiles qu'eux. Je me soumets volontiers à cette peine. — Tu es plaisant, vraiment. Outre
la peine d'apprendre, tu me donneras encore de l'argent.
— Oui, quand j'en aurai. — Nous en avons, dit Glaucon.
S'il ne tient qu'à cela, parle, Thrasymaque; nous paye-
rons tous pour Socrate. — Je vois votre dessein. Vous
voulez que Socrate, selon sa coutume, au lieu de répondre, m'interroge et me fasse tomber en contradiction. —
Mais, de bonne foi, quelle réponse veux-tu que je te
donne? Premièrement, je n'en fais aucune, et je ne m'en
cache pas. En second lieu, toi, qui sais tout, m'as inter-

dit toutes les réponses que je pourrais faire. C'est plutôt à toi de dire ce que c'est que la justice, puisque tu te vantes de le savoir. Ne te fais donc pas prier. Réponds pour l'amour de moi, et n'envie pas à Glaucon et à tous ceux qui sont ici l'instruction qu'ils attendent de toi. »

Aussitôt Glaucon et tous les assistants le conjurèrent de se rendre. Cependant Thrasymaque faisait des façons, quoiqu'on vît bien qu'il brûlait d'envie de parler, pour s'attirer des applaudissements; car il était persuadé qu'il dirait des merveilles : à la fin il se rendit. « Tel est, dit-il, le grand secret de Socrate : il ne veut rien enseigner aux autres, tandis qu'il va de tous côtés mendier la science, sans en savoir aucun gré à personne.

— Tu as raison, Thrasymaque, de dire que j'apprends volontiers des autres : mais tu as tort d'ajouter que je ne leur en sais aucun gré. Je leur témoigne ma reconnaissance autant qu'il est en moi ; j'applaudis ; c'est tout ce que je puis faire, n'ayant pas d'argent. Tu verras combien j'applaudis volontiers à ce qui me paraît bien dit, aussitôt que tu auras répondu ; car je suis convaincu que ta réponse sera excellente.

— Ecoute donc. Je dis que la justice n'est autre chose que *ce qui est avantageux au plus fort*... Hé bien ! pourquoi n'applaudis-tu pas? Je savais bien que tu n'en ferais rien. — Attends du moins que j'aie compris ta pensée, car je ne l'entends pas encore. La justice est, dis-tu, *ce qui est avantageux au plus fort*. Qu'entends-tu par là, Thrasymaque? Veux-tu dire que, parce que l'athlète Polydamas est *plus fort* que nous, et qu'il lui est nécessaire pour l'entretien de ses forces de manger du bœuf, il est pareillement avantageux pour nous d'en manger aussi? — Tu es un mauvais plaisant, Socrate, et tu ne cherches qu'à donner un mauvais tour à tout ce qu'on dit. — Moi! point du tout; mais, de grâce, explique-toi plus clairement. — Ne sais-tu pas que les différents États sont ou monarchiques, ou aristocratiques, ou populaires? — Je sais cela. — Dans chaque État, celui qui gouverne n'est-il pas *le plus fort?* — Assurément. — Chacun d'eux ne fait-il pas des lois à son avantage : le peuple, des lois populaires ; le monarque, des lois monarchiques ; et ainsi des autres? Et, quand ces lois sont faites, ne déclarent-ils pas que la justice [1], pour les gouvernés, consiste dans l'observation de ces lois? Ne punissent-ils pas celui qui les transgresse, comme coupable d'une action injuste? Voici donc ma pensée. Dans chaque État la justice est l'avantage de celui qui a l'autorité en main, et par conséquent *du plus fort.* D'où il suit, pour tout homme qui sait raisonner, que partout la justice et ce qui est avantageux au plus fort sont la même chose.

— Je comprends à présent ce que tu veux dire. Cela est-il vrai ou non? c'est ce que je vais tâcher d'examiner. Tu définis la justice, *ce qui est avantageux;* cependant tu m'avais défendu de la définir ainsi. Il est vrai que tu ajoutes, *au plus fort.* — Ce n'est rien peut-être que cela. — Je ne sais pas encore si c'est grand'chose : ce que je sais, c'est qu'il faut voir si ce que tu dis est vrai. Je conviens avec toi que la justice est quelque chose d'avantageux ; mais tu ajoutes que c'est seulement *au plus fort.* Voilà ce que j'ignore, et ce qu'il faut examiner.

—Examine donc.—Tout à l'heure. Réponds-moi : ne dis-tu pas que la justice consiste à obéir à ceux qui gouvernent? — Oui. — Mais ceux qui gouvernent dans les différents États peuvent-ils se tromper, ou non? — Ils peuvent se tromper.—Ainsi, lorsqu'ils institueront des lois, les unes seront bien, les autres mal instituées. — Je le pense.—C'est-à-dire que les unes leur seront avantageuses, et les autres nuisibles. — Oui. — Cependant les sujets doivent les observer, et en cela consiste la justice, n'est-ce pas?—Sans doute.—Il est donc juste, selon toi, non-seulement de faire ce qui est à l'avantage, mais encore ce qui est au désavantage *du plus fort?* — Que dis-tu là?—Ce que tu dis toi-même. Mais voyons la chose

---

[1] On reconnaît ici la première idée du système de Hobbes.

encore mieux. N'es-tu pas convenu que ceux qui gouvernent se trompent quelquefois sur leurs intérêts dans les lois qu'ils imposent à leurs sujets, et qu'il est juste pour ceux-ci de faire sans distinction tout ce qui leur est ordonné? — J'en suis convenu. — Avoue donc aussi qu'en disant qu'il est juste que les sujets fassent tout ce qui leur est commandé, tu es convenu que la justice consiste à faire ce qui est désavantageux à ceux qui gouvernent, c'est-à-dire *aux plus forts*, dans le cas où, sans le vouloir, ils commandent quelque chose de contraire à leurs intérêts. Et de là, très-sage Thrasymaque, ne faut-il pas conclure qu'il est juste de faire tout le contraire de ce que tu disais d'abord, puisque alors ce qui est ordonné au plus faible est désavantageux au plus fort? — Socrate, cela est évident.

—Sans doute, reprit Clitophon, puisque l'on a ton témoignage. — Eh ! qu'est-il besoin de témoignage, continua Polémarque, puisque Thrasymaque convient que ceux qui gouvernent commandent quelquefois des choses contraires à leurs intérêts, et qu'il est juste, même en ce cas, que leurs sujets obéissent?—Thrasymaque, repartit Clitophon, a dit seulement qu'il était juste que les sujets fissent ce qui leur était ordonné.—Et de plus, il a ajouté que la justice est ce qui est avantageux au plus fort. Ayant posé ces deux principes, il est ensuite demeuré d'accord que les plus forts font quelquefois des lois contraires à leurs intérêts. Or, de ces aveux il suit que la justice n'est pas plus ce qui est à l'avantage que ce qui est au désavantage du plus fort. — Mais, par l'avantage du plus fort, Thrasymaque a entendu ce que le plus fort croit être de son avantage : il a prétendu que c'était là ce que devait faire le plus faible, et qu'en cela consistait la justice.—Thrasymaque ne s'est pas exprimé de la sorte.

—Cela n'y fait rien, Polémarque, repris-je : si Thrasymaque adopte cette explication, nous la recevrons. Dis-moi donc, Thrasymaque : entends-tu ainsi la définition que tu as donnée de la justice? Veux-tu dire que c'est ce que le plus fort croit être à son avantage, qu'il se trompe ou non?

—Moi! point du tout. Crois-tu que j'appelle plus fort[1] celui qui se trompe, en tant qu'il se trompe?—Je pensais que c'était là ce que tu disais, lorsque tu avouais que ceux qui gouvernent ne sont pas infaillibles et qu'ils se trompent quelquefois.—Tu es un sycophante, qui veux donner à mes paroles un sens qu'elles n'ont pas. Appelles-tu médecin celui qui se trompe à l'égard des malades, en tant qu'il se trompe, ou calculateur celui qui se trompe dans un calcul, en tant qu'il se trompe? Il est vrai que l'on dit le médecin, le calculateur, le grammairien s'est trompé : mais aucun d'eux ne se trompe, en tant qu'il est ce qu'on le dit être. Et, à parler rigoureusement, puisqu'il le faut faire avec toi, aucun artiste ne se trompe; car il ne se trompe qu'autant que son art l'abandonne, et en cela il n'est point artiste. Il en est ainsi du savant et de l'homme qui gouverne, quoique dans le langage ordinaire on dise : le médecin s'est trompé, le gouvernant s'est trompé. Voici donc ma réponse précise. Celui qui gouverne, considéré comme tel, ne peut se tromper : ce qu'il ordonne est toujours ce qu'il y a de plus avantageux pour lui, et c'est là ce que doit faire celui qui lui est soumis. Ainsi il est vrai, comme je disais d'abord, que la justice consiste à faire ce qui est *avantageux au plus fort.*

—Je suis donc un sycophante, à ton avis?—Oui, tu l'es. —Tu crois que j'ai cherché à te tendre des piéges par des interrogations captieuses?—Je l'ai bien vu, mais tu n'y gagneras rien. J'aperçois tes finesses, et partant tu ne pourras avoir le dessus dans la dispute. — Je ne veux te tendre aucun piége; mais, afin que désormais il n'arrive rien de semblable, dis-moi s'il faut entendre selon l'usage

---

[1] Il y a ici une équivoque sur le mot κρείττων, qui signifie plus fort et meilleur. Le sophiste, pour se tirer d'embarras, l'emploie dans le second sens, après l'avoir pris d'abord dans le premier. Il est impossible de faire passer cette équivoque dans notre langue.

ordinaire, ou dans la dernière précision, ces expressions *celui qui gouverne*, *le plus fort*, celui dont l'avantage est, comme tu disais, la règle du juste à l'égard du plus faible?--Il faut les prendre à la dernière rigueur. Mets à présent en œuvre tous les artifices pour me réfuter, si tu le peux ; je ne te demande point de quartier ; mais tu perdras ta peine.—Me crois-tu assez insensé pour oser *tondre un lion*[1] et calomnier Thrasymaque? — Tu l'as essayé, et cela t'a mal réussi.

—Brisons là-dessus, et réponds-moi. Le médecin, pris à la rigueur, tel que tu viens de le définir, est-il nécessaire, ou n'a-t-il d'autre objet que de guérir les malades? —Il n'a pas d'autre objet.—Et le pilote, j'entends le vrai pilote, est-il matelot ou chef de matelots?—Il est leur chef. —Peu importe qu'il soit comme eux sur le même vaisseau, il n'en est pas plus matelot pour cela : car ce n'est point parce qu'il va sur mer qu'il est pilote, mais à cause de son art et de l'autorité qu'il a sur les matelots. — Cela est vrai. — N'ont-ils pas l'un et l'autre un intérêt qui leur est propre? — Oui. — Et le but de leur art n'est-il pas de rechercher et de procurer à chacun d'eux cet intérêt?— Sans doute. — Mais un art quelconque a-t-il d'autre intérêt que sa propre perfection? — Comment dis-tu?— Si tu me demandais s'il suffit au corps d'être corps, ou s'il lui manque encore quelque chose, je te répondrais que oui, et que c'est pour cela qu'on a inventé la médecine, parce que le corps est quelquefois malade, et que cet état ne lui convient pas. C'est donc pour procurer au corps ce qui lui est avantageux que la médecine a été inventée. Ai-je raison ou non?—Tu as raison.

—Je te demande de même si la médecine, ou quelque autre art que ce soit, est sujette en soi à quelque imperfection, et si elle a besoin de quelque autre faculté, comme les yeux de la faculté de voir, les oreilles de celle d'entendre? Et comme ces parties du corps ont besoin

[1] Proverbe grec, pour : entreprendre quelque chose au-dessus de ses forces.

d'un art qui pourvoie à ce qui leur est utile, chaque art est-il aussi sujet à quelque défaut? A-t-il besoin d'un autre art qui veille à son intérêt, celui-ci d'un autre, et ainsi à l'infini? Ou bien chaque art pourvoit-il lui-même à son propre intérêt? Ou plutôt, n'a-t-il besoin pour cela ni de lui-même ni du secours d'aucun autre, étant de sa nature exempt de tout défaut et de toute imperfection; de sorte qu'il n'ait d'autre but que l'avantage du sujet auquel il est appliqué, tandis que lui-même demeure toujours entier, sain et parfait autant de temps qu'il conserve son essence? Examine à la rigueur lequel de ces deux sentiments est le plus vrai.—C'est le dernier.

—La médecine ne pense donc pas à son intérêt, mais à celui du corps : il en est de même des autres arts, qui, n'ayant besoin de rien pour eux-mêmes, s'occupent uniquement de l'avantage du sujet sur lequel ils s'exercent. —Cela est comme tu dis. —Mais, Thrasymaque, les arts commandent à leurs sujets. » Il eut de la peine à m'accorder ce point. « Il n'est donc point d'art ni de science qui se propose, ni qui ordonne ce qui est avantageux au plus fort. Tous ont pour but l'intérêt de leur sujet, ou du plus faible. » Il voulut d'abord contester, mais enfin il fut obligé de me passer ce point comme l'autre. « Ainsi, lui dis-je, le médecin, en tant que médecin, ne se propose ni n'ordonne ce qui est à son avantage, mais ce qui est à l'avantage du malade ; car nous sommes convenus que le médecin, pris dans sa notion exacte, gouverne les corps et n'est point mercenaire; n'est-il pas vrai? » Il en convint. « Et que le vrai pilote n'est pas matelot, mais chef des matelots. » Il l'accorda encore. « Un tel pilote n'aura donc pas en vue et n'ordonnera pas ce qui est à son avantage, mais ce qui est l'avantage de ses sujets, c'est-à-dire des matelots. » Il avoua, quoique avec peine. « Par conséquent, Thrasymaque, tout homme qui gouverne, considéré comme tel, et de quelque nature que soit son autorité, ne se propose jamais, dans ce qu'il ordonne, son intérêt personnel, mais celui de ses sujets. C'est à ce

but qu'il vise, c'est pour leur procurer ce qui leur est
convenable et avantageux, qu'il dit tout ce qu'il dit et fait
tout ce qu'il fait. »

Nous en étions là, et tous les assistants voyaient clairement que la définition de la justice était directement
opposée à celle de Thrasymaque, lorsqu'au lieu de répondre, il me demanda si j'avais une nourrice, « Ne
vaut-il pas mieux répondre, lui dis-je, que de faire de
pareilles questions? — Elle a grand tort de te laisser ainsi
morveux, et de ne pas te moucher. Tu en as besoin, car
tu ne sais seulement pas ce que c'est que des troupeaux et
un berger.—Pour quelle raison, s'il te plaît?—Parce que
tu crois que les bergers pensent au bien de leurs troupeaux, qu'ils les engraissent et les soignent dans une
autre vue que celle de leur intérêt et de celui de leurs
maîtres. Tu t'imagines encore que ceux qui gouvernent, j'entends toujours ceux qui gouvernent véritablement, sont dans d'autres sentiments à l'égard de leurs
sujets que les bergers à l'égard de leurs troupeaux, et que
jour et nuit ils sont occupés d'autre chose que de leur
avantage personnel. Tu es si éloigné de connaître la nature
du juste et de l'injuste, que tu ignores même que la
justice est un bien pour tout autre que pour le juste,
qu'elle est utile au plus fort qui commande, et nuisible au
plus faible qui obéit; que l'injustice, au contraire,
exerce son empire sur les personnes justes, qui, par
simplicité, cèdent en tout à l'intérêt du plus fort, et
ne s'occupent que du soin de son intérêt, sans penser au
leur. Voici, simple que tu es, comment il faut prendre la
chose. L'homme juste a toujours le dessous partout où il
se trouve en concurrence avec l'homme injuste. D'abord,
dans les conventions mutuelles, et dans le commerce de
la vie, tu trouveras toujours que l'injuste gagne au marché, et que le juste y perd. Dans les affaires publiques, si
les besoins de l'État exigent quelque contribution, le juste,
avec des biens égaux, fournira davantage. S'il y a, au
contraire, quelque chose à gagner, le profit est tout entier

pour l'injuste. Dans l'administration de l'État, le premier, parce qu'il est juste, au lieu de s'enrichir aux dépens du public, laissera même dépérir ses affaires domestiques par le peu de soin qu'il en prendra. Encore sera-ce beaucoup pour lui s'il ne lui arrive rien de pis. De plus, il sera odieux à ses amis et à ses proches, parce qu'il ne voudra rien faire pour eux au delà de ce qui est équitable. L'injuste éprouve un sort tout contraire; car, ayant, comme j'ai dit, un grand pouvoir, il en use pour l'emporter toujours sur les autres. C'est sur un homme de ce caractère qu'il faut jeter les yeux, si tu veux comprendre combien l'injustice est plus avantageuse que la justice. Tu le comprendras encore mieux, si tu considères l'injustice parvenue à son comble, dont l'effet est de rendre très-heureux celui qui la commet, et très-malheureux ceux qui en sont les victimes, et qui ne veulent pas repousser l'injustice par l'injustice. Je parle de la tyrannie, qui ne met point en œuvre la fraude et la violence, à dessein de s'emparer peu à peu, et comme en détail, du bien d'autrui, mais qui, ne respectant ni le sacré ni le profane, envahit d'un seul coup les fortunes des particuliers et celle de l'État. Les voleurs ordinaires, lorsqu'on les prend sur le fait, sont punis du dernier supplice; on les accable des noms les plus odieux. Selon la nature de l'injustice qu'ils ont commise, on les traite de sacriléges, de ravisseurs, de fripons, de brigands; mais un tyran qui s'est rendu maître des biens et de la personne de ses concitoyens, au lieu de ces noms détestés, est comblé d'éloges : il est regardé comme un homme heureux par ceux qu'il a réduits à l'esclavage, et par les autres qui ont connaissance de son forfait; car, si on blâme l'injustice, ce n'est pas qu'on craigne de la commettre, c'est qu'on craint de la souffrir. Tant il est vrai, Socrate, que l'injustice portée à un certain point est plus forte, plus libre, plus puissante que la justice, et que, comme je disais d'abord, la justice travaille pour l'intérêt du plus fort, et l'injustice pour son propre intérêt ! »

Thrasymaque, après nous avoir versé, comme un baigneur, ce long discours dans les oreilles, se leva comme pour s'en aller ; mais la compagnie le retint et l'engagea à rendre raison de ce qu'il venait d'avancer. Je l'en priai moi-même et je lui dis : « Eh quoi ! divin Thrasymaque, peux-tu songer à sortir d'ici après un pareil discours ? Ne faut-il pas auparavant que nous apprenions de toi, ou que tu voies toi-même si la chose est en effet comme tu dis ? Crois-tu donc que le point sur lequel nous avons à prononcer soit de si peu d'importance ? Ne s'agit-il pas de décider quelle règle de conduite chacun de nous doit suivre, pour goûter pendant la vie le plus parfait bonheur ? — Qui vous a dit que je pensais autrement ? dit Thrasymaque. — Il me paraît que tu ne te mets guère en peine de nous, et qu'il t'importe peu que nous vivions heureux ou non, faute d'être instruits de ce que tu prétends savoir. Instruis-nous, de grâce, et assure-toi que tu n'obligeras pas des ingrats. Pour moi, je te déclare que je ne pense pas comme toi, et qu'on ne me persuadera jamais qu'il soit plus avantageux d'être méchant qu'homme de bien, eût-on le pouvoir de tout faire impunément. Oui, Thrasymaque, que le méchant ait le pouvoir de faire le mal, soit par force, soit par adresse, cependant je ne croirai jamais que son état soit préférable à celui de l'homme juste. Je ne suis peut-être pas le seul ici à penser de la sorte. Prouve-nous donc d'une manière décisive que nous sommes dans l'erreur en préférant la justice à l'injustice.

— Et comment veux-tu que je le prouve ? Si ce que j'ai dit ne t'a pas persuadé, que puis-je faire de plus pour toi ? Faut-il que je fasse entrer de force mes raisons dans ton esprit ? — Point du tout ; mais d'abord tiens-t'en à ce que tu auras dit une fois, ou si tu y changes quelque chose, fais-le ouvertement et ne cherche point à nous surprendre ; car, pour revenir à ce qui a été dit plus haut, tu vois, Thrasymaque, qu'après avoir défini le médecin avec la dernière précision, tu n'as pas cru devoir

nous donner avec la même exactitude la définition du
vrai berger. Tu nous as dit que le berger, en tant que berger, ne prend pas soin de son troupeau pour le troupeau
même, mais comme un cuisinier qui l'engraisse pour un
festin, ou comme un mercenaire qui veut en tirer de l'argent; ce qui est contraire à sa profession de berger, dont
l'unique but est de procurer le bien du troupeau qui lui
est confié : car, pour ce qui est de la profession même de
berger, tant qu'elle conserve son essence, elle est parfaite
en son genre, et elle a pour cela tout ce qu'il lui faut. Par
la même raison, je croyais que nous étions forcés de convenir que toute administration, soit publique, soit particulière, s'occupait uniquement du bien de la chose dont
elle était chargée. Penses-tu en effet que ceux qui gouvernent les États, j'entends ceux qui méritent ce titre et qui
en remplissent les devoirs, soient bien aises de commander? — Si je le crois? j'en suis sûr. — N'as-tu pas
remarqué, Thrasymaque, à l'égard des charges publiques,
que personne ne veut les exercer pour elles-mêmes; mais
qu'on exige un salaire, parce qu'on est persuadé qu'elles
ne sont utiles par leur nature qu'à ceux pour qui on les
exerce? et dis-moi, je te prie, les arts ne sont-ils pas
distingués les uns des autres par leurs différents effets?
Réponds-moi selon ta pensée, si tu veux que nous conve-
nions de quelque chose. — Ils sont distingués par leurs
effets. — Chacun d'eux procure donc aux hommes un
avantage qui lui est propre : la médecine, la santé; le
pilotage, la sûreté de la navigation, et ainsi des autres.
— Sans doute. — Et l'avantage de l'art du mercenaire,
n'est-ce pas le salaire? car c'est là son effet propre. Con-
fonds-tu ensemble la médecine et le pilotage? ou si tu
veux continuer à parler en termes précis, comme tu as
fait d'abord, diras-tu que le pilotage et la médecine sont
la même chose, s'il arrive qu'un pilote recouvre la santé
en exerçant son art, parce qu'il lui est salutaire d'aller sur
mer? — Non. — Tu ne diras pas non plus que l'art du
mercenaire et celui du médecin sont la même chose,

4'

parce que le mercenaire se porte bien en exerçant son art? — Non. — Ni que la profession du médecin soit la même que celle du mercenaire, parce que le médecin exigera quelque récompense pour la guérison des malades? — Non. — N'avons-nous pas reconnu que chaque art avait son avantage particulier? — Soit. — S'il est donc un avantage commun à tous les artistes, il est évident qu'il ne peut leur venir que d'un art qu'ils ajoutent tous à celui qu'ils exercent. — Cela peut être. — Nous disons donc que le salaire que reçoivent en commun les artistes, leur vient en qualité de mercenaires. — A la bonne heure. — Ainsi ce n'est point de leur art que leur vient ce salaire; mais, pour parler juste, il faut dire que le but de la médecine est de rendre la santé; celui de l'architecture, de bâtir une maison; et que s'il en revient un salaire au médecin et à l'architecte, c'est qu'ils sont en outre mercenaires. Il en est ainsi des autres arts. Chacun d'eux produit son effet propre, toujours à l'avantage du sujet auquel il est appliqué. Quel profit en effet un artiste retirerait-il de son art, s'il l'exerçait gratuitement? — Aucun. — Son art cesserait-il pour cela d'être utile? — Je ne le crois pas. — Il est donc évident, encore une fois, qu'aucun art, aucune administration n'envisage son propre intérêt, mais, comme nous avons déjà dit, l'intérêt de son sujet, c'est-à-dire du plus faible et non pas du plus fort. C'est pour cela, Thrasymaque, que j'ai dit que personne ne s'ingère de gouverner ni de traiter des maux d'autrui gratuitement, mais qu'on exige une récompense : car, si quelqu'un veut exercer son art comme il faut, il ne lui en revient rien pour lui-même; tout l'avantage est pour son sujet. Il a donc fallu, pour engager les hommes à commander, leur proposer quelque récompense, comme de l'argent, des honneurs, ou un châtiment s'ils refusent de le faire.

— Comment l'entends-tu, Socrate? dit Glaucon. Je connais bien les deux premières espèces de récompenses; mais je ne connais pas ce que c'est que ce châtiment dont tu

proposes l'exemption, comme une troisième sorte de récompense. — Tu ne connais pas la récompense des sages,
celle qui les détermine à prendre part aux affaires? Ne
sais-tu pas que d'être intéressé ou ambitieux, c'est une
chose honteuse et qui passe pour telle? — Je le sais. —
Les sages ne veulent donc pas entrer dans les affaires dans
le dessein de s'y enrichir, parce qu'ils craindraient d'être
regardés comme mercenaires, s'ils exigeaient ouvertement
quelque salaire pour commander, ou comme voleurs,
s'ils détournaient sourdement les deniers publics à leur
profit. Ils n'ont pas non plus les honneurs en vue; car ils
ne sont point ambitieux. Il faut donc qu'ils soient déterminés à prendre part au gouvernement par quelque puissant motif, comme par la crainte de quelque punition. Et
c'est apparemment pour cela qu'on regarde comme quelque chose de honteux de se charger de l'administration
publique de son plein gré, sans y être contraint. Or, la
plus grande punition pour l'homme de bien, lorsqu'il refuse de gouverner les autres, c'est d'être gouverné par un
plus méchant que soi : c'est cette crainte qui oblige les
sages à se charger du gouvernement, non pour leur intérêt, ni pour leur plaisir, mais parce qu'ils y sont forcés
par le défaut de sujets autant ou plus dignes de gouverner;
de sorte que s'il se trouvait un État uniquement composé
de gens de bien, on y briguerait la condition de particulier, comme on brigue aujourd'hui les charges publiques;
et on reconnaîtra clairement, dans un pareil État, que le
vrai magistrat n'a point en vue son propre intérêt, mais
celui des sujets. Et chaque citoyen, persuadé de cette vérité, aimerait mieux être heureux par les soins d'autrui,
que de travailler au bonheur des autres.

» Je n'accorde donc pas à Thrasymaque que la justice
soit l'intérêt du plus fort; mais nous examinerons ce point
une autre fois. Ce qu'il a ajouté touchant la condition du
méchant, qu'il dit être plus heureuse que celle de l'homme
juste, me paraît de plus grande importance. Es-tu aussi
de son sentiment, Glaucon? et entre ces deux partis,

lequel choisirais-tu? — La condition de l'homme juste, comme étant la plus avantageuse, dit Glaucon. — Tu as entendu l'énumération que Thrasymaque vient de faire des biens attachés à la condition du méchant? — Oui ; mais je n'en crois rien. — Veux-tu que nous cherchions quelque moyen de lui prouver qu'il se trompe? — Pourquoi ne le voudrais-je pas? — Si nous opposons au long discours qu'il vient de faire un autre discours aussi long en faveur de la justice, et lui encore un autre après nous, il nous faudra compter et peser les avantages de part et d'autre ; et de plus, il faudra des juges pour prononcer : au lieu qu'en convenant à l'amiable de ce qui nous paraîtra vrai ou faux, comme nous faisions tout à l'heure, nous serons à la fois les juges et les avocats. — Cela est vrai. — Laquelle de ces deux méthodes te plaît davantage? — La seconde.

— Réponds-moi donc, Thrasymaque. Tu prétends que l'injustice consommée est plus avantageuse que la justice parfaite. — Oui, dit Thrasymaque, et j'en ai dit les raisons. — Fort bien ; mais que penses-tu de ces deux choses? Ne donnes-tu pas à l'une le nom de *vertu*, et à l'autre celui de *vice*? — Sans doute. — Tu donnes probablement le nom de *vertu* à la justice, celui de *vice* à l'injustice? — Cela va sans dire ; moi qui prétends que l'injustice est utile, et que la justice ne l'est pas. — Comment dis-tu donc? — Tout le contraire. — Quoi ! la justice est un vice? — Pas tout à fait ; mais une généreuse bonhomie. — L'injustice est donc méchanceté? — Non, c'est sagesse. — Les hommes injustes sont donc *bons* et *sages*, à ton avis? — Oui ; ceux qui le sont au suprême degré, et qui sont assez puissants pour s'emparer des villes et des empires. Tu crois peut-être que je veux parler des coupeurs de bourses. Ce n'est pas que ce métier n'ait aussi ses avantages, tant qu'on l'exerce impunément ; mais ces avantages ne sont rien au prix de ceux que je viens de dire.

— Je conçois très-bien la pensée ; mais ce qui me sur-

prend, c'est que tu donnes à l'injustice les noms de *vertu*
et de *sagesse*, et à la justice des noms contraires. — C'est
néanmoins ce que je prétends. — Cela est bien dur, et je
ne sais plus comment m'y prendre pour te réfuter. Si tu
disais simplement, comme d'autres, que l'injustice, quoique utile, est une chose honteuse et mauvaise en soi, on
pourrait te répondre ce qu'on répond d'ordinaire. Mais,
puisque tu vas jusqu'à l'appeler *vertu* et *sagesse*, tu ne
balanceras pas sans doute à lui attribuer la force, la
beauté, et tous les autres titres qu'on donne communément à la justice. — Tu devines juste.

— Il ne faut pas que je me rebute dans cet examen,
tandis que j'aurai lieu de croire que tu parles sérieusement; car il me paraît, Thrasymaque, que ce n'est point
une raillerie de ta part, et que tu penses comme tu dis.
— Que je pense ou non comme je dis, que t'importe?
Réfute-moi seulement. — Peu m'importe, sans doute;
mais permets-moi de te faire encore une demande.
L'homme juste voudrait-il avoir en quelque chose l'avantage sur un autre juste? — Non vraiment; autrement,
il ne serait ni aussi complaisant ni aussi simple que je le
suppose. — Quoi! pas même en ce qui concerne une
action juste? — Pas même en cela. — Voudrait-il du
moins l'emporter sur l'injuste, et croirait-il pouvoir le
faire justement? — Il croirait pouvoir le faire, il le voudrait même; mais il ferait d'inutiles efforts. — Ce n'est
pas là ce que je veux savoir. Je ne te demande qu'une
chose : si le juste n'aurait ni la prétention ni la volonté de
l'emporter sur un autre juste, mais seulement sur l'injuste. — Oui, il a cette dernière prétention. — Et l'injuste
voudrait-il l'emporter sur le juste en injustice? — Oui,
sans doute, puisqu'il veut l'emporter sur tout le monde.
— Il voudra donc aussi avoir l'avantage sur l'injuste en
injustice, et il s'efforcera de l'emporter sur tous. — Assurément. — Ainsi le juste, disons-nous, ne veut pas l'emporter sur son semblable, mais sur son contraire; au
lieu que l'injuste veut l'emporter sur l'un et l'autre. —

C'est fort bien dit. — L'injuste est intelligent et habile, et le juste n'est ni l'un ni l'autre. — Cela est encore bien. — L'injuste ressemble donc à l'homme intelligent et habile, et le juste ne leur ressemble point? — Sans doute, celui qui est tel ressemble à ceux qui sont ce qu'il est ; et celui qui n'est pas tel ne leur ressemble pas. — Fort bien; chacun d'eux est donc tel que ceux à qui il ressemble? — Eh oui, le dit-on. — Thrasymaque, ne dis-tu pas d'un homme qu'il est musicien; d'un autre, qu'il ne l'est pas? — Oui. — Lequel des deux est intelligent, lequel ne l'est pas? — Le musicien est intelligent, l'autre ne l'est pas. — L'un, comme intelligent, est habile; l'autre est inhabile par la raison contraire. — Oui. — N'est-ce pas la même chose à l'égard du médecin? — Oui.

— Crois-tu qu'un musicien qui monte sa lyre voulût tendre ou lâcher les cordes de son instrument plus qu'un autre musicien? — Non. — Plus que ne le ferait un homme ignorant dans la musique? — Sans contredit. — Et le médecin voudrait-il, dans la prescription du boire et du manger, l'emporter sur un autre médecin, ou sur l'art même qu'il professe? — Non. — Et sur qui n'est pas médecin? — Oui. — Vois si, à l'égard de quelque science que ce soit, il te semble que le savant veuille avoir l'avantage, dans ce qu'il dit et dans ce qu'il fait, sur un autre versé dans la même science, ou s'il n'aspire qu'à faire la même chose dans les mêmes rencontres? — La chose pourrait bien être telle que tu dis. — L'ignorant ne veut-il pas, au contraire, l'emporter sur le savant et sur l'ignorant? — Cela peut être. — Mais le savant est *sage.* — Oui. — Le sage est habile. — Oui. — Ainsi celui qui est habile et sage ne veut pas l'emporter sur son semblable, mais sur son contraire. — Il y a apparence. — Au lieu que celui qui est inhabile et ignorant veut l'emporter sur l'un et sur l'autre. — Soit.

— N'as-tu pas avoué, Thrasymaque, que l'injuste veut l'emporter sur son semblable et sur son contraire? — Je l'ai avoué. — Et que le juste ne veut point l'emporter sur son semblable, mais sur son contraire? — Oui. — Le juste ressemble à l'homme sage et habile, et l'injuste à celui qui est inhabile et ignorant? — Cela peut être. — Mais nous sommes convenus qu'ils étaient l'un et l'autre tels que ceux à qui ils ressemblaient. — Nous en sommes convenus. — Il est donc évident que le juste est habile et sage, et l'injuste ignorant et inhabile. »

Thrasymaque convint de tout cela, mais non pas aussi aisément que je le raconte; je lui arrachai ces aveux avec une peine infinie. Il suait à grosses gouttes, d'autant plus qu'il faisait grand chaud. Je le vis rougir alors pour la première fois. Après que nous fûmes tombés d'accord que la justice était habileté et vertu, et l'injustice vice et ignorance : « Regardons, lui dis-je, ce point comme une chose décidée. Nous avons dit de plus que l'injustice avait la *force* en partage. Ne t'en souvient-il pas, Thrasymaque? — Je m'en souviens; mais je ne suis pas content de ce que tu viens de dire, et j'ai de quoi y répondre. Je sais bien que si j'ouvre seulement la bouche, tu diras que je fais une harangue. Laisse-moi donc la liberté de parler, ou si tu veux interroger, fais-le; je te répondrai par des signes de tête, comme on fait aux contes de bonnes femmes. — Ne dis rien, je te conjure, contre la pensée.

— Puisque tu ne veux pas que je parle comme il me plaît, je dirai tout ce qu'il te plaira : que souhaites-tu de plus? — Rien, sinon que tu répondes comme je viens de t'en prier, si toutefois tu le veux bien. Je vais t'interroger. — Interroge. — Je te demande donc, pour reprendre la suite de notre discussion, ce que c'est que la justice comparée à l'injustice : tu as dit, ce me semble, que celle-ci était plus forte et plus puissante. Mais maintenant, si la justice est habileté et vertu, il me sera facile de montrer qu'elle est plus forte que l'injustice; et il n'est personne qui n'en convienne, puisque l'injustice est ignorance. Mais, sans m'arrêter à cette preuve, en voici une autre. N'y a-t-il pas d'État qui porte l'injustice jusqu'à oser attenter à la liberté des autres États, et en tenir même plusieurs en esclavage? — Sans doute, il y en a. Mais cela ne doit arriver qu'à un État très-bien gouverné, et qui portera l'injustice à son comble. — Je sais que c'est là ta pensée. Ce que je voudrais savoir, c'est si un État qui se rend maître d'un autre État peut venir à bout de cette entreprise sans mettre la justice de la partie, ou s'il sera contraint de se servir d'elle.

— Si la justice est habileté, comme tu disais tout à l'heure, il faudra que cet État y ait recours; mais si la chose est telle que j'ai dit, il emploiera l'injustice. — Je te sais gré, Thrasymaque, de ce que tu réponds si à propos, et autrement que par des signes de tête.—C'est pour t'obliger, ce que j'en fais. — J'en suis reconnaissant. Fais-moi encore la grâce de me dire si un État, une armée, une troupe de brigands, de voleurs, ou toute autre société de cette nature, pourrait réussir dans ses entreprises injustes, si les membres qui la composent violaient, les uns à l'égard des autres, toutes les règles de la justice? — Elle ne le pourrait pas. — Et s'ils les observaient? — Elle le pourrait. — N'est-ce point parce que l'injustice ferait naître entre eux des séditions, des haines et des combats; au lieu que la justice y entretiendrait la paix et la concorde? — Soit, pour ne point avoir de démêlé avec toi. — Tu fais bien. Mais si c'est le propre de l'injustice d'engendrer des haines et des dissensions partout où elle se trouve, elle produira sans doute le même effet parmi les hommes, soit libres, soit esclaves, et les mettra dans l'impuissance de rien entreprendre en commun? — Oui. — Et, si elle se trouve en deux hommes, ne seront-ils pas toujours en dissension et en guerre? Ne se haïront-ils pas mutuellement autant qu'ils haïssent les justes? — Sans doute. — Mais quoi! pour ne se rencontrer que dans un seul homme, l'injustice perdra-t-elle sa propriété, ou bien la conservera-t-elle? — A la bonne heure, qu'elle la conserve.

— Telle est donc la nature de l'injustice, soit qu'elle se rencontre dans un État, dans une armée, ou dans quelque autre société, de la mettre en premier lieu dans une impuissance absolue de rien entreprendre, par les querelles et les séditions qu'elle y excite; en second lieu, de la rendre ennemie d'elle-même et de tous ceux qui lui sont contraires, c'est-à-dire des gens de bien. Cela n'est-il pas vrai? — Oui. — Ne se trouvât-elle que dans un seul homme, elle produira les mêmes effets : elle le mettra d'abord dans l'impossibilité d'agir, par les séditions qu'elle excitera dans son âme, et par l'opposition continuelle où il sera avec lui-même; ensuite il sera son propre ennemi, et celui de tous les justes : n'est-ce pas? — Oui. —Mais les dieux ne sont-ils pas justes aussi? — A la bonne heure. — L'injuste sera donc ennemi des dieux, et le juste en sera l'ami.— Tire bravement telle conséquence qu'il te plaira, je ne m'y opposerai pas, pour ne point me brouiller avec ceux qui nous écoutent.

— Pousse donc la complaisance jusqu'au bout, et continue à me répondre. Nous venons de voir que les gens de bien sont meilleurs, plus habiles et plus forts que les méchants; que ceux-ci ne peuvent rien entreprendre avec d'autres; et, lorsque nous avons supposé que l'injustice ne les empêchait pas d'exécuter en commun quelque dessein, cette supposition n'était pas selon l'exacte vérité; car, s'ils étaient tout à fait injustes, ils tourneraient contre eux-mêmes leur injustice. Au contraire, il est évident qu'ils gardent entre eux quelque forme de justice; que c'est elle qui les empêche de s'entre-nuire dans le temps qu'ils nuisent aux autres, et que c'est par elle qu'ils viennent à bout de leurs desseins. A la vérité, c'est l'injustice qui leur fait former des entreprises criminelles; mais ils ne sont méchants qu'à demi; car ceux qui sont méchants et injustes tout à fait sont aussi dans une impuissance absolue d'agir. C'est ainsi que je conçois la chose, et non comme tu l'as dite d'abord. Il nous reste à examiner si la condition du juste est meilleure et plus heureuse que celle de l'injuste. J'ai lieu de le croire sur ce qui a précédé. Mais examinons la chose plus à fond, d'autant plus qu'il n'est pas ici question d'une bagatelle, mais de ce qui doit faire la règle de notre vie. — Examine donc.

— C'est ce que je vais faire. Réponds-moi. Le cheval n'a-t-il pas une fonction qui lui est propre? — Oui. — N'appelles-tu pas fonction d'un cheval, ou de quelque autre animal, ce qu'on ne peut faire, ou du moins bien faire que par son moyen? — Je n'entends pas. — Prenons-nous-y d'une autre manière. Peux-tu voir autrement que par les yeux? — Non. — Entendre autrement que par les oreilles? — Non. — Nous pouvons donc dire avec raison que c'est là leur fonction? — Oui. — Ne pourrait-on pas tailler la vigne avec un couteau, un tranchet ou quelque autre instrument? — Sans doute. — Mais il n'en est pas de plus commode qu'une serpette, faite exprès pour cela? — Sans doute. — Ne dirons-nous pas que c'est là sa fonction? — Oui. — Tu comprends à présent que la fonction d'une chose est ce qu'elle seule peut faire, ou ce qu'elle fait mieux qu'aucune autre? — Je comprends, et ce que tu dis me paraît vrai. — Fort bien. Tout ce qui a une fonction particulière n'a-t-il pas aussi une vertu qui lui est propre? Et, pour revenir aux exemples dont je me suis déjà servi, les yeux ont leur fonction, disons-nous? — Oui. — Ils ont donc aussi une vertu qui leur est propre? — Oui. — N'en est-il pas de même des oreilles et de toute autre chose? — Oui. — Arrête un moment. Les yeux pourraient-ils s'acquitter de leur fonction s'ils n'avaient pas la vertu qui leur est propre, ou si, au lieu de cette vertu, ils avaient le vice contraire? — Comment le pourraient-ils; car tu parles sans doute de la cécité substituée à la faculté de voir? — Quelle que soit la vertu des yeux, peu importe; ce n'est pas ce que je veux savoir. Je demande seulement, en général, si chaque chose s'acquitte bien de sa fonction par la vertu qui lui est propre, et mal par le vice contraire? — Cela est comme tu dis. — Ainsi les oreilles, privées de leur vertu propre, s'acquitteront mal de leur fonction? — Oui. — Ne peut-on pas en dire autant de toute autre chose? — Je le pense ainsi.

— Voyons ceci à présent. L'âme n'a-t-elle pas sa fonction, qu'aucune autre chose qu'elle ne pourrait remplir; comme de *prendre soin*, de *gouverner*, de *délibérer*, et ainsi du reste? Peut-on attribuer ces fonctions à quelque autre chose qu'à l'âme, et n'avons-nous pas droit de dire qu'elles lui sont propres? — Cela est vrai. — Vivre, n'est-ce pas encore une des fonctions de l'âme? — Très-certainement. — L'âme n'a-t-elle pas aussi sa vertu particulière? — Sans doute. — L'âme, privée de cette vertu, pourra-t-elle jamais s'acquitter bien de ses fonctions? — Cela est impossible. — C'est donc une nécessité que l'âme méchante pense et gouverne mal; au contraire, celle qui est bonne fera bien tout cela? — C'est une nécessité.

— Mais ne sommes-nous pas demeurés d'accord que la justice était une vertu, et l'injustice un vice de l'âme? — Nous en sommes demeurés d'accord. — Par conséquent l'âme juste et l'homme juste vivront bien, et l'homme injuste vivra mal. — Cela doit être selon ce que tu dis. — Mais celui qui vit bien est heureux; celui qui vit mal est malheureux. — Qui en doute? — Donc le juste est heureux et l'injuste malheureux. — Soit. — Mais il n'est point avantageux d'être malheureux; il l'est au contraire d'être heureux. — Qui te dit le contraire? — Il est donc faux, divin Thrasymaque, que l'injustice soit plus avantageuse que la justice? — Régale-toi de ces beaux discours, Socrate, et que ce soit là ton festin des Bendidées[1].

— C'est à toi que j'en suis redevable, puisque tu t'es adouci, et que tu as quitté la colère où tu étais contre moi. Cependant je n'ai point été régalé comme j'aurais voulu. C'est ma faute, et non la tienne. Il m'est arrivé la même chose qu'aux gourmands, qui se jettent sur tous les mets à mesure qu'on les apporte, et qui n'en savourent aucun. Avant que d'avoir résolu parfaitement la première question qui a été proposée sur la nature de la justice, j'ai recherché si elle était vice ou vertu, habileté ou ignorance. Un autre propos est ensuite venu se jeter à la traverse,

[1] Voyez la note au commencement de ce livre.

savoir si l'injustice est plus avantageuse que la justice ;
je n'ai pu m'empêcher de quitter le premier pour passer
à celui-ci. De sorte que je n'ai rien appris de tout cet
entretien ; car, ne sachant point ce que c'est que la justice, comment pourrais-je savoir si c'est une vertu ou
non, et si celui qui la possède est heureux ou malheureux ? »

LIVRE SECOND.

ARGUMENT.

Avant d'établir la nature de la justice, Platon examine les opinions reçues dans le monde à ce sujet. Il montre que ces opinions conduisent directement à l'hypocrisie, c'est-à-dire à tous les crimes revêtus des apparences de la vertu. On instruit la jeunesse dans cette pensée, que la vertu ne produit que des peines; on ajoute que, pour jouir du sort le plus heureux, il suffit de savoir allier l'injustice aux apparences de l'honnêteté. Un pareil état de choses serait la mort de la république : beau tableau de l'homme juste et du méchant. Il ne s'agit pas de savoir si l'injustice triomphe toujours, mais si l'homme injuste est heureux : ainsi la question s'agrandit. Le résultat de ce livre sera de montrer les différences essentielles du bien et du mal, et de cette distinction bien établie sortira naturellement la définition du juste et de l'injuste.

Je crus, après avoir parlé de la sorte, que l'entretien était fini; mais ce n'en était encore que le prélude. Glaucon fit paraître en cette occasion son courage ordinaire; il ne voulut pas se rendre comme Thrasymaque; mais, prenant la parole : « Socrate, me dit-il, te suffit-il de paraître nous avoir persuadés que la justice est en tous sens préférable à l'injustice? ou veux-tu nous le persuader en effet? — Je le voudrais, lui dis-je, si cela était en mon pouvoir.

— Tu n'as donc pas encore fait ce que tu prétends. Car dis-moi : n'est-il pas une espèce de biens que nous souhaitons et que nous recherchons pour eux-mêmes, sans nous mettre en peine de leurs suites, comme la joie et les autres voluptés qui sont sans aucun mélange de mal; ne dût-il nous en revenir d'autre avantage que le plaisir d'en jouir? — Oui, il y a, ce me semble, des biens de cette nature. — N'en est-il pas d'autres que nous aimons pour eux-mêmes et pour leurs suites : le bon sens, par exemple, la vue, la santé? car ces deux motifs nous por-

5*

tent également à les embrasser. — Cela est vrai. — Ne
vois-tu pas une troisième espèce de biens, comme se
livrer aux exercices du corps, prendre soin de sa santé,
exercer la médecine ou toute autre profession lucrative?
Ces biens, dirions-nous, sont des biens pénibles, mais
utiles; nous ne les recherchons pas pour eux-mêmes,
mais pour les salaires, et les autres avantages qui viennent à leur suite. — Je reconnais cette troisième espèce
de biens. Mais où en veux-tu venir? — En laquelle de
ces trois classes mets-tu la justice? — Je la mets dans la
première, dans celle des biens que doivent aimer pour
eux-mêmes et pour les suites ceux qui veulent être véritablement heureux. — Ce n'est pas le sentiment du commun des hommes, qui la mettent au rang des biens pénibles, qui ne méritent nos soins qu'à cause de la gloire et
des récompenses qui en sont le fruit, et qu'on doit fuir
pour eux-mêmes, parce qu'ils coûtent trop à la nature. —
Je sais qu'on pense d'ordinaire de la sorte; c'est pour
cette raison que Thrasymaque la rejette, et donne tant
d'éloges à l'injustice. Je ne puis le comprendre. Il faut
que j'aie l'esprit bien obtus.

— Je veux voir si tu seras de mon avis. Écoute-moi.
Il me semble que Thrasymaque s'est rendu trop tôt aux
charmes de tes discours. Pour moi, je ne suis pas tout
à fait content de ce qui a été dit, de part et d'autre, pour
la justice et pour l'injustice. Je veux connaître quelle est
leur nature, et quels effets l'une et l'autre produit immédiatement dans l'âme. Je ne veux pas qu'on fasse aucune
attention aux récompenses qui y sont attachées, ni à aucune de leurs suites, bonnes ou mauvaises. Voici donc ce
que je vais faire, si tu le trouves bon. Je reprendrai l'objection de Thrasymaque. Je dirai d'abord ce que c'est que
la justice, selon l'opinion commune, et d'où elle tire son
origine. Je ferai voir ensuite que tous ceux qui la pratiquent ne la regardent pas comme un bien, mais qu'ils s'y
soumettent comme à une nécessité. Enfin, je montrerai
qu'ils ont raison d'agir ainsi, parce que la condition du

méchant est infiniment plus avantageuse que celle du
juste, à ce qu'on dit; car pour moi, Socrate, je n'ai pas
encore pris mon parti : mais j'ai les oreilles si souvent
rebattues de discours semblables à celui de Thrasymaque,
que je ne sais à quoi m'en tenir. Je n'ai encore entendu
personne qui me prouvât comme il faut que la justice est
préférable à l'injustice. Je veux l'entendre louer en elle-
même et pour elle-même; et c'est de toi principalement
que j'attends cet éloge. C'est pourquoi je vais m'étendre
sur les avantages de la condition du méchant. Tu verras
par là comment je souhaite que tu t'y prennes pour louer
la justice. Vois si ces conditions te plaisent. — Assurément; et de quel autre sujet un homme sensé pourrait-il
s'entretenir plus souvent et plus volontiers?

    — C'est fort bien dit. Ecoute donc quelle est, selon
l'opinion commune, la nature et l'origine de la justice.
C'est, dit-on, un bien en soi de commettre l'injustice,
et un mal de la souffrir. Mais il y a plus de mal à la souffrir que de bien à la commettre. C'est pourquoi, après
que les hommes eurent essayé des deux, et se furent nui
longtemps les uns aux autres, les plus faibles, ne pouvant
éviter les attaques des plus forts, ni les attaquer à leur
tour, jugèrent qu'il était de l'intérêt commun d'empêcher
qu'on ne fît et qu'on ne reçût aucun dommage. De là pri-
rent naissance les lois et les conventions. On appela juste
et légitime ce qui fut ordonné par la loi. Telle est l'origine
et l'essence de la justice : elle tient le milieu entre le plus
grand bien, qui consiste à pouvoir être injuste impunément, et le plus grand mal, qui consiste à ne pouvoir se
venger de l'injure qu'on a soufferte. On s'est attaché à la
justice, non qu'elle soit un bien en elle-même, mais parce
que l'impuissance où l'on est de nuire aux autres la fait
regarder comme telle. Car celui qui peut être injuste, et
qui est vraiment homme, n'a garde de s'assujettir à une
pareille convention; ce serait folie de sa part. Voilà,
Socrate, quelle est la nature de la justice; voilà la source

d'où on prétend qu'elle a pris naissance. Et pour le prouver encore mieux qu'on n'embrasse la justice que malgré
soi, et parce qu'on est hors d'état de nuire aux autres,
faisons une supposition. Donnons à l'homme de bien et
au méchant un égal pouvoir de faire tout ce qu'il leur
plaira ; suivons-les ensuite, et voyons où la passion les
conduira l'un et l'autre. Nous ne tarderons pas à surprendre l'homme de bien marchant sur la trace du méchant,
entraîné comme lui par le désir d'acquérir sans cesse davantage ; désir dont toute nature poursuit l'accomplissement, comme d'une chose bonne en soi ; mais que la loi
réprime et réduit par force au respect de l'égalité. Quant
au pouvoir de tout faire, que je leur accorde, qu'il aille
aussi loin que celui de Gygès, un des ancêtres du Lydien.

» Il était berger du roi de Lydie. Après un orage et de
violentes secousses, la terre s'entr'ouvrit à l'endroit même
où il paissait ses troupeaux ; frappé d'étonnement à cette
vue, il descendit par cette ouverture, et vit, entre plusieurs autres choses surprenantes, un cheval d'airain, aux
flancs duquel était une porte ; ayant passé la tête pour
voir ce qu'il y avait dans les flancs de ce cheval, il aperçut un cadavre d'une taille plus qu'humaine. Ce cadavre
était nu ; il avait seulement au doigt un anneau d'or, que
Gygès prit, et se retira. Ensuite les bergers s'étant assem-
blés à leur ordinaire au bout du mois, pour rendre compte
au roi de l'état de leurs troupeaux, Gygès vint à cette assemblée portant au doigt son anneau, et s'assit parmi les
bergers. Ayant tourné par hasard le chaton de la bague en
dedans de la main, il devint aussitôt invisible, de sorte
qu'on parla de lui comme s'il eût été absent. Étonné de
ce prodige, il remit le chaton en dehors, et redevint visible. Ayant remarqué cette vertu de l'anneau, il la vérifia
par plusieurs expériences, et il éprouva toujours qu'il
devenait invisible lorsqu'il en tournait le chaton en dedans, et visible lorsqu'il le tournait en dehors : en conséquence, il se fit nommer parmi les bergers qui devaient

aller rendre compte au roi. Étant arrivé au palais, il corrompt la reine, et, avec son aide, il se défait du roi et
s'empare du trône.

» Or, s'il y avait deux anneaux de cette espèce, et
qu'on en donnât un à l'homme de bien et l'autre au
méchant, il ne se trouverait probablement personne d'un
caractère assez ferme pour persévérer dans la justice, et
pour s'abstenir de toucher au bien d'autrui, quoiqu'il
pût impunément emporter de la place publique tout ce
qu'il voudrait, entrer dans les maisons, abuser de toute
sorte de personnes, tuer les uns, tirer les autres des fers,
et faire tout ce qu'il lui plairait, avec un pouvoir égal à
celui des dieux. Au reste, il ne ferait que suivre en cela
l'exemple du méchant; ils tendraient tous deux au même
but, et rien ne prouverait mieux qu'on n'est pas juste de
plein gré, mais par nécessité; que ce n'est point en soi un
bien de l'être, puisqu'on devient injuste dès le moment
qu'on croit pouvoir l'être sans crainte. Car tout homme
croit, dans le fond de l'âme et avec raison, disent les partisans de l'injustice, qu'elle est plus avantageuse que la
justice; en sorte que si quelqu'un, ayant reçu un tel pouvoir, ne voulait faire tort à personne, ni toucher au bien
d'autrui, on le regarderait comme le plus malheureux et
le plus insensé de tous les hommes. Cependant tous feraient
en public l'éloge de sa vertu, mais à dessein de se tromper mutuellement, et dans la crainte d'éprouver eux-
mêmes quelque injustice.

» Ceci posé, je ne vois qu'un moyen de prononcer
sûrement sur la condition des deux hommes dont nous
parlons; c'est de les considérer à part l'un et l'autre dans
le plus haut degré de justice et d'injustice. Pour cela,
n'ôtons au méchant aucune partie de l'injustice, ni aucune partie de justice à l'homme de bien, mais suppo-
sons-les chacun parfait dans le genre de vie qu'il a
embrassé. Que le méchant, semblable à ces pilotes
habiles ou à ces grands médecins qui voient tout d'un
coup jusqu'où leur art peut aller, qui prennent sur-le-

champ leur parti sur le possible et l'impossible, et qui,
lorsqu'ils ont fait quelque faute, sayent adroitement la
réparer ; que le méchant, dis-je, conduise ses entreprises
injustes avec tant d'adresse, qu'il ne soit pas découvert ;
car s'il se laisse surprendre en faute, ce n'est plus un habile
homme. Le chef-d'œuvre de l'injustice est de paraître
juste sans l'être. Donnons-lui donc, ainsi que j'ai dit, une
injustice parfaite ; qu'en commettant les plus grands crimes il sache se faire la réputation d'honnête homme ; et
s'il vient à broncher, qu'il puisse se relever aussitôt ; qu'il
soit assez éloquent pour persuader son innocence à ceux
devant qui on l'accusera ; assez hardi et assez puissant,
soit par lui-même, soit par ses amis, pour emporter par
la force ce qu'il ne pourra obtenir autrement.

» Mettons à présent vis-à-vis de lui l'homme de bien,
dont le caractère est la franchise et la simplicité, et *qui*,
comme dit Eschyle :

Est plus jaloux d'être bon que de le paraître[1].

Otons-lui même la réputation d'honnête homme ; car, s'il
passe pour tel, il sera en conséquence comblé d'honneurs
et de biens ; et nous ne pourrons plus juger s'il aime la
justice pour elle-même, ou pour les honneurs et les biens
qu'elle lui procure. En un mot, dépouillons-le de tout,
hormis de la justice ; et, pour mettre entre lui et l'autre
une parfaite opposition, qu'il passe pour le plus scélérat
des hommes, sans avoir jamais commis la moindre injustice ; de sorte que sa vertu soit mise aux plus rudes épreuves, et qu'elle ne soit ébranlée ni par l'infamie, ni par
les mauvais traitements ; mais que, jusqu'à la mort, il
marche d'un pas inébranlable dans les sentiers de la
justice, passant toute sa vie pour un méchant, tout juste
qu'il est. C'est à la vue de ces deux modèles, l'un de justice, l'autre d'injustice consommée, que je veux que vous
prononciez sur le bonheur du juste et du méchant.

[1] *Sept. ad Theb.*, v. 598.

— Avec quelle précision et quelle rigueur, mon cher Glaucon, tu te dépouilles de tout ce qui est étranger au jugement que nous devons porter! — J'y apporte le plus d'exactitude que je puis. Après les avoir supposés tels que je viens de dire, il n'est pas malaisé, ce me semble, de juger du sort qui les attend l'un et l'autre. Disons-le néanmoins, et si ce que je vais dire te paraît trop fort, souviens-toi, Socrate, que je ne parle pas de mon chef, mais au nom de ceux qui préfèrent l'injustice à la justice. Le juste, tel que je l'ai dépeint, sera fouetté, torturé, mis aux fers, on lui brûlera les yeux; enfin, après lui avoir fait souffrir tous les maux, on le mettra en croix, et par là on lui fera sentir qu'il ne faut pas s'embarrasser d'être juste, mais de le paraître. C'est donc bien plutôt au méchant qu'on doit appliquer les paroles d'Eschyle; parce que ne réglant pas sa conduite sur l'opinion des hommes, et s'attachant à quelque chose de réel et de solide, il ne veut point paraître méchant, mais l'être en effet :

Son habileté féconde conçoit et enfante heureusement les plus beaux projets[1].

Avec la réputation d'honnête homme, il a toute autorité dans l'État; il s'allie, lui et ses enfants, aux meilleures familles, il forme toutes les liaisons qu'il lui plaît. Outre cela, il tire avantage de tout, parce que le crime ne l'effraye point. A quelque chose qu'il prétende, soit en public, soit en particulier, il l'emporte sur tous ses concurrents; il s'enrichit, fait du bien à ses amis, du mal à ses ennemis, offre aux dieux des sacrifices et des présents magnifiques, et se concilie la bienveillance des dieux et des hommes bien plus aisément et plus sûrement que le juste : d'où l'on peut conclure, avec vraisemblance, qu'il est aussi plus chéri des dieux. C'est ainsi, Socrate, que les partisans de l'injustice prétendent que la condition de

—————————

[1] Eschil., p. 100, édit. H. Steph.

l'homme injuste est plus heureuse que celle du juste, de quelque côté qu'on l'envisage, du côté des dieux ou des hommes. »

Lorsque Glaucon eût fini de parler, je me disposais à lui répondre ; mais son frère Adimante, prenant la parole, me dit : « Socrate, crois-tu que la thèse soit suffisamment développée ? — Et pourquoi non ? lui dis-je. — Mon frère a oublié l'essentiel. — Eh bien ! tu sais le proverbe, qui dit que le frère vienne au secours de son frère. Ainsi, supplée à ce qu'il a omis. Il en a cependant dit assez pour me mettre hors de combat et hors d'état de défendre la justice. — Toutes les défaites sont inutiles ; il faut que tu m'écoutes à mon tour ; je vais t'exposer un discours tout contraire au sien : c'est celui de ceux qui prennent le parti de la justice contre l'injustice. Cette opposition rendra plus sensible ce que Glaucon me paraît avoir en vue.

» Les pères recommandent la justice à leurs enfants, et les maîtres à leurs élèves. Est-ce en vue de la justice même ? Non, mais en vue des avantages qui y sont attachés, afin que la réputation d'honnête homme leur procure des dignités, des alliances honorables, et tous les autres biens dont Glaucon a fait mention. Ils vont encore bien plus loin que lui. Ils leur parlent des faveurs que les dieux versent à pleines mains sur les justes, et ils ne tarissent point sur ce sujet. Ils citent le bon Hésiode et Homère : le premier qui dit que

Les dieux font couler le miel des chênes pour les justes, et que leurs agneaux succombent sous le poids de leur toison [1] ;

Et le second qui dit que

Lorsqu'un bon roi, image des dieux, rend la justice à ses sujets, la terre ouvre pour lui son sein fertile : ses vergers abondent en fruits, la fécondité multiplie ses troupeaux, et la mer fournit à sa table les mets les plus exquis [2].

Musée et son fils enchérissent sur eux, et promettent aux

[1] Hes., op. et dies, v. 252.
[2] Hom.. *Odyss.*, XIX, v. 109.

justes, de la part des dieux, des récompenses encore plus grandes. Ils les conduisent après la mort dans les Champs Elysées, les font asseoir à table couronnés de fleurs, et passer leur vie dans les festins, comme si une ivresse éternelle était la plus belle récompense de la vertu. Selon d'autres, ces récompenses ne se bornent point à leurs personnes. L'homme saint et fidèle à ses serments revit dans sa postérité, qui se perpétue d'âge en âge. Tels sont les motifs des éloges qu'ils donnent à la justice. Pour les méchants et les impies, ils les plongent aux enfers dans la boue, et les condamnent à porter de l'eau dans un crible. Ils ajoutent que pendant leur vie il n'est point d'affronts ni de supplices auxquels leurs crimes ne les exposent, et tout ce que Glaucon a dit des justes qui passent pour méchants, ils le disent des méchants mêmes, et rien de plus. Voilà le précis de leurs discours en faveur du juste et contre l'injuste.

» Ecoute à présent, Socrate, un langage bien différent touchant la justice et l'injustice, langage que le peuple et les poëtes ont sans cesse à la bouche. Ils disent tous de concert que rien n'est plus beau, ni en même temps plus difficile et plus pénible que la tempérance et la justice; qu'il n'est au contraire rien de plus doux que l'injustice et le libertinage; rien qui coûte moins à la nature; que ces choses ne sont honteuses que dans l'opinion des hommes, et parce que la loi l'a voulu ainsi; mais qu'il n'en est pas de même dans la pratique; que les actions injustes sont plus utiles que les justes; que la plupart des hommes sont portés à honorer et à regarder comme heureux le méchant qui a des richesses et du crédit; à mépriser et à fouler aux pieds le juste, s'il est faible et indigent, quoiqu'ils conviennent que le juste est meilleur que le méchant.

» Mais, de tous ces discours, les plus étranges sont ceux qu'ils tiennent au sujet des dieux et de la vertu. Les dieux, disent-ils, n'ont souvent pour les hommes vertueux que des maux et des disgrâces, tandis qu'ils comblent les méchants de prospérités. De leur côté, les sacri-

ficateurs et les devins, obsédant les maisons des riches,
leur persuadent que s'ils ont commis quelque péché, eux
ou leurs ancêtres, ce péché peut être expié par des sacrifices et des enchantements, par des fêtes et des jeux, en
vertu du pouvoir que les dieux ont donné aux ministres
de la religion ; que si quelqu'un a un ennemi auquel il
veut nuire, homme de bien ou méchant, peu importe,
il peut à peu de frais lui faire du mal; qu'ils ont certains
secrets pour lier le pouvoir des dieux et en disposer à
leur gré. Ils confirment tout cela par l'autorité des poëtes.
Pour prouver combien il est aisé d'être méchant, ils citent
ces vers d'Hésiode :

> Si grande que soit la foule, on peut marcher à l'aise dans le chemin du
> vice; la voie est unie, elle est près de chacun de nous; au contraire, les
> dieux ont placé devant la vertu les travaux et les sueurs, et le sentier qui y
> conduit est long et escarpé [1].

» Et pour montrer qu'il est facile d'apaiser les dieux,
ils allèguent ces vers d'Homère :

> Les dieux mêmes se laissent fléchir; et quand on a transgressé leur loi, on
> peut les apaiser par des libations et des sacrifices [2].

» Quant aux rites des sacrifices, ils produisent une foule
de livres, composés par Musée et par Orphée, qu'ils
font descendre, celui-ci d'une muse, celui-là de la lune.
Ils font accroire non-seulement à des particuliers, mais
à des villes entières, qu'au moyen de victimes et de jeux
on peut expier les péchés des vivants et des morts; ils
appellent *Télètes* les sacrifices institués pour délivrer des
maux de l'autre vie, et ils prétendent que ceux qui négligent de sacrifier doivent s'attendre aux plus grands
tourments dans les enfers.

» Or, quelle impression, mon cher Socrate, doivent
faire de pareils discours touchant la nature du vice et de
la vertu, et l'idée qu'en ont les dieux et les hommes, sur

[1] *Hes. op. et dies, v. 287.*
[2] *Iliade, IX, 493.*

l'âme d'un jeune homme doué d'un beau naturel, et d'un esprit capable de tirer des conséquences de tout ce qu'il entend par rapport à ce qu'il doit être, et au genre de vie qu'il doit embrasser pour être heureux? N'est-il pas vraisemblable qu'il se dira à lui-même, avec Pindare :

> Monterai-je avec effort vers le palais qu'habite la justice, ou marcherai-je dans le sentier de la fraude oblique? Quel guide prendrai-je pour assurer le bonheur de ma vie [1]?

» Tout ce que j'entends donne à connaître qu'il ne me servira de rien d'être juste, si je n'en ai la réputation; que la vertu n'a que des travaux et des peines à m'offrir. On m'assure, au contraire, du sort le plus heureux, si je sais allier l'injustice avec la réputation d'honnête homme. Je dois m'en rapporter aux sages; et, puisqu'ils disent que l'apparence de la vertu peut contribuer davantage à mon bonheur que la réalité, je vais me tourner tout entier de ce côté; je me ferai une enveloppe et comme une enceinte de l'ombre et des dehors de la vertu; je traînerai après moi le renard rusé et trompeur du sage Archiloque [2]. Si l'on me dit qu'il est difficile au méchant de se cacher longtemps, je répondrai que toutes les grandes entreprises ont leur difficulté, et que, quoi qu'il en puisse arriver, si je veux être heureux, je n'ai point d'autre route à suivre que celle qui m'est tracée par les discours que j'entends. Au reste, pour échapper aux poursuites des hommes, j'aurai des amis et des complices. Il est des maîtres qui m'apprendront l'art de séduire par des discours artificieux le peuple et les juges. J'emploierai donc l'éloquence, et, quand elle me manquera, j'échapperai par la force au châtiment de mes crimes.

» Mais la force et l'artifice ne peuvent rien contre les dieux? S'il n'y en a point, ou s'ils ne se mêlent point des

[1] Simonidis fragmenta, cxxii, édit. de Gaisford, t. I, p. 394.
[2] Archiloque avait fait une ou deux pièces de vers où le renard joue le rôle d'un personnage faux et rusé. D'où le proverbe le renard d'Archiloque. Archilochi fragm. Gaisford, xxxvi et xxxix, t. I, p. 307 et 308.

choses d'ici-bas, peu m'importe qu'ils me connaissent ou
non pour ce que je suis. S'il y en a , et s'ils prennent part
aux affaires des hommes, je ne le sais que par ouï-dire,
et par les poëtes, qui en ont fait la généalogie. Or, ces
mêmes poëtes m'apprennent qu'on peut les fléchir et détourner leur colère par des sacrifices, des vœux et des
offrandes. Il faut les croire en tout, ou ne les croire en
rien; et, s'il faut les en croire, je serai scélérat, et du
fruit de mes crimes je ferai aux dieux des sacrifices. Il est
vrai qu'étant juste, je n'aurais rien à craindre de leur
part, mais aussi je perdrais les avantages attachés à l'injustice ; au lieu que je gagne sûrement à être injuste, et
que je n'ai d'ailleurs rien à craindre de la part des dieux,
si je joins à mes crimes des vœux et des prières. Mais je
serai puni aux enfers, dans ma personne ou dans celle de
mes descendants, pour le mal que j'aurai fait sur la terre.
On répond à cela qu'il est des dieux qu'on invoque pour
les morts, et des sacrifices particuliers qui ont un grand
pouvoir, à ce que disent des villes entières, et les poëtes,
enfants des dieux, et les prophètes inspirés. Pour quelle
raison m'attacherais-je donc encore à la justice plutôt
qu'à l'injustice, puisque, selon le sentiment des sages
comme du peuple , tout me réussira auprès des dieux et
des hommes pendant la vie et après la mort, pourvu que
je couvre mes crimes des apparences de la vertu?

    » Après tout ce que je viens de dire, comment se peut-il
faire, Socrate, qu'un homme qui a de la naissance, des
talents, de grands biens, à qui la fortune rit, embrasse le
parti de la justice, et qu'il ne se moque pas plutôt des
éloges qu'on lui donnera en sa présence? Je dis plus :
quand quelqu'un serait persuadé que ce que j'ai dit est
faux, et que la justice est le plus grand de tous les biens,
loin de s'emporter contre ceux qu'il verrait engagés dans
le parti contraire, il ne pourrait s'empêcher de les excuser ;
parce qu'il sait qu'à l'exception de ceux à qui l'excellence
de leur caractère inspire une horreur naturelle pour le
vice , ou qui s'en abstiennent parce qu'ils en connaissent

la laideur, personne n'aime la vertu pour elle-même; et
que si quelqu'un blâme l'injustice, c'est que la lâcheté,
la vieillesse, ou quelque autre infirmité, le mettent dans
l'impuissance de mal faire. En voici la preuve : c'est
qu'entre les gens qui sont dans ce cas, le premier qui
reçoit le pouvoir de faire mal est le premier à en user,
autant qu'il dépend de lui.

» La cause de tout cela est précisément celle qui nous
a engagés Glaucon et moi dans la discussion présente : je
veux dire qu'à commencer par les anciens héros, dont les
discours se sont conservés jusqu'à nous dans la mémoire
des hommes, tous ceux qui se sont portés, comme toi, pour
les défenseurs de la justice, n'ont loué la vertu qu'en vue
des honneurs et des récompenses qui y sont attachés, et
n'ont blâmé dans le vice que les châtiments qui le suivent.
Personne, en considérant la justice et l'injustice telles
qu'elles sont en elles-mêmes, et dans l'âme du vertueux
et du méchant, ignorées des dieux et des hommes, n'a
encore prouvé, ni en vers ni en prose, que l'injustice est
le plus grand mal de l'âme, et la justice son plus grand
bien. Car si vous vous étiez accordés dès le commencement à tenir ce langage, et que dès l'enfance on nous eût
inculqué cette vérité, au lieu d'être en garde contre l'injustice d'autrui, chacun de nous serait en garde contre la
sienne ; on craindrait de lui donner entrée dans son âme,
comme au plus grand des maux.

» Thrasymaque, ou quelque autre, en aurait sans
doute pu dire autant que moi sur ce sujet, et même davantage, confondant en aveugle, ce me semble, la nature de
la justice et de l'injustice. Pour moi, je ne te cacherai pas
que ce qui m'a porté à te faire un peu au long ces objections, c'est le désir d'entendre ce que tu y répondras. Ne
te borne donc pas à nous montrer que la justice est préférable à l'injustice ; explique-nous les effets qu'elles produisent l'une et l'autre par elles-mêmes dans l'âme, et qui
font que l'une est un bien et l'autre un mal. N'aie aucun
égard ni à l'apparence ni à l'opinion, comme Glaucon te

6*

l'a recommandé ; car si tu ne vas pas jusqu'à écarter
absolument l'opinion vraie, et même jusqu'à admettre la
fausse, nous dirons que tu ne loues point la justice, mais
l'apparence de la justice; que tu ne blâmes aussi dans le
vice que les apparences; que tu nous conseilles d'être
méchants, pourvu que ce soit en secret, et que tu conviens
avec Thrasymaque que la justice n'est utile qu'au plus fort,
et non à celui qui la possède; que, au contraire, l'injustice, utile et avantageuse à elle-même, n'est nuisible
qu'au plus faible.

» Puis donc que tu es convenu que la justice est un de
ces biens excellents qu'on doit rechercher pour leurs
avantages, et encore plus pour eux-mêmes, comme la
santé, l'usage des sens et de la raison, et les autres biens
féconds de leur nature, indépendamment de l'opinion des
hommes, loue la justice par ce qu'elle a en soi d'avantageux, et blâme l'injustice par ce qu'elle a en soi de nuisible. Laisse à d'autres les éloges fondés sur les récompenses et sur l'opinion. Je pourrais peut-être souffrir dans
la bouche de tout autre cette manière de louer la vertu et
de blâmer le vice par leurs effets extérieurs ; mais je ne
pourrais te la pardonner, à moins que tu ne me l'ordon-
nasses, d'autant que la justice a été jusqu'à présent l'unique objet de tes réflexions. Qu'il ne te suffise donc pas de
nous montrer qu'elle est meilleure que l'injustice. Fais-
nous voir en vertu de quoi l'une est un bien, l'autre un
mal en soi, que les hommes et les dieux en aient connaissance ou non. »

Je fus ravi des discours de Glaucon et d'Adimante. Je
n'admirai jamais davantage la beauté de leur naturel
qu'en cette rencontre, et je leur dis : « Enfants d'un père
illustre, c'est avec raison que l'ami de Glaucon a commencé ainsi l'élégie qu'il a composée pour vous, quand
vous vous fûtes signalés à la journée de Mégare : *Fils
d'Ariston, issus d'une race divine;* car il faut qu'il y ait
en vous quelque chose de divin, si, après ce que vous
venez de dire en faveur de l'injustice, vous n'êtes pas

persuadés qu'elle vaut infiniment mieux que la justice.
Or, vous n'en êtes pas persuadés : vos mœurs et votre conduite me le prouvent assez, quoique je pusse en douter si
je m'arrêtais à ce que vous venez de dire; mais je n'en
suis que plus embarrassé sur le parti que je dois prendre.
D'un côté, je ne sais comment défendre les intérêts de la
justice. Cela passe mes forces. Et ce qui me le fait croire,
c'est que je pensais avoir suffisamment prouvé contre
Thrasymaque qu'elle est préférable à l'injustice; cependant mes preuves ne vous ont pas satisfaits. D'un autre
côté, trahir la cause de la justice, et souffrir qu'on l'attaque devant moi sans la défendre, tandis qu'il me reste
un souffle de vie et assez de force pour parler, c'est ce que
je ne puis faire sans crime ; ainsi, je ne vois rien de mieux
à faire que de la défendre comme je pourrai. »

Aussitôt Glaucon et les autres me conjurèrent d'employer à sa défense tout ce que j'avais de force, et de ne
pas laisser la discussion, mais de rechercher avec eux la
nature de la justice et de l'injustice, et ce qu'il y a de réel
dans les avantages qu'on leur attribue. Je leur dis qu'il
me semblait que la recherche où ils voulaient m'engager
était très-épineuse, et demandait un esprit bien clairvoyant. « Mais, ajoutai-je, puisque nous ne nous piquons
ni vous ni moi d'avoir assez de lumières pour y réussir,
voici de quelle manière je pense qu'il nous faut procéder
dans cette recherche. Si l'on donnait à lire de loin à des
personnes qui ont la vue basse des lettres écrites en petit
caractère, et qu'elles apprissent que ces mêmes lettres se
trouvent écrites ailleurs en gros caractère, il leur serait
sans doute avantageux d'aller lire d'abord les grandes
lettres, et de les confronter ensuite avec les petites, pour
voir si ce sont les mêmes.—Cela est vrai, reprit Adimante.
Mais quel rapport cela a-t-il avec la question présente?
— Je vais te le dire. La justice ne se rencontre-t-elle pas
dans un homme et dans une société d'hommes? —Oui.
— Mais la société est plus grande que le particulier. —
Sans doute. — Par conséquent la justice pourrait bien s'y

trouver en caractères plus grands et plus aisés à discerner. Ainsi, nous chercherons d'abord, si tu le trouves bon, quelle est la nature de la justice dans les sociétés; nous l'étudierons ensuite en chaque particulier; et, comparant ces deux espèces de justice, nous verrons la ressemblance de la petite à la grande. — C'est fort bien dit. — Mais, si nous examinions par la pensée la manière dont se forme un État, peut-être découvririons-nous comment la justice et l'injustice y prennent naissance. — Cela pourrait être. — Nous aurions alors l'espérance de découvrir plus aisément ce que nous cherchons. — Assurément. — Eh bien, veux-tu que nous commencions? Ce n'est pas une petite entreprise que celle que nous formons. Délibère. — Notre parti est pris. Fais ce que tu viens de dire.

— Ce qui donne naissance à la société, n'est-ce pas l'impuissance où chaque homme se trouve de se suffire à lui-même, et le besoin qu'il éprouve de beaucoup de choses? Est-il une autre cause de son origine? — Point d'autre. — Ainsi, le besoin d'une chose ayant engagé l'homme à se joindre à un autre homme, et un autre besoin à un autre homme encore, la multiplicité de ces besoins a réuni dans une même habitation plusieurs hommes, dans la vue de s'entr'aider; et nous avons donné à cette société le nom d'État : n'est-ce pas? — Oui. — Mais on ne communique à un autre ce qu'on a, pour en recevoir ce qu'on n'a pas, que parce qu'on croit y trouver son avantage? — Sans doute. — Bâtissons donc un État par la pensée. Nos besoins en formeront les fondements. Or, le premier et le plus grand de nos besoins, n'est-ce pas la nourriture, d'où dépend la conservation de notre être et de notre vie? — Oui. — Le second besoin est celui du logement; le troisième, celui du vêtement. — Cela est vrai. — Et comment notre État pourra-t-il fournir à ses besoins? Ne faudra-t-il pas pour cela que l'un soit laboureur, un autre architecte, un autre tisserand? Ajouterons-nous encore un cordonnier, ou quelque autre artisan semblable? — A la bonne heure. — Tout État est donc essentiellement composé de quatre ou cinq personnes. — Il y a apparence. — Mais quoi! faut-il que chacun fasse pour tous les autres le métier qui lui est propre? que le laboureur, par exemple, prépare à manger pour quatre, et qu'il y mette par conséquent quatre fois plus de temps et de peine? ou ne serait-il pas mieux que, sans s'embarrasser des autres, il employât la quatrième partie du temps à préparer sa nourriture, et les trois autres parties à se bâtir une maison, à se faire des habits et des souliers? — Il me semble, Socrate, que la première manière serait plus commode pour lui. — Je n'en suis pas surpris; car, au moment que tu parles, je fais réflexion que nous ne naissons pas tous avec les mêmes talents, et que l'un a plus de disposition pour faire une chose, l'autre pour en faire une autre. Qu'en penses-tu? — Je suis de ton avis. — Les choses en iraient-elles mieux si un seul faisait plusieurs métiers, ou si chacun se bornait au sien? — Si chacun se bornait au sien. — Il est encore évident, ce me semble, qu'une chose est manquée lorsqu'elle n'est pas faite en son temps. — Cela est évident. — Car l'ouvrage n'attend pas la commodité de l'ouvrier; mais c'est à l'ouvrier de s'accommoder aux exigences de son ouvrage. — Sans contredit. — D'où il suit qu'il se fait plus de choses, qu'elles se font mieux et plus aisément, lorsque chacun fait celle pour laquelle il est propre dans le temps marqué, et qu'il est dégagé de tout autre soin. — Assurément.

—Ainsi il nous faut plus de quatre citoyens pour les besoins dont nous venons de parler. Si nous voulons en effet que tout aille bien, le laboureur ne doit pas faire lui-même sa charrue, sa bêche, ni les autres instruments aratoires. Il en est de même de l'architecte, auquel il faut beaucoup d'outils, du cordonnier et du tisserand, n'est-ce pas? — Oui. — Voilà donc les charpentiers, les forgerons et les autres ouvriers de cette espèce, qui vont entrer dans notre petit État et l'agrandir. — Sans doute. — Ce sera fort peu l'agrandir que d'y ajouter des bergers et des pâtres de toute espèce, afin que le laboureur ait des bœufs pour le labourage, et des bêtes de somme : il en faut aussi à l'architecte pour le transport des matériaux ; il faut au cordonnier et au tisserand des peaux et des laines. — Un État où se trouvent tant de gens n'est plus petit.

— Ce n'est pas tout. Il est presque impossible à qui veut fonder un État de lui trouver un lieu d'où il puisse tirer tout ce qui est nécessaire à sa subsistance. — Cela est impossible en effet. — Notre État aura donc encore besoin de personnes pour aller chercher dans les États voisins ce qui lui manque. — Oui. — Mais ces personnes reviendront sans avoir rien reçu, si elles ne portent en échange à ces États ce dont ils ont besoin à leur tour. — Selon toutes les apparences. — Il ne suffira donc pas à chacun de travailler pour soi et ses concitoyens ; il faudra encore qu'il travaille pour les étrangers. — Cela est vrai. — Notre État aura besoin par conséquent d'un plus grand nombre de laboureurs et d'autres ouvriers. — Sans doute. — Il nous faudra de plus des gens qui se chargent de l'importation et de l'exportation des divers objets d'échange. Ce sont ceux que l'on appelle commerçants. N'est-ce pas ? - Oui. — Et si le commerce se fait par mer, voilà encore un monde de personnes qu'il faut pour la navigation. — Cela est certain. — Mais, dans l'État même, comment les citoyens se feront-ils part les uns aux autres du fruit de leur travail ? car c'est la première raison qui les a portés à vivre en société. — Il est évident que ce sera par vente et par achat. — Il nous faut donc encore un marché, et une monnaie, signe de la valeur des objets échangés. — Sans doute.

— Mais si le laboureur, ou quelque autre artisan, ayant porté au marché ce qu'il a à vendre, n'a pas pris justement le temps où les autres ont besoin de sa marchandise, son travail sera donc interrompu pendant ce temps-là, et il demeurera dans le marché en les attendant. — Point du tout. Il y a des gens qui se chargent d'eux-mêmes d'obvier à cet inconvénient ; et dans les villes bien policées, ce sont d'ordinaire les personnes faibles de corps, et peu propres à d'autres emplois. Leur état est de rester dans le marché, et d'acheter des uns ce qu'ils ont à vendre, pour le revendre ensuite aux autres. — C'est-à-dire que notre ville ne peut se passer de marchands. N'est-ce pas le nom que l'on donne à ceux qui, demeurant sur la place, ne font d'autre métier que d'acheter et de vendre, réservant le nom de commerçants pour ceux qui voyagent d'un État à un autre? — Oui. — Il y a, ce me semble, encore d'autres gens qui ne rendent pas grand service à la société par leur esprit, mais dont le corps est robuste et capable des plus grands travaux. Ils trafiquent donc des forces de leur corps, et appellent salaire l'argent qui leur revient de ce trafic; d'où leur vient, je crois, le nom de mercenaires. N'est-ce pas?—Oui.—Ils servent donc aussi à rendre un État complet.—Sans doute.

— Adimante, notre État est-il désormais assez grand, et peut-on le regarder comme parfait? — Peut-être. — Où pourrons-nous y trouver la justice et l'injustice? Et où crois-tu qu'elles prennent naissance parmi tous ces éléments divers?—Je ne le vois point, Socrate, à moins que ce ne soit dans les rapports mutuels qui naissent des divers besoins des citoyens. — Peut-être as-tu rencontré juste : voyons, et ne nous rebutons pas. Commençons par jeter un coup d'œil sur la vie que mèneront les habitants de cet État. Leur premier soin sera de se procurer des viandes, du vin, des vêtements, une chaussure et un logement; ils travailleront, pendant l'été, à demi nus et sans chaussure; pendant l'hiver, bien vêtus et bien chaussés. Leur nourriture sera de farine d'orge et de froment, dont ils feront des pains et des gâteaux. On leur servira ces mets sur du chaume ou sur des feuilles bien nettes : ils mangeront, eux et leurs enfants, couchés sur des lits de verdure; ils boiront du vin, couronnés de fleurs, chantant les louanges des dieux, et passeront leur vie agréablement ensemble : du reste, ils proportionneront à leurs biens le nombre de leurs enfants, pour éviter les incommodités de la pauvreté ou de la guerre.

— Il me paraît, reprit Glaucon, que tu ne leur donnes rien à manger avec leur pain. — Tu as raison, lui dis-je; j'avais oublié qu'ils auront, outre cela, du sel, des olives, du fromage, des oignons, et les autres légumes que produit la terre. Je ne veux pas même les priver de dessert. Ils auront des figues, des pois et des fèves, puis des baies de myrte et des faînes qu'ils feront griller au feu et qu'ils mangeront en buvant modérément. Ils parviendront ainsi, pleins de joie et de santé, jusqu'à l'extrême vieillesse, et laisseront leurs enfants héritiers de leur bonheur. — Si tu formais une société de pourceaux, les nourrirais-tu d'une autre manière? s'écria Glaucon.— Que faut-il donc faire, mon cher Glaucon?—Ce qu'on fait d'ordinaire.— Si tu veux qu'ils soient à leur aise, fais-les manger à table, couchés sur des lits, et sers-leur les mets qui sont en usage aujourd'hui. — Fort bien ; je t'entends. Ce n'est pas seulement l'origine d'un État que nous cherchons, mais d'un État qui regorge de délices : peut-être ne ferons-nous pas mal de considérer aussi celle-ci : nous pourrons bien y découvrir par où la justice et l'injustice s'introduisent dans la société. Quoi qu'il en soit, le véritable État, l'État sain, est celui que nous venons de décrire. Si tu veux à présent que nous jetions un coup d'œil sur l'État malade et plein d'humeurs, rien ne nous en empêche.

» Il y a apparence que plusieurs ne seront pas contents du genre de vie simple que nous leur avons prescrit. Ils y ajouteront des lits, des tables, des meubles de toute espèce, des ragoûts, des parfums, des odeurs, des filles de joie, des friandises de toutes sortes. Il ne faudra plus mettre simplement au rang des choses nécessaires celles dont nous parlions tout à l'heure, une demeure, des habits, une chaussure : on va désormais mettre en œuvre la peinture et tous les arts, enfants du luxe. Il faut avoir de l'or, de l'ivoire, des matières précieuses de toutes les sortes : n'est-ce pas?—Sans doute. —L'État sain dont j'ai parlé d'abord va devenir trop petit. Il faudra l'agrandir,

et y faire entrer une multitude de gens que le luxe, et non
le besoin, a introduits dans les États, comme les chasseurs
de toute espèce, et ceux dont l'art consiste dans l'imitation, soit pour les figures, soit pour les couleurs, soit
pour les sons; de plus, les poëtes, avec toute leur suite, les
récitateurs, les acteurs, les danseurs, les entrepreneurs
pour les théâtres, les ouvriers en tout genre, surtout
ceux qui travaillent pour les femmes. Nous y introduirons
encore des gouverneurs et des gouvernantes, des nourrices,
des coiffeuses, des baigneurs, des traiteurs, des cuisiniers
et même des porchers. Nous n'avions que faire de tout
cela dans notre première ville; mais, dans celle-ci, comment s'en passer, non plus que de toutes les espèces
d'animaux dont il prendra fantaisie à chacun de manger?
— Comment s'en passer en effet? — Mais, en menant ce
train de vie, les médecins, dont nous avions à peine
besoin auparavant, nous deviennent nécessaires? — J'en
conviens.—Et le pays qui suffisait auparavant à l'entretien
de ses habitants, ne sera-t-il pas désormais trop petit?—
Cela est vrai.—Si nous voulons donc avoir assez de pâturages et de terre à labourer, il nous faudra empiéter sur
nos voisins, et nos voisins en feront autant par rapport
à nous, si, passant les bornes du nécessaire, ils se livrent,
comme nous, au désir insatiable d'avoir. — La chose ne
saurait être autrement, Socrate. — Nous ferons donc la
guerre après cela, Glaucon? Car quel autre parti prendre?—Nous ferons la guerre.

— Ne parlons point encore des biens ni des maux que
la guerre apporte avec elle. Disons seulement que nous
avons découvert l'origine de ce fléau, si funeste aux États
et aux particuliers.—Fort bien.—Il faut à présent trouver
place dans notre État pour une armée nombreuse qui
puisse aller à la rencontre de l'ennemi, et défendre l'État,
avec tout ce qu'il possède, contre les invasions de l'ennemi.—Quoi donc! nos citoyens ne pourront-ils pas eux-
mêmes attaquer et se défendre? — Non, si les principes
dont nous sommes convenus, lorsque nous dressions le

plan d'un État, sont vrais. Or, nous sommes convenus, s'il t'en souvient, qu'il était impossible qu'un seul homme fît plusieurs métiers à la fois? — Tu dis vrai. — N'est-ce pas un métier, à ton avis, que la guerre? — Oui, certes. — Crois-tu que l'État ait plus besoin d'un bon cordonnier que d'un bon guerrier? — Non, assurément. — Nous n'avons pas voulu que le cordonnier fût en même temps laboureur, tisserand ou architecte, mais seulement cordonnier, afin qu'il en fît mieux son métier. Nous avons de même appliqué les autres chacun à ce qui lui est propre, sans lui permettre de se mêler du métier d'autrui, ni d'avoir pendant toute sa vie d'autre objet que la perfection du sien. Penses-tu que le métier de la guerre ne soit pas de la plus grande importance, ou qu'il soit si aisé à apprendre, qu'un laboureur, un cordonnier, ou quelque autre artisan, puisse en même temps être guerrier? Quoi! on ne peut être excellent joueur de dés ou d'osselets si on ne s'applique à ces jeux dès l'enfance, et si on n'y joue que par intervalles, et ce sera assez de prendre un bouclier, ou quelque autre arme, pour devenir tout à coup un bon soldat; tandis qu'en vain prendrait-on en main les instruments de quelque autre art que ce soit, que jamais on ne deviendrait par là ni artisan ni athlète, et que cela ne servirait à rien, à moins qu'on n'eût une connaissance exacte des principes de chaque art, et qu'on ne s'y fût exercé longtemps! — Si cela était, tout le mérite d'un artisan résiderait dans les instruments de son art.

— Ainsi, plus le métier de ces gardiens de l'État est important, plus ils doivent y apporter de soins, d'étude et de loisir. — Je le pense aussi. — Ne faut-il pas encore des dispositions particulières pour s'acquitter de cet emploi? — Sans doute. — C'est donc à nous de choisir, si nous le pouvons, parmi les différents caractères, ceux qui sont les plus propres à la garde d'un État. — Ce choix nous regarde. — Nous nous sommes chargés d'une chose bien difficile : cependant ne perdons pas courage, allons aussi loin que nos forces nous le permettront. — Il ne faut pas se rebuter. — Ne trouves-tu pas qu'il y a de la ressemblance entre les qualités d'un jeune guerrier et celles d'un chien courageux? — Que veux-tu dire? — Je veux dire qu'ils doivent avoir l'un et l'autre le sentiment fin pour découvrir l'ennemi, de la vitesse pour le poursuivre, de la force pour le combattre, quand ils l'auront atteint. — Cela est vrai. — Et du courage encore pour le combattre vaillamment. — Sans contredit. — Mais un cheval, un chien, ou quelque autre animal que ce soit, peut-il être courageux, s'il n'est sujet à la colère? N'as-tu pas remarqué que la colère est quelque chose d'indomptable, et qu'elle rend l'âme intrépide, et incapable de céder au danger? — Je l'ai remarqué. — Telles sont donc les qualités, tant du corps que de l'âme, que doit avoir un gardien de l'Etat. Mais, mon cher Glaucon, s'ils sont tels que nous venons de dire, ne seront-ils pas féroces entre eux, et à l'égard des autres citoyens? — Il est bien difficile qu'ils ne le soient. — Il faut cependant qu'ils soient doux envers leurs amis, et qu'ils gardent toute leur férocité pour les ennemis; sans cela, il ne sera pas nécessaire qu'on vienne les attaquer; ils ne tarderont pas à se détruire les uns les autres. — Cela est certain. — Que faire donc? Où trouverons-nous un caractère qui soit à la fois doux et sujet à la colère? Il semble qu'une de ces deux qualités détruit l'autre; cependant il ne saurait y avoir de bon gardien, si l'une des deux lui manque : les avoir toutes deux, c'est chose impossible, d'où on peut conclure qu'un bon gardien ne se trouve nulle part. — Je le crois de même. »

Après avoir douté quelque temps et réfléchi sur ce que nous avions dit plus haut : «Mon cher ami, dis-je à Glaucon, si nous sommes dans l'embarras, nous le méritons bien, pour nous être écartés de l'exemple que nous nous étions proposé. — Comment dis-tu? — Nous n'avons pas fait réflexion qu'il se trouve en effet de ces caractères que nous avons jugés chimériques, et qui réunissent ces deux qualités opposées. — Où sont-ils? — On les peut remarquer en différents animaux, et surtout dans celui que nous avons pris pour exemple. Tu sais que le caractère des chiens de bonne race est d'être doux envers ceux qu'ils connaissent, et méchants à l'égard de ceux qu'ils ne connaissent pas. — Je le sais. — La chose est donc possible; et quand nous voulons un gardien de ce caractère, nous ne demandons rien qui soit contre nature. — Non. — Ne te semble-t-il pas qu'il manque encore quelque chose à notre gardien, et qu'outre le courage, il faut qu'il soit naturellement philosophe? — Comment cela? je ne l'entends pas. — Il est aisé de remarquer cet instinct dans le chien, et il est bien digne de notre admiration. — Quel instinct? — D'aboyer contre ceux qu'il ne connaît pas, quoiqu'il n'en ait reçu aucun mal, et de flatter ceux qu'il connaît, quoiqu'ils ne lui aient fait aucun bien : n'as-tu pas admiré cet instinct dans le chien? — Je n'y ai pas fait beaucoup d'attention jusqu'ici; mais la chose est comme tu dis. — Cependant il montre par là un naturel heureux, vraiment philosophique. — En quoi, s'il te plaît? — En ce qu'il ne distingue l'ami de l'ennemi que parce qu'il connaît l'un et ne connaît pas l'autre. Comment pourrait-il n'être pas avide d'apprendre, puisque la règle par où il discerne l'ami de l'étranger est qu'il connaît l'un et ne connaît pas l'autre? — La chose n'est pas possible autrement. — Le naturel avide d'apprendre n'est-il pas le même que le naturel philosophique? — Oui. — Disons donc avec confiance de l'homme que, pour être doux envers ceux qu'il connaît et qui sont ses amis, il faut qu'il soit d'un caractère philosophe et avide de connaissances, et que, par conséquent, un excellent gardien de l'État doit, avec le courage, la force et la vitesse, avoir encore la philosophie en partage. — J'y consens.

— Tel sera donc le caractère de nos guerriers. Mais de quelle manière leur formerons-nous l'esprit et le corps? Examinons auparavant si cette recherche peut nous conduire au but de cet entretien, qui est de connaître comment la justice et l'injustice prennent naissance dans la société, afin de ne la point négliger, si elle peut y servir, ou de l'omettre, si elle est inutile. — Je pense, reprit le frère de Glaucon, que cette recherche contribuera beaucoup à la découverte de ce que nous cherchons. — Entrons donc dans cet examen, mon cher Adimante, quelque long qu'il puisse être. Formons nos guerriers à notre aise et par manière de conversation. — Je le veux bien. — Quelle éducation convient-il de leur donner? Il est difficile, je crois, d'en trouver une meilleure que celle qui depuis longtemps est en usage chez nous, et qui consiste à former le corps par la gymnastique, et l'âme par la musique. — Cela est difficile en effet. — Ne commencerons-nous pas leur éducation par la musique plutôt que par la gymnastique? — Sans doute. — Les discours sont apparemment une partie de la musique? — Oui. — Il y en a de deux sortes, les uns vrais, les autres faux. Ils entreront également dans notre plan d'éducation, en commençant par les discours faux. — Je ne comprends pas ta pensée. — Quoi! tu ne sais pas que la première chose qu'on fait à l'égard des enfants, c'est de leur conter des fables? or, quoiqu'il se trouve quelquefois du vrai dans ces fables, ce n'est pour l'ordinaire qu'un tissu de mensonges. On en amuse les enfants jusqu'au temps où on les envoie au gymnase. — Cela est vrai. — C'est pour cela que j'ai dit qu'il fallait commencer leur éducation par la musique. — Tu as eu raison. — Tu n'ignores pas non plus que tout dépend des commencements, surtout à l'égard des enfants, parce qu'à cet âge, l'âme, encore tendre, reçoit aisément toutes les impressions qu'on veut lui donner. — Rien de plus vrai. — Souffrirons-nous que les premiers venus content indifféremment toute sorte de fables aux enfants, et que leur âme en reçoive des impressions la plupart contraires aux idées que nous voulons qu'ils aient dans un âge plus avancé? — Il ne faut pas souffrir cela.

— Commençons donc d'abord par veiller sur les faiseurs de fables. Choisissons celles qui sont convenables, et rejetons les autres. Nous engagerons ensuite les nourrices et les

mères à en amuser les enfants, et à former par là leurs
âmes avec plus de soin qu'elles n'en mettent à former
leurs corps. Quant aux fables qu'on leur conte aujourd'hui,
il faut les rejeter pour la plupart. — Quelles fables ? —
Nous jugerons des petites par les grandes, puisqu'elles
doivent être faites toutes sur le même modèle et aller au
même but. N'est-il pas vrai ? — Oui, mais je ne vois pas
quelles sont ces grandes fables dont tu parles.

— Ce sont celles qu'Hésiode, Homère et les autres
poëtes nous ont débitées ; car les poëtes, tant ceux d'à présent que ceux du temps passé, ne font d'autre métier que
d'amuser le genre humain par des fables. — Quelles fables
encore ? et qu'y blâmes-tu ? — J'y blâme ce qui mérite en
effet et par-dessus tout d'être blâmé dans ces sortes de
mensonges corrupteurs. — Que veut dire cela ? — C'est-à-
dire lorsqu'on nous représente les dieux et les héros autrement qu'ils ne sont : comme lorsqu'un peintre fait des por-
traits qui ne sont pas ressemblants. — Je conviens que cela
est digne de blâme : mais en quoi ce reproche convient-il
aux poëtes ? — N'est-ce pas d'abord un mensonge des plus
énormes et des plus graves que celui d'Hésiode [1] sur les
actions qu'il rapporte d'Uranus, sur la vengeance que
Saturne en tira, et sur les mauvais traitements que celui-ci
fit à Jupiter et qu'il en reçut à son tour ? — Quand tout
cela serait vrai, ce ne sont pas des choses à dire devant des
enfants dépourvus de raison ; il faut les ensevelir sous le
silence ; ou s'il est nécessaire d'en parler, ce ne doit être
qu'en secret et devant un très-petit nombre d'auditeurs,
avec défense expresse d'en rien révéler, et après leur avoir
fait immoler, non un porc, mais une victime [2] précieuse
et rare, afin de restreindre encore le nombre des initiés.
— Sans doute ; car de pareils discours sont dangereux. —
On ne doit jamais les entendre dans notre État. Je ne veux
pas qu'on dise en présence d'un enfant, qu'en commettant

[1] Hésiode, *Théogonie*, v. 154 et suiv., v. 178 et suiv.
[2] Allusion aux mystères d'Éleusis. Il fallait immoler un porc avant d'y être
initié.

les plus grands crimes, même en se vengeant cruellement sur son père des injures qu'il en aurait reçues, il ne ferait rien d'extraordinaire, et dont les premiers et les plus grands des dieux ne lui eussent donné l'exemple. — Il ne me paraît pas non plus que de pareilles choses soient bonnes à dire. — Et si nous voulons que les défenseurs de notre république aient en horreur les dissensions et les discordes, nous ne leur parlerons pas des combats des dieux, ni des pièges qu'ils se dressaient les uns aux autres; aussi bien n'est-ce pas vrai. Encore moins leur ferons-nous connaître, soit par des récits, soit par des peintures ou des tapisseries, les guerres des géants, et tant de sortes de querelles qu'ont eues les dieux et les héros avec leurs proches et leurs amis. Si notre dessein est de leur persuader que jamais la discorde n'a régné entre les citoyens d'une même république, et qu'elle ne peut y régner sans crime, contraignons les poëtes de ne rien composer, et les vieillards de l'un et de l'autre sexe de ne rien raconter aux enfants qui ne tende à cette fin. Qu'on n'entende jamais dire parmi nous que Junon a été mise aux fers par son fils, et Vulcain précipité du ciel par son père, pour avoir voulu secourir sa mère, dans le temps qu'il la frappait [1]; ni raconter tous ces combats des dieux, inventés par Homère, soit qu'il y ait ou non des allégories cachées sous ces récits : car un enfant n'est pas en état de discerner ce qui est allégorique de ce qui ne l'est pas; et tout ce qui s'imprime dans l'esprit à cet âge y laisse des traces que le temps ne peut effacer : c'est pour cela qu'il est de la dernière importance que les premiers discours qu'il entendra soient propres à le porter à la vertu.

— Ce que tu dis est très-sensé; mais si quelqu'un nous demandait quelles sont ces fables qu'il est à propos de faire, que répondrions-nous? — Adimante, nous ne sommes poëtes, ni vous ni moi; nous fondons une république, et en cette qualité il nous appartient de connaître sur quels

[1] *Iliade*, I, v. 586.

modèle les poëtes doivent composer leurs fables, et d'y joindre une défense de jamais s'en écarter ; mais ce n'est point à nous d'en composer. — Tu as raison ; mais encore, que doivent nous apprendre ces fables touchant la divinité ? — Il faut que les poëtes nous représentent partout Dieu tel qu'il est, soit dans l'épopée, soit dans l'ode, soit dans la tragédie. — Sans doute. — Mais Dieu est essentiellement bon, et on ne doit jamais en parler d'autre sorte. — Qui en doute ? — Rien de ce qui est bon n'est porté à nuire. — Non. — Ce qui n'est pas porté à nuire ne saurait nuire en effet, ni faire du mal, ni être la cause d'aucun mal. — Non. — Ce qui est bon n'est-il pas bienfaisant ? — Oui. — Il est donc cause de ce qui se fait de bien ? — Oui. — Ce qui est bon n'est donc pas cause de toutes choses ? Il est cause du bien, mais il n'est pas cause du mal. — Cela est certain. — Ainsi Dieu, étant essentiellement bon, n'est pas cause de toutes choses, comme on le dit communément. Et parce que les biens et les maux sont tellement partagés entre les hommes, que le mal y domine, Dieu n'est cause que d'une petite partie de ce qui arrive aux hommes, et il ne l'est point de tout le reste. On doit n'attribuer les biens qu'à lui : quant aux maux, il en faut chercher une autre cause que Dieu. — Rien de plus vrai que ce que tu dis.

— Il ne faut donc pas ajouter foi à Homère, ni à aucun autre poëte assez insensé pour blasphémer contre les dieux, et pour dire que

Dans le palais de Jupiter il y a deux tonneaux pleins, l'un de destinées heureuses, l'autre de destinées malheureuses [1] ;

que

Lorsqu'il les verse ensemble sur un mortel, sa vie est mêlée de bons et de mauvais événements [2] ;

mais que lorsqu'il ne verse sur quelqu'un que le second,

[1] *Iliade*, XXIV, v. 527.
[2] *Ibid.*, XXIV, v. 530.

Le malheur le poursuit partout[1].

Il ne faut pas croire non plus que

Jupiter soit le distributeur des biens et des maux[2].

» Si quelqu'un dit aussi que ce fut à l'instigation de Jupiter et de Minerve que Pandare » viola les serments et rompit la trêve, nous nous garderons bien de l'approuver. Il en sera de même de la querelle des dieux apaisée par Thémis et par Jupiter[4], et de ces vers d'Eschyle, que nous ne souffrirons pas qu'on dise devant notre jeunesse :

Que Dieu, lorsqu'il veut détruire une famille de fond en comble, fait naître l'occasion de la punir[5].

Mais si quelqu'un fait une tragédie sur les malheurs de Niobé, des Pélopides ou de Troie, nous le contraindrons de dire que ces malheurs ne sont pas l'ouvrage de Dieu, ou que, s'il en est l'auteur, il n'a rien fait en cela que de juste et de bon, et que ce châtiment a tourné à l'avantage de ceux qui l'ont reçu. Ce qu'il ne faut pas laisser dire à aucun poëte, c'est que ceux que Dieu punit sont malheureux : qu'ils disent, à la bonne heure, que les méchants sont à plaindre, en ce qu'ils ont besoin de châtiment, et que les peines que Dieu leur envoie sont un bien pour eux. Mais lorsqu'on dira devant nous que Dieu, qui est bon, a causé du mal à quelqu'un, nous nous y opposerons de toutes nos forces, si nous voulons que notre république soit bien réglée; et nous ne permettrons ni aux vieux ni aux jeunes de dire ou d'entendre de pareils discours, soit en vers, soit en prose, parce qu'ils sont injurieux à Dieu, nuisibles à l'État, et qu'ils se détruisent d'eux-mêmes. — Cette loi me plaît beaucoup, et je souscris

[1] *Iliade*, XXIV, v. 532.
[2] *Ibid.*, IV, v. 84.
[3] *Ibid.*, v. 55.
[4] *Ibid.*, XX, v. 1-30.
[5] Voyez Wyttenbach sur Plutarque, t. I, p. 134 et suiv.

volontiers à son établissement. — Ainsi notre première loi touchant les dieux sera d'obliger nos citoyens à reconnaître, soit de vive voix, soit dans leurs écrits, que Dieu n'est pas l'auteur de toutes choses, mais seulement des bonnes. — Cela suffit.

— Que dis-tu de cette autre loi? Doit-on regarder Dieu comme un enchanteur qui se plaît à prendre mille formes différentes, et qui tantôt paraît sous une figure étrangère, tantôt nous fait illusion, en affectant nos sens, comme s'il était réellement présent? N'est-ce pas plutôt un être simple, et de tous les êtres le moins capable de changer de figure? — Je ne sais que te répondre pour le présent. — Tu répondras du moins à ceci. Lorsque quelqu'un quitte sa forme naturelle, n'est-ce pas une nécessité que ce changement vienne de lui-même ou d'un autre? — Oui. — Mais les choses les mieux constituées sont aussi les moins sujettes au changement de la part des causes étrangères. Par exemple, les corps les plus sains et les plus robustes sont les moins affectés par la nourriture et le travail. Il en est ainsi des plantes, par rapport aux vents, à l'ardeur du soleil et aux autres outrages des saisons. — Cela est certain. — L'âme n'est-elle pas aussi d'autant moins troublée et altérée par les accidents extérieurs, qu'elle est plus courageuse et plus sage? — Oui. — Par la même raison, les ouvrages de main d'homme, les édifices, les vêtements résistent au temps, et à tout ce qui peut les détruire, à proportion qu'ils sont bien travaillés et formés de bons matériaux. — Sans doute. — En général, tout ce qui est parfait, soit qu'il tienne sa perfection de la nature ou de l'art, ou de l'un et de l'autre, est très-peu sujet au changement de la part d'une cause étrangère. — Cela doit être. — Mais Dieu, et tout ce qui appartient à sa nature, est parfait. — Oui. — Ainsi donc, à le considérer de ce côté, il n'est nullement susceptible de recevoir plusieurs formes. — Non. — Se changerait-il donc de lui-même? — Il est évident que, s'il se faisait quelque changement en Dieu, il ne pourrait venir d'ailleurs. — Ce changement se ferait-il en mieux ou en pis? — Ce serait une nécessité qu'il se fît en pis ; car nous n'avons garde de dire de Dieu qu'il lui manque aucun degré de beauté ou de vertu. — Tu dis bien. Cela posé, crois-tu, Adimante, que qui que ce soit, homme ou dieu, prenne de lui-même une forme moins belle que la sienne?. — Cela est impossible. — Il est donc impossible que Dieu veuille se changer. Et chacun des dieux, très-beau et très-bon de sa nature, conserve toujours la forme qui lui est propre. — Il me semble que la chose ne saurait être autrement.

— Qu'aucun poëte ne s'avise donc de nous dire :

Les dieux vont de ville en ville, déguisés sous des formes étrangères[1];

ni de nous débiter des mensonges au sujet des métamorphoses de Protée[2] et de Thétis[3]. Que dans la tragédie, ou dans tout autre poëme, on ne nous représente pas Junon sous la figure d'une prêtresse, mendiant pour les enfants du fleuve Inachus[4], et qu'on ne nous dise aucune fausseté de cette nature. Que les mères, remplies de ces fictions poétiques, n'épouvantent pas leurs enfants, en leur faisant accroire mal à propos que les dieux vont de tous côtés pendant la nuit, déguisés en voyageurs et en passagers ; car c'est blasphémer contre les dieux et rendre les enfants lâches et timides. — Qu'elles se gardent bien de rien faire de semblable.

— Mais peut-être que les dieux, ne pouvant changer de figure, peuvent du moins en imposer à nos sens par des prestiges et des enchantements? — Cela pourrait être. — Un dieu peut-il se résoudre à mentir de parole ou d'action, en nous présentant un fantôme au lieu de lui-même? — Je n'en sais rien. — Quoi ! tu ne sais pas que le vrai mensonge, si je puis parler ainsi, est également détesté des hommes et des dieux? — Qu'entends-tu par là? — J'entends

[1] *Odyss.*, XVII, v. 485.
[2] *Ibid.*, IV, v. 364.
[3] Pindare, *Nem.*, 5, 60.
[4] *Inachus*, drame satirique, attribué à Sophocle, Eschyle ou Euripide.

que personne ne veut loger le mensonge dans la partie la
plus noble de lui-même, par rapport aux choses de la
plus grande importance ; qu'au contraire, il n'est rien que
l'on craigne davantage. — Je ne le comprends pas encore.
— Tu crois que je dis quelque chose de bien relevé. Je dis
que personne ne veut être trompé ni avoir été trompé dans
son âme touchant la nature des choses, et qu'il n'est rien
que nous craignions et que nous détestions davantage que
de loger le mensonge en nous-mêmes à cet égard. — Je le
crois. — Le mensonge est donc, à proprement parler, l'i-
gnorance qui affecte l'âme de celui qui est trompé ; car le
mensonge dans les paroles n'est qu'une expression du sentiment que l'âme éprouve : ce n'est point un mensonge
pur, mais un fantôme né à la suite de l'erreur. N'est-il
pas vrai ? — Oui. — Le véritable mensonge est donc
également détesté des hommes et des dieux ? — Je le
pense.

— Mais quoi ! n'est-il pas des circonstances où le mensonge dans les paroles perd ce qu'il a d'odieux, parce qu'il
devient utile ? N'a-t-il pas son utilité lorsqu'on s'en sert,
par exemple, pour tromper un ennemi, ou même un ami
que la fureur ou la démence porte à quelque action mauvaise en soi, le mensonge devenant alors un remède qu'on
emploie pour le détourner de son dessein ? Et encore dans
la poésie, l'ignorance où nous sommes au sujet des faits
anciens ne nous autorise-t-elle pas à recourir au mensonge,
que nous rendons utile en lui donnant les couleurs les plus
approchantes de la vérité ? — Cela est vrai. — Mais pour
laquelle de ces raisons le mensonge serait-il utile à Dieu ?
L'ignorance de ce qui s'est passé en des temps reculés le
réduirait-elle à déguiser le mensonge sous les couleurs de
la vraisemblance ? — Il serait ridicule de le dire. — Dieu
n'est donc pas un poète menteur ? — Non. — Mentirait-il
par la crainte de ses ennemis ? — Qu'en a-t-il à craindre ?
— Ou à cause de ses amis furieux ou insensés ? — Mais
les furieux et les insensés ne sont pas aimés des dieux.
— Aucune raison n'oblige donc Dieu à mentir ? — Non.

— Dieu est donc ennemi du mensonge. Essentiellement droit et vrai dans ses paroles et dans ses actions, il ne change point sa forme naturelle; il ne peut tromper les autres ni par des fantômes ni par des discours, ni en leur envoyant des signes, soit pendant le jour, soit pendant la nuit. — Il me paraît que tu as raison. — Tu approuves donc notre seconde loi, qui défend qu'on parle ou qu'on écrive touchant les dieux de manière à nous les faire regarder comme des enchanteurs qui prennent différentes formes, et qui cherchent à nous séduire par leurs discours ou par leurs actions ? — Je l'approuve. — Ainsi, quoiqu'il y ait bien des choses à louer dans Homère, nous n'approuverons pas l'endroit où il raconte que Jupiter envoya un songe à Agamemnon [1], ni l'endroit d'Eschyle où il fait ainsi parler Thétis :

Apollon, assistant à mes noces, avait chanté pendant le festin que je serais une mère fortunée et chérie des dieux, que mes enfants, exempts de maladies, parviendraient à une heureuse vieillesse. Ces prédictions me comblaient de joie : je ne croyais pas que le mensonge pût sortir de cette bouche divine, d'où sortent tant d'oracles. Cependant ce dieu qui a chanté mon bonheur, ce dieu qui, témoin de mon hyménée, m'a annoncé un sort si digne d'envie, ce même dieu est le meurtrier de mon fils [2].

Quand quelqu'un parlera ainsi des dieux, nous le repousserons avec indignation; nous ne souffrirons pas davantage de semblables discours dans la bouche des maîtres chargés de l'éducation d'une jeunesse que nous voulons pénétrer de respect pour les dieux, et rendre même semblable aux dieux, autant que la faiblesse humaine le peut permettre. — Je trouve ces règlements fort sages, et je consens qu'on en fasse autant de lois. »

[1] *Iliade*, II, v. 6.
[2] *Psychostasie*, pièce perdue d'Eschyle. Voyez Wyttenbach, *Select. princip. histor.*, p. 388.

LIVRE TROISIÈME.

—

ARGUMENT.

On ne doit offrir à la jeunesse que les images du beau et du bon, afin de
la porter naturellement à aimer ce qui est beau et bon. Dans ce but, Platon
se hâte d'effacer des poëtes les fictions qui peuvent amollir le courage et
tromper la conscience, tout ce qui tend à dégrader le caractère des héros,
et à donner de fausses idées de la bonté des dieux. Critique d'Homère. Le
législateur bannit le poëte de la république pour avoir mal parlé de la divinité ; mais en le bannissant il chante ses louanges et lui met une couronne sur
la tête. Il définit ensuite la médecine et la jurisprudence, et veut qu'elles se
bornent à maintenir ceux qui ont reçu de la nature un corps sain et une belle
âme. La tempérance bannira les médecins, et la justice bannira les juges.
Ces choses une fois établies, Platon aborde une question difficile et que
jusqu'à ce jour toutes les législations ont vainement essayé de résoudre : il
s'agit de donner le commandement à ceux qui sont dignes de commander. Le
législateur veut fonder une inégalité juste et reporter incessamment à leur
place tous les genres de mérite. Il divise la nation en trois classes : les guerriers, les magistrats et les mercenaires, auxquelles classes répondent trois
races d'hommes, les races d'or, d'argent et d'airain. Ces races, il les prend
des mains de la nature, comme la nature les lui donne, et il les soumet à une
éducation dont le but est de tirer les races d'or de la foule pour les porter au
sommet de la société.

« Tels sont, touchant la nature des dieux, les discours
qu'il convient ou qu'il ne convient pas de tenir devant des
enfants, dont le principal objet doit être d'honorer les
dieux et leurs parents, et de regarder la concorde entre
les citoyens comme un des plus grands biens de la société.
— Ce que nous avons réglé sur ce point, dit Adimante,
me paraît très-raisonnable. — A présent, si nous voulons
qu'ils soient courageux, ne faut-il pas que ce qu'on leur
dira tende à leur faire mépriser la mort ? Penses-tu qu'on
puisse craindre la mort et avoir du courage ? — Je ne le
pense pas. — Comment un homme, persuadé que l'autre
monde est un lieu plein d'horreur, pourrait-il ne pas

craindre la mort? Comment pourrait-il la préférer dans les combats à une défaite et à l'esclavage? — Cela est impossible. — Notre devoir est donc encore de prendre garde aux discours qu'on tiendra à ce sujet, et de recommander aux poëtes de changer en éloges tout le mal qu'ils disent ordinairement des enfers; d'autant plus que ce qu'ils en racontent n'est ni vrai ni propre à inspirer de la confiance à des guerriers. — Sans doute. — Rayons donc des ouvrages d'Homère tous les vers qui suivent, à commencer par ceux-ci :

Je préférerais à l'empire des morts la condition d'esclave chez un homme pauvre et vivant du travail de ses mains [1].

Et :

Pluton craignit que ce séjour de ténèbres et d'horreur, redouté des dieux mêmes, ne se découvrit aux regards des mortels et des immortels [2].

Et :

Hélas! il ne reste donc plus de nous, après la mort, qu'une ombre, une vaine image, privée de sentiment et de raison [3] ?

Et encore :

Le seul Tirésias pense; les autres ne sont que des ombres errantes à l'aventure [4].

Et ceux-ci :

Son âme, s'envolant de son corps, s'enfuit dans les enfers, déplorant sa destinée, regrettant sa force et sa jeunesse [5]... Son âme, telle qu'une vapeur légère, s'enfuit sous terre en gémissant [6]. Ces âmes allaient de compagnie, poussant des gémissements entrecoupés, telles que les chauves-souris, quand l'une d'elles est tombée du rocher, s'envolent en remplissant l'air de cris, et s'attachent l'une à l'autre [7].

[1] *Odyss.*, XI, v. 488.
[2] *Iliad.*, XX, v. 64.
[3] *Ibid.*, XXIII, v. 103.
[4] *Odyss.*, X, v. 495.
[5] *Iliad.*, XVI, v. 856.
[6] *Ibid.*, XXIII, v. 100.
[7] *Odyss.*, XXIV, v. 6.

» Nous conjurons Homère et les autres poëtes de ne pas trouver mauvais que nous effacions de leurs écrits ces endroits et les autres de cette nature. Ce n'est pas qu'ils ne soient très-poétiques, et qu'ils ne flattent agréablement l'oreille du peuple. Mais, plus ils sont beaux, plus il est dangereux qu'ils soient entendus, à quelque âge que ce soit, de ceux qui, destinés à vivre libres, doivent préférer la mort à la servitude. — Tu as raison.

— Effaçons encore ces noms odieux et formidables de *Cocyte*, de *Styx*, de *Mânes*, d'*Enfers*, et autres semblables, qui font frissonner ceux qui les entendent prononcer. Peut-être ont-ils leur utilité pour une autre fin ; mais nous craignons que la frayeur qu'ils inspirent ne refroidisse et n'amollisse le courage de nos guerriers. — Cette crainte est bien fondée. — Il faut donc les retrancher. — Oui. — Et nous servir, soit en parlant, soit en écrivant, d'expressions toutes contraires. — Sans contredit. — Retranchons aussi ces lamentations et ces regrets qu'on met quelquefois dans la bouche des grands hommes. — C'est une suite nécessaire de ce que nous venons de dire. — Voyons auparavant si la raison autorise ou non ce retranchement. N'est-il pas vrai que le sage ne regardera pas la mort comme un mal à l'égard d'un autre sage son ami? — Cela est vrai. — Il ne pleurera donc pas sur lui, comme s'il lui était arrivé quelque chose de funeste? — Non. — Nous disons aussi que, s'il est un homme qui puisse se suffire à lui-même et se passer des autres hommes pour être heureux, c'est le sage. — Rien n'est plus certain. — Ce ne sera donc pas un malheur pour lui de perdre un fils, un frère, des richesses ou quelque autre bien de cette nature? — Non. — Lorsqu'un pareil accident lui arrivera, il ne s'en affligera pas, et le supportera avec toute la patience possible. — Sans doute. — Nous avons donc raison d'ôter aux hommes illustres les pleurs et les gémissements; de les renvoyer aux femmes, et encore aux plus faibles d'entre elles, aussi bien qu'aux hommes d'un caractère efféminé. Nous voulons que ceux que nous destinons à la garde de notre ville rougissent de pareilles faiblesses. — Nous faisons bien.

— Conjurons donc encore une fois Homère et les autres poëtes de ne pas nous représenter Achille, le fils d'une déesse,

Tantôt couché sur le côté, ou la face contre terre, ou le visage tourné vers le ciel; tantôt errant sur le rivage de la mer, en proie à la douleur[1];

ni

Prenant la poussière à deux mains et s'en couvrant la tête[2],

ou pleurant et sanglotant; ni Priam, ce roi presque égal aux dieux,

Se roulant sur la terre, s'abaissant aux plus humbles prières, et conjurant chacun par son nom de prendre part à son malheur[3].

Encore plus les conjurerons-nous de ne pas représenter les dieux en pleurs, s'écriant :

Hélas ! que mon sort est à plaindre ! que je suis une mère malheureuse[4]!

Et, si c'est une chose messéante à l'égard des autres dieux, ce l'est bien plus encore d'avoir fait dire au plus grand des dieux :

Hélas! je vois à regret Hector, ce mortel qui m'est si cher, fuyant autour des murailles de Troie : mon cœur est alarmé du danger qui le menace[5];

et dans un autre endroit :

Malheureux que je suis! voici le moment où, par la volonté du destin, Sarpédon, le mortel que je chéris le plus, va périr sous la main de Patrocle[6].

Tu vois, en effet, mon cher Adimante, que si nos jeunes

---

[1] Iliad., XXIV, v. 10 et suiv.
[2] Ibid., XVIII, v. 23, 24.
[3] Ibid., XXII, v. 414.
[4] Ibid., XVIII, v. 54.
[5] Ibid., XXII, v. 168.
[6] Ibid., XVI, v. 433.

gens écoutent sérieusement ces sortes de récits, et s'ils ne
se moquent de toutes ces faiblesses, comme étant indignes des dieux, il leur sera difficile de les croire indignes
d'eux-mêmes, puisque après tout ils ne sont que des
hommes, et de se faire des reproches de lâcheté lorsqu'ils
se surprendront faisant ou disant de pareilles choses;
mais, aux moindres disgrâces, ils perdront cœur, et
s'abandonneront sans doute aux gémissements et aux
larmes. — Rien n'est plus vrai que ce que tu dis. — Or,
nous venons de voir que cela ne doit pas être, et nous
en croirons nos raisons jusqu'à ce qu'on nous en oppose
de meilleures. — Sans doute.

— Mais est-il plus convenable qu'ils soient portés à rire?
Un rire excessif n'est-il pas la marque d'une grande alté-
ration dans l'âme? — Je le crois ainsi. — Nous ne devons
donc pas souffrir qu'on nous représente des hommes
graves, encore moins les dieux, dominés par un rire qu'ils
ne peuvent modérer. — Non assurément. — Et, s'il faut
t'en croire, nous reprendrons Homère d'avoir dit :

Un rire inextinguible éclata parmi les dieux, lorsqu'ils virent Vulcain
s'agiter en boitant dans la salle du festin [1].

— Nous aurons raison de le reprendre, si tu veux m'en
croire. — Cependant la vérité a des droits qu'il faut res-
pecter. Car, si nous ne nous sommes pas trompés lorsque
nous avons dit que le mensonge n'est jamais utile aux
dieux, mais qu'il l'est quelquefois aux hommes, quand on
s'en sert comme d'un remède, il'est évident que c'est aux
médecins qu'il faut en confier l'usage, et non pas à tout le
monde indifféremment. — Cela est évident. — C'est donc
aux magistrats exclusivement qu'il appartient de mentir
pour tromper l'ennemi ou le citoyen pour le bien de la
république. Le mensonge ne doit jamais être permis à
d'autres : et nous dirons qu'un particulier qui trompe le
magistrat est plus coupable qu'un malade qui trompe son

[1] *Iliade*, I, v. 599.

médecin, qu'un élève qui cache à celui qui le forme les dispositions de son corps, qu'un matelot qui dissimule au pilote l'état du vaisseau et de l'équipage. — Cela est très-vrai. — Par conséquent, si le magistrat surprend en mensonge quelque citoyen que ce soit de condition privée,

Soit devin, soit médecin, soit charpentier [1],

il le punira sévèrement, comme introduisant dans l'État, ainsi que dans un vaisseau, un mal capable de le renverser et de le perdre. — Ce mal perdrait l'État sans doute, si les actions répondaient aux paroles.

— Ne faut-il pas aussi élever nos jeunes guerriers dans la tempérance? — Assurément. — Les principaux effets de la tempérance ne sont-ils pas de nous rendre soumis à ceux qui gouvernent, et maîtres de nous-mêmes en tout ce qui concerne le boire, le manger et les plaisirs des sens? — Oui, ce me semble. — Ainsi, nous approuverons l'endroit d'Homère où Diomède dit à Sthénélus :

Ami, écoute en silence, et suis mes conseils [2];

et cet autre :

Les Grecs marchaient pleins d'ardeur et de courage, écoutant avec respect les ordres de leurs chefs [3],

et tous les endroits de cette nature. — Nous les approuverons. — Dirons-nous la même chose de ces paroles :

Ivrogne aux yeux de chien, au cœur de cerf [4],

et ce qui suit; aussi bien que toutes les injures que les poëtes et les autres écrivains font dire à des inférieurs à leurs supérieurs? — Non sans doute. — De pareils discours ne sont guère propres à inspirer de la modération à

[1] *Odyssée*, XVII, v. 383
[2] *Iliade*, IV, v. 412.
[3] *Ibid.*, IV, v. 431.
[4] *Ibid.*, I, v. 225.

nos jeunes gens, et s'ils leur inspirent de tout autres sentiments, il n'en faut pas être surpris. Qu'en penses-tu? — Je pense comme toi. — Hé quoi! lorsque Homère fait dire au sage Ulysse que rien ne lui paraît plus beau

Que de voir des tables couvertes de mets délicieux, et un échanson verser à la ronde le vin dans les coupes [1],

et ailleurs,

Que le genre de mort le plus triste est de périr par la faim [2];

ou lorsqu'il nous représente Jupiter oubliant, par l'excès de sa passion, tous les desseins qu'il a formés, quand seul il veillait pendant le sommeil des dieux et des hommes, et tellement transporté à la vue de Junon, qu'il ne veut pas se retirer dans son palais pour contenter ses désirs, mais qu'il les assouvit sur le mont Ida même, en lui protestant qu'il ne s'est jamais senti tant d'amour pour elle, non pas même lorsqu'ils se virent pour la première fois *à l'insu de leurs parents* [3]; ou lorsqu'il raconte l'aventure de Mars et de Vénus surpris dans les filets de Vulcain [4]; crois-tu que tout cela soit bien propre à porter nos jeunes gens à la tempérance? — Il s'en faut de beaucoup. — Mais lorsqu'il nous peint ses héros dans l'adversité, parlant et agissant avec beaucoup de grandeur d'âme, c'est alors qu'il faut l'admirer et l'écouter. Quand, par exemple, il dit

Qu'Ulysse se frappa la poitrine, et ranima son courage en ces mots : « Mon âme, tiens encore ferme contre ce malheur : tu en as déjà essuyé de plus grands [5]. »

— Oui, certes.
— Il ne faut pas souffrir non plus que nos jeunes gens

[1] *Odyssée*, IX, v. 8.
[2] *Ibid.*, XI, v. 342.
[3] *Iliade*, XIV, v. 291.
[4] *Odyssée*, VIII, v. 266.
[5] *Ibid.*, XX, v. 17.

soient avides d'argent, ni qu'ils se laissent corrompre par des présents. — Non sans doute. — Qu'on ne chante donc pas devant eux que

Les présents gagnent les rois et les dieux [1].

Qu'on n'approuve pas comme sage et modéré le conseil que Phénix, gouverneur d'Achille, lui donne de secourir les Grecs si on lui fait des présents, et de garder son ressentiment si on ne lui en fait point [2]. Nous refuserons aussi de croire et d'avouer qu'Achille ait été avare au point de recevoir des présents d'Agamemnon [3], et de ne rendre le corps d'Hector à son père qu'après qu'il en eut payé la rançon [4]. — Ces traits ne sont ni beaux ni dignes de louange. — Ce n'est qu'avec peine que je me détermine à dire qu'Homère a eu tort de mettre de pareilles actions sur le compte d'Achille, ou d'ajouter foi en cela à ce que d'autres avant lui en avaient publié. J'en dis autant des menaces que ce héros fait à Apollon :

Tu m'as frappé, dieu cruel ; je t'en punirais, si j'en avais le pouvoir [5];

et de sa résistance à un dieu, le fleuve Xanthe, contre lequel il était prêt à se battre [6]; et de ce qu'il a dit au sujet de sa chevelure, qui était consacrée au fleuve Sperchius,

Qu'il l'offrira sur le tombeau de son cher Patrocle [7].

Il n'est pas croyable qu'il ait jamais dit ou fait rien de semblable, ni qu'il ait traîné le cadavre d'Hector autour du bûcher de Patrocle [8], ni qu'il ait immolé, sur ce même

[1] Euripide, *Médée*, v. 934.
[2] *Iliade*, IX, v. 455 et suiv.
[3] *Ibid.*, XIX, v. 278 et suiv.
[4] *Ibid.*, XXIV, v. 175 et suiv.
[5] *Ibid.*, XXII, v. 15 et suiv.
[6] *Ibid.*, XXI.
[7] *Ibid.*, XXIII, v. 151.
[8] *Ibid.*, XXII, v. 394 et suiv.

bûcher, des captifs troyens [1]. Nous soutiendrons que tout
cela n'est pas vrai, et nous ne souffrirons pas qu'on fasse
croire à nos guerriers qu'Achille, le fils de Thétis et du
sage Pélée, l'arrière-petit-fils de Jupiter [2], l'élève du vertueux Chiron, ait eu l'âme assez mal réglée pour se laisser
dominer par deux passions aussi contraires que le sont
une basse avarice et un orgueil qui insultait aux hommes
et aux dieux. — Tu as raison.

— Gardons-nous bien aussi de croire et de laisser dire
que Thésée, fils de Neptune, et Pirithoüs, fils de Jupiter,
aient tenté l'enlèvement qu'on leur attribue [3], ni qu'aucun
autre enfant des dieux, aucun héros, se soit rendu coupable des cruautés et des impiétés dont les poëtes les accusent faussement. Contraignons les poëtes de reconnaître
que les héros n'ont jamais commis de pareilles actions,
ou, s'ils les ont commises, qu'ils ne sont pas issus du
sang des dieux. Mais ne leur permettons jamais de dire
qu'ils sont tout ensemble enfants des dieux et coupables
de semblables crimes; ni d'entreprendre de persuader à
nos jeunes gens que les dieux ont produit quelque chose de
mauvais, et que les héros ne valent pas mieux que de
simples hommes. Car, comme nous disions plus haut, ces
sortes de discours ne sont ni vrais ni religieux, et nous
avons montré qu'il répugne que les dieux soient auteurs
d'aucun mal. — Cela est certain. — Ajoutons que de tels
discours sont très-dangereux pour ceux qui les entendent.
En effet, quel homme ne justifiera pas à ses yeux sa méchanceté, lorsqu'il sera persuadé qu'il ne fait que ce que
faisaient les enfants des dieux, les descendants du grand
Jupiter, qui ont au sommet de l'Ida un autel où ils sacrifient à leur père, et qui portent encore dans leurs veines
le sang des immortels [4] ? Par toutes ces raisons, bannis-

[1] Iliade, III, v. 175 et suiv.
[2] Ibid., XXI, v. 188.
[3] L'enlèvement de Proserpine. Voyez Ovide, *Tristes*, I, 5, v. 19.
[4] Lucien attribue ces vers à un poëte tragique qu'il ne nomme pas. Voyez
l'*Éloge de Démosthène*, t. III, c. XIII.

sons de notre ville ces sortes de fictions, de peur qu'elles n'engendrent dans notre jeunesse une malheureuse facilité à commettre les plus grands crimes. — Bannissons-les.

— Puisque nous avons commencé de déterminer quels discours on doit tenir ou ne pas tenir devant nos jeunes gens, en est-il encore quelque espèce dont nous ayons à parler? Nous avons déjà traité de ce qu'il fallait dire au sujet des dieux, des génies, des héros et des enfers. — Oui. — Ce serait à présent le lieu de régler la matière des discours qui regardent les hommes. — Sans doute. — Mais, mon cher ami, cela nous est impossible pour le moment. — Pourquoi? — Parce que nous dirions, je pense, que les poëtes et les conteurs de fables se trompent très-gravement au sujet des hommes lorsqu'ils disent que les méchants sont heureux, pour la plupart, et les gens de bien malheureux; que l'injustice est utile, tant qu'elle demeure cachée; qu'au contraire la justice est nuisible à celui qui la pratique, et utile aux autres. Nous leur interdirions de pareils discours, et nous leur prescririons à l'avenir de dire le contraire, soit en vers, soit en prose : n'est-il pas vrai? — J'en suis persuadé. — Mais si tu avoues que j'ai raison en cela, j'en conclurai que tu conviens de ce qui est en question depuis le commencement de cet entretien. — Ta réflexion est juste. — Ainsi, remettons à déterminer quels sont les discours qu'il faut tenir touchant les hommes, lorsque nous aurons découvert ce que c'est que la justice, et s'il est avantageux en soi d'être juste, soit qu'on passe ou non pour tel. — Nous ferons bien.

— C'en est assez touchant le discours; passons à ce qui regarde la *diction*, et nous aurons traité à fond de ce qui doit être la matière du discours, et de la forme qu'il convient de lui donner. — Je ne t'entends pas. — C'est contre mon intention. Voyons si tu m'entendras mieux d'une autre façon. Tout ce que disent les poëtes et les mythologistes est-il autre chose qu'un récit des choses passées, présentes ou à venir? — Non. — Pour cela n'emploient-ils pas, ou le récit simple, ou le récit imitatif, ou le récit composé? — Je te prie de m'expliquer encore ceci plus clairement. — Je suis un plaisant maître, à ce qu'il paraît; je ne saurais me faire entendre. Je vais donc tâcher, à l'exemple de ceux qui n'ont pas la facilité de s'expliquer, de te faire comprendre ma pensée, non plus en te la présentant tout entière, mais en te la détaillant. Réponds-moi. Tu sais les premiers vers de l'Iliade, où Homère raconte que Chrysès vint trouver Agamemnon pour le prier de lui rendre sa fille; qu'Agamemnon l'ayant refusé durement, il se retira, et conjura Apollon de le venger de ce refus sur l'armée grecque? — Je sais cela. — Tu sais encore que jusqu'à ces vers,

Il conjura tous les Grecs, et surtout les deux fils d'Atrée, chef de l'armée,

le poète parle en son nom, et ne cherche point à nous faire croire que c'est un autre que lui qui parle. Au lieu qu'après ces vers, il parle en la personne de Chrysès, et il emploie tout son art pour nous persuader que ce n'est plus Homère qui parle, mais ce vieillard, prêtre d'Apollon. La plupart des récits de l'Iliade et de l'Odyssée sont de ce genre. — Il est vrai. — N'est-ce pas toujours un récit, soit que le poète parle lui-même, soit qu'il fasse parler les autres? — Sans doute. — Mais lorsqu'il met quelque discours dans la bouche d'un autre, ne tâche-t-il pas de se conformer le plus qu'il lui est possible au caractère de celui qu'il fait parler? — Oui. — Se conformer à quelqu'un, soit pour le geste, soit pour la voix, n'est-ce pas l'imiter? — Sans contredit. — Ainsi, en ces occasions, les récits, tant d'Homère que des autres poètes, sont des récits imitatifs. — Fort bien.

— Au contraire, si le poète ne se déguisait jamais sous la personne d'un autre, tout son poème et sa narration seraient simples et sans imitation; et, afin que tu ne dises pas que tu ne comprends point comment cela peut se faire, je vais te l'expliquer. Si Homère, après avoir dit que Chrysès vint au camp avec la rançon de sa fille, et supplia les Grecs, surtout les deux rois, avait continué son

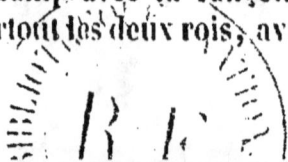

9

récit en son nom, et non pas au nom de Chrysès, ce ne
serait plus alors une imitation, mais un récit simple.
Voici, par exemple, comment il s'y serait pris ; je me servirai de la prose, car je ne suis pas poëte :

Le prêtre d'Apollon, étant venu au camp, pria les dieux de rendre les
Grecs maîtres de Troie, et de leur accorder un retour heureux dans leur pays.
En même temps il conjura les Grecs, au nom d'Apollon, de lui remettre sa
fille et d'accepter sa rançon. Tous les Grecs, touchés de respect pour ce
vieillard, consentirent à sa demande. Mais Agamemnon s'emporta contre lui,
lui ordonna de se retirer, et de ne plus paraître en sa présence, ajoutant que,
s'il revenait, le sceptre et les bandelettes du dieu ne le garantiraient pas de
sa colère ; qu'avant que sa fille lui fût rendue, elle vieillirait avec lui à Argos ;
qu'il s'en allât et qu'il ne l'aigrit pas davantage, s'il voulait retourner sain et
sauf chez lui. Le vieillard se retira tremblant et sans rien dire. Dès qu'il fut
éloigné du camp, il adressa une prière à Apollon, l'invoquant, par tous ses
noms, lui rappelant le souvenir de tout ce qu'il avait fait pour lui plaire, soit
en lui bâtissant un temple, soit en lui immolant des victimes choisies ; en
récompense de sa piété, il le pria de lancer ses traits sur les Grecs, et de
venger ainsi les pleurs qu'ils lui faisaient répandre.

Voilà ce que j'appelle un récit simple et sans imitation.
— J'entends. — Comprends donc aussi qu'il est une
espèce de récit opposé à celui-là. C'est lorsque le poëte,
supprimant tout ce qu'il entremêle en son nom aux discours de ceux qu'il fait parler, ne laisse que le dialogue.
— Je comprends. Ce récit est propre à la tragédie. — Justement. Je crois à présent l'avoir fait entendre ce que tu
ne pouvais saisir d'abord, savoir, que dans la poésie et
dans toute fiction il y a des récits de trois sortes. Le premier est tout à fait imitatif, et, comme tu viens de dire,
il appartient à la tragédie et à la comédie. Le second se
fait au nom du poëte. Tu le trouveras employé d'ordinaire
dans les dithyrambes. Le troisième est mêlé de l'un et
de l'autre. On s'en sert dans l'épopée et ailleurs. Tu
m'entends ? — Oui, j'entends ce que tu voulais dire. —
Rappelle-toi encore ce que nous disions plus haut, qu'après
avoir réglé ce qui concernait le fond du discours, il nous
restait à en examiner la forme. — Je me le rappelle.

— Je voulais te dire qu'il nous fallait discuter ensemble

si nous laisserions aux poëtes la liberté d'user de récits
imitatifs en entier, ou en partie seulement; et quelles
règles nous leur prescririons pour ces sortes de récits, ou
si nous leur interdirions toute imitation. — Je soupçonne
quel est ton dessein : tu veux voir si nous recevrons la
tragédie et la comédie dans notre État, ou non. — Peut-
être, et quelque chose de plus; car je n'en sais rien pour
le présent. Mais j'irai où le souffle de la raison me poussera. — C'est bien dit. — Examine maintenant, mon cher
Adimante, s'il est à propos que nos guerriers soient imitateurs ou non. Ne suit-il pas de ce que nous avons dit
plus haut que chacun ne peut bien faire qu'une seule
chose, et que, s'il s'applique à plusieurs, il ne réussira
dans aucune de manière à s'y montrer supérieur? — Cela
doit être. — C'est la même chose par rapport à l'imitation.
Le même homme ne peut pas imiter aussi bien plusieurs
choses qu'une seule. — Non. — Encore moins pourra-t-il
s'appliquer à quelque art sérieux, important, et en
même temps imiter plusieurs choses et exceller dans
l'imitation, d'autant plus que le même homme ne peut
bien réussir dans deux imitations qui paraissent tenir
beaucoup l'une de l'autre, comme la tragédie et la comédie.
Ne les appelais-tu pas tout à l'heure des imitations? —
Oui, et tu as raison de dire qu'on ne peut exceller à la
fois dans ces deux genres. — On ne trouve même personne
qui soit tout ensemble bon rapsode et bon acteur. — Cela
est vrai. — Les mêmes acteurs ne sont plus également
bons pour le tragique et pour le comique. Or, tout cela,
qu'est-ce autre chose que des imitations? — Rien autre
chose. — Il me semble que les facultés de l'homme se
divisent en applications encore plus bornées; de sorte
qu'il est impossible de bien imiter plusieurs choses, ou de
faire sérieusement les choses que l'on imite. — Rien de
plus vrai.

— Si donc nous nous en tenons au premier règlement,
par lequel nos guerriers, libres de toute autre occupation,
doivent s'appliquer uniquement à conserver et à défendre

la liberté de l'État par tous les moyens propres à cet effet, il ne leur convient pas de faire ni d'imiter quelque autre chose que ce soit : ou, s'ils imitent quelque chose, qu'ils imitent de bonne heure ce qui peut les conduire à leur fin, c'est-à-dire le courage, la tempérance, la sainteté, la grandeur d'âme et les autres vertus ; mais qu'ils n'imitent rien de bas et de honteux, de peur qu'ils ne deviennent tels que ce qu'ils imitent. N'as-tu pas remarqué que l'imitation, lorsqu'on en contracte l'habitude dès la jeunesse, passe dans les mœurs, qu'elle se change en nature, et qu'on prend peu à peu le ton, les gestes et le caractère de ceux que l'on contrefait? — Rien n'est plus ordinaire. — Ne souffrons donc pas que ceux dont nous prenons soin, à qui nous faisons un devoir de la vertu, s'amusent à contrefaire une femme, soit jeune, soit vieille, querellant son mari, ou pleine d'orgueil, et s'égalant aux dieux, ou s'abandonnant dans ses malheurs aux plaintes et aux lamentations. Encore moins la contreferont-ils malade, amoureuse ou en mal d'enfant. — Sans doute. — Qu'ils n'imitent pas non plus les esclaves de l'un et de l'autre sexe, dans les actions propres à leur condition. — Non. — Ni les hommes méchants et lâches, qui se querellent, s'insultent et se disent des obscénités les uns aux autres, soit dans l'ivresse ou de sang-froid; ni les autres discours et les autres actions où ces sortes de personnes manquent à ce qu'ils se doivent à eux-mêmes et aux autres. Je ne crois pas non plus qu'ils doivent s'accoutumer à contrefaire ce que disent et font les fous. Il faut connaître les fous et les méchants; mais il ne faut ni leur ressembler ni les imiter. —Cela est certain. — Doivent-ils contrefaire les forgerons, ou quelque ouvrier que ce soit, les rameurs et les patrons de galère, ou enfin rien de semblable? — Comment le devraient-ils, puisqu'ils ne leur est pas même permis de faire attention à aucune de ces choses? — Et le hennissement des chevaux, le mugissement des taureaux, le bruit des fleuves, de la mer, du tonnerre, et ainsi du reste : leur convient-il de contrefaire tout cela? — Non, puisque nous ne voulons pas qu'ils soient insensés, ni qu'ils imitent ceux qui le sont.

— Si je comprends bien ta pensée, il est une manière de parler et de raconter, dont l'honnête homme se sert lorsqu'il a quelque chose à dire; et il en est une autre toute différente, dont se servent ceux qui sont mal nés ou mal élevés. — Quelles sont-elles? — L'honnête homme, lorsque son discours le conduira au récit de ce qu'a dit ou fait un homme semblable à lui, s'efforcera de le représenter dans sa personne, et il ne rougira pas d'une pareille imitation, surtout lorsqu'elle aura pour objet de le peindre dans une situation où il montre de la sagesse et de la fermeté, et non pas lorsqu'il est abattu par la maladie, vaincu par l'amour, dans l'ivresse, ou dans quelque autre fâcheuse conjoncture; mais, quand l'occasion s'offrira de contrefaire quelque personne au-dessous de lui, jamais il ne s'abaissera jusqu'à l'imiter sérieusement, si ce n'est en passant, et lorsqu'il aura fait quelque bonne action; et encore il en aura honte, parce qu'il n'est point exercé à imiter ces sortes de personnes, et qu'il se voudrait du mal s'il se moulait et se formait sur un modèle au-dessous de lui; et, si ce n'était pour rire un moment, il repousserait cette imitation avec mépris. — Cela doit être. — Son récit sera donc tel que celui d'Homère dont nous parlions tout à l'heure, en partie simple, en partie imitatif, de manière cependant que l'imitation revienne rarement dans toute la suite du discours : ai-je raison? — Oui; c'est ainsi que doit parler un homme de ce caractère. — Pour celui qui est d'un caractère opposé, plus il sera malhonnête homme, plus il sera porté à tout imiter; il ne croira rien au-dessous de lui : ainsi il se fera une étude de contrefaire en public toutes les choses dont nous avons fait l'énumération, le bruit du tonnerre, des vents, de la grêle, des essieux, des roues ; le son des trompettes, des flûtes, des chalumeaux, et de tous les instruments; le cri des chiens, des moutons, des oiseaux. Tout son discours se passera à imiter le ton et les expressions d'autrui; à peine y entrera-t-il quelque chose du récit simple. — Cela ne saurait être autrement.

— Telles sont les deux sortes de récits dont je voulais parler. — Fort bien. — La première, comme tu vois, n'admet que très-peu de changements; et dès qu'on a trouvé l'harmonie et le nombre qui lui conviennent, il n'est presque plus besoin d'en employer d'autres, parce que le même ton et le même nombre suffisent pour l'ordinaire. — Cela est comme tu dis. — La seconde, au contraire, n'a-t-elle pas besoin de toutes les harmonies et de tous les rhythmes, pour bien exprimer ce qu'elle veut dire, parce qu'elle embrasse tous les changements imaginables? —Cela est vrai.—Mais tous les poëtes, et en général ceux qui racontent quelque chose, emploient l'un ou l'autre de ces récits, ou les mêlent ensemble.—Il le faut bien.—Que ferons-nous donc? recevrons-nous dans notre État ces trois genres de récit, ou nous en tiendrons-nous à l'un des trois? — Si j'en suis cru, nous nous arrêterons au récit simple fait pour représenter l'homme de bien. — Oui; mais, mon cher Adimante, le récit mélangé a bien de la grâce; et le récit opposé à celui que tu choisis plaît infiniment aux enfants, à ceux même qui gouvernent la jeunesse, et surtout au peuple.—J'en conviens.—Peut-être allégueras-tu qu'il ne s'accorde pas avec notre plan de gouvernement, parce qu'il n'y a point chez nous d'homme qui réunisse en soi les talents de deux ou de plusieurs hommes, et que chacun n'y fait qu'une chose.—C'est justement ma raison.

— Aussi est-ce pour cela que dans notre État seul le cordonnier est simplement cordonnier, et non pas pilote avec cela; le laboureur, laboureur, et non pas juge; le guerrier, guerrier, et non pas commerçant outre cela, et ainsi des autres. — Cela est vrai. — Si donc un de ces hommes habiles dans l'art de tout imiter, et de prendre mille formes différentes, venait chez nous pour y faire admirer son art et ses ouvrages, nous lui rendrions hommage comme à un homme divin, ravissant et merveilleux;

mais nous lui dirions que notre État n'est pas fait pour
posséder un homme comme lui, et qu'il ne nous est pas
permis d'en avoir de semblables. Nous le congédierions,
après lui avoir versé des parfums sur la tête et l'avoir
orné de bandelettes ; et nous nous contenterions du poëte
et du conteur, plus austère et moins agréable, mais aussi
plus utile, qui imiterait le ton du discours qui convient à
l'honnête homme, et suivrait scrupuleusement les for-
mules que nous venons de prescrire, en donnant le plan
de l'éducation de nos guerriers. — Nous préférerions le
dernier sans balancer, si on nous en laissait le choix.

— Il me paraît, mon cher ami, que nous avons traité
à fond cette partie de la musique qui concerne les discours
et les fables ; car nous avons parlé de la matière et de la
forme du discours.—Je suis de ton avis.—Il nous reste à
parler de cette autre partie de la musique qui regarde le
chant et la mélodie. — Oui. — Il n'est personne qui ne voie
tout d'abord ce que nous avons à dire à ce sujet, et quelles
règles nous prescrirons si nous suivons nos principes. —
Pour moi, reprit Glaucon en souriant, je ne suis pas
de ce nombre. Je ne pourrais dire au juste à quoi nous
devons nous en tenir sur ce point, quoique je m'en doute
à peu près. — Tu es du moins en état de nous dire que la
mélodie est composée de trois choses : des paroles, de
l'harmonie et du nombre. — Oh ! pour cela, oui. — Quant
aux paroles chantées, ne doivent-elles pas, comme les
autres, être composées selon les lois que nous avons déjà
prescrites ?—Sans doute.—Il faut aussi que l'harmonie et le
nombre répondent aux paroles.—Oui.—Nous avons déjà
dit qu'il fallait bannir du discours les plaintes et les
lamentations. — Cela est vrai. — Quelles sont donc les
harmonies plaintives, dis-moi ? car tu es musicien. —
C'est la Lydienne mixte et l'aiguë, et quelques autres
semblables. — Il faut, par conséquent, les retrancher
comme étant mauvaises non-seulement aux hommes, mais
à celles d'entre les femmes qui se piquent d'être sages et
modérées.—Oui.—Rien n'est plus indigne à des guerriers

que l'ivresse, la mollesse et l'indolence.—Sans contredit.—
Quelles sont donc les harmonies molles et usitées dans les
festins? — L'Ionienne et la Lydienne, qu'on nomme
harmonies lâches. — Peuvent-elles être de quelque usage
à des gens de guerre? — D'aucun usage; ainsi il ne reste
plus que la Dorienne et la Phrygienne.

—Je ne connais pas toutes les espèces d'harmonies;
mets-en seulement deux de côté : l'une forte, et qui rende
le ton et les expressions d'un homme de cœur, soit dans
la mêlée, ou dans quelque autre action violente, comme
lorsqu'il vole au-devant des blessures et de la mort, ou
qu'il est tombé dans quelque disgrâce, et que, dans toutes ces occasions, il reçoit en bon ordre, et sans plier,
les assauts de la fortune; l'autre plus tranquille, propre
aux actions paisibles et volontaires, et convenant à l'état
d'un homme qui invoque les dieux, prie, instruit, con-
seille les autres, et se rend à leurs prières, écoute leurs
leçons et leurs avis, en conséquence n'éprouvant jamais
de mécompte; qui, enfin, loin de s'enorgueillir de ses
succès, se comporte avec sagesse et modération, et paraît
toujours content de ce qui lui arrive. Réserve-nous ces
deux harmonies, qui exprimeront le caractère d'un homme
sage et courageux dans les actions volontaires ou involon-
taires, dans la bonne ou mauvaise fortune. — Celles que
tu demandes sont précisément les deux dernières que
j'ai nommées. — Nous n'aurons donc que faire, dans nos
chants et dans notre mélodie, d'instruments à cordes
nombreuses et à plusieurs harmonies?—Non, sans doute.
—Et nous n'entretiendrons pas des fabricants de triangles,
de pectis, et autres instruments à cordes nombreuses et à
plusieurs harmonies?—Je ne le crois pas.—Recevras-tu
dans notre république les faiseurs et les joueurs de flûte ?
Cet instrument n'équivaut-il pas aux instruments qui ont
le plus grand nombre de corde? et ceux qui rendent tous
les tons, que sont-ils autre chose que des imitations de la
flûte?—Rien autre chose.—Ainsi il nous reste la lyre et
le luth pour la ville, et le pipeau pour les champs, à

l'usage des bergers.—Cela est évident, d'après ce que nous venons de dire. — Au reste, mon cher ami, nous n'avons pas tort de préférer Apollon à Marsyas, et les instruments dont ce dieu est l'inventeur, à ceux du satyre.—Non, certes.

— Par le chien [1], nous avons bien réformé, sans nous en apercevoir, cet État que nous disions, il y a quelque temps, regorger de délices. — Nous avons fait sagement.

— Achevons de le purger entièrement, et disons du rhythme la même chose que de l'harmonie, qu'il en faut bannir la variété et la multiplicité des mesures, rechercher quels rhythmes expriment le caractère de l'homme sage et courageux, et, après les avoir trouvés, assujettir le nombre et l'harmonie aux paroles, et non les paroles au nombre et à l'harmonie : c'est à toi de nous dire quels sont ces rhythmes, comme tu as fait pour les harmonies. — Il ne m'est pas aisé de te satisfaire. Je te dirai bien que toutes les mesures se réduisent à trois temps, comme toutes les harmonies résultent de quatre tons principaux; mais je ne saurais te dire quelles mesures conviennent aux différents caractères qu'on veut exprimer. — Nous examinerons dans la suite avec Damon [2] quelles mesures expriment la bassesse, l'insolence, la fureur et les autres vices, ainsi que celles qui conviennent aux vertus opposées. Je crois l'avoir entendu parler assez confusément de certains mètres qu'il appelait *énople*, *dactyle*, *héroïque*, et qu'il composait, je ne sais comment, au moyen de longues et de brèves; d'un autre qui était formé d'une brève et d'une longue, et qu'il appelait *iambe*, à ce que je crois, et de je ne sais quel autre qu'il nommait *trochée*, et qu'il composait d'une longue et d'une brève. J'ai remarqué aussi qu'en quelques occasions il approuvait

[1] Serment ordinaire à Socrate. Les uns prétendent que c'est un serment égyptien, et que Socrate entendait par là le dieu Anubis; d'autres, qu'il n'entendait qu'un chien ordinaire, et que c'était en dérision du serment par Jupiter, et des autres serments si familiers aux Grecs.
[2] Célèbre musicien, qui fut le maître de Périclès et de Socrate.

ou condamnait autant chaque mètre que le rhythme lui-même, ou je ne sais quoi qui résulte de l'un ou de l'autre, car je ne puis bien te dire ce que c'est ; mais remettons, comme j'ai dit, à conférer là-dessus avec Damon. Il me paraît que cette discussion demande beaucoup de temps ; qu'en penses-tu ? — Je le crois aussi.

— Au moins tu pourras me dire que l'agrément se trouve partout où est la beauté du rhythme, et le contraire de l'agrément partout où cette beauté n'est pas. — Sans doute. — Mais la beauté du nombre, ainsi que de l'harmonie, suit d'ordinaire la beauté des paroles ; parce que, comme nous disions tout à l'heure, le nombre et l'harmonie sont faits pour les paroles, et non les paroles pour le nombre et l'harmonie. — Il est certain que l'un et l'autre doivent se conformer au discours. — Mais le genre de la diction, et le discours lui-même, ne suit-il pas le caractère de l'âme ? — Oui. — Et tout le reste accompagne le discours ? — Oui. — Ainsi la beauté, l'harmonie, la grâce et le nombre du discours, sont l'expression *de la bonté de l'âme*. Et je n'entends pas par ce mot la stupidité, qu'on appelle, par un adoucissement, *bonhomie*. J'entends le caractère d'une âme dont les mœurs sont vraiment belles et bonnes. — Cela est vrai. — Nos jeunes guerriers ne doivent-ils pas s'appliquer à acquérir toutes ces qualités, s'ils veulent remplir leurs devoirs ? — Sans contredit. — C'est du moins le but de tous les arts, de la peinture, de la sculpture, de la broderie, de l'architecture et de la nature elle-même dans la production des plantes et des corps. La grâce ou le défaut de grâce se rencontre dans leurs ouvrages, et comme le défaut de grâce, de nombre, d'harmonie, est la marque ordinaire d'un mauvais esprit et d'un mauvais cœur, ainsi les qualités opposées sont l'image et l'expression d'un esprit et d'un cœur bien faits. — La chose est telle que tu dis.

— Sera-ce donc assez pour nous de veiller sur les poëtes, et de les contraindre à nous offrir dans leurs vers un modèle de bonnes mœurs, ou à n'en point faire du tout ? Ne

faudra-t-il pas encore avoir l'œil sur tous les autres artistes et les empêcher de nous donner, soit en peinture,
soit en architecture, soit en quelque autre genre, des ouvrages qui n'aient ni grâce, ni correction, ni noblesse,
ni proportions? Quant à ceux qui ne pourront faire autrement, ne leur défendrons-nous pas de travailler chez
nous, dans la crainte que les gardiens de notre république,
élevés au milieu de ces images vicieuses, comme dans de
mauvais pâturages, et se nourrissant, pour ainsi dire,
chaque jour de cette vue, n'en contractent à la fin quelque
grand vice dans l'âme sans s'en apercevoir? Il nous faut
au contraire chercher des artistes habiles, capables de
suivre à la trace la nature du beau et du gracieux, afin
que nos jeunes gens, élevés parmi leurs ouvrages, comme
dans un air pur et sain, en reçoivent sans cesse de salutaires impressions par les yeux et les oreilles, que dès
l'enfance tout les porte insensiblement à imiter, à aimer le
beau, et à établir entre lui et eux un parfait accord. —
Rien ne serait préférable à une pareille éducation. —
N'est-ce pas aussi pour cette raison, mon cher Glaucon,
que la musique est la partie principale de l'éducation,
parce que le nombre et l'harmonie, s'insinuant de bonne
heure dans l'âme, s'en emparent, et y font entrer à leur
suite la grâce et le beau, lorsqu'on donne cette partie de
l'éducation comme il convient de la donner, au lieu que
le contraire arrive lorsqu'on la néglige? Et encore parce
qu'un jeune homme élevé comme il faut dans la musique
saisira avec la dernière justesse ce qu'il y a d'imparfait et
de défectueux dans les ouvrages de la nature et de l'art,
et en éprouvera une impression juste et pénible; et que,
par cela même, il louera avec transport ce qu'il remarquera de beau, lui donnera entrée dans son âme, en fera
sa nourriture, et se formera par là à la vertu; tandis que
d'un autre côté il aura un mépris et une aversion naturels
pour ce qu'il y trouvera de vicieux, et cela dès l'âge le
plus tendre, avant que d'être éclairé des lumières de la
raison, qui ne sera pas plutôt venue, qu'il s'attachera à

elle par le rapport secret que la musique aura mis par avance entre la raison et lui ? — Voilà, à mon avis, les avantages qu'on se propose en élevant les enfants dans la musique.

— De même donc que nous ne sommes suffisamment instruits en ce qui concerne la lecture qu'autant qu'aucune des lettres élémentaires ne nous échappe dans toutes leurs combinaisons, dans tous les mots longs et courts, sans en négliger aucun, mais au contraire nous appliquant à reconnaître partout ces lettres; parce qu'à moins de cela, jamais nous ne deviendrons grammairiens. — Cela est vrai. — De même encore que si nous ne connaissons les lettres en elles-mêmes, jamais nous n'en reconnaîtrons l'image représentée dans les eaux ou dans les miroirs, l'un et l'autre étant l'objet de la même science et de la même étude. — Sans contredit. — N'en est-il pas de même, au nom des dieux immortels, à l'égard de ce que je vais vous dire; c'est-à-dire que nous ne serons jamais excellents musiciens, ni nous, ni les guerriers que nous nous proposons de former, si nous ne nous familiarisons avec les idées de la tempérance, de la force, de la générosité, de la grandeur d'âme et des autres vertus, sœurs de celles-ci ; idées qui s'offrent à nous en mille objets différents, si nous ne les distinguons du premier coup d'œil, elles et leurs images, partout où elles se trouvent, soit en grand, soit en petit; sans jamais en mépriser aucune, et persuadés, sous quelque forme qu'elles se présentent, qu'elles sont l'objet de la même science et de la même étude? — La chose ne peut être autrement. — Par conséquent, le plus beau des spectacles pour quiconque pourrait le contempler, serait celui d'une âme et d'un corps également beaux, unis entre eux, en qui se trouveraient toutes les vertus dans un parfait accord. — Oui certes. — Mais ce qui est très-beau est aussi très-aimable. — Sans doute. — Celui qui est vraiment musicien ne saurait donc s'empêcher d'aimer ceux en qui il rencontrera ce bel accord ; mais il n'aimera pas ceux en qui il ne l'apercevra pas. — Si ce défaut d'accord est dans l'âme, j'en conviens; mais s'il ne se trouve que dans le corps, le musicien ne dédaignera pas pour cela d'aimer. — Je vois que tu as aimé, ou que tu aimes à présent quelque personne de cette sorte; mais dis-moi, la tempérance et le plaisir excessif peuvent-ils se rencontrer ensemble? — Comment cela pourrait-il être, puisque l'excès du plaisir ne trouble pas moins l'âme que l'excès de la douleur? — Se rencontre-t-il du moins avec les autres vertus? — Pas davantage. — Ne s'accorde-t-il pas plutôt avec l'emportement et la licence? — Oui. — Connais-tu un plaisir plus grand et plus vif que celui de l'amour sensuel? — Non; je n'en connais pas même de plus forcené. — Au contraire, l'amour qui est selon la raison est un amour sage et réglé du beau et de l'honnête. — Cela est vrai. — Il ne faut donc laisser approcher de cet amour raisonnable rien de forcené, rien de dissolu. — Non. — La volupté sensuelle ne doit donc point y être admise; et les personnes qui s'aiment d'un amour raisonnable doivent la bannir absolument de leur commerce. — Oui, Socrate, elles doivent l'exclure entièrement. — Ainsi, dans l'État dont nous formons ici le plan, tu ordonneras par une loi expresse que les marques d'attachement que l'amant donnera à l'objet aimé soient de même nature que celles d'un père à son fils, et pour une fin honnête; de sorte que dans le commerce que l'amant aura avec celui pour qui il s'intéresse, il ne donne jamais lieu de soupçonner qu'il va plus loin; autrement, il sera dénoté d'indélicatesse et de manque d'éducation. — J'y consens. — Te paraît-il qu'il nous reste encore quelque chose à dire touchant la musique? Notre discours a du moins fini par où il devait finir; car tout entretien sur la musique doit aboutir à l'amour du beau : n'est-ce pas? — Oui.

— Après la musique, nous élèverons nos jeunes gens dans la gymnastique. — Sans doute. — Il faut qu'ils s'y appliquent sérieusement de bonne heure, et pour toute la vie; voici ma pensée à ce sujet; vois si c'est aussi la

tienne. Ce n'est pas, à mon avis, le corps, quelque bien
constitué qu'il soit, qui par sa vertu rend l'âme bonne;
c'est au contraire l'âme qui, lorsqu'elle est bonne, donne
au corps par sa vertu propre toute la perfection dont il
est capable : que t'en semble? — Je suis de ton sentiment.
— Si donc, après avoir cultivé l'âme avec le plus grand
soin, nous lui laissions celui de former le corps, nous
contentant de lui en indiquer la manière, pour ne pas
trop nous étendre, ne ferions-nous pas bien? — Oui. —
Nous avons déjà interdit l'ivresse à nos guerriers, parce
qu'il ne convient à nul autre moins qu'à un gardien, de
s'enivrer et de ne pas savoir où il en est. — Il serait ridicule, en effet, qu'un gardien eût lui-même besoin d'être
gardé. — Quant à la nourriture, nos guerriers ne sont-ils
pas des athlètes destinés au plus grand de tous les
combats? — Oui. — Le régime des athlètes ordinaires leur
conviendrait-il? — Peut-être. — Ce régime accorde trop
au sommeil, et fait dépendre la santé des moindres accidents. Ne vois-tu pas que les athlètes passent la vie à
dormir, et que, pour peu qu'ils s'écartent du régime
qu'on leur a prescrit, ils tombent dans de grandes et dan-
gereuses maladies? — Cela se voit tous les jours. — Il nous
faut un régime moins scrupuleux pour les athlètes guerriers, qui doivent être, comme les chiens, toujours alertes,
tout voir et tout entendre, changer souvent à l'armée de
nourriture et de boisson, souffrir le froid et le chaud, et
par conséquent avoir un corps à l'épreuve de toutes les
fatigues. — Je pense comme toi. — La meilleure gymnastique n'est-elle pas sœur de cette musique simple dont
nous parlions il n'y a qu'un moment?—Comment dis-tu?—
J'entends une gymnastique simple, modérée, telle qu'elle
doit être, surtout pour des guerriers. — En quoi consiste-
t-elle? — On peut l'apprendre d'Homère. Tu sais qu'à la
table de ses héros, devant Troie, il ne sert point de
poisson, quoiqu'ils fussent campés près de l'Hellespont,
ni de viandes bouillies, mais seulement rôties; apprêt
commode pour des gens de guerre, à qui il est bien plus

aisé de faire cuire immédiatement leurs viandes au feu, que de traîner après eux des ustensiles de cuisine. — J'en conviens. — Je ne crois pas non plus qu'Homère fasse mention de ragoûts : les athlètes eux-mêmes ne savent-ils pas qu'il faut s'en abstenir, quand on veut se bien porter? — Ils le savent et s'en abstiennent.

— Si ce genre de vie te plaît, tu n'approuves donc pas les festins de Syracuse, ni cette variété de ragoûts si fort de mode en Sicile? — Non. — Tu ne crois pas non plus qu'une jeune Corinthienne doive plaire à des gens qui veulent jouir d'une santé robuste? — Non. — Tu blâmeras aussi les friandises si recherchées de l'Attique? — Oui. — On peut dire avec raison que cette multiplicité et cette délicatesse de mets est, à l'égard de la gymnastique, ce qu'est pour la musique une mélodie où entrent tous les tons et tous les rhythmes. — Cette comparaison est juste. — Ici la variété produit le désordre; là elle engendre la maladie. Dans la musique, la simplicité rend l'âme sage; dans la gymnastique, elle rend le corps sain. — Cela est très-vrai. — Mais dans un État où règnent le désordre et les maladies, des tribunaux et des hospices tarderont-ils à devenir nécessaires? et la chicane et la médecine ne seront-elles pas bientôt en honneur, lorsqu'un grand nombre de citoyens bien nés les cultiveront avec ardeur? — Sans doute. — Est-il dans un État une marque plus sûre d'une mauvaise éducation, que le besoin de médecins et de juges habiles, non-seulement pour les artisans et le bas peuple, mais encore pour ceux qui se piquent d'avoir été élevés en personnes libres? N'est-ce pas une chose honteuse, et une preuve insigne d'ignorance, d'être forcé d'avoir recours à une justice d'emprunt, faute d'être juste soi-même, et d'établir les autres maîtres et juges de son droit? — Rien n'est plus honteux. — N'est-il pas encore plus honteux, non-seulement de passer toute sa vie devant les tribunaux à poursuivre et à soutenir des procès, mais même de se connaître assez peu en vrai mérite, pour s'en faire un de son talent pour la chicane, comme si c'était

quelque chose de bien estimable d'en savoir tous les
détours et toutes les ruses, et d'avoir recours à toute
sorte de subterfuges pour échapper à des poursuites légitimes, en des occasions où il ne s'agit souvent que du
plus vif intérêt, et cela parce qu'on ne voit pas qu'il est
infiniment plus beau et plus avantageux de se comporter
de manière qu'on n'ait pas besoin d'un juge qui s'endort
sans cesse? — Oui, cela est encore plus honteux.

— Est-il moins honteux de recourir sans cesse au médecin, hors du cas des blessures et de quelque maladie
produite par la saison, de se remplir le corps d'humeurs
et de vapeurs par cette vie molle que nous avons décrite,
et d'obliger les disciples d'Esculape d'inventer pour ces
maladies les mots nouveaux de *fluxions* et de *catarrhes?*
— Il est vrai que ces mots sont nouveaux et extraordinaires.

— Et inconnus, autant que je puis croire, du temps d'Esculape. Ce qui me fait juger ainsi, c'est que ses deux fils [1]
qui se trouvèrent au siége de Troie, et qui étaient présents
lorsqu'on donna à Euripyle blessé [2] une potion faite de vin
de Pramne, de farine et de fromage, toutes choses propres
à engendrer la pituite, ne blâmèrent point la femme qui
la lui présenta, ni Patrocle qui pansa la plaie. — C'était
cependant une étrange potion pour un homme en cet état.
— Tu en jugeras autrement, si tu fais réflexion qu'avant
Hérodicus, les disciples d'Esculape ne se servaient point
de cette manière, si fort à la mode aujourd'hui, de conduire comme par la main les maladies. Hérodicus avait été
maître de gymnase : devenu valétudinaire, il fit un mélange de la médecine et de la gymnastique, dont il se servit
d'abord pour se tourmenter, et ensuite pour en tourmenter
beaucoup d'autres. — Comment cela? — En se procurant
une mort lente; car, comme sa maladie était mortelle, et
qu'il ne pouvait la guérir entièrement, il s'obstina à la
suivre pas à pas, négligeant tout le reste pour y donner

---

[1] *Iliade*, II, v. 729.
[2] *Ibid.*, XI, v. 623 et 829.

tous ses soins, et toujours dévoré d'inquiétudes, pour peu
qu'il s'écartât de son régime; de sorte qu'à force d'industrie
et d'attentions, il parvint jusqu'à la vieillesse, traînant
une vie mourante. — Son art lui rendit là un beau service !

— Il le méritait bien pour n'avoir pas su que ce ne fut
ni par ignorance ni par défaut d'expérience qu'Esculape
ne transmit pas à ses descendants cette méthode de traiter les maladies, mais parce qu'il savait que dans tout État
bien policé chacun a son emploi, dont il faut qu'il s'acquitte, et que personne n'a le temps de passer sa vie dans
les remèdes. Nous sentons nous-mêmes le ridicule de cet
abus dans les gens de métier; mais, dans les riches et les
prétendus heureux, nous ne nous en apercevons pas. —
Comment, s'il te plaît? — Qu'un charpentier soit malade ;
il demandera au médecin un vomitif ou un purgatif, ou,
s'il le faut, l'emploi du fer ou du feu. Mais si on lui prescrit
un long régime, et qu'on lui mette autour de la tête de molles
enveloppes et tout ce qui s'ensuit, il dira bientôt qu'il n'a
pas le temps d'être malade, et qu'il lui est plus avantageux
de mourir que de renoncer à son travail pour ne s'occuper
que de son mal: après cela, il congédiera le médecin ; et,
reprenant son train de vie ordinaire, ou bien il recouvrera
la santé, et vaquera à son métier; ou, si son corps ne
peut résister à l'effort de la maladie, la mort viendra à
son secours, et le tirera d'embarras. — Cette façon de
traiter les maladies paraît convenir à ces sortes de gens.
— Pourquoi cela? n'est-ce pas parce qu'ils ont un métier,
sans l'exercice duquel ils ne peuvent vivre? — Sans doute.
— Au lieu que le riche n'a pas, dit-on, d'emploi auquel
il ne puisse renoncer sans renoncer à la vie. — On le dit
ainsi. — Hé quoi! n'admets-tu pas ce que dit Phocylide :

Qu'il faut cultiver la vertu quand on a de quoi vivre?

— Je pense qu'il le faut, même avant d'avoir de quoi
vivre. — Ne contestons pas à Phocylide la vérité de cette
maxime; mais voyons par nous-mêmes si le riche doit pra-

tiquer la vertu, et s'il lui est impossible de vivre lorsqu'il ne la pratique plus, ou si la manie de nourrir chez soi la maladie, qui empêche le charpentier et les autres artisans de vaquer à leur métier, n'empêche pas aussi le riche d'accomplir le précepte de Phocylide. — Oui, par Jupiter, elle l'empêche. — Rien du moins n'y apporte plus d'obstacle que ce soin immodéré du corps, qui va au delà des règles de la gymnastique. Car ce soin est en effet très-gênant, soit dans l'administration des affaires domestiques, soit dans celle des affaires publiques, tant en guerre qu'en paix ; mais ce qu'il y a de plus fâcheux, c'est qu'il est incompatible avec l'étude de quelque science que ce soit, avec la méditation et la réflexion. On appréhende sans cesse des maux de tête et des éblouissements, que l'on ne manque pas d'attribuer à la philosophie, de sorte que partout où ce soin se trouve, il empêche de s'exercer à la vertu, et de s'y distinguer, parce qu'il fait qu'on croit toujours être malade, et qu'on ne cesse de se plaindre de sa mauvaise santé. — Cela doit être.

— Disons donc que ce sont ces raisons qui ont déterminé Esculape à ne prescrire de traitement que pour ceux qui, étant d'une bonne complexion, et menant une vie frugale, sont surpris de quelque maladie passagère, et qu'il s'est borné à des potions ou à des incisions, sans rien changer à leur train de vie ordinaire, afin que la république n'en souffrît aucun dommage : à l'égard des corps radicalement malsains, il n'a pas jugé à propos d'entreprendre de prolonger leur vie et leurs souffrances par un régime suivi, par des injections et des éjections ménagées à propos, ni de les mettre dans le cas de donner à l'État des sujets qui leur ressemblassent ; il a cru enfin qu'il ne faut pas traiter ceux qui, par leur mauvaise constitution, ne peuvent atteindre au terme ordinaire de la vie marqué par la nature, parce que cela n'est avantageux ni pour eux ni pour l'État. — Tu fais d'Esculape un politique. — Il est évident qu'il l'était, et ses enfants en sont la preuve. Ne vois-tu pas que tout en se comportant avec bravoure au siége de Troie, ils ont suivi dans l'exercice de leur art les règles que je viens de dire? Ne te rappelles-tu pas que, lorsque Ménélas fut blessé d'une flèche par Pandare, ils se contentèrent

D'exprimer le sang de la plaie et d'y mettre un appareil [1];

sans lui prescrire, non plus qu'à Euripyle, ce qu'il fallait boire ou manger? Ils savaient que des remèdes simples suffisaient pour guérir des guerriers qui, avant leurs blessures, étaient sobres et d'un bon tempérament, quand bien même ils auraient dans le moment même pris le breuvage dont nous avons parlé. Quant à ceux qui sont sujets aux maladies et à l'intempérance, ils n'ont pas cru qu'il fût de leur intérêt, ni de l'intérêt public, qu'on leur prolongeât la vie, ni que la médecine fût faite pour eux, ni que l'on dût en prendre soin, fussent-ils plus riches que n'était Midas. — Tu dis là des choses merveilleuses des fils d'Esculape.

— Je n'en dis rien qui n'ait dû être; cependant les poëtes tragiques et Pindare ne sont pas de notre avis. Ils disent d'Esculape qu'il était fils d'Apollon, et en même temps qu'il se laissa engager par argent à guérir un homme riche attaqué d'une maladie mortelle; que c'est pour cette raison qu'il fut frappé de la foudre [2]. Pour nous, suivant ce que nous avons dit plus haut, nous n'ajouterons point foi aux deux parties de ce récit. Si Esculape était fils d'un dieu, dirons-nous, il n'était point avide d'un gain sordide; ou bien, s'il en était avide, il n'est pas fils d'un dieu. — Tu as raison, Socrate; mais réponds-moi : ne faut-il pas que notre État soit pourvu de bons médecins? et peuvent-ils devenir tels, autrement qu'en traitant toutes sortes de tempéraments bons et mauvais? De même peut-on être bon juge, si on n'a eu affaire à toutes sortes de caractères? — Sans doute, je veux que nous ayons de bons médecins

[1] *Iliade*, IV, v. 218.
[2] Pindare, *Pyth.*, III, v. 96, édit. de Heyne.

et de bons juges; mais sais-tu qui j'entends par là? —
Non, si tu ne le dis. — C'est ce que je vais faire : tu as
compris dans la même question deux choses bien différentes. — Comment? — Celui-là deviendrait habile médecin, qui, après avoir appris à fond les principes de son
art, aurait traité dès sa jeunesse le plus grand nombre de
corps très-mal constitués, et qui lui-même d'une complexion malsaine, aurait été sujet à toute sorte de maladies; car ce n'est point par le corps que les médecins gué-
rissent le corps, autrement ils ne devraient jamais être
naturellement ou accidentellement malades; c'est par
l'âme, qui ne peut guérir comme il faut quelque mal que
ce soit, si elle est malade elle-même. — Cela est juste.

— Au lieu que le juge ayant à gouverner l'âme d'autrui
par la sienne, il ne faut pas qu'il ait fréquenté de bonne
heure des hommes corrompus et pervers, ni qu'il ait lui-
même commis toute sorte de crimes, afin de pouvoir
connaître tout d'un coup l'injustice des autres par la
sienne propre, comme le médecin jugerait par ses maladies
de celles d'autrui. Il faut au contraire que son âme soit
pure, exempte de vice, afin que sa bonté lui fasse discerner plus sûrement ce qui est juste. C'est pour cela que
les gens de bien dans la jeunesse sont simples, et sujets à
être séduits par les artifices des méchants, parce qu'ils
n'éprouvent dans eux-mêmes rien de ce qui se passe dans
le cœur des méchants. — Il est vrai qu'il leur arrive souvent d'être trompés. — Aussi un jeune homme ne saurait-
il être bon juge. Il faut que l'âge l'ait mûri, qu'il ait appris
tard ce que c'est que l'injustice, qu'il l'ait étudiée longtemps, non dans lui-même, mais dans les autres, et qu'il
distingue le mal du bien plutôt par la connaissance et la
réflexion que par sa propre expérience. — Oui, c'est bien
là le vrai juge. — Sans doute; et de plus, ce serait un *bon*
juge, ce que tu me demandais; car celui qui a l'âme
bonne est bon. Pour ces gens rusés et soupçonneux, consommés dans la pratique de l'injustice, et qui se croient
habiles et prudents, ils ne paraissent tels que lorsqu'ils

sont avec leurs semblables, parce que leur propre conscience les avertit d'être en garde contre eux. Mais quand
ils se trouvent avec des gens de bien déjà avancés en âge,
alors leur incapacité paraît dans leurs défiances et leurs
soupçons hors de saison ; on voit qu'ils ignorent ce que
c'est que la droiture et la franchise, faute d'avoir en eux-
mêmes un modèle de ces vertus, et que s'ils passent plutôt
pour habiles que pour ignorants, à leurs yeux et à ceux du
vulgaire, c'est qu'ils ont plus de commerce avec les méchants qu'avec les gens de bien. — Cela est exactement
vrai.

— Ce n'est donc pas un juge de ce caractère qu'il nous
faut, mais un juge tel que je l'ai dépeint d'abord : car la
méchanceté ne peut se connaître à fond elle-même, ni
connaître la vertu ; mais la vertu, aidée de la réflexion
et d'un long usage des hommes, se connaîtra elle-même
et connaîtra le vice. Ainsi, la vraie habileté est le partage
de l'homme vertueux, et non du méchant. — Je le pense
comme toi. — Tu établiras par conséquent dans notre
république une médecine et une jurisprudence telles que
nous venons de le dire, se bornant aux soins de ceux qui
ont reçu de la nature un corps sain et une belle âme.
Quant à ceux dont le corps est mal constitué, on les laissera mourir, et on punira de mort ceux dont l'âme est
naturellement méchante et incorrigible. — C'est ce qu'on
peut faire de plus avantageux pour ces personnes et pour
l'État. — Il est évident que nos jeunes gens, élevés dans
les principes de cette musique simple qui fait naître dans
l'âme la tempérance, feront en sorte de n'avoir aucun
besoin des juges. — Sans doute. — Et que s'ils suivent les
mêmes règles pour la gymnastique, ils pourront se passer
de médecins, hors les cas de nécessité. — Je le pense. —
Dans les exercices du corps ils se proposeront surtout
d'augmenter et de réveiller leur force morale, plutôt que
d'accroître leur vigueur, à l'exemple des autres athlètes
qui ne visent qu'à cela, et n'observent de régime que
pour devenir plus robustes. — Fort bien.

—Crois-tu, mon cher Glaucon, comme bien d'autres se l'imaginent, que la musique et la gymnastique aient été établies, l'une pour former l'âme, l'autre pour former le corps? — Pourquoi me fais-tu cette question? — C'est qu'il me semble que l'une et l'autre ont été établies principalement pour l'âme. — Comment cela? — As-tu pris garde à la disposition du caractère de ceux qui se sont exclusivement appliqués toute leur vie à la gymnastique ou à la musique? Combien les uns sont durs et intraitables, les autres mous et efféminés? — J'ai remarqué que ceux qui s'adonnent purement à la gymnastique en contractent pour l'ordinaire beaucoup de rudesse, et que ceux qui n'ont cultivé que la musique sont d'une mollesse qui ne leur fait pas honneur. — Cependant cette rudesse ne peut venir que d'un naturel ardent et plein de feu, qui produirait le courage s'il était bien cultivé, mais qui, lorsqu'on le roidit trop, dégénère en dureté et en brutalité. — Je le pense. — Et la douceur n'est-elle pas la marque d'un caractère philosophe? Si on la relâche trop, elle se change en mollesse; mais, si on la cultive comme il faut, elle devient politesse et dignité. — Cela est vrai. — Or, nous voulons que nos guerriers réunissent en eux ces deux caractères. — Oui. — Il faut donc trouver le moyen de les accorder ensemble. — Sans doute. — Leur accord rend l'âme tout à la fois courageuse et modérée. — Oui. — Leur mésintelligence la rend lâche ou farouche. — Sans doute. — Lors donc qu'un homme, se livrant tout entier à la musique, surtout à ces harmonies douces, molles et plaintives, la laisse s'insinuer et couler doucement dans son âme par le canal de l'ouïe, et qu'il passe toute sa vie chatouillé, pour ainsi dire, et charmé par la beauté du chant, n'est-il pas vrai que le premier effet de la musique est d'adoucir son courage, à peu près comme on amollit le fer, et de fléchir cette roideur qui le rendait auparavant inutile, ou d'un commerce difficile? Mais s'il continue de s'y livrer avec transport, ce même courage se dissout et se fond peu à peu, son âme s'énerve, ce n'est plus qu'un

guerrier lâche et sans cœur. — Tu as raison. — Cet effet
ne tardera point à arriver, s'il a reçu de la nature une
âme faible et molle. S'il est naturellement courageux,
bientôt son courage venant à s'affaiblir, il devient emporté, le moindre sujet l'irrite et l'apaise; au lieu d'être
courageux, il est bourru, fantasque et colère. — Cela est
vrai.

— Que le même homme s'applique à la gymnastique,
qu'il s'exerce, qu'il mange beaucoup, et qu'il néglige
entièrement la musique et la philosophie, son corps n'en
prendra-t-il pas d'abord des forces? Ne deviendra-t-il pas
plus hardi, plus courageux et plus intrépide qu'auparavant? — Sans doute. — Mais s'il ne sait rien autre chose,
et s'il n'a aucun commerce avec les muses, son âme, eût-
elle quelque désir d'apprendre, n'étant cultivée par
aucune science, par aucune recherche, par aucune conversation, ni par aucune partie de la musique, ne devien-
dra-t-elle pas insensiblement faible, sourde et aveugle, à
cause du peu de soin qu'elle prend de réveiller, d'entretenir et de purifier les organes de ses connaissances? — La
chose doit être ainsi. — Le voilà donc revenu ennemi des
lettres et des muses. Il ne se sert plus de la voie de la
persuasion pour venir à ses fins; mais, tel qu'une bête
féroce, il emploie en toute occasion la force et la violence.
Il vit dans l'ignorance et la grossièreté, sans grâce et sans
politesse. — Cela est comme tu dis. — Ainsi, ce n'est pas
pour cultiver l'âme et le corps (car si ce dernier en tire
quelque avantage, ce n'est qu'indirectement), mais pour
cultiver l'âme seule, et perfectionner en elle le courage et
l'esprit philosophique, que les dieux ont fait présent aux
hommes de la musique et de la gymnastique; c'est pour
les accorder ensemble, en les tendant et les relâchant à
propos, et dans un juste degré. — Il y a apparence que
telle a été l'intention des dieux. — Celui donc qui a trouvé
le juste tempérament de ces deux arts, et qui les applique, comme il convient, à son âme, mérite bien plus le

nom de musicien, et possède mieux la science des accords,
que celui dont l'art se borne à monter un instrument. —
Sans doute, cher Socrate.

—Notre république, mon cher Glaucon, pourra-t-elle
subsister, si elle n'a à sa tête un homme de ce caractère
pour gouverner? —Non; il en faut absolument un. —
Voilà à peu près l'éducation de notre jeunesse achevée;
car il serait inutile de nous étendre ici sur ce qui regarde
la danse, la chasse, les combats gymniques et les combats à cheval. Il est évident qu'en tout cela il faut suivre
les principes que nous avons établis, et qu'il ne sera pas
difficile d'en prescrire les règles. — Je ne crois pas que
cela soit malaisé. — Qu'avons-nous à régler à présent?
N'est-ce pas le choix de ceux qui doivent commander ou
obéir? — Oui. — Il est clair que les vieux doivent commander, et les jeunes obéir. — Sans contredit. — Et
parmi les vieillards, il faut choisir les meilleurs. — Oui.
—Quels sont les meilleurs laboureurs? Ceux sans doute
qui entendent le mieux l'agriculture. — Oui. — Or,
puisqu'il faut choisir aussi pour chefs les meilleurs gardiens de l'État, nous choisirons ceux qui portent au plus
haut degré les qualités d'excellents gardiens. — Oui. —
Il faut pour cela qu'avec la prudence et l'énergie nécessaires, ils aient beaucoup de zèle pour le bien public. —
Sans doute.—Mais on se dévoue d'ordinaire pour ce qu'on
aime. — Oui. — Et on aime les choses dont les intérêts
sont inséparables des nôtres, du bonheur ou du malheur
desquelles on est persuadé que dépend notre bonheur ou
notre malheur. — Cela est vrai. — Choisissons donc entre
tous les gardiens ceux qui, après un mûr examen, nous
auront paru toute leur vie empressés à faire ce qu'ils ont
cru être du bien public, et que rien n'a jamais pu engager à agir contre les intérêts de l'État. — Voilà ceux qui
nous conviennent. — Je crois qu'il sera à propos de les
suivre dans les différents âges, d'observer s'ils sont
constamment fidèles à cette maxime, et si la séduction ou

la contrainte ne leur a jamais fait perdre de vue l'obligation de travailler pour le bien public. — Comment la perdraient-ils de vue ?

— Je vais te l'expliquer. Les opinions nous sortent de l'esprit de deux manières, de plein gré, ou malgré nous. Nous renonçons de plein gré aux opinions fausses, lorsqu'on nous détrompe ; nous abandonnons malgré nous celles qui sont vraies. — Je conçois aisément la première manière ; mais je ne comprends pas la seconde. — Quoi ! tu ne conçois pas que les hommes renoncent au bien malgré eux, et au mal avec plaisir ? N'est-ce pas un mal de s'écarter de la vérité, et un bien de la rencontrer ? Or, n'est-ce pas la rencontrer que d'avoir une opinion juste de chaque chose ? — Tu as raison. Je conçois que les hommes renoncent malgré eux aux opinions vraies. — Ce malheur ne peut donc leur arriver que par surprise, enchantement ou violence. — Je ne t'entends pas. — Je me sers apparemment d'expressions extraordinaires. Par *surprise*, j'entends la dissuasion et l'oubli ; celui-ci est l'ouvrage du temps, celle-là des raisons d'autrui qui prennent la place des nôtres. Tu m'entends à présent ? — Oui. — Par *violence*, j'entends le chagrin et la douleur qui obligent quelques-uns à changer de sentiment. — Je conçois cela, et tu as raison. — Tu vois, je crois, sans peine, que l'*enchantement* agit sur ceux qui changent d'opinion, séduits par l'attrait du plaisir ou par la crainte de quelque mal. — Sans doute, et l'on peut regarder comme un enchantement tout ce qui nous fait illusion.

— C'est donc à nous d'observer, comme je disais tout à l'heure, ceux qui se montreront les plus fidèles à la maxime qu'on doit faire tout ce qu'on juge être du bien public ; de les éprouver dès l'enfance, en les mettant dans les circonstances où ils pourraient plus aisément oublier cette maxime et se laisser tromper ; de choisir, à l'imitation des autres, celui qui la conservera plus fidèlement dans sa mémoire, qui sera plus difficile à séduire. N'est-ce pas ? — Oui. — De les mettre ensuite à l'épreuve des

travaux et de la douleur, et de voir comment ils la sou-
tiendront. — Fort bien. — Enfin, d'essayer le prestige et
la séduction; de faire à leur égard ce que l'on fait à
l'égard des jeunes chevaux, qu'on expose au bruit et au
tumulte pour voir s'ils sont craintifs; de les transporter,
lorsqu'ils sont encore jeunes, au milieu des objets terri-
bles ou séduisants, et d'éprouver, avec plus de soin qu'on
n'éprouve l'or par le feu, si dans toutes ces rencontres le
charme ne peut rien sur eux; si, toujours attentifs à
veiller sur eux-mêmes et a retenir les leçons de musique
qu'ils ont reçues, ils font voir dans toute leur conduite
que leur âme est réglée selon les lois du nombre et de
l'harmonie, qu'ils sont tels, en un mot, qu'on doit être
pour servir utilement sa patrie et pour être utile à soi-
même. Nous établirons chef et gardien de la république
celui qui dans l'enfance, dans la jeunesse, dans l'âge
viril, aura passé par toutes ces épreuves et en sera sorti
pur; nous le comblerons d'honneurs pendant sa vie, et
nous lui érigerons, après sa mort, un magnifique tombeau,
avec tous les autres monuments qui peuvent illustrer sa
mémoire : pour ceux qui ne seront pas de ce caractère,
nous les rejetterons. Voilà, ce me semble, mon cher
Glaucon, en somme et confusément, de quelle manière
nous devons nous comporter dans le choix de nos chefs et
de nos gardiens. — Je suis de ton avis. — Ne sont-ce pas
ceux-là qu'on doit regarder comme les vrais et les premiers gardiens de l'État, tant à l'égard des ennemis que
des citoyens, pour ôter à ceux-ci la volonté, à ceux-là le
pouvoir de lui nuire; les jeunes gens, à qui nous donnions
le titre de gardiens, n'étant que les ministres et les exécu-
teurs des volontés des magistrats? — Je le pense.

— De quelle manière nous y prendrons-nous à présent
pour persuader aux magistrats, ou du moins aux autres
citoyens, un mensonge du genre de ceux que nous avons
dit être d'une grande utilité? — Quel est ce mensonge? —
Il n'est pas nouveau, il a pris naissance en Phénicie; et,
à ce que disent les poëtes, qui en paraissent persuadés,

c'est un fait réel déjà arrivé en plusieurs endroits. Mais il n'est point arrivé de nos jours; je ne sais même s'il arrivera désormais. Ce n'est pas peu de chose que de le faire croire. — Que tu as de peine à nous dire ce que c'est! — Quand tu l'auras entendu, tu verras que ce n'est pas sans raison. — Dis, et ne crains rien. — Je vais le dire; mais, en vérité, je ne sais où prendre la hardiesse et les expressions dont j'ai besoin pour tâcher de persuader aux magistrats et aux guerriers, ensuite au reste des citoyens, qu'ils n'ont reçu qu'en songe l'éducation que nous leur avons donnée; qu'en effet, ils ont été élevés et formés dans le sein de la terre, eux, leurs âmes et tout ce qui leur appartient; qu'après les avoir formés, la terre, leur mère, les a mis au jour; qu'ainsi ils doivent regarder la terre qu'ils habitent comme leur mère et leur nourrice, la défendre contre quiconque oserait l'attaquer, et traiter les autres citoyens comme leurs frères, sortis comme eux du même sein. — Ce n'était pas sans sujet que tu hésitais d'abord à nous conter cette fable.

— J'en conviens. Mais, puisque j'ai commencé, écoute le reste. Vous êtes tous frères, leur dirais-je; mais le dieu qui vous a formés a fait entrer l'or dans la composition de ceux d'entre vous qui sont propres à gouverner les autres; aussi sont-ils les plus précieux. Il a mêlé l'argent dans la formation des guerriers, le fer et l'airain dans celle des laboureurs et des autres artisans. Puis donc que vous avez tous une origine commune, vous aurez pour l'ordinaire des enfants qui vous ressembleront. Mais il pourra se faire qu'un citoyen de la race d'or ait un fils de la race d'argent, qu'un autre de la race d'argent mette au monde un fils de la race d'or, et que la même chose arrive à l'égard des autres races. Or, ce dieu ordonne principalement aux magistrats de prendre garde, sur toutes choses, au métal dont l'âme de chaque enfant est composée. Et si leurs propres enfants ont quelque mélange de fer ou d'airain, il ne veut pas qu'ils leur fassent grâce, mais qu'ils les relèguent dans l'état qui leur convient, soit d'artisan, soit de laboureur. Il veut aussi que si ces derniers ont des enfants qui tiennent de l'or ou de l'argent, on les élève, ceux-ci à la condition des guerriers, ceux-là à la dignité de magistrats ; parce qu'il y a un oracle qui dit que la république périra lorsqu'elle sera gouvernée par le fer ou par l'airain. Sais-tu quelque moyen de leur insinuer que cette fable est une vérité? — Je ne vois aucun moyen d'en convaincre ceux dont nous parlons ; mais je crois qu'on peut le persuader à leurs enfants et à ceux qui naîtront dans la suite. — Je comprends ce que tu veux dire. Cela serait excellent pour leur inspirer encore plus l'amour de la patrie et de leurs concitoyens. Que cette invention ait donc tout le succès qu'il plaira à la Renommée de lui donner. Pour nous, armons à présent ces fils de la terre, et faisons-les avancer sous la conduite de leurs chefs. Qu'ils s'approchent, et qu'ils choisissent dans notre État un lieu pour camper, d'où ils soient plus à portée de réprimer les séditions du dedans et de repousser les attaques du dehors, si l'ennemi vient, comme un loup, fondre sur le troupeau ; qu'après avoir placé leur camp, et fait des sacrifices à qui il convient d'en faire, ils dressent pour eux des tentes. N'est-ce pas? — Sans doute. — Telles qu'elles puissent les garantir du froid et du chaud. — Sans contredit ; car tu parles apparemment de leurs habitations. — Oui, d'habitations de guerriers, et non de banquiers. — Quelle différence y mets-tu? — Je vais te l'expliquer. Rien ne serait plus triste et plus honteux pour des bergers que de nourrir, pour la garde de leurs troupeaux, des chiens que l'intempérance, la faim, ou quelque autre appétit désordonné porterait à nuire aux troupeaux qu'on leur aurait confiés, et à devenir loups, de chiens qu'ils devraient être. — Cela serait triste en effet. — Prenons donc garde en toute manière que nos guerriers ne fassent de même à l'égard des autres citoyens, d'autant plus qu'ils ont la force en main, et qu'au lieu d'être leurs défenseurs et leurs protecteurs, ils ne deviennent leurs maîtres et leurs tyrans. — Il faut prévenir ce désordre. — Mais la plus

sûre manière de le prévenir, n'est-ce pas de leur donner
une excellente éducation ? — Ils l'ont déjà reçue. — Je ne
voudrais pas encore l'assurer, mon cher Glaucon. Ce qu'il
y a de certain, c'est, comme nous disions tout à l'heure,
qu'une bonne éducation, quelle qu'elle soit, leur est nécessaire pour le point le plus important, qui est d'avoir
de la douceur, soit entre eux, soit envers ceux qu'ils sont
chargés de défendre. — Cela est vrai. — Outre cette éducation, tout homme sensé conviendra que les habitations
et la fortune qu'on leur assignera doivent être telles, que
rien de tout cela n'empêche qu'ils ne soient d'excellents
gardiens, et ne les porte à nuire à leurs concitoyens. —
Il aura raison d'en convenir.

— Vois si le genre de vie et l'espèce de logement que je
leur propose sont propres à cette fin : je veux premièrement qu'aucun d'eux n'ait rien qui soit à lui seul, à moins
que cela ne soit absolument nécessaire ; qu'ils n'aient ensuite ni maison, ni magasin où tout le monde ne puisse
entrer. Quant à la nourriture convenable à des guerriers
sobres et courageux, les autres citoyens seront chargés de
la leur fournir, comme la juste récompense de leurs services ; de sorte cependant qu'ils n'en aient ni trop ni trop
peu pour l'année. Qu'ils mangent à des tables communes,
et qu'ils vivent ensemble comme doivent vivre des guerriers au camp. Qu'on leur fasse entendre que les dieux ont
mis dans leur âme de l'or et de l'argent divin ; qu'ils n'ont,
par conséquent, aucun besoin de l'or et de l'argent des
hommes ; qu'il ne leur est pas permis de souiller la possession de cet or immortel par l'alliage de l'or terrestre ;
que l'or qu'ils ont est pur, au lieu que celui des hommes
a été en tout temps la source de bien des crimes; qu'ainsi
ils sont les seuls entre les citoyens à qui il soit défendu de
manier, de toucher même ni or ni argent, d'habiter sous
le même toit avec ces métaux, d'en mettre sur leurs vêtements, de boire dans des coupes d'or ou d'argent; que
c'est l'unique moyen de se conserver, eux et l'État. Mais
que, dès qu'ils auront en propre des terres, des maisons,

de l'argent, de gardiens qu'ils sont, ils deviendront éco-
nomes et laboureurs; de défenseurs de l'État, ses ennemis
et ses tyrans : ils passeront leur vie à se haïr mutuellement, à se dresser des embûches les uns aux autres, et
auront plus à craindre des ennemis du dedans que de ceux
du dehors; qu'alors eux et la république courront à grands
pas vers leur ruine. Voilà les raisons qui m'ont engagé à
faire ce règlement touchant le logement et les possessions
de nos guerriers. En ferons-nous une loi ou non? — J'y
consens. »

LIVRE QUATRIÈME.

———

ARGUMENT.

L'éducation de la jeunesse étant complète, la république est constituée.
L'opulence et la pauvreté en seront également bannies. Elle sera prudente, car
elle est gouvernée par un petit nombre d'hommes d'élite et de bons conseils.
Elle sera forte, car l'éducation a empreint la justice dans le cœur des guerriers :
ils savent ce qu'il faut craindre et ce qu'il faut aimer. Elle sera tempérante,
car elle se commande à elle-même, elle règle ses plaisirs et ses passions : la
partie la plus estimable de l'homme gouverne celle qui l'est le moins. Enfin
elle sera juste, car c'est être juste que d'agir par ces trois principes, la force,
la tempérance et la vertu. La fin de ce livre est donc de nous faire connaître
la nature du bien et du mal, et Platon peut dire en le terminant cette parole
profonde, que la justice n'est que l'ordre établi dans les actions de l'homme
maître de lui-même.

« Mais, interrompit Adimante, que répondrais-tu,
Socrate, si l'on t'objectait que tes guerriers ne sont pas
fort heureux, et cela par leur propre faute, l'État leur
appartenant réellement; qu'ils sont privés de tous les
avantages de la société; qu'ils n'ont pas, comme les
autres, des terres, des maisons grandes, belles et bien
meublées; qu'ils ne peuvent ni sacrifier aux dieux dans
leur domestique, ni loger chez eux des hôtes, ni posséder
de l'or et de l'argent, ni rien de ce qui, dans l'opinion des
hommes, sert à rendre la vie commode et agréable? En
vérité, tu les traites, dira-t-on, comme des étrangers à la
solde de la république, qui n'y ont d'autre emploi que
celui de la garder. — Ajoute que leur solde ne consiste que
dans la nourriture, et qu'ils n'ont pas, outre cela, une
paye comme les troupes ordinaires; ce qui ne leur permet
pas de sortir des limites de l'État, ni de voyager, ni de
rien donner à des courtisanes, ni de disposer de rien à
leur gré, comme font les riches et les prétendus heureux.

Pourquoi passes-tu sous silence ces chefs d'accusation et beaucoup d'autres semblables? — Ajoute-les, si tu veux, à ce que j'ai dit. — Tu me demandes ce que j'ai à répondre à cela. — Oui. — Sans nous écarter de la route que nous avons suivie jusqu'ici, nous trouverons, je pense, dans notre plan même, de quoi nous justifier. Nous dirons qu'il ne serait pas surprenant que la condition de nos guerriers fût très-heureuse, malgré tous ces inconvénients; qu'au reste, en formant une république, nous ne nous sommes pas proposé pour but la félicité d'un certain ordre de citoyens, mais celle de la république entière; parce que nous avons cru devoir trouver la justice dans une république ainsi gouvernée, et l'injustice dans une république mal constituée, et nous mettre par cette découverte à portée de décider la question qui fait la matière de notre entretien. Or, à présent, nous sommes occupés à fonder un gouvernement heureux, du moins à ce qu'il nous paraît, et où le bonheur ne soit point partagé entre un petit nombre de particuliers, mais commun à toute la société. Nous examinerons bientôt la forme du gouvernement opposé à celui-ci.

» Si nous étions à peindre des statues, et que quelqu'un vint nous objecter que nous n'employons pas les plus belles couleurs pour peindre les plus belles parties du corps; que nous peignons les yeux, par exemple, non avec du vermillon, mais avec du noir; nous croirions avoir bien répondu à ce censeur en lui disant : Ne t'imagine pas que nous devions peindre les yeux si beaux, que ce ne soit plus des yeux; et ce que je dis de cette partie du corps doit s'entendre des autres. Examine plutôt si nous donnons à chaque partie la couleur qui lui convient, de sorte qu'il en résulte un tout parfait. Adimante, je t'en dis autant. Ne nous force pas d'attacher à la condition de nos guerriers un bonheur qui les fera cesser d'être ce qu'ils sont. Nous pourrions, si nous voulions, revêtir nos laboureurs de robes traînantes, charger d'or leur parure, et leur enjoindre de ne travailler à la terre que pour leur plaisir. Nous pourrions coucher le potier à côté de son fourneau, le faire boire et manger à son aise, et mettre auprès de lui sa roue, lui laissant la liberté de travailler quand il lui plairait. Nous pourrions rendre heureuses de la même manière toutes les autres conditions, afin que tout l'État jouit d'une félicité parfaite; mais ne nous donne point de pareil conseil; car, si nous le suivions, le laboureur cesserait d'être laboureur, le potier d'être potier; chacun sortirait de sa condition : il n'y aurait plus de société. Au reste, que les autres se tiennent ou non dans leur état, cela n'est pas d'une si grande importance. Que le cordonnier fasse mal son métier, qu'il se laisse corrompre, ou que quelqu'un se donne pour cordonnier sans l'être, le public n'en souffrira pas un grand dommage. Mais si ceux qui sont préposés à la garde des lois et de la république n'en sont les gardiens que de nom, tu vois qu'ils entraînent l'État à sa ruine; car c'est d'eux que dépendent sa bonne administration et son bonheur. Si donc nous voulons former de vrais gardiens de l'État, mettons-les dans l'impossibilité de nuire en rien au bien public. Pour celui qui est d'un autre avis, et qui voudrait en faire des laboureurs, ou de joyeux convives dans une fête publique, il a en vue tout autre chose que l'idée d'une république. Ainsi, voyons si notre dessein, en établissant des guerriers, est de rassembler sur eux le plus de bonheur possible, ou si ce n'est pas plutôt de pourvoir à la félicité de tout l'État, et de contraindre ou de persuader les gardiens et les défenseurs de la patrie, et tous les autres citoyens, d'accomplir de leur mieux la tâche qui leur est assignée : de sorte que, quand l'État aura pris son accroissement et qu'il sera bien administré, alors chacun d'eux participe à la félicité publique, l'un plus, l'autre moins, suivant la nature de son emploi. — Ce que tu dis me paraît fort sensé.

— Je ne sais si ce raisonnement, du même genre, te le paraîtra moins. — De quoi s'agit-il? — Examine si ce n'est pas là ce qui perd et ce qui corrompt d'ordinaire les artisans. — Qu'est-ce qui les perd? — L'opulence et la pauvreté. — Comment cela? — Le voici : le potier devenu riche s'embarrassera-t-il beaucoup de son métier? — Non. — Il deviendra donc de jour en jour plus fainéant et plus négligent? — Sans doute. — Et par conséquent plus mauvais potier? — Oui. — D'un autre côté, si la pauvreté lui ôte le moyen de se fournir d'outils et de tout ce qui est nécessaire à son art, son travail en souffrira ; ses enfants et les autres ouvriers qu'il forme en seront moins habiles. — Cela est vrai. — Ainsi, les richesses et la pauvreté nuisent également aux arts et à ceux qui les exercent. — Il y a apparence. — Voilà donc encore deux choses auxquelles nos magistrats prendront bien garde de donner entrée dans notre État. — Quelles sont-elles? — L'opulence et la pauvreté; parce que l'une engendre la mollesse, la fainéantise et l'amour des nouveautés ; l'autre, ce même amour des nouveautés, la bassesse et l'envie de mal faire. — J'en conviens; mais, Socrate, fais, je te prie, réflexion à une chose.

» Comment notre république pourra-t-elle soutenir la guerre, si elle n'a pas de fonds, surtout si elle est obligée de tenir tête à une république riche et puissante? — Il est vrai qu'elle aura de la peine à se défendre contre une seule; mais elle se défendra plus aisément contre deux. — Que dis-tu là? — D'abord, s'il faut en venir aux mains, nos gens exercés à la guerre n'ont-ils pas en tête des ennemis riches? — Oui. — Mais, Adimante, un bon lutteur ne viendra-t-il pas aisément à bout de deux adversaires riches, chargés d'embonpoint et peu exercés à la lutte? — Non, s'il avait affaire aux deux à la fois. — Quoi! s'il avait la liberté de fuir, et de frapper en se retournant celui qui le suivrait de plus près, et s'il employait souvent cette ruse au soleil et dans la plus grande chaleur, lui serait-il difficile d'en battre plusieurs l'un après l'autre? — Vraiment, il n'y aurait rien en cela de surprenant. — Crois-tu que les riches dont nous parlons ne soient pas plus habiles et plus exercés à la lutte qu'à la guerre? — Je n'en doute pas. — Ainsi, selon les apparences, nos athlètes se battront sans peine contre une armée de riches deux ou trois fois plus nombreuse. — D'accord, car tu me parais avoir raison. — Et s'ils envoyaient demander du secours aux habitants d'un État voisin, en leur disant, ce qui après tout serait vrai : Nous n'avons besoin ni d'or ni d'argent; il nous est même défendu d'en avoir; cela vous est permis : venez donc à notre aide, et nous vous abandonnons les dépouilles de nos ennemis, crois-tu que ceux à qui on ferait de telles offres aimassent mieux faire la guerre à des chiens maigres et robustes, que de se joindre à eux contre un troupeau gras et délicat? — Je ne le pense pas. Mais si quelque État voisin rassemble ainsi chez lui toutes les richesses des autres, prends garde qu'il ne vienne redoutable au nôtre. — Que tu es bon de penser qu'aucun autre État que le nôtre mérite de porter ce nom ! — Pourquoi non? — Il faut donner aux autres un nom d'une signification plus étendue; car chacun d'eux n'est pas un, mais plusieurs, comme on dit au jeu[1]. Il en renferme toujours pour le moins deux qui se font la guerre, l'un composé de riches, l'autre de pauvres : chacun d'eux se subdivise encore en plusieurs autres. Si tu les attaques tous, comme ne faisant qu'un seul État, tu ne réussiras pas; mais si tu regardes chacun de ces États comme étant composé de plusieurs, et que tu abandonnes aux uns les richesses, le pouvoir et la vie des autres, tu auras toujours beaucoup d'alliés et peu d'ennemis. Tout État gouverné par des lois sages, telles que les nôtres, sera très-grand, je ne dis pas en apparence, mais en réalité, quand il ne pourrait mettre sur pied que mille combattants. Tu n'en trouveras que très-difficilement un aussi grand chez les Grecs et les Barbares, quoiqu'il y en ait beaucoup qui le paraissent davantage. Penses-tu le contraire? — Non assurément.

---

[1] Il y avait alors au jeu de dés une partie où l'on jouait des villes. *Le scoliaste.*

— Voici donc les plus justes bornes que nos magistrats puissent donner à l'accroissement de leur État et de son territoire, après lesquelles ils ne doivent plus chercher à s'étendre davantage. — Quelles sont ces bornes? — C'est, à ce que je crois, de le laisser s'agrandir autant qu'il le pourra, sans cesser d'être un, et nullement au delà. — Fort bien. — Ainsi, nous prescrirons encore à nos magistrats de faire en sorte que l'État ne paraisse ni grand ni petit, mais tienne un juste milieu et soit toujours un. — Ceci n'est pas de grande importance. — Ce que nous leur avons recommandé plus haut l'est encore moins, lorsque nous leur disions qu'il fallait faire passer aux conditions plus basses l'enfant dégénéré du guerrier, et élever au rang des guerriers les enfants des autres qu'ils en jugeront dignes; nous voulions leur faire entendre par là que chaque citoyen ne doit être appliqué qu'à une seule chose, à celle pour laquelle il est né, afin que chaque particulier, s'acquittant de l'emploi qui lui convient, soit un; que par là l'État entier soit un aussi, et qu'il n'y ait ni plusieurs citoyens dans un seul citoyen, ni plusieurs États dans un seul État. — Il est vrai que ce point est moins important que le précédent. — Tout ce que nous leur prescrivons ici, mon cher Adimante, n'est pas aussi important qu'on pourrait se l'imaginer : ce n'est rien ; il ne s'agit que d'observer un point, le seul important, ou plutôt le seul suffisant. — Quel est ce point? — L'éducation de la jeunesse et de l'enfance : si nos citoyens sont bien élevés, et qu'ils deviennent des hommes accomplis, ils verront aisément par eux-mêmes l'importance de tous ces points et de bien d'autres que nous omettons ici, comme de ce qui regarde les femmes, le mariage et la procréation des enfants; ils verront, dis-je, que, selon le proverbe, toutes ces choses doivent être communes entre les amis. — Ce sera parfaitement bien.

— Dans une république, tout dépend du commencement. Si elle a bien commencé, elle va toujours en s'agrandissant, comme le cercle. Une bonne éducation forme d'heureux naturels ; les enfants, marchant d'abord sur les traces de leurs pères, deviennent bientôt meilleurs que ceux qui les ont précédés ; et, entre autres avantages, ils ont celui de mettre au jour des enfants qui les surpassent eux-mêmes en mérite, comme il arrive à l'égard des animaux. — Cela doit être. — Ainsi, pour tout dire en deux mots, ceux qui sont à la tête de notre république veilleront spécialement à ce que l'éducation se maintienne pure, et surtout à ce que l'on n'innove rien touchant la gymnastique et la musique, de sorte que si un poëte dit :

Les chants les plus nouveaux sont ceux qui plaisent davantage [1],

on s'imagine que le poëte parle non de chansons nouvelles, mais d'une nouvelle méthode de chanter, et qu'on approuve de pareilles innovations. Il ne faut ni approuver, ni introduire aucune innovation pareille. Que l'on prenne garde de rien adopter de nouveau en fait de musique, parce que c'est risquer de tout perdre ; car, comme dit Damon, et je suis en cela de son avis, on ne peut toucher aux règles de la musique sans ébranler les lois fondamentales du gouvernement. — Compte-moi aussi parmi ceux qui pensent de même.

— Nos magistrats feront donc de la musique la citadelle et la sauvegarde de l'État. — Oui, mais le mépris des lois s'y glisse facilement sans qu'on s'en aperçoive. — Cela est vrai. Il semble d'abord que ce n'est qu'un jeu, et qu'il n'y a aucun mal à craindre. — En effet, il n'a fait d'autre mal au commencement que de s'insinuer peu à peu et se couler doucement dans les mœurs et dans les usages. Il va ensuite toujours en s'augmentant, et se glisse dans les rapports qu'ont entre eux les membres de la société ; de là il s'avance jusqu'aux lois et aux principes du gouvernement, qu'il attaque, mon cher Socrate, avec la dernière insolence ; il finit par la ruine de l'État et des particuliers. — Cela est donc ainsi ? — Du moins il me le semble. — Ce

[1] Odyssée, I, v. 351.

sera par conséquent une raison de plus pour nous d'assujettir de bonne heure les jeux des enfants à la plus exacte
et la plus rigide discipline; parce que, pour peu qu'elle
vienne à se relâcher, et que nos enfants s'en écartent, il
est impossible que dans l'âge mûr ils soient vertueux et
soumis aux lois. — Comment le seraient-ils? — Au lieu
que si les jeux des enfants sont réglés dès le commencement; si l'amour de l'ordre entre dans leur cœur avec la
musique, il arrivera, par un effet contraire, que tout ira
de mieux en mieux; en sorte que si la discipline était
tombée en quelque point, eux-mêmes la redresseront un
jour. — Cela est vrai. — Ils rétabliront ces observances
qui passent pour des minuties, et que leurs prédécesseurs
avaient laissé tomber entièrement en désuétude. — Quelles
sont ces observances? — Par exemple, celle de se taire
devant les vieillards, de se lever lorsqu'ils paraissent; de
leur céder partout la place d'honneur; celles qui concer-
nent le respect dû aux parents, la manière de s'habiller,
de se couper les cheveux, de se chausser, tout ce qui regarde le soin du corps, et mille autres choses semblables.
Ne retrouveront-ils pas d'eux-mêmes tout cela? — Oui. —
Ce serait une folie de faire à ce sujet des lois, qui, pour
être imposées par écrit ou de vive voix, n'en seraient pas
mieux observées : d'ailleurs aucun législateur n'est encore
descendu dans ces détails. — Il est vrai. — Il paraît, mon
cher Adimante, que toutes ces pratiques sont une suite
naturelle de l'éducation; en effet, le semblable n'attire-
t-il pas toujours à lui son semblable? — Sans doute. —
Par conséquent, notre conduite finit par être très-bonne
ou très-mauvaise, selon le point de départ. — Cela doit
être. — C'est pour cela que je ne voudrais jamais rien sta-
tuer sur ces sortes de choses. — Tu as raison.

  — Mais, au nom des dieux, entreprendrons-nous de
régler quelque chose touchant les contrats de vente ou
d'achat, les conventions pour la main-d'œuvre, les insul-
tes, les violences, les procès, l'établissement des juges, la
levée ou l'imposition des deniers pour l'entrée ou la sortie

des marchandises, soit par terre, soit par mer ; en un mot, pour tout ce qui concerne le marché, la ville ou le port? — Il n'est pas nécessaire de rien prescrire là-dessus à d'honnêtes gens ; ils trouveront sans peine eux-mêmes tous les règlements qu'il sera à propos de faire. — Oui, mon cher ami, si Dieu leur donne de conserver dans toute leur pureté les lois que nous avons d'abord établies. — Sinon, ils passeront leur vie à dresser chaque jour de nouveaux règlements sur tous ces articles, à y ajouter corrections sur corrections, s'imaginant sans cesse qu'ils arriveront à ce qu'il y a de plus parfait. — C'est-à-dire que leur conduite ressemblera à celle de ces malades qui ne veulent point, par intempérance, renoncer à un train de vie qui altère leur santé. — Justement. — La conduite de ces malades a quelque chose de plaisant. Ils sont toujours dans les remèdes, et, au lieu d'avancer leur guérison, ils augmentent et multiplient leurs maladies, espérant néanmoins toujours, à chaque remède qu'on leur propose, qu'il leur rendra la santé. — Voilà précisément leur état. — Ce qu'il y a de plus plaisant en eux, n'est-ce pas de regarder comme leur plus mortel ennemi celui qui leur déclare que s'ils ne cessent de manger et de boire avec excès, de vivre dans le libertinage et la fainéantise, ni les potions, ni le fer, ni le feu, ni les enchantements, ni les amulettes, ne leur serviront à rien? — Je ne vois pas qu'il y ait rien de plaisant à s'emporter ainsi contre ceux qui nous donnent de bons conseils. — Il me paraît que tu n'es pas trop partisan de ces sortes de gens. — Non, assurément.

— Tu n'approuveras donc pas davantage une république qui tiendrait une pareille conduite. Or, que t'en semble? N'est-ce pas là ce que font toutes les républiques mal gouvernées, lorsqu'elles défendent, sous peine de mort, aux citoyens de toucher à la constitution, tandis que, d'autre part, celui qui sait flatter plus doucement les vices de l'État, qui va au-devant de ses désirs, qui prévoit de loin ses intentions, et qui est assez habile pour les remplir,

passe pour un citoyen vertueux, pour un bon politique,
et se voit comblé d'honneurs? — Elles font précisément
la même chose, et je suis bien éloigné de les approuver.
— N'admires-tu pas le courage et la complaisance de ceux
qui consentent, qui s'empressent même à donner des soins
à de pareils États? — Oui, je les admire, excepté ceux
qui, se laissant tromper par la multitude, s'imaginent
être de grands politiques, à cause des applaudissements
qu'on leur donne. — Quoi! tu ne veux pas les excuser?
Crois-tu qu'un homme qui ne sait pas mesurer puisse
s'empêcher de croire qu'il est haut de quatre coudées,
lorsqu'il l'entend dire à beaucoup de personnes?—Je ne le
crois pas. — Ne t'emporte donc pas contre nos politiques;
ce sont les gens les plus divertissants du monde, avec leurs
règlements qu'ils modifient sans cesse, persuadés qu'ils
remédieront par là aux abus qui se glissent dans les rapports de la vie sur tous les points dont j'ai parlé, et qui
ne pensent pas qu'en effet ils coupent les têtes d'une hydre.
— Ils ne font rien autre chose. — Ainsi, je ne crois pas
que, dans quelque État que ce soit, bien ou mal gouverné,
un sage législateur doive entrer dans ce détail de lois et
de règlements : dans l'un, cela est inutile, et l'on n'y
gagne rien; dans l'autre, le premier venu les trouvera
aisément, ou ils découlent d'eux-mêmes des autres lois
déjà établies.

— Quelle loi nous reste-t-il donc à faire? — Aucune.
Mais nous laissons à Apollon Delphien le soin de faire les
plus grandes, les plus belles et les plus importantes. —
Quelles sont-elles? — Ce sont celles qui regardent la construction des temples, les sacrifices, le culte des dieux,
des génies et des héros, les funérailles, et les cérémonies
qui servent à apaiser les mânes des morts. Nous ne savons
point ce qu'il faut régler là-dessus; et, puisque nous
fondons une république, il ne serait pas sage de nous en
rapporter à d'autres hommes, ni de consulter d'autre interprète que celui du pays. Or, le dieu de Delphes est,
en matière de religion, l'interprète naturel du pays, ayant

exprès choisi le milieu et comme le nombril de la terre pour rendre de là ses oracles [1]. — Tu dis bien. C'est à lui seul qu'il faut s'en rapporter.

— Fils d'Ariston, notre république est enfin formée. Appelle ton frère Polémarque, et tous ceux qui sont ici. Tâchez ensemble, à l'aide de quelque flambeau, de découvrir en quel endroit résident la justice et l'injustice, en quoi elles diffèrent l'une de l'autre, et à laquelle des deux on doit s'attacher pour être solidement heureux, qu'on échappe ou non aux regards des dieux et des hommes. — En vain nous engages-tu à cette recherche, car tu nous as toi-même promis de la faire, en te déclarant impie si tu ne défendais la justice de tout ton pouvoir. — Ce sont mes propres paroles que tu me rappelles. Je vais le faire, comme j'ai dit ; mais il faut que vous m'aidiez. — Nous t'aiderons. — J'espère que nous trouverons de cette manière ce que nous cherchons. Si les lois que nous avons établies sont bonnes, notre république doit être parfaite. — Sans doute. — Il est donc évident qu'elle est prudente, forte, tempérante et juste. — Cela est évident. — Quelle que soit celle de ces quatre qualités que nous découvrions en elle, ce qui restera sera ce que nous n'aurons pas découvert. — Sans contredit. — Si de quatre choses nous en cherchions une, et qu'elle se présentât d'abord à nous, nous bornerions là nos recherches ; et si nous connaissions d'abord les trois premières, nous connaîtrions par là même la quatrième, puisqu'il est évident que ce serait celle qui reste à trouver. — Tu as raison. — Appliquons donc cette méthode à notre recherche, puisque les vertus dont il s'agit sont au nombre de quatre. — Je le veux bien. — Il n'est pas difficile, en premier lieu, d'y découvrir la prudence ; mais je trouve qu'il y a par rapport à elle quelque chose de singulier. — Quoi ? — La prudence règne dans notre république, car le bon conseil y règne :

---

[1] Les anciens croyaient Delphes situé au centre de la terre. Voyez Eschyle Œdipe roi, Euménides.

n'est-ce pas? — Oui. — Il n'est pas moins clair que la science préside à ce bon conseil, puisque ce n'est point l'ignorance, mais la science qui fait prendre de justes mesures. — Cela est clair. — Mais il y a dans notre république des sciences de toute espèce. — Sans doute. — Est-ce à cause de la science des architectes qu'on doit dire qu'elle est prudente et sage dans ses conseils? — Ce n'est point à cause de cette science, car l'éloge tomberait sur l'art de l'architecte. — On ne doit pas non plus l'appeler prudente lorsqu'elle délibérera sur la manière de faire d'excellents ouvrages de menuiserie selon les règles de ce métier. — Non. — Ni lorsqu'elle délibérera sur les ouvrages en airain ou en quelque autre métal. — En aucune façon. — Ni lorsqu'il s'agira de la production des biens de la terre; car cela regarde l'agriculture. — Sans doute. — Est-il dans la république que nous venons de former une science qui réside dans quelques-uns de ses membres, et dont l'objet soit de délibérer non sur quelque partie de l'État, mais sur l'État entier et sur son gouvernement tant intérieur qu'extérieur? — Sans doute, il en est une. — Quelle est cette science, et en qui réside-t-elle? — C'est celle qui a pour but la conservation de l'État. Elle réside dans ceux des magistrats qui en sont les vrais gardiens. — Par rapport à cette science, comment appelles-tu notre république? — Vraiment prudente et sage dans ses conseils. — Crois-tu qu'il y ait chez nous plus d'excellents forgerons que d'excellents magistrats? — Beaucoup plus de forgerons. — En général, de tous les corps qui tirent leur nom de la profession qu'ils exercent, le corps des magistrats ne sera-t-il pas le moins nombreux? — Oui. — Par conséquent, toute république organisée naturellement doit sa prudence à la science qui réside dans la plus petite partie d'elle-même, c'est-à-dire dans ceux qui sont à sa tête et qui commandent. Et il paraît que la nature produit en plus petit nombre les hommes à qui il appartient de se mêler de cette science, qui seule entre toutes les sciences mérite le nom de *prudence*. — Cela est très-vrai. — Je ne sais par quel bonheur nous avons trouvé cette première chose des quatre que nous cherchions, et la partie de la société en qui elle réside. — Elle me paraît suffisamment prouvée.

— Quant au courage, il n'est pas difficile de le découvrir, ni le corps en qui il réside, et qui fait donner à l'État le nom de courageux. — Comment cela? — Est-il un autre moyen de s'assurer si une république est lâche ou courageuse que d'examiner le caractère de ceux qui sont chargés de la défendre? — Non. — Que les autres citoyens soient lâches ou courageux, on n'en peut rien conclure par rapport à l'État. — Non. — L'État est donc courageux par une partie de lui-même en qui réside une certaine vertu qui conserve en tout temps, sur les choses qui sont à craindre, l'idée qu'elle a reçue du législateur dans son éducation. N'est-ce pas là, en effet, la définition du courage? — Je n'ai pas bien compris ce que tu viens de dire. Explique-toi davantage. — Je dis que le courage est une espèce de *conservation*. — De quoi? — De l'idée que les lois nous ont donnée, par le moyen de l'éducation, touchant les choses qui sont à craindre. Je dis *en tout temps*, parce que, en effet, le courage conserve toujours cette idée, et ne la perd jamais de vue, ni dans la douleur, ni dans le plaisir, ni dans les désirs, ni dans la crainte. Je vais, si tu veux, t'expliquer ceci par une comparaison. — Je le veux bien.

— Tu sais la manière dont s'y prennent les teinturiers, lorsqu'ils veulent teindre la laine en pourpre. Parmi des laines de toute sorte de couleurs, ils choisissent la blanche; ils la préparent ensuite avec beaucoup de soin, afin qu'elle prenne mieux la couleur dont il s'agit; après quoi, ils la teignent. Cette sorte de teinture ne s'efface pas, et l'étoffe, soit qu'on la lave simplement, soit qu'on la savonne, ne perd jamais son éclat. Au lieu que si la laine que l'on teint a déjà une autre couleur, ou si on se sert de la blanche, mais sans la préparer, tu sais ce qui arrive. — Je sais que la couleur ne tient point et n'a aucun éclat. —

Imagine-toi donc que nous nous sommes efforcés de faire la même chose, en choisissant nos guerriers avec tant de précautions, et en les préparant par la musique et la gymnastique. Notre intention en cela a été qu'ils prissent une teinture profonde des lois, que leur âme bien née et bien élevée fût tellement pénétrée de l'idée des choses qui sont à craindre, ainsi que de toutes les autres, qu'aucune lotion ne pût l'effacer, ni celle du plaisir, qui a pour cet effet une tout autre vertu que la chaux et le savon ; ni la douleur, ni la crainte, ni le désir. C'est cette idée juste et légitime de ce qui est à craindre et de ce qui ne l'est pas, idée que rien ne peut effacer, que j'appelle courage. Vois si tu es de mon sentiment. — Oui ; car il me paraît que tu donneras tout autre nom que celui de courage à cette idée, si elle n'est pas un fruit de l'éducation, et si elle a un caractère brutal et servile, et que tu ne la regardes pas comme dirigée par les lois. — Tu dis vrai. — J'admets donc la définition du courage telle que tu l'as donnée. — Admets aussi que c'est une vertu politique, et tu ne te trompes pas. Nous en parlerons plus au long une autre fois, si tu le juges à propos. Pour le présent, nous en avons dit assez ; car ce n'est pas le courage que nous cherchons, mais la justice. — Tu as raison.

— Il nous reste encore deux choses à trouver dans notre république, la tempérance et la justice, qui est le principal objet de nos recherches. — Fort bien. — Comment ferons-nous pour trouver directement la justice, sans nous mettre en peine de chercher la tempérance ? — Je n'en sais rien ; mais je serais fâché qu'elle se découvrît à nous la première, puisqu'après cela nous nous mettrions peu en peine d'examiner ce que c'est que la tempérance. Ainsi, tu m'obligeras de commencer par celle-ci. — J'aurais tort de n'y pas consentir. — Examine donc. — C'est ce que je vais faire. Autant que je puis voir d'ici, cette vertu consiste plus dans un certain accord et une certaine harmonie que les précédentes. — Comment cela ? — La tempérance n'est autre chose qu'un certain ordre, qu'un frein qu'on met à ses plaisirs et à ses passions. De là vient probablement cette expression que je n'entends pas trop : *être maître de soi-même*, et quelques autres semblables, qui sont, pour ainsi dire, autant de traces de cette vertu. N'est-ce pas ? — Oui assurément. — Cette expression, *maître de soi-même*, prise à la lettre, n'est-elle pas ridicule ? Car le même homme ne serait-il pas alors maître et esclave de lui-même, puisque cette expression se rapporte à la même personne ? — Sans doute. — Voici donc en quel sens on doit la prendre. Il y a dans l'âme de l'homme deux parties, l'une supérieure, l'autre inférieure. Quand la partie supérieure commande à l'autre, on dit de l'homme qu'il est maître de lui-même, et c'est un éloge. Mais quand par le défaut d'éducation, ou par quelque mauvaise habitude, la partie inférieure prend l'empire sur la supérieure, on dit de l'homme qu'il est déréglé dans ses désirs et esclave de lui-même ; ce qui est un terme de blâme. — Cette explication me paraît juste.

— Jette maintenant les yeux sur notre nouvelle république, et tu verras qu'on peut dire d'elle, à juste titre, qu'elle est maîtresse d'elle-même, s'il est vrai qu'on doive appeler tempérant et maître de lui-même tout homme, tout État où la partie la plus estimable commande à celle qui l'est moins. — J'y regarde et je trouve que tu dis vrai. — Ce n'est pas cependant qu'on n'y trouve des passions sans nombre et de toutes les sortes, des plaisirs et des peines dans les femmes, dans les esclaves, et même dans la plupart de ceux qu'on dit être de condition libre, et qui ne valent pas grand'chose. — On en trouve sans doute. — Tu y trouveras au contraire peu de désirs simples et modérés, fondés sur des opinions justes et gouvernés par la raison ; et ce ne sera que dans ceux qui joignent à un beau naturel une excellente éducation. — Cela est vrai. — Mais ne vois-tu pas en même temps que dans notre république les désirs et les passions de la multitude, qui est la partie inférieure de l'État, sont réglés et modérés par la prudence et les volontés du petit nombre, qui est celui des sages ? — Je le

vois. — Si donc on peut dire de quelque société qu'elle
est maîtresse d'elle-même, de ses plaisirs et de ses passions, on doit le dire de celle-ci. — Sans doute. — Et que
par cette raison elle est tempérante, n'est-ce pas? — Oui.
— Et s'il est quelque société où magistrats et sujets aient
la même opinion sur ceux qui doivent commander, c'est
assurément la nôtre. Que t'en semble? — Je n'en doute
pas. — Lorsque les membres de la société sont ainsi d'accord, en qui diras-tu que réside la tempérance, dans
ceux qui commandent ou dans ceux qui obéissent? —
Dans les uns et dans les autres. — Tu vois que notre conjecture était bien fondée, lorsque nous comparions la tempérance à une certaine harmonie. — Pour quelle raison?
— Parce qu'il n'en est pas d'elle comme de la prudence
et du courage, qui ne se trouvent chacun que dans une
partie de l'État et le rendent néanmoins prudent et courageux, au lieu que la tempérance est répandue dans tous
les membres de l'État, depuis la plus basse condition jusqu'à la plus haute, entre lesquelles elle établit un accord
parfait, soit en prudence, soit en courage, soit qu'il
s'agisse du nombre ou des richesses des citoyens, ou de
quelque autre chose que ce puisse être. De sorte qu'on
peut dire avec raison que la tempérance consiste dans
cette concorde; que c'est une harmonie établie par la
nature entre la partie supérieure et la partie inférieure
d'une société ou d'un particulier, pour décider quelle est
la partie qui doit commander à l'autre. — Je suis tout à
fait de ton avis.

— Nous avons trouvé, à ce qu'il semble, ce qui rend
notre république prudente, courageuse, tempérante. Il
nous reste à découvrir ce qui pour elle complète sa vertu:
il est évident que c'est la justice. — Cela est évident. —
Faisons comme les chasseurs, mon cher Glaucon : inves-
tissons le fort où la justice doit se trouver; prenons toutes
nos mesures pour l'empêcher de s'échapper et de disparaître à nos yeux. Il est certain qu'elle doit être quelque
part ici. Regarde donc, et avertis-moi si tu l'aperçois le

premier.— Plût aux dieux que je l'aperçusse. Mais non : ce sera encore beaucoup pour moi si je puis te suivre, et apercevoir les choses à mesure que tu me les montreras. — Suis-moi, après que nous aurons ensemble invoqué les dieux. — C'est ce que je vais faire. Marche devant. — L'endroit me paraît obscur, embarrassé et de difficile accès : avançons cependant. — Avançons. »

Après avoir regardé quelque temps : « Bonne nouvelle, m'écriai-je, mon cher Glaucon! Il me semble que je suis sur la trace, et je ne crois pas que la justice nous échappe. — L'heureuse nouvelle! — En vérité, nous sommes bien peu clairvoyants l'un et l'autre. — Pourquoi donc? — Il y a un temps infini, mon cher ami, qu'elle était à nos pieds, et nous ne l'apercevions point. Aussi dignes de risée que ceux qui cherchent ce qu'ils ont entre les mains, nous portions la vue au loin, au lieu de regarder près de nous où elle était. Aussi est-ce pour cela sans doute qu'elle nous a échappé si longtemps. — Comment dis-tu? — Je dis que nous parlons ici depuis longtemps de la justice, sans faire attention que c'est d'elle que nous parlons. — Tu me fais souffrir avec ce long préambule. — Eh bien, écoute si j'ai raison. Ce que nous avons établi au commencement, lorsque nous fondions notre république, comme un devoir universel et indispensable, c'est la justice même, ou du moins quelque chose qui lui ressemble. Or, nous disions et nous avons répété plusieurs fois, s'il t'en souvient, que chaque citoyen ne doit faire qu'un emploi, savoir, celui pour lequel il apporte en naissant le plus de dispositions. — C'est ce que nous disions. — Mais nous avons entendu dire à d'autres, et nous avons souvent dit nous-mêmes, que la justice consistait à se mêler uniquement de ses affaires, sans entrer pour rien dans celles d'autrui.— Nous l'avons dit.— Encore un coup, mon cher ami, il me semble que la justice consiste en ce que chacun fasse ce qu'il a à faire. Sais-tu ce qui me porte à le croire? — Non, dis. — Il me semble qu'après avoir vu ce que c'est que la tempérance, le courage et la prudence, ce qui nous reste à examiner dans notre république doit être le principe même de ces trois vertus, ce qui les produit et ce qui les conserve autant de temps qu'il reste en elles. Or, nous avons dit que, si nous trouvions ces trois vertus, ce qui resterait après les avoir mises à part serait la justice. — Il faut bien que ce soit elle.

— S'il nous fallait décider quelle est la chose qui contribuera le plus à rendre parfaite notre république : si c'est la concorde entre les magistrats et les citoyens; ou, dans nos guerriers, l'idée légitime et inébranlable de ce qui est à craindre et de ce qui ne l'est pas; ou la prudence et la vigilance de ceux qui gouvernent; ou enfin cette vertu par laquelle tous les citoyens, femmes, enfants, hommes libres, esclaves, artisans, magistrats et sujets, se bornent chacun à leur emploi, sans se mêler de celui d'autrui, il nous serait difficile de prononcer.—Très-difficile.— Ainsi cette vertu, qui contient chacun dans les limites de sa propre tâche, ne contribue pas moins à la perfection de la société civile que la prudence, le courage et la tempérance. — Non. — Quelle autre chose que la justice pourrait balancer en ce point les avantages des trois autres vertus? — Aucune autre chose.

— Convainquons-nous de cette vérité d'une autre manière. Les magistrats, dans notre république, ne seront-ils pas chargés de prononcer sur les différends des particuliers? — Sans doute. — Quelle autre fin se proposeront-ils dans leurs jugements, sinon d'empêcher que personne ne s'empare du bien d'autrui, ou ne soit privé du sien? — Point d'autre.— N'est-ce point parce que cela est juste? — Oui. — C'est donc encore une preuve que la justice assure à chacun la possession de ce qui lui appartient, et l'exercice libre de l'emploi qui lui convient? — Cela est certain. — Vois si tu es du même avis que moi. Que le charpentier s'ingère dans le métier du cordonnier, ou le cordonnier dans celui du charpentier; qu'ils fassent un échange de leurs outils et du salaire qu'ils reçoivent, ou que le même homme fasse les deux métiers à la fois; crois-

tu que ce désordre causât un grand mal à la société? —
Non. — Mais si celui que la nature a destiné à être artisan
ou mercenaire, enflé de ses richesses, de son crédit, de sa
force, ou de quelque autre avantage semblable, s'ingérait
dans le métier de guerrier, ou le guerrier dans les fonctions du magistrat, sans en avoir la capacité; s'ils faisaient
un échange des instruments propres à leur emploi et des
avantages qui y sont attachés; ou si le même homme voulait s'acquitter à la fois de ces emplois différents; alors je
crois, et tu croiras sans doute avec moi, qu'un tel changement et qu'une telle confusion entraîneraient infailliblement la ruine de la société. — Infailliblement. — La confusion et le mélange de ces trois ordres de fonctions est
donc ce qui peut arriver de plus funeste à la société. On
peut dire que c'est un véritable crime. — Cela est vrai. —
Or, le plus grand, le véritable crime envers la société,
n'est-ce pas l'injustice? — Oui.

— C'est donc en cela que consiste l'injustice : d'où il
suit, par la règle des contraires, que, quand chaque
ordre de l'État, celui des mercenaires, celui des guerriers
et celui des magistrats, se tient dans les bornes de son
emploi, et ne passe point au delà, ce doit être la justice,
et ce qui fait qu'une république est juste. — Il me semble
que la chose ne saurait être autrement. — Ne l'assurons
point encore. Voyons auparavant si ce que nous venons
de dire de la justice considérée dans la société peut
s'appliquer à chaque homme en particulier; et, si l'application est juste, alors nous l'assurerons sans crainte,
sinon, nous tournerons nos recherches d'un autre côté.
Mettons fin à présent à la recherche où nous nous sommes
engagés, dans la persuasion qu'il nous serait plus aisé de
connaître quelle est la nature de la justice dans l'homme,
si nous essayons auparavant de la contempler dans quelque modèle plus grand où elle se rencontrerait. Nous
avons cru qu'une république nous offrait un modèle tel
que nous souhaitions; et sur ce fondement nous en avons
formé une, la plus parfaite qu'il nous a été possible, parce

que nous savions bien que la justice se trouverait nécessairement dans une république bien constituée. Transportons donc à notre petit modèle, c'est-à-dire à l'homme, ce que nous avons découvert dans le grand; et, si tout se rapporte de part et d'autre, la chose ira bien. S'il se trouve dans l'homme quelque chose qui ne convienne point à notre grand modèle, nous y retournerons, et en le comparant de nouveau avec l'homme, en les frottant, pour ainsi dire, l'un contre l'autre, nous en ferons sortir la justice, comme l'étincelle du caillou, et à l'éclat qu'elle jettera nous la connaîtrons sans craindre de nous tromper. — C'est procéder avec méthode. Je crois que nous ne pouvons mieux faire.

— Lorsqu'on dit de deux choses, l'une plus grande, l'autre plus petite, qu'elles sont la même chose, sont-elles semblables ou non par ce qui fait dire d'elles qu'elles sont une même chose? — Elles sont semblables. — Ainsi l'homme juste, en tant que juste, ne différera en rien d'une république juste, mais il lui sera parfaitement semblable. — Oui. — Or, nous avons conclu que notre république est juste, de ce que les trois ordres qui la composent agissent chacun conformément à sa nature et à sa destination; nous avons vu aussi qu'elle tenait de certaines qualités et dispositions de ces trois ordres sa prudence, son courage et sa tempérance. — Cela est vrai. — Si donc nous trouvons dans l'âme de l'homme trois parties qui répondent aux trois ordres de la république, et entre lesquelles il y ait la même subordination, nous donnerons à ces trois parties les mêmes noms que nous avons donnés aux trois ordres de l'État. — Nous ne pourrons les leur refuser.

— Nous voilà tombés, mon cher ami, dans une question bien embarrassante à l'égard de l'âme. Il s'agit de savoir si elle a, ou non, en soi les trois parties dont nous venons de parler. — Cette question n'est pas si fâcheuse, à mon avis; car peut-être, Socrate, le proverbe a-t-il raison : le beau est difficile. — Je le pense comme toi;

mais sache qu'en continuant d'employer la même méthode, il nous sera impossible de découvrir ce que nous cherchons. Le chemin qui doit nous conduire au terme est beaucoup plus long et beaucoup plus compliqué. Cependant peut-être que la méthode dont nous nous servons peut nous donner encore une solution qui convienne à notre discussion, et à ce que nous avons dit jusqu'à présent. — Il me paraît pour le présent que cela doit nous suffire. — Soit ; je m'en contenterai ainsi que toi. — Entre donc en matière, et que la longueur ne te rebute point.

— N'est-ce pas une nécessité pour nous de convenir que le caractère et les mœurs d'une société se trouvent dans chacun des individus qui la composent, puisque ce ne peut être que de là qu'elles ont passé dans la société? En effet, il serait ridicule de croire que ce caractère bouillant et farouche attribué à certaines nations, comme aux Thraces, aux Scythes, et en général aux peuples du Nord; ou cet esprit curieux et avide de science, qu'on peut attribuer avec raison à notre nation; ou enfin cet esprit d'intérêt, qui caractérise les Phéniciens et les Égyptiens, prennent leur source autre part que dans les particuliers qui composent chacune de ces nations. — Sans doute. — Cela est donc certain ; ce n'est pas non plus en ce point que consiste la difficulté. — Non. — Ce qui est véritablement difficile, c'est de décider si ce sont dans l'homme trois principes différents, ou si c'est le même principe qui connaît, qui s'irrite, qui se porte vers le plaisir attaché à la nourriture, à la conservation de l'espèce, et vers les autres plaisirs de cette nature. Est-ce l'âme tout entière, ou n'est-ce qu'une partie de l'âme, qui produit en nous chacun de ces effets? Voilà ce qu'il est malaisé de définir d'une manière satisfaisante. — J'en conviens.

— Essayons de décider par cette voie s'il y a dans l'âme trois principes distingués, ou un seul et même principe. — Par quelle voie? — Il est certain que le même sujet n'est pas capable, en même temps et par rapport au même objet, d'actions ou de passions contraires. Si donc nous trouvons qu'il arrive quelque chose de semblable à l'égard de l'âme, nous en conclurons avec certitude qu'il y a en elle trois principes distincts. — Fort bien. — Fais attention à ce que je dis. — Parle. — La même chose, considérée sous le même rapport, peut-elle être en même temps en repos et en mouvement? — Point du tout. — Assurons-nous encore davantage, afin de ne pas nous trouver embarrassés dans la suite. Si quelqu'un nous objectait qu'un homme qui se tient debout, et qui remue seulement les mains et la tête, est tout ensemble en repos et en mouvement, nous dirions que ce n'est pas parler juste, et qu'il faut dire qu'une partie de son corps se meut, tandis que l'autre est en repos : n'est-ce pas? — Oui. — Si, pour faire montre d'esprit et de subtilité, il soutenait que la toupie, ou quelque autre de ces corps qui tournent sur leur axe sans changer de place, est à la fois tout entier en repos et en mouvement, nous ne reconnaîtrions pas que ces corps soient à la fois en repos et en mouvement sous le même rapport. Nous dirions qu'il faut distinguer en eux deux choses, l'axe et la circonférence; que, selon leur axe, ils sont en repos, puisque cet axe n'incline d'aucun côté; mais que, selon leur circonférence, ils se meuvent d'un mouvement circulaire; et que, si l'axe venait à pencher à droite ou à gauche, en avant ou en arrière, alors il serait absolument faux de dire que ces corps sont en repos. — Cette réponse est solide.

— Ne nous effrayons donc pas de ces sortes de difficultés; jamais elles ne nous persuadront que la même chose, envisagée sous le même rapport, soit en même temps susceptible d'actions ou de passions contraires. — Jamais on ne me le persuadera. — Cependant, pour ne pas nous arrêter trop longtemps à parcourir toutes ces objections, et à en montrer la fausseté, allons en avant, après avoir posé pour vrai le principe dont nous parlons. Convenons seulement que si dans la suite il est démontré faux, dès ce moment toutes les conclusions que nous en aurons tirées seront nulles. — Nous n'avons pas de meilleur parti à prendre. — Dis-moi maintenant : faire signe que l'on veut une chose et faire signe qu'on ne la veut pas, y tendre et s'en éloigner, l'attirer à soi et la repousser, sont-ce des choses opposées, actions ou passions, peu importe? — Ce sont des choses opposées. — La faim, la soif, et en général les appétits naturels, le désir, la volonté, tout cela n'est-il pas compris sous le genre des choses dont nous venons de parler? Par exemple, ne dira-t-on pas d'un homme qui a quelque désir, que son âme attend ce qu'elle désire, qu'elle attire à soi la chose qu'elle voudrait avoir, et qu'en tant qu'elle souhaite qu'une chose lui soit donnée, elle fait signe qu'elle la veut, comme si on l'interrogeait là-dessus, en se portant elle-même en quelque sorte au-devant de l'accomplissement de son désir? — Oui. — Ne vouloir pas, ne souhaiter pas, ne désirer pas, n'est-ce pas la même chose que repousser et éloigner de soi? Et ces opérations de l'âme ne sont-elles pas contraires aux précédentes? — Sans contredit.

— Cela posé, n'avons-nous pas des appétits naturels, et deux surtout plus apparents que les autres, que nous appelons la faim et la soif? — Oui. — L'une n'a-t-elle pas pour objet le boire, l'autre le manger? — Sans doute. — La soif, en tant que soif, est-elle autre chose dans l'âme que le seul désir de boire? En d'autres termes, la soif en soi a-t-elle pour objet une boisson chaude ou froide, en grande ou en petite quantité, et en général telle et telle boisson? ou plutôt n'est-il pas vrai que, s'il se joint à la soif quelque qualité chaude, cette qualité ajoute au désir de boire celui de boire froid; si c'est quelque qualité froide, elle ajoute au désir de boire celui de boire chaud : que si la soif est grande, on veut boire beaucoup; si elle est petite, on veut boire peu? Mais que la soif prise en soi n'est autre chose que le désir de la boisson, qui est son objet propre; comme le manger est l'objet de la faim? — Cela est vrai. Chaque désir pris en lui-même se porte vers son objet pris aussi en lui-même : ce sont les qualités accidentelles qui, se joignant à chaque désir, font qu'il se porte vers telle ou telle modification de son objet.

— Ne nous laissons pas troubler par cette objection : personne ne désire simplement la boisson, mais une bonne boisson; ni le manger, mais un bon manger; car tous désirent les bonnes choses. Si donc la soif est un désir, c'est le désir de quelque chose de bon, quel que soit son objet, soit la boisson, soit autre chose. Il en est ainsi des autres désirs. — Cette objection paraît être cependant de quelque importance. — Prends garde que les choses qui ont avec d'autres un rapport de quantité ou de qualité sont telles, parce qu'elles considèrent leurs objets sous ce rapport; qu'au contraire, les choses prises en soi envisagent leurs objets pris en eux-mêmes et dépouillés de toutes leurs qualités accidentelles. — Je n'entends pas. — Quoi! tu n'entends pas que ce qui est *plus grand* n'est tel qu'à cause du rapport qu'il a à une chose plus petite? — J'entends cela. — Et que s'il est beaucoup plus grand, c'est par rapport à une chose beaucoup plus petite? N'est-il pas vrai? — Oui. — Et que s'il a été, ou s'il doit être un jour plus grand, c'est par rapport à une chose qui a été ou qui sera plus petite? — Sans doute. — De même, le plus a rapport au moins, le double à la moitié, le plus pesant au plus léger, le plus vite au plus lent, le chaud au froid, et ainsi du reste. Cela n'est-il pas comme je dis? — Oui.

— N'est-ce pas la même chose à l'égard des sciences? La science, en général, a pour objet tout ce qui peut ou doit être connu, quel qu'il soit; mais une science en particulier a pour objet telle ou telle connaissance. Par exemple, lorsqu'on eut inventé la science de construire les maisons, ne lui donna-t-on pas le nom d'architecture, parce qu'elle était distincte des autres sciences? — Cela est vrai. — Et par où s'en distinguait-elle, sinon parce qu'elle était telle, qu'elle ne ressemblait à nulle autre science? — J'en conviens. — Par où encore était-elle cela, sinon parce qu'elle avait tel objet particulier? J'en dis autant des autres arts et des autres sciences.—La chose est ainsi.—Tu comprends sans doute à présent quelle était ma pensée, quand je disais que les choses prises en elles-mêmes considèrent en lui-même l'objet auquel elles se rapportent, et que les choses telles ont rapport à un objet tel. Au reste, je ne veux pas dire par là qu'une chose soit telle que son objet; que, par exemple, la science des choses qui servent ou nuisent à la santé soit saine ou malsaine, ni que la science du bien ou du mal soit bonne ou mauvaise; je prétends seulement que, puisque la science du médecin n'a pas le même objet que la science en général, mais un objet déterminé, c'est-à-dire ce qui est utile ou nuisible à la santé, cette science est aussi déterminée; ce qui fait qu'on ne lui donne pas simplement le nom de science, mais celui de médecine, en la caractérisant par son objet.—Je comprends ta pensée, et je la crois vraie.—Ne mets-tu pas la soif au nombre des choses qui ont rapport à une autre? —Oui, et c'est à la boisson. — Ainsi, telle soif a rapport à telle boisson; au lieu que la soif en soi n'est pas la soif d'une telle boisson, bonne ou mauvaise, en grande ou en petite quantité, mais de la boisson simplement.— Sans doute.—Par conséquent l'âme d'un homme qui a simplement soif ne désire autre chose que de boire; c'est là ce qu'elle veut, c'est là uniquement qu'elle se porte. — La chose est évidente.

— Si donc, lorsqu'elle se porte vers le boire, quelque chose l'en détourne, ce ne peut être le même principe que celui qui excite en elle la soif, et qui l'entraîne comme une brute vers le boire. Car, disons-nous, le même principe ne peut produire deux effets opposés par rapport au même objet.—Cela ne peut être.—De même qu'on aurait tort de dire d'un archer que de ses mains il tire l'arc à soi et l'éloigne en même temps; mais on dit très-bien qu'il tire l'arc à soi d'une main, et qu'il le repousse de l'autre. — Fort bien.—Ne se trouve-t-il pas des gens qui ont soif et ne veulent pas boire? — On en trouve souvent et en grand nombre.—Que penser de ces gens-là, sinon qu'il y a dans leur

âme un principe qui leur ordonne de boire, et un autre
qui le leur défend, et qui l'emporte sur le premier?—
Pour moi, je le pense. — Ce principe qui leur défend de
boire, n'est-ce pas la raison? Celui qui les y porte et les y
pousse n'est-il pas une suite de maladie ou d'une certaine
disposition du corps?—Oui.—C'est donc avec justice que
nous disons que ce sont deux principes distingués l'un de
l'autre, et que nous appelons raison cette partie de notre
âme qui est le principe du raisonnement; et appétit sensitif, privé de raison, ami de la jouissance et des plaisirs,
cette autre partie de l'âme, qui est le principe de l'amour,
de la faim, de la soif, et des autres désirs. — Nous avons
raison de les regarder comme différents.

— Posons donc pour certain que ces deux principes se
trouvent dans notre âme. Mais ce que causent en nous la
colère et le courage, est-ce un troisième principe? ou serait-il de même nature que les deux autres? — Peut-être
appartient-il à l'appétit sensitif. — On m'a dit une chose
que je crois vraie. La voici : Léonce, fils d'Aglaïon, re-
venant un jour du Pirée, le long de la muraille opposée
au nord, aperçut de loin des cadavres étendus sur le lieu
des supplices; il sentit à la fois un désir violent de s'approcher pour les voir, et une répugnance mêlée d'aversion pour un pareil objet. Il résista d'abord, et se cacha
le visage; mais enfin, cédant à la violence de son désir,
il courut vers ces cadavres, ouvrit les yeux le plus qu'il
put, et s'écria : « Hé bien! malheureux, jouissez à
» loisir d'un si doux spectacle! » — J'ai ouï raconter la
même chose. — Elle nous fait voir que la colère s'oppose
parfois en nous aux désirs, et par conséquent qu'elle en
est distincte. — Cela est vrai. — Ne remarquons-nous pas
aussi en plusieurs occasions que, lorsqu'on se sent entraîné
par ses désirs malgré la raison, on se fait des reproches
à soi-même, on s'emporte contre ce qui nous fait violence
intérieurement, et que, dans cette espèce de sédition, le
courage se range du côté de la raison? Mais tu n'as jamais éprouvé dans toi-même ni remarqué dans les autres

que la colère se soit mise du côté du désir, quand la raison décide qu'il ne faut pas faire quelque chose. — Non,
assurément. — N'est-il pas vrai que, quand on croit avoir
tort, plus on a de générosité dans les sentiments, moins
on peut se fâcher, quelque chose que l'on souffre de la
part d'un autre, comme la faim, le froid, ou tout autre
mauvais traitement, lorsqu'on croit qu'il a raison de nous
traiter de la sorte ; en un mot, que la colère en nous
ne saurait s'élever contre lui? — Rien de plus vrai. —
Mais si nous sommes persuadés qu'on nous fait injustice,
notre colère alors ne s'enflamme-t-elle point, ne prend-
elle pas le parti de ce qui nous paraît juste? Au lieu de
se laisser dompter par la faim, par le froid, par tout
autre mauvais traitement, ne les surmonte-t-elle pas?
Cesse-t-elle un moment de faire de généreux efforts, jusqu'à ce qu'elle ait obtenu satisfaction, ou que la mort lui
en ait ôté le pouvoir, ou que la raison, toujours présente
en nous, l'ait apaisée et adoucie, comme un berger
apaise son chien? — Cette comparaison est d'autant plus
naturelle, que, selon ce que nous avons dit, dans notre
république les guerriers doivent être soumis aux magistrats comme des chiens à leurs bergers.

— Tu comprends fort bien ce que je veux dire. Mais
voici une réflexion que je te prie encore de faire. — Quelle
réflexion? — C'est que la colère nous paraît à présent
tout autre chose que ce que nous l'avons crue d'abord.
Nous pensions qu'elle faisait partie de l'appétit sensitif ;
maintenant nous sommes bien éloignés de le penser, et
nous voyons que, lorsqu'il s'élève quelque sédition dans
l'âme, la colère prend toujours les armes en faveur de la
raison. — Cela est vrai. — Est-elle différente de la raison,
ou a-t-elle quelque chose de commun avec celle-ci, de
sorte qu'il n'y ait dans l'âme que deux parties, la raisonnable et la concupiscible? Ou plutôt, comme notre république est composée de trois ordres, des mercenaires,
des guerriers et des magistrats, l'appétit irascible est-il
aussi dans l'âme un troisième principe, dont la destina-

tion soit de seconder la raison, à moins qu'il n'ait été corrompu par une mauvaise éducation? — C'est nécessairement un troisième principe. — Fort bien. Mais il nous faut montrer qu'il est distinct de la raison, comme nous avons montré qu'il l'était de l'appétit sensitif. — Cela n'est pas difficile. Nous voyons que les enfants, aussitôt qu'ils sont nés, sont déjà très-sujets à la colère; que la raison ne vient jamais à quelques-uns, et qu'elle ne vient que fort tard à la plupart. — Tu dis très-bien. On peut aussi alléguer en preuve ce qui se passe à l'égard des animaux. Nous pouvons outre cela apporter en témoignage le vers d'Homère cité plus haut :

Ulysse se frappa la poitrine, et releva par ces mots son courage abattu [1].

Car il est évident qu'Homère représente ici comme deux choses distinctes : d'une part, la raison qui gourmande le courage, après avoir réfléchi sur ce qu'il faut faire et ne pas faire; de l'autre, le courage déraisonnable qui essuie des reproches. — Cela est parfaitement bien dit.

— Enfin, nous sommes venus à bout, quoique avec bien de la peine, de montrer clairement qu'il y a dans l'âme de l'homme trois principes qui répondent à chacun des trois ordres de l'État. — Cela est vrai. — N'est-ce pas maintenant une nécessité que la république et le particulier soient prudents de la même manière et par le même endroit? — Oui. — Que le particulier soit courageux de la même façon et par le même endroit que la république? En un mot, que tout ce qui contribue à la vertu se rencontre dans l'un comme dans l'autre? — Sans doute. — Ainsi, nous dirons, mon cher Glaucon, que ce qui rend la république juste rend également le particulier juste. — C'est une conséquence nécessaire. — Nous n'avons pas oublié que la république est juste lorsque chacun des trois ordres qui la composent fait uniquement

[1] *Odyssée*, XX, v. 17.

ce qui est de son devoir. — Je ne crois pas que nous l'ayons oublié. — Souvenons-nous donc que chacun de nous sera juste et remplira son devoir, lorsque chacune des parties de lui-même accomplira sa tâche. — Oui certes, il faudra s'en souvenir. — N'appartient-il pas à la raison de commander, puisque c'est en elle que réside la prudence, et qu'elle a inspection sur toute l'âme? Et n'est-ce pas à la colère d'obéir et de la seconder? — Oui. — Par quelle autre voie pourra-t-on entretenir un parfait accord entre ces deux parties, sinon par ce mélange de la musique et de la gymnastique dont nous parlions plus haut, et dont l'effet sera, d'une part, de nourrir et de fortifier la raison par de beaux préceptes et par l'étude des sciences; d'autre part, d'adoucir et d'apaiser le courage par le charme du nombre et de l'harmonie? — Je ne vois pas d'autre moyen. — Ces deux parties de l'âme, ainsi élevées et instruites dans leur devoir, gouverneront l'appétit sensitif, qui occupe la plus grande partie de notre âme, qui est insatiable de sa nature. Elles prendront garde qu'après s'être accru et fortifié par la jouissance des plaisirs du corps, il ne sorte des bornes de son devoir, et ne prétende se donner sur elle une autorité qui ne lui appartient pas, et qui apporterait dans l'ensemble un étrange désordre. — Sans doute.

— En cas d'attaque extérieure, elles prendront les meilleures mesures pour la sûreté de l'âme et du corps. La raison délibérera, la colère combattra, et, secondée du courage, exécutera les ordres de la raison. — Fort bien. — L'homme mérite donc le nom de courageux lorsque cette partie de son âme, où réside la colère, suit constamment, à travers les plaisirs et les peines, les ordres de la raison sur ce qui est ou n'est pas à craindre. — Oui. — Il est prudent par cette petite partie de son âme qui commande et donne des ordres, qui seule sait ce qui est utile à chacune des trois autres parties et à toutes ensemble. — Cela est vrai. — N'est-il pas tempérant par l'amitié et l'harmonie qui règnent entre la partie qui commande et celles qui obéissent, lorsque ces deux dernières demeurent d'accord que c'est à la raison de commander, et ne lui disputent point l'autorité? — La tempérance ne peut avoir d'autre principe, soit dans l'État, soit dans le particulier. — Mais c'est aussi par tout cela qu'il est juste, comme nous avons dit souvent. — Sans contredit.

— Est-il à présent quelque chose qui nous empêche de reconnaître que la justice dans l'individu est la même que dans la république? — Je ne le crois pas. — S'il nous restait encore quelque doute là-dessus, nous le ferons disparaître en examinant les suites de la doctrine contraire. — Quelles sont ces suites? — Par exemple, s'il s'agissait, à l'égard de notre république et du particulier formé sur son modèle par la nature et par l'éducation, d'examiner entre nous si cet homme pourrait détourner à son profit un dépôt d'or ou d'argent, penses-tu que personne le crût plus capable d'une telle action que ceux qui ne lui ressemblent pas? — Je ne le pense point. — Ne sera-t-il pas également incapable de piller les temples, de dérober, de trahir l'État ou ses amis? — Oui. — De manquer en aucune façon à ses serments et à ses promesses? — Sans doute. — L'adultère, le manque de respect envers ses parents, et de piété envers les dieux, sont encore des fautes dont il se rendra coupable moins que personne. — Oui. — La cause de tout cela, n'est-ce pas la subordination établie entre les parties de son âme, et l'application de chacune d'elles à remplir ses devoirs? — Il ne saurait y en avoir d'autre. — Mais connais-tu quelque autre vertu que la justice qui puisse former des hommes de ce caractère? — Non assurément.

— Nous voyons donc maintenant clairement ce que nous ne faisions d'abord qu'entrevoir : à peine mettions-nous la main au plan de notre république, que quelque divinité nous a fait rencontrer comme un modèle de la justice. — Il est vrai. — Ainsi, mon cher Glaucon, lorsque nous exigions que celui qui était né pour être cor-

donnier, charpentier, ou tout autre artisan, fît bien son
métier et ne se mêlât point d'autre chose, nous tracions
l'image de la justice. Aussi sommes-nous arrivés par ce
moyen à découvrir la justice elle-même. — Évidemment.
— La justice, en effet, est quelque chose de semblable à
ce que nous prescrivions, à cela près qu'elle ne s'arrête
point aux actions extérieures de l'homme, mais qu'elle
règle son intérieur, ne permettant pas qu'aucune des parties de son âme fasse autre chose que ce qui lui est propre,
et leur défendant d'empiéter sur leurs fonctions réciproques. Elle veut que l'homme, après avoir bien déterminé
à chacune les fonctions qui lui sont propres, après s'être
rendu maître de lui-même, avoir établi l'ordre et la cor-
respondance entre ces trois parties, mis entre elles un
accord parfait, comme entre les trois tons extrêmes de
l'harmonie, l'octave, la basse et la quinte, et les autres
tons intermédiaires, s'il en existe, avoir lié ensemble
tous les éléments qui le composent, de sorte que de leur
assemblage il résulte un tout bien réglé et bien concerté ;
elle veut, dis-je, qu'alors l'homme commence à agir, soit
qu'il se propose d'amasser des richesses, ou de prendre
soin de son corps, ou de mener une vie privée, ou de
se mêler des affaires publiques; que dans toutes ces circonstances il donne le nom d'action juste et belle à toute
action qui fait naître et qui entretient en lui ce bel ordre,
et le nom de prudence à la science qui préside aux actions
de cette nature; qu'au contraire, il appelle action injuste
celle qui détruit en lui cet ordre, et ignorance l'opinion
qui préside à de semblables actions. — Mon cher Socrate,
rien de plus vrai que ce que tu dis.

— Ainsi, nous ne craindrons guère de nous tromper
en assurant que nous avons trouvé ce que c'est qu'un
homme juste, une société juste, et en quoi consiste la
justice. — Nous n'aurons rien à craindre. — L'assurerons-
nous? — Oui. — Soit. Il nous reste à présent, je pense,
à examiner l'injustice. — Sans doute. — Peut-elle être
autre chose qu'une sédition entre les trois parties de l'âme,

qui se portent à ce qui n'est point de leur destination, en usurpant l'emploi d'autrui? qu'un soulèvement d'une partie contre le tout pour se donner une autorité qui ne lui appartient point, parce que, de sa nature, elle est faite pour obéir à ce qui est fait pour commander? C'est de là, dirons-nous, c'est de ce désordre et de ce trouble que naissent l'injustice et l'intempérance, la lâcheté et l'ignorance, en un mot, tous les vices. — Cela est certain. — Puisque nous connaissons la nature de la justice et de l'injustice, nous connaissons aussi la nature des actions justes et injustes. — Comment cela? — C'est qu'elles sont, à l'égard de l'âme, ce que les choses saines et malsaines sont par rapport au corps. — En quoi? — Les choses saines donnent la santé, les choses malsaines engendrent la maladie. — Oui. — De même les actions justes produisent la justice, les actions injustes l'injustice. — Sans contredit. — Donner la santé, c'est établir entre les divers éléments de la constitution humaine l'équilibre naturel qui les soumet les uns aux autres; engendrer la maladie, c'est faire qu'un de ces éléments domine sur les autres, ou soit dominé par eux, contre les lois de la nature. — Cela est vrai. — Par la même raison, produire la justice, c'est établir entre les parties de l'âme la subordination que la nature a voulu y mettre; produire l'injustice, c'est donner à une partie sur les autres un empire qui est contre nature. — Fort bien.

— La vertu est donc, si je puis parler ainsi, la santé, la beauté, la bonne disposition de l'âme. Le vice, au contraire, en est la maladie, la difformité et la faiblesse. — Cela est ainsi. — Les actions honnêtes ne contribuent-elles pas à faire naître en nous la vertu, et les actions déshonnêtes à y produire le vice? — Sans doute. — Nous n'avons plus par conséquent qu'à examiner s'il est utile de faire des actions justes, de s'appliquer à ce qui est honnête, et d'être juste, qu'on soit connu ou non pour tel, ou de commettre des injustices et d'être injuste, quand même on n'aurait point à craindre d'en être puni et d'être forcé de

devenir meilleur par la correction. — Mais, Socrate, il
me paraît ridicule de s'arrêter désormais à un pareil examen ; car si, lorsque le tempérament est entièrement
ruiné, la vie devient insupportable, la passât-on dans la
bonne chère, dans le sein de l'opulence et des honneurs,
à plus forte raison doit-elle nous être à charge lorsque
l'âme, qui en est le principe, est altérée et corrompue ;
eût-on d'ailleurs le pouvoir de tout faire, excepté ce qui
pourrait retirer l'âme de son injustice et de ses vices, et
lui procurer l'acquisition de la justice et des vertus. Cela
me paraît évident, surtout après le jugement que nous
venons de porter sur la nature de l'injustice et de la justice. — Il serait en effet ridicule de s'arrêter à cet examen ; mais, puisque nous en sommes venus au point de
pouvoir nous convaincre de cette vérité avec la dernière
évidence, il n'en faut pas rester là. — Gardons-nous
bien de perdre cœur. — Approche donc, et vois sous
combien de formes, j'entends de formes dignes d'être
observées, le vice se présente. — Je te suis : montre-les-
moi. — Autant que je puis découvrir de la hauteur où cet
entretien nous a conduits, il me semble que la forme de
la vertu est une, et que celles du vice sont sans nombre :
on peut cependant les réduire à quatre dignes de nous occuper. — Que veux-tu dire? — Je veux dire que l'âme a
autant de différents caractères qu'il y a de différentes
formes de gouvernement. — Combien en comptes-tu? —
Cinq, de part et d'autre. — Nomme-les-moi. — Je dis
d'abord que la forme de gouvernement est une, mais qu'on
peut lui donner deux noms. Si un seul gouverne, on appellera le gouvernement monarchie, et, si l'autorité est
partagée entre plusieurs, on l'appellera aristocratie. —
Fort bien. — Je dis qu'il n'y a ici qu'une seule forme de
gouvernement; car, que le commandement soit entre les
mains d'un seul ou entre les mains de plusieurs, on ne
changera rien aux lois fondamentales de l'État tant que
les principes d'éducation que nous avons donnés seron
en usage. — Il n'y a pas d'apparence. »

LIVRE CINQUIÈME.

—

ARGUMENT.

Après avoir réglé l'éducation des hommes, Platon s'occupe de l'éducation
des femmes; il veut que ces deux éducations soient identiques : les femmes
apprendront le maniement des armes, elles iront à la guerre; bien plus,
elles seront communes, elles appartiendront à tous, en sorte que les enfants
ne connaîtront pas leurs pères, et que les pères ne connaîtront pas leurs
enfants. En voulant détruire les priviléges de la naissance, le législateur
détruit la famille : la tendresse conjugale et l'amour maternel sont bannis de
sa république. Deux graves questions l'occupent ensuite : la question de
l'esclavage et celle de la guerre; il s'agit de les établir selon la justice. Les
républiques grecques sont toutes alliées et amies, elles appartiennent pour
ainsi dire à la même nation. Or l'homme parfaitement juste ne réduira point
à la servitude son allié ou son ami, donc les Grecs ne prendront point leurs
esclaves chez les Grecs, ils ne les prendront que chez les Barbares. Le droit
et l'humanité apparaissent ici pour la première fois, et il est beau d'assister à
leur naissance. De la question de l'esclavage, Platon passe à la question de la
guerre, et, encore ici, il trouve le moyen d'introduire l'humanité au moins
entre les Grecs. Il n'ose dire qu'une lutte des peuples libres et amis serait un
crime, mais il ne veut pas que cette lutte s'appelle guerre. Il change son nom
pour en adoucir les horreurs; ce sera une discorde; et, dans la discorde,
les Grecs se battront, mais ils ne ravageront pas, ils ne brûleront pas, ils
n'écraseront pas comme des ennemis tous les habitants d'un État; enfin ils ne
frapperont que le petit nombre de ceux qui auront suscité la discorde, le plus
grand nombre se composant d'amis. Ici encore le droit et l'humanité apparaissent pour la première fois; ici encore le cercle est étroit, mais l'idée est
produite, le flambeau est allumé, il ne peut plus s'éteindre, il doit, comme
le soleil, éclairer le genre humain.

« Je donne donc au gouvernement dont je viens de
parler, quelque part qu'il se trouve, soit dans un État,
soit dans un individu, le nom d'un gouvernement bien
réglé et parfait : j'ajoute que, si cette forme de gouvernement est bonne, toutes les autres sont mauvaises et défectueuses. On peut les réduire à quatre. — Quelles sont-
elles? » dit Glaucon.

14*

J'allais faire le dénombrement de ces gouvernements, dans l'ordre où ils paraissent se former les uns des autres, lorsque Polémarque, qui était assis à quelque distance d'Adimante, étendant le bras, le tira par le manteau à l'endroit de l'épaule, et, se penchant vers lui, lui dit à l'oreille quelques mots, dont nous n'entendîmes que ceux-ci : « Le laisserons-nous passer outre ? — Point du tout, répondit Adimante d'une voix plus haute. — Quel est donc, repris-je, celui que vous ne voulez point laisser passer ? — Toi-même. — Pourquoi ? — Il nous paraît, dit Adimante, que tu perds courage, et que tu veux nous dérober une partie de cet entretien qui n'est pas la moins intéressante. Tu as cru peut-être nous échapper en disant simplement qu'à l'égard des femmes et des enfants, il était évident que tout cela devait être commun entre les amis ? — N'ai-je pas eu raison de le dire, mon cher Adimante ? — Je n'en disconviens pas. Mais ce point, ainsi que les autres, a besoin d'explication. Cette communauté peut se pratiquer de plusieurs manières. Dis-nous donc quelle est celle dont tu veux parler. Il y a longtemps que nous attendons, espérant toujours que tu feras mention de la procréation des enfants, de la manière de les élever ; en un mot, de tout ce qui appartient à la communauté des femmes et des enfants, dont tu n'as jeté qu'un mot en passant. Nous sommes persuadés que le parti qu'on prendra à ce sujet est d'une grande importance, ou plutôt décide de tout pour la société. Maintenant donc que tu passes à une autre forme de gouvernement avant que d'avoir suffisamment développé ce point, nous avons résolu, comme tu viens de l'entendre, de ne pas te laisser aller plus loin que tu n'aies expliqué cet article, comme tu as fait pour les autres. — Je me joins à Polémarque et à Adimante, dit Glaucon. — Socrate, c'est un parti pris par tous ceux qui sont ici, dit à son tour Thrasymaque.

— Qu'avez-vous fait, repris-je, en m'obligeant à revenir sur mes pas ? Dans quelle discussion m'allez-vous jeter de nouveau ! Je me félicitais d'être sorti d'un mauvais

pas, trop heureux qu'on voulût bien s'en tenir à ce que
j'ai dit alors. Quand vous me forcez de reprendre ce
sujet, vous ne savez pas quel essaim de nouvelles disputes
vous allez réveiller. J'ai prévu les troubles qu'elles cause-
raient, et c'était pour les éviter que je n'en ai pas dit
davantage.—Crois-tu que nous soyons venus ici pour fondre l'or¹ et non pour entendre des raisonnements?— A la
bonne heure ; mais encore faut-il garder quelque mesure.
—Pour des hommes sages, ce n'est pas trop de toute la vie
pour s'entretenir de matières si importantes. Ainsi, crois-
moi, laisse-nous le soin de ce qui nous regarde, et songe
à nous dire ta pensée sur la manière dont se fera cette
communauté des femmes et des enfants entre nos guerriers, et sur la manière dont on élèvera les enfants du
moment où ils verront le jour jusqu'à celui où ils seront
capables d'une éducation sérieuse et raisonnée, époque
où ils exigent les soins les plus pénibles. Explique-nous
donc, de grâce, comment il faudra s'y prendre.

— C'est ce qu'il ne m'est point aisé de faire, mon cher
Glaucon, et ce qui trouvera encore moins de croyance
dans les esprits que tout ce qui a précédé. On ne croira
jamais que la chose soit possible ; et, quand même on en
verrait la possibilité, on ne pourra se persuader qu'il n'y
a rien de mieux à faire. Voilà ce qui m'empêche de dire
librement ma pensée. Je crains, mon cher ami, qu'on ne
la prenne pour un vain souhait.—Ne crains rien ; tu parles
à des gens qui ne sont ni déraisonnables, ni obstinés, ni
mal disposés à ton égard.—N'est-ce pas dans le dessein de
me rassurer que tu me parles de la sorte?—Oui.—Hé bien,
les paroles produisent sur moi un effet tout contraire.
Si j'étais bien persuadé moi-même de la vérité de ce que
je vais dire, les exhortations seraient de saison ; car on
peut parler en sûreté et avec confiance devant des auditeurs pleins de discernement et de bienveillance, lorsqu'on

¹ Expression proverbiale, pour dire : concevoir de grandes espérances et
être forcé de les abandonner. Voyez l'origine de ce proverbe dans Suidas,
t. III, p. 694 ; et dans Érasme, *Adag-Chil*, III ; Centur. IV, 56, p. 588.

croit qu'on leur dira la vérité sur des sujets importants et
qui les intéressent. Mais lorsqu'on parle comme je fais,
en cherchant et en tâtonnant, il est dangereux, et on doit
craindre, non de faire rire (cette crainte serait puérile),
mais de s'écarter du vrai, et d'entraîner avec soi ses amis
dans l'erreur sur des choses où il est funeste de se tromper.
Je conjure donc Adrastée[1] de me pardonner ce que je
vais dire ; car je regarde comme un moindre crime de
tuer quelqu'un sans le vouloir, que de le tromper sur le
beau, le bon, le juste et les lois. Encore vaudrait-il mieux
en courir le danger à l'égard de ses amis. Voilà pourquoi,
mon cher Glaucon, tu as tort de me presser ainsi.—Socrate,
reprit Glaucon en souriant, si tes discours nous jettent
dans quelque erreur, nous nous désisterons de toute
poursuite à ton égard, comme dans le cas d'homicide ;
nous ne te regarderons pas comme un trompeur. Explique-
toi donc sans crainte. — A la bonne heure : puisque, dans
le premier cas, la loi vous déclare innocent lorsqu'il y a
désistement, il est assez probable qu'il en est de même
dans le second cas.—C'est une raison de plus pour toi de
ne rien appréhender.

— Je vais donc reprendre un sujet que j'aurais peut-
être mieux fait de traiter de suite quand l'occasion s'en
est présentée. Aussi bien ne sera-t-il pas hors de propos de
mettre les femmes en scène, après y avoir mis les hommes,
d'autant plus que tu m'invites à le faire. Pour donner à
des hommes nés et élevés de la façon que nous avons dit
des règles sûres touchant la possession et l'usage des
femmes et des enfants, nous n'avons, selon moi, rien de
mieux à faire que de leur prescrire de suivre la route que
nous avons tracée en commençant. Or, nous avons repré-
senté les hommes comme les gardiens d'un troupeau. —
Cela est vrai. — Suivons donc cette idée en donnant aux
enfants une naissance et une éducation qui y répondent,
et voyons si cela nous réussira ou non. — Comment nous

[1] Adrastée ou Némésis, fille de Jupiter, punissait les meurtres même invo-
lontaires.

y prendrons-nous? — Le voici. Croyons-nous que les femelles des chiens doivent veiller, comme eux, à la garde des troupeaux, aller à la chasse avec eux et faire tout en commun, ou qu'elles doivent rester au logis; comme si, occupées à faire des petits et à les nourrir, elles étaient incapables d'autre chose, tandis que le travail et le soin des troupeaux seront le partage exclusif des mâles? — Nous voulons que tout soit commun; seulement, dans les services qu'on réclame, on a égard à la faiblesse des femelles et à la force des mâles. — Peut-on tirer d'un animal les services qu'on tire d'un autre, s'il n'a été nourri et dressé de la même manière?—Non.—Par conséquent, si nous réclamons des femmes les mêmes services que des hommes, il faut leur donner la même éducation. — Sans doute. — N'avons-nous pas élevé les hommes dans la musique et la gymnastique? — Oui. — Il faudra donc appliquer aussi les femmes à l'étude de ces deux arts, les former au métier de la guerre, et les traiter en tout de même que les hommes.—C'est une suite de ce que tu dis.

— Si l'on en venait à l'exécution, cela paraîtrait peut-être ridicule, parce que l'usage y est contraire. —Très-ridicule. — Mais que trouves-tu dans tout cela de plus ridicule? Ce serait sans doute de voir des femmes nues s'exercer au gymnase avec des hommes; je ne dis pas seulement les jeunes femmes, mais les vieilles; à l'exemple de ces vieillards qui se plaisent encore à ces exercices, quoique ridés et désagréables à voir.—Il est vrai que, dans nos mœurs, cela paraîtrait du dernier ridicule.— Mais, puisque nous avons une fois commencé, moquons-nous des railleurs qu'une innovation de cette nature mettra sans doute en belle humeur, et qui ne manqueront pas de rire en voyant des femmes s'appliquer à la musique, à la gymnastique, apprendre à manier les armes et à monter à cheval. — Tu as raison. — Suivons notre route, et allons tout d'abord à ce que cette institution paraît avoir de plus révoltant. Conjurons donc ces railleurs de quitter pour un moment leur caractère badin, et d'examiner sérieusement la chose. Rappelons-leur qu'il n'y a pas longtemps que les Grecs croyaient encore, comme le croient aujourd'hui la plupart des nations barbares, que la vue d'un homme nu est un spectacle honteux et ridicule ; et que, lorsque les gymnases furent ouverts pour la première fois en Crète, puis à Lacédémone, les plaisants de ce temps-là avaient quelque droit d'en faire des railleries. Qu'en penses-tu ? — Je le crois. — Mais, depuis que l'usage a fait voir qu'il était mieux de s'exercer à nu que de cacher certaines parties du corps, la raison, en découvrant ce qui était plus convenable, a dissipé le ridicule que les yeux attachaient à la nudité ; elle a montré qu'il n'y a qu'un esprit superficiel qui puisse trouver du ridicule autre part que dans ce qui est mauvais en soi ; qui cherche à faire rire, en prenant pour objet de ses railleries autre chose que ce qui est déraisonnable et vicieux, et qui poursuit sérieusement un tout autre but que le bien. —Cela est vrai.

— Ne faut-il pas décider d'abord entre nous si ce que nous proposons est possible ou non, et donner à qui voudra, homme sérieux ou plaisant, la liberté d'examiner si les femmes sont capables des mêmes exercices que les hommes, ou si elles ne sont propres à aucun, ou enfin si elles sont capables des uns et incapables des autres ? Après quoi, nous verrons dans laquelle de ces classes il faut ranger les exercices de la guerre. Si nous procédons ainsi dans cet examen, ne pouvons-nous pas nous flatter que cette matière sera parfaitement bien discutée ? — Oui. — Veux-tu que nous nous chargions de faire valoir les raisons de nos adversaires, afin que leur cause ne soit pas sans défense ? — Rien n'empêche. — Voici donc ce qu'ils pourraient nous dire : « *Socrate et Glaucon, nous n'avons pas besoin, pour vous attaquer, d'autres armes que celles que vous nous fournissez vous-mêmes. N'êtes-vous pas convenus, lorsque vous jetiez les fondements de votre république, que chacun devait se borner à l'emploi le mieux assorti à sa nature ?* — Nous en sommes convenus, il est vrai.—*Mais se peut-il qu'il n'y ait une extrême différence entre la nature de l'homme et celle de la femme?* — Comment ne seraient-elles pas différentes? — *Il faut donc les appliquer l'un et l'autre à des emplois différents selon leur nature?* — Sans contredit. — *Ainsi, c'est une absurdité et une contradiction manifeste de votre part de dire qu'il faut appliquer indifféremment aux mêmes emplois les hommes et les femmes, malgré la grande différence de leur nature?* » Mon cher Glaucon, as-tu quelque chose à répondre à cela? — Il n'est pas aisé d'y répondre sur-le-champ; mais je te prie de le faire pour nous, et de nous défendre comme bon te semblera.

—Il y a longtemps, mon cher ami, que j'avais prévu cette difficulté et beaucoup d'autres semblables. Voilà ce qui me faisait appréhender d'entrer dans quelque détail sur la matière que nous traitons. — Ta crainte était bien fondée; cette objection ne paraît point aisée à résoudre. — Vraiment non; mais nous sommes dans le même cas qu'un homme qui est tombé dans l'eau. Que ce soit dans un étang ou dans la pleine mer, peu importe, il y périra s'il ne se met à nager. — Sans doute. — Faisons comme lui; mettons-nous à la nage pour nous tirer de cette difficulté. Peut-être quelque dauphin viendra-t-il nous prêter son dos, ou recevrons-nous quelque autre secours imprévu. — Cela pourrait être. — Voyons donc si nous trouverons quelque moyen de salut. Nous sommes convenus qu'il faut appliquer les natures différentes à des emplois différents. Nous reconnaissons d'ailleurs que l'homme et la femme sont d'une nature différente, et néanmoins nous prétendons les appliquer l'un et l'autre aux mêmes emplois. N'est-ce pas là ce qu'on nous objecte? — Oui.

— En vérité, mon cher Glaucon, l'art de la dispute a un merveilleux pouvoir! — A quel propos dis-tu cela? — Il me semble qu'on tombe souvent dans la dispute sans le vouloir, et que l'on croit discuter lorsqu'on ne fait que disputer; cela vient de ce que, faute de distinguer les différents sens d'une proposition, on en tire des contradic-

tions apparentes en les prenant au pied de la lettre, et de
ce que l'on chicane, au lieu de s'éclairer en s'interrogeant
mutuellement. — C'est un travers auquel bien des gens
sont sujets. Mais cela nous regarderait-il dans la question
présente? — Oui, et nous nous voyons entraînés dans la
dispute malgré nous. — Comment cela? — En vrais dispu-
teurs, nous nous attachons à la lettre de cette proposition,
*que les emplois doivent être différents selon la diversité
des natures*, tandis que nous n'avons pas encore examiné
en quoi consiste cette diversité, ni ce que nous avions en
vue quand nous avons décidé que les mêmes natures devaient avoir les mêmes emplois, et les natures différentes
des emplois différents. — Il est vrai que nous n'avons pas
encore examiné ce point. — Il est donc encore temps de
nous demander si les chauves et les chevelus sont de même
nature, ou de nature différente, et, après avoir répondu
qu'ils sont de nature différente, si les chauves font le métier de cordonnier, nous l'interdirons aux chevelus, et
réciproquement. — Mais une pareille défense serait ridicule. — Pourquoi? N'est-ce point parce que, dans l'assi-
gnation des divers emplois, nous ne considérions la
différence ou l'identité des natures que sous le rapport
qu'elles ont avec ces emplois? Par exemple, n'est-ce pas
ainsi que nous disions de même nature le médecin et
l'homme propre à la médecine? — Oui. — Et de nature
différente, l'homme propre à la médecine et le charpentier? — Sans doute. — Si donc nous trouvons que la nature
de l'homme diffère de celle de la femme par rapport à
certains arts et à certains emplois, nous conclurons que
ces emplois ne doivent pas être communs aux deux sexes;
mais, s'il n'y a entre eux d'aut.. différence, sinon que le
mâle engendre, et la femelle   te, nous ne regarderons
pas pour cela comme une ch..   démontrée que la femme
diffère de l'homme dans le   .. nt dont il s'agit ici; et nous
n'en persisterons pas moi.. à croire qu'il ne faut mettre
aucune distinction pour les emplois entre nos guerriers et
leurs femmes. — Nous aurons raison.

— Que notre contradicteur nous dise à présent quel est
dans la société l'art ou l'emploi pour lequel les femmes
n'aient pas reçu de la nature les mêmes dispositions que
les hommes. — Cette demande est juste. — Peut-être nous
répondra-t-il ce que tu disais tout à l'heure, qu'il n'est pas
aisé de nous satisfaire sur-le-champ; mais qu'après quelques moments de réflexion, rien ne serait plus facile. —
Il pourrait bien nous faire cette réponse. — Prions-le, si
tu veux, de nous écouter, tandis que nous tâcherons de
lui montrer qu'il n'est dans la république aucun emploi
propre uniquement aux femmes? — J'y consens. — Réponds, lui dirons-nous : la différence qu'il y a entre celui
qui a du talent pour une chose et celui qui n'en a point ne
consiste-t-elle pas, selon toi, en ce que le premier apprend
aisément, le second avec peine; que l'un avec une légère
étude porte ses découvertes bien au delà de ce qu'on lui a
enseigné, tandis que l'autre, avec beaucoup d'application
et de soin, ne peut pas même retenir ce qu'il a appris;
enfin, en ce que dans l'un les dispositions du corps secondent les opérations de l'esprit, et dans l'autre elles les tra-
versent? Distingues-tu par quelque autre endroit le naturel
heureux pour certaines choses de celui qui ne l'est pas? —
Tout le monde te dira que non. — Parmi les différents arts
où les deux sexes s'appliquent en commun, en est-il un
seul où les hommes n'aient une supériorité marquée sur
les femmes? Sera-t-il besoin que nous nous arrêtions à
quelques exceptions, telles que les ouvrages de laine, la
manière de faire des gâteaux et d'apprêter les viandes,
travaux où les femmes l'emportent sur nous, et où l'infé-
riorité serait une honte pour elles? — Tu as raison de dire
qu'en général les femmes nous sont très-inférieures en tout.
Ce n'est pas que beaucoup de femmes ne l'emportent sur
bien des hommes en plusieurs points; mais en général la
chose est comme tu dis.

— Tu vois donc, mon cher ami, qu'il n'est point proprement dans un État de profession affectée à l'homme ou
à la femme, à raison de leur sexe; mais que la nature ayant

partagé les mêmes facultés entre les deux sexes, tous les emplois appartiennent en commun à tous les deux; seulement, dans tous ces emplois, la femme est inférieure à l'homme. — Cela est certain. — Les laisserons-nous donc tous aux hommes et n'en réserverons-nous aucun pour les femmes? — Quelle raison y aurait-il à cela? — N'est-il pas, dirons-nous plutôt, des femmes qui ont de l'aptitude pour la médecine et pour la musique, et d'autres qui n'en ont point? — Sans doute. — N'en voit-on point parmi elles qui ont des dispositions pour les exercices gymnastiques et militaires, et d'autres qui n'en ont aucune? — Je le pense. — N'en est-il pas enfin de philosophes et de courageuses, et d'autres qui ne le sont point? — Cela est vrai. — Il y a donc des femmes propres à veiller à la garde de l'État, et d'autres qui ne le sont point; car la philosophie et le courage ne sont-ils pas les deux qualités que nous exigions dans nos guerriers? — Oui. — La nature de la femme est donc aussi propre à la garde d'un État que celle de l'homme; il n'y a de différence en cela que du plus au moins. — Je le crois. — Voilà les femmes que nos guerriers doivent choisir pour compagnes, et pour partager avec elles le soin de veiller sur l'État, parce qu'elles en sont capables, et qu'elles ont reçu de la nature les mêmes dispositions. — Sans contredit. — Et par conséquent, ne faut-il pas appliquer les mêmes aptitudes aux mêmes emplois? — Cela est évident.

— Nous voici donc revenus au point d'où nous sommes partis, et nous avouons de nouveau qu'il n'est pas contre la nature d'appeler les femmes de nos guerriers à la musique et à la gymnastique. — Oui vraiment. — La loi que nous établissons, étant conforme à la nature, n'est donc ni une chimère ni un vain souhait. C'est bien plutôt l'usage opposé qu'on suit aujourd'hui qui choque la nature. — Il y a apparence. — Ne nous étions-nous pas proposé d'examiner si cette nouvelle institution était possible et en même temps avantageuse? — Oui. — Or, nous venons de voir qu'elle est possible. — Oui. — Ainsi

il nous reste à nous convaincre qu'elle est avantageuse.
— Sans doute. — N'est-il pas vrai que la même éducation qui a servi à former nos guerriers devra servir
aussi à former leurs femmes, puisqu'elle travaillera sur
le même fond? — Cela n'est pas douteux. — Quel est
ton sentiment sur ceci? — Sur quoi? — Crois-tu que les
hommes soient inégaux en mérite, ou qu'il n'y ait entre
eux aucune différence sur ce point? — Je les crois inégaux en mérite. — Dans l'État dont nous traçons le
plan, le guerrier qui aura reçu l'éducation dont nous
avons parlé vaudra-t-il mieux, à ton avis, que le cordonnier élevé d'une manière convenable à sa profession?
— Est-ce là une question à faire? — J'entends. Les guerriers ne sont-ils pas la meilleure classe de l'État? — Sans
comparaison. — Leurs femmes n'auront-elles pas la
même supériorité sur les autres femmes? — Sans doute.
— Mais est-il rien de plus avantageux à un État que
d'avoir beaucoup d'excellents citoyens de l'un et de l'autre
sexe? — Non. — Ne parviendront-ils pas à ce degré
d'excellence en cultivant la musique et la gymnastique,
ainsi que nous l'avons dit? — Oui. — Notre système
n'est donc pas seulement possible; il est de plus avantageux à l'État? — Oui.

— Ainsi les femmes de nos guerriers devront quitter
leurs vêtements, puisque leur vertu leur en tiendra lieu.
Elles partageront avec leurs maris les travaux de la
guerre, et tous les soins qui se rapportent à la garde de
l'État, sans s'occuper d'autre chose. Seulement on aura
égard à la faiblesse de leur sexe dans les fardeaux qu'on
leur imposera. Quant à celui qui plaisante à la vue de
femmes nues qui exercent leur corps pour une bonne
fin, *il cueille hors de saison les fruits de sa sagesse* [1],
il ne sait ni ce qu'il fait ni de quoi il rit; car on a et on
aura toujours raison de dire que l'utile est honnête, et
qu'il n'y a de honteux que ce qui est nuisible. — Tu as

[1] Paroles de Pindare. Voyez Stobée, *Sermones*, cext.

raison. — Disons donc que le règlement que nous venons de faire au sujet des femmes peut être comparé à une vague à laquelle nous venons d'échapper à la nage, et que, loin d'avoir été submergés, en établissant que tous les emplois doivent être communs entre nos guerriers et leurs femmes, nous croyons avoir prouvé que ce règlement est à la fois possible et avantageux. — Je l'avoue que cette vague me faisait trembler. — Elle n'est rien en comparaison de celle qui s'approche. — Voyons, parle.

— La loi que je vais proposer a, ce me semble, une liaison essentielle avec la précédente et avec les autres. — Quelle est-elle? — C'est que les femmes de nos guerriers soient communes toutes à tous; aucune d'elles n'habitera en particulier avec aucun d'eux; les enfants seront communs, et les parents ne connaîtront pas leurs enfants, ni ceux-ci leurs parents. — Tu auras beaucoup plus de peine à faire passer cette loi que celle qui précède, et à montrer qu'elle ne prescrit rien que de possible et d'utile. — Je ne crois pas qu'on me conteste les avantages que la société retirerait de la communauté des femmes et des enfants, si l'exécution de ce système était possible; mais je pense qu'on m'en contestera la possibilité. — On pourra très-bien contester l'un et l'autre. — C'est-à-dire que voilà deux difficultés qui se réunissent contre moi. J'espérais me sauver d'une des deux, que tu conviendrais de l'utilité de ce système, et qu'il ne me resterait qu'à en discuter la possibilité. — Tu ne m'échapperas pas par cette défaite; tu répondras, s'il te plaît, à ces deux difficultés.

— Je vois bien qu'il en faudra passer par là. Accorde-moi seulement une grâce; souffre que je me donne carrière, comme ces esprits oisifs qui ont coutume de se repaître de leurs rêveries lorsqu'on les abandonne à eux-mêmes. Tu sais que toutes ces sortes de personnes, quand elles ont en tête quelque projet, avant d'examiner par quels moyens elles pourront en venir à bout, et dans la crainte de se fatiguer en discutant si la chose est possible ou impossible, la supposant faite au gré de leurs désirs, élèvent sur ce fondement le reste de l'édifice, se réjouissent par avance des avantages qui leur reviendront de l'exécution, et augmentent par là l'indolence naturelle à leur âme. Effrayé comme eux des difficultés qui s'offrent à mon esprit, je désire remettre à un autre temps l'examen de la possibilité de ce que je propose. Je la suppose démontrée, et je vais voir quels arrangements prendront nos magistrats pour l'exécution. Je tâcherai de te faire convenir que rien ne serait plus utile à l'État et aux guerriers. Après quoi nous en montrerons la possibilité, si tu le juges à propos. — Fais ce qu'il te plaira ; je te le permets.

— Tu m'accorderas d'abord sans peine que nos magistrats et nos guerriers, s'ils sont dignes du nom qu'ils portent, seront dans la disposition, ceux-ci de faire ce qu'on leur commandera, ceux-là de ne rien ordonner que ce qui est prescrit par la loi, et d'en suivre l'esprit dans les règlements que nous abandonnons à leur prudence. — Cela doit être. — Toi donc, en qualité de législateur, après avoir choisi parmi les femmes comme tu as fait parmi les hommes, tu les assortiras le plus possible selon leurs humeurs et leurs caractères. Pour eux, comme ils ne possèdent rien en propre, que tout est commun entre eux, maisons et salles à manger, ils seront toujours ensemble. Or, se trouvant ainsi ensemble au gymnase et partout ailleurs, l'inclination naturelle d'un sexe vers l'autre les portera sans doute à former des unions : n'est-ce pas une nécessité que cela arrive ? — Oui vraiment ; ce n'est pas une nécessité géométrique, mais une nécessité fondée sur l'amour, dont les raisons ont bien plus de force pour persuader et entraîner la plupart des hommes que les démonstrations des géomètres. — Tu dis vrai. Mais, quoi ! mon cher Glaucon, nos magistrats souffriront-ils qu'il n'y ait dans ces unions ni ordre ni bienséance ? Ce désordre peut-il être permis dans une république dont tous les citoyens doivent être heureux ? — Rien ne

15.

serait plus contraire à la justice. — Il est donc évident qu'après cela nous ferons des mariages aussi saints qu'il nous sera possible, et les plus avantageux à l'État seront les plus saints. — Cela est évident. — Mais comment seront-ils les plus avantageux? C'est à toi, Glaucon, de me le dire. Je vois que tu élèves chez toi des chiens de chasse et des oiseaux de proie en grand nombre. As-tu pris garde à ce qu'on fait quand on veut les accoupler et en avoir des petits? — Que fait-on? — Parmi ces animaux, quoique tous de bonne race, n'en est-il pas toujours quelques-uns qui l'emportent sur les autres? — Oui. — T'est-il indifférent d'avoir des petits de tous également, ou aimes-tu mieux en avoir de ceux qui l'emportent sur les autres? — J'aime mieux en avoir de ceux-ci. — Des plus jeunes, des plus vieux, ou de ceux qui sont dans la force de l'âge? — De ces derniers. — Si on n'apportait toutes ces précautions, n'es-tu pas persuadé que la race de tes chiens et de tes oiseaux dégénérerait bientôt? — Oui. — Crois-tu qu'il n'en soit pas de même à l'égard des chevaux et des autres animaux? — Ce serait une absurdité de ne pas le croire.

— S'il en est de même à l'égard de l'espèce humaine, grands dieux, mon cher Glaucon, de quelle habileté n'auront pas besoin nos magistrats? — Il en est de même à l'égard de notre espèce; mais pourquoi demandes-tu tant d'habileté à nos magistrats? — A cause du grand nombre de remèdes qu'ils seront obligés d'employer. Un médecin ordinaire, même le plus mauvais, suffit pour guérir un corps qui n'a besoin que d'un régime pour se rétablir; mais quand il en faut venir aux remèdes, le plus habile médecin ne l'est jamais trop. — J'en conviens; mais à quel propos dis-tu cela? — Le voici. Il me semble que nos magistrats seront souvent obligés de recourir au mensonge et à la tromperie pour le bien des citoyens; et nous avons dit quelque part que le mensonge était utile lorsqu'on s'en sert comme d'un remède. — Avec raison.
— S'il y a une occasion où le mensonge puisse être utile

à la société, c'est surtout en ce qui regarde les mariages et la propagation de l'espèce. — Comment cela? — Il faut, selon nos principes, que les rapports des sujets d'élite de l'un et de l'autre sexe soient très-fréquents, et ceux des sujets inférieurs très-rares ; de plus, il faut élever les enfants des premiers, et non ceux des seconds, si on veut que le troupeau ne dégénère point. D'un autre côté, toutes ces mesures ne doivent être connues que des seuls magistrats ; autrement, ce serait exposer le troupeau à des discordes. — Fort bien.

— Il sera donc à propos d'instituer des fêtes, où nous rassemblerons les époux futurs. Ces fêtes seront accompagnées de sacrifices et d'hymnes convenables. Nous laisserons aux magistrats le soin de régler le nombre des mariages, afin qu'ils maintiennent le même nombre de citoyens, en remplaçant ceux que la guerre, les maladies et les autres accidents peuvent enlever, et que notre État, autant que possible, ne soit ni trop grand ni trop petit. — Bien. — On fera ensuite tirer les époux au sort, en ménageant les choses si adroitement, que les sujets inférieurs se prennent à la fortune, et non aux magistrats, de ce qui leur est échu. — J'entends. — Quant aux jeunes gens qui se seront signalés à la guerre ou ailleurs, entre autres récompenses, on leur accordera la permission de voir plus souvent les femmes : ce sera un prétexte légitime pour que l'État soit en grande partie peuplé par eux. — Tout cela est fort bien imaginé.

— Les enfants, à mesure qu'ils naîtront, seront remis entre les mains d'hommes ou de femmes, ou d'hommes et de femmes réunis, et qui auront été chargés du soin de les élever; car les fonctions publiques doivent être communes à l'un et à l'autre sexe. — Oui. — Ils porteront au bercail commun les enfants des sujets d'élite, et les confieront à des gouvernantes, qui habiteront dans un quartier séparé du reste de la ville. Pour les enfants des sujets inférieurs, et même pour ceux des autres qui auraient quelque difformité, on les cachera, comme il convient,

dans quelque endroit secret qu'il sera interdit de révéler
et qu'il sera défendu de découvrir. — C'est le moyen de
conserver dans toute sa pureté la race de nos guerriers. —
Ces mêmes personnes se chargeront de la nourriture des
enfants, conduiront les mères au bercail à l'époque de
l'éruption du lait, et feront en sorte qu'aucune d'elles ne
puisse reconnaître son enfant. Si les mères ne suffisent
point à les allaiter, ils les feront aider par d'autres; pour
celles qui ont suffisamment de lait, ils auront soin qu'elles
n'allaitent pas trop longtemps. Quant aux veilles et aux
autres menus soins, ils en chargeront les nourrices mercenaires et les gouvernantes. — Tu fais une condition
bien douce aux femmes de nos guerriers; tu ne leur laisses
d'autre peine que celle de l'enfantement. — Rien de plus
juste; mais poursuivons ce que nous avons commencé.

» Nous avons dit que l'État n'avouerait que les enfants
nés de parents dans la force de l'âge. — Oui. — La durée
de la vertu prolifique n'est-elle pas de vingt ans pour les
filles, et de trente pour les garçons? — Mais quel point
de départ fixes-tu? — Les femmes donneront des enfants
à l'État depuis vingt jusqu'à quarante, et les hommes,
depuis que le grand feu de la jeunesse sera passé jusqu'à
cinquante-cinq. — C'est en effet le temps de la vie où
les corps et l'esprit sont dans la plus grande vigueur. —
S'il arrive donc à quelqu'un, soit au-dessus, soit au-
dessous de cet âge, d'engendrer des sujets à la république,
nous le déclarerons coupable d'injustice et de sacrilége,
pour avoir engendré un enfant dont la naissance est un
ouvrage de ténèbres et de libertinage, et qui n'aura été
précédée ni des sacrifices, ni des prières que les prêtres
et les prêtresses, et toute la ville, adresseront aux dieux
pour la prospérité des mariages, en leur demandant que,
des citoyens vertueux et utiles à la patrie, il naisse une
postérité plus vertueuse et plus utile encore. — Bien. —
Cette loi regarde aussi ceux qui, ayant encore l'âge d'engendrer, fréquenteraient des femmes qui l'auraient aussi,
sans l'aveu des magistrats. Le fruit de ce commerce sera

réputé illégitime, né d'un concubinage et sans les auspices religieux. — Fort bien. — Mais, lorsque l'un et l'autre sexe aura passé l'âge fixé par les lois pour donner des enfants à la patrie, nous laisserons aux hommes la liberté d'avoir commerce avec telles femmes qu'ils jugeront à propos, hormis leurs aïeules, leurs mères, leurs filles et leurs petites-filles. Les femmes auront la même liberté par rapport aux hommes, hormis leurs aïeuls, leurs pères, leurs fils et leurs petits-fils. Mais on ne le leur permettra qu'après leur avoir enjoint expressément de ne mettre au jour aucun fruit conçu dans un tel commerce, et de l'exposer si, malgré leurs précautions, il en naissait un, parce que l'État ne se charge point de le nourrir. — Rien de plus raisonnable que cette défense. Mais comment distingueront-ils leurs pères, leurs filles et les autres parents dont tu viens de parler? — Ils ne les distingueront pas. Mais, du moment que quelqu'un sera marié, à compter depuis ce jour jusqu'au septième et au dixième mois, il regardera tous ceux qui naîtront dans l'un ou l'autre de ces termes, les mâles comme ses fils, les femelles comme ses filles, et ces enfants l'appelleront du nom de père. Les enfants de ceux-ci seront ses petits-enfants, et le regarderont comme leur aïeul; et tous ceux qui seront nés dans l'intervalle où leurs pères et mères donnaient des enfants à l'État se traiteront de frères et de sœurs, et pourront s'unir, selon que le sort et l'oracle d'Apollon en décideront. Entre les autres degrés, toute alliance est défendue. — Fort bien.

— Telle est, mon cher Glaucon, la communauté des femmes et des enfants qu'il faut établir entre les gardiens de notre État. Il reste à faire voir que cette institution serait très-avantageuse, et qu'elle s'accorde parfaitement avec les autres lois que nous avons posées. N'est-ce pas là ce que j'ai à montrer? — Oui. — Pour nous en convaincre, demandons-nous à nous-mêmes quel est le plus grand bien d'un État, celui que le législateur doit se proposer comme la fin de ses lois, et quel en est le plus grand mal.

Examinons ensuite si cette communauté, que je viens d'expliquer, nous conduit à ce grand bien, et nous éloigne de ce grand mal. — Tu t'y prends très-bien. — Le plus grand mal d'un État, n'est-ce pas ce qui le divise, et d'un seul en fait plusieurs? et son plus grand bien, au contraire, n'est-ce pas ce qui en lie toutes les parties et le rend un? — Sans contredit. — Or, quoi de plus propre à former cette union que la communauté des plaisirs et des peines entre tous les citoyens? — Assurément. — Et ce qui divise un État, n'est-ce pas, au contraire, lorsque la joie et la douleur y sont personnelles, et que ce qui arrive, tant à l'État qu'aux particuliers, fait du plaisir à l'un et de la peine à l'autre? — Cela est certain. — D'où vient cette opposition de sentiment, sinon de ce que tous les citoyens ne disent pas en même temps des mêmes choses, *ceci m'intéresse, ceci ne m'intéresse pas, ceci m'est étranger?* — Sans doute. — Otez cette distinction, et supposez-les tous également touchés des mêmes choses, l'État ne jouira-t-il point alors d'une parfaite harmonie? — On n'en peut douter. — Pourquoi? Parce que tous ses membres ne feront, si je puis parler ainsi, qu'un seul homme. Lorsque nous avons reçu quelque blessure au doigt, aussitôt l'âme, en vertu de l'union intime établie entre elle et le corps, en est avertie, et tout l'homme est affligé du mal d'une de ses parties : aussi dit-on d'un homme, qu'il a mal au doigt. On dit la même chose à l'égard des autres sentiments de joie et de douleur que nous éprouvons à l'occasion du bien ou du mal qui arrive à une des parties de nous-mêmes. — Tu as raison, et, comme tu disais, voilà l'image d'un État bien gouverné. — Qu'il arrive à un particulier du bien ou du mal, tout l'État y prendra part comme s'il le ressentait lui-même; il s'en réjouira ou s'en affligera avec lui. — Cela doit être dans tout État bien gouverné.

— Il est temps à présent de revenir au nôtre, et de voir si tout ce que nous venons de dire lui convient mieux qu'à tout autre. — Voyons donc. — Dans les autres États, comme dans le nôtre, n'y a-t-il pas des magistrats et des sujets? — Oui. — Qui se donnent tous entre eux le nom de citoyens? — Sans doute. — Mais, outre ce nom commun, quel titre particulier le peuple donne-t-il, dans les autres Etats, à ceux qui le gouvernent? — Dans la plupart, il les appelle *maîtres*, et, dans les gouvernements démocratiques, *archontes*. — Chez nous, quel nom le peuple ajoutera-t-il à la qualité de citoyens qu'il donne à ses magistrats? — Celui de sauveurs et de défenseurs. — Ceux-ci, à leur tour, comment appelleront-ils le peuple? — L'auteur de leur salaire et de leur nourriture. — Dans les autres Etats, comment les chefs traitent-ils les peuples? — D'esclaves. — Entre eux, comment se traitent-ils? — De collègues dans l'autorité. — Et chez nous? — De gardiens du même troupeau. — Pourrais-tu me dire si, dans les autres Etats, les magistrats en usent les uns avec les autres, en partie comme avec des amis, en partie comme avec des étrangers? — Rien n'est plus ordinaire. — Ainsi, ils pensent et disent que les intérêts des uns les touchent, et que ceux des autres ne les touchent pas. — Oui. — Parmi les gardiens de notre Etat, en est-il un seul qui puisse dire ou penser que quelqu'un de ceux qui veillent comme lui à la sûreté de la patrie lui soit étranger? — Point du tout, puisque chacun d'eux croira voir dans les autres un frère ou une sœur, un père ou une mère, un fils ou une fille, ou quelque parent dans le degré ascendant ou descendant. — Très-bien. Mais, dis-moi de plus, te borneras-tu à leur prescrire de se traiter comme parents de bouche seulement? N'exigeras-tu pas en outre que les actions répondent aux paroles, et que les citoyens aient pour ceux à qui ils donnent le nom de père tout le respect, toutes les attentions, toute la soumission que la loi prescrit aux enfants envers leurs parents? Ne déclareras-tu pas que manquer à ces devoirs, c'est se rendre coupable d'injustice et d'impiété, et, par conséquent, mériter la haine des hommes et des dieux? Tous les citoyens feront-ils retentir aux oreilles de leurs enfants d'autres maximes touchant la con-

duite qu'ils doivent tenir envers ceux qu'on leur désignera
comme leurs pères ou leurs proches? — Non sans doute :
et il serait ridicule qu'ils eussent sans cesse à la bouche
les noms qui expriment la parenté, sans en remplir les
devoirs.

— Il régnera par conséquent entre nos citoyens un
accord inconnu à ceux des autres États. Et, comme nous
disions tout à l'heure, lorsqu'il arrivera du bien ou du
mal à quelqu'un, nous dirons ensemble : Mes affaires
vont bien, ou mes affaires vont mal. — Cela est très-
vrai. — N'avons-nous pas ajouté qu'en conséquence de
cette persuasion et de cette manière de parler, il y aurait
entre eux communauté de plaisirs et de peines? — Nous
avons eu raison. — Nos citoyens participerons donc tous
en commun aux intérêts de chaque particulier, qu'ils
regarderont comme leur étant personnels; et, en vertu de
cette union, ils se réjouiront et s'affligeront tous des
mêmes choses. — Oui. — A quoi attribuer tant d'admi-
rables effets, si ce n'est à la constitution de notre État, et
particulièrement à la communauté des femmes et des
enfants entre les guerriers? — On ne peut les attribuer à
aucune autre cause. — Mais nous sommes convenus de
ce que c'était que le plus grand bien de la société, et
nous avons comparé en ce point une république bien gouvernée au corps, dont tous les membres ressentent en
commun le plaisir et la douleur d'un seul membre. —
C'est avec raison que nous en sommes convenus. — Donc
la communauté des femmes et des enfants entre les guerriers est la cause du plus grand bien pour notre État. —
Cette conclusion est juste.

— Ajoute que cela s'accorde avec ce que nous avons
établi plus haut. Car nous avons dit que nos guerriers ne
devaient avoir en propre ni maisons, ni terres, ni possessions; mais qu'il fallait qu'ils reçussent des autres leur
nourriture, comme la juste récompense de leurs services,
et qu'ils vécussent en commun, s'ils voulaient être de
véritables gardiens. — Fort bien. — Or, peut-on douter

que ce que nous avons déjà réglé et ce que nous venons de régler à leur égard ne soit très-propre à les rendre de plus en plus de vrais gardiens, et ne les empêche de diviser l'État, ce qui arriverait si chacun ne disait pas des mêmes choses qu'elles sont à lui, mais que celui-ci le dît d'une chose, celui-là d'une autre; si l'un tirait à soi tout ce qu'il pourrait acquérir, sans en partager la possession avec personne; si l'autre en faisait autant de son côté, et qu'ils eussent chacun à part leurs femmes et leurs enfants, qui seraient par conséquent pour eux une source de plaisirs et de peines que personne ne ressentirait avec eux? Au lieu que chacun ayant pour maxime que l'intérêt d'autrui n'est pas différent du sien, ils tendront tous au même but de tout leur pouvoir, et éprouveront une joie et une douleur communes. — Cela est incontestable. — Quelle entrée après cela la chicane et les procès trouveront-ils dans un État où personne n'aura rien à soi que son corps, et où tout le reste sera commun? Les citoyens y seront donc inaccessibles aux dissensions qui naissent parmi les hommes à l'occasion de leurs biens, de leurs femmes et de leurs enfants? — Ils seront exempts de tous ces maux. — Ils ne connaîtront pas non plus les actions intentées pour sévices et violences; car nous leur dirons qu'il est juste et honnête que les personnes du même âge se défendent les unes les autres, et nous leur ferons un devoir de pourvoir à leur sûreté mutuelle. —Fort bien.— Cette loi aura cela de bon, que si quelqu'un, dans un premier mouvement de colère, en maltraite un autre, ce différend n'aura pas de grandes suites. — Sans doute. — Parce que nous donnerons au plus âgé autorité sur le plus jeune, avec le droit de le punir. — Cela est évident.

— Il n'est pas moins évident, je pense, que les jeunes gens n'oseront, sans un ordre exprès des magistrats, ni porter la main sur les vieillards, ni leur faire aucune sorte de violence, ni les outrager en aucune rencontre. Deux puissantes barrières, le respect et la crainte, les arrêteront : le respect, en leur montrant un père dans celui qu'ils veulent frapper ; la crainte, en leur faisant appréhender que les autres ne prennent la défense de l'offensé, ceux-ci en qualité de fils, ceux-là en qualité de frères ou de pères. — Il n'est pas possible que la chose arrive autrement. — Nos guerriers jouiront donc entre eux d'une paix inaltérable en vertu des lois. — Oui. — Mais, si la concorde règne entre eux, il n'est point à craindre que la discorde se mette entre eux et les autres classes de citoyens, ou qu'elle divise ces dernières. — Non. — J'ai peine à me résoudre d'entrer dans le détail des moindres maux dont ils seront exempts. Les pauvres n'y seront pas forcés de faire leur cour aux riches. On n'y éprouvera ni les embarras ni les chagrins qu'entraînent l'éducation des enfants et le soin d'amasser du bien, en nous forçant d'entretenir un grand nombre d'esclaves, et, pour cela, tantôt de faire de gros emprunts, quelquefois de nier la dette, presque toujours d'acquérir de l'argent par toute sorte de voies, pour en laisser ensuite la disposition à des femmes et à des esclaves. Que de bassesses en tout cela, mon cher ami ! que d'indignités n'aurait-on pas à essuyer ! — Il faudrait être aveugle pour ne le pas voir. — A l'abri de toutes ces misères, ils mèneront une vie mille fois plus heureuse que celle des athlètes couronnés aux jeux olympiques. — En quoi donc ? — En ce que ceux-ci n'ont qu'une petite partie des avantages dont jouissent nos guerriers. La victoire que remportent ces derniers est infiniment plus glorieuse, puisque le salut de la république y est attaché. En retour, la patrie fournit à leur entretien et à celui de leurs enfants pendant leur vie, et après leur mort leur fait des funérailles dignes de leur mérite et de sa reconnaissance. — Ces distinctions sont en effet très-flatteuses.

— Te rappelles-tu le reproche qu'on nous faisait plus haut [1] de ne pas penser assez au bonheur de nos guerriers, qui, pouvant avoir tout ce que possédaient les autres

---

[1] Liv. IV, au commencement.

citoyens, n'avaient rien en propre? Nous avons répondu,
ce me semble, que nous examinerions la vérité de ce reproche si l'occasion s'en présentait ; que notre but, pour
le présent, était de former de vrais gardiens, de rendre la
république entière la plus heureuse qu'il nous serait possible, et non de travailler uniquement pour le bonheur
de l'un des ordres qui la composent. — Je m'en souviens.
— Te semble-t-il à présent que la condition du cordonnier,
du laboureur, ou de tout autre artisan, doive entrer en
comparaison avec celle de nos guerriers, qui vient de
nous paraître plus honorable et plus heureuse que celle
des athlètes qui ont remporté le prix? — Je suis bien éloigné de le penser. — Au reste, il est à propos que je répète
ici ce que je disais alors : si le guerrier cherche son bonheur aux dépens du caractère de son emploi ; si, mécon-
tent des avantages modestes, mais certains, que son état
lui procure, il se laisse séduire par des idées puériles et
chimériques de félicité, au point de faire servir le pouvoir dont nous l'avons armé à se rendre maître de tout
dans la république, il connaîtra avec combien de raison
Hésiode a dit que *la moitié est plus que le tout* [1]. — S'il
veut me croire, il s'en tiendra à sa condition. — Tu approuves donc que tout soit commun entre les hommes et
les femmes, de la manière que je viens de l'expliquer, en
ce qui concerne l'éducation, les enfants et la garde de
l'État ; de sorte qu'elles restent avec eux dans la ville ;
qu'elles aillent à la guerre avec eux, qu'elles partagent,
comme font les femelles des chiens, les fatigues des veilles
et de la chasse ; en un mot, qu'elles soient de moitié,
autant qu'il sera possible, dans tout ce que feront les
guerriers? Conviens-tu en outre qu'une telle institution
est très-avantageuse au public, et qu'elle n'est point contraire à la nature de l'homme et de la femme, puisqu'ils
sont faits pour vivre en commun ? — J'en conviens.
   — Ainsi, il ne reste plus qu'à examiner s'il est possible

---

[1] *Oper. et Dies*, v. 40.

d'établir entre les hommes cette communauté que la nature a établie entre les autres animaux, et par quels moyens on peut en venir à bout. — Tu m'as prévenu ; j'allais t'en parler. — Car, pour ce qui est de la guerre, il n'est pas besoin que je m'y arrête ; on voit assez comment ils la feront. — Comment, s'il te plaît ? — Il est évident qu'ils la feront en commun, et qu'ils y conduiront ceux de leurs enfants qui seront assez forts pour en supporter les fatigues, afin que ces enfants, à l'exemple de ceux des artisans, voient de bonne heure ce qu'il leur faudra faire un jour, et que de plus ils puissent aider leurs pères et leurs mères, et leur rendre, en tout ce qui regarde la guerre, les services qui seront à leur portée. As-tu remarqué ce qui se pratique à l'égard des autres métiers ? Combien de temps, par exemple, le fils du potier aide à son père et le regarde travailler, avant de toucher lui-même à la roue ? — Je l'ai remarqué. — Nos guerriers doivent-ils donner moins de soins et de temps à former leurs enfants au métier de la guerre ? — Ce serait une extravagance de le dire. — N'est-il pas vrai aussi que tout animal combat avec plus de courage, lorsque ses petits sont présents ? — Oui ; mais il est à craindre, Socrate, que, s'ils viennent à être vaincus, comme il peut fort bien arriver, ils ne périssent dans le combat, eux et leurs enfants, et que l'État ne puisse se relever d'une telle perte. — J'en conviens ; mais crois-tu d'abord que notre premier soin doive être de ne les exposer jamais à aucun risque ? — Non. — Et s'il est quelquefois à propos de le faire, n'est-ce pas lorsqu'ils deviendront meilleurs en réussissant ? — Cela est évident. — Or penses-tu que ce soit un avantage médiocre, et qui ne mérite pas qu'on coure aucun risque, que des enfants qui doivent un jour porter les armes assistent à un combat et soient témoins de ce qui s'y passe ? — Je pense, au contraire, que c'est un grand avantage sous ce point de vue. — On rendra donc les enfants spectateurs des combats, en pourvoyant d'ailleurs à leur sûreté par des moyens convenables, et tout ira bien, n'est-ce pas ? — Oui. —

D'abord, leurs pères sauront prévoir, autant qu'il est possible à l'homme, quelles sont les occasions périlleuses et celles qui ne le sont pas. — Sans doute. — Ils conduiront leurs enfants aux unes, et ne les exposeront point aux autres. — Fort bien. — Ils leur donneront pour chefs et pour conducteurs, non des hommes indignes, mais des hommes d'un âge mûr et d'une expérience consommée. — Cela doit être. — Mais, dira-t-on, il arrive tous les jours mille accidents auxquels on ne s'attend point. — Oui. — Eh bien! mon ami, pour préserver les enfants de tout malheur, il faut de bonne heure leur donner des ailes, afin qu'ils puissent échapper au danger en s'envolant. — Qu'entends-tu par là? — Je veux dire que, dès leurs premiers ans, il faut leur apprendre à monter à cheval, et, après cela, les conduire à la mêlée comme spectateurs, non sur des chevaux ardents et belliqueux, mais sur des chevaux très-dociles et très-légers à la course. De cette manière ils verront très-bien ce qu'ils ont à voir; et, si le danger presse, ils se sauveront plus aisément, avec leurs vieux gouverneurs. — Cet expédient me semble bien trouvé.

— Maintenant, quelle discipline établirons-nous entre nos guerriers, et comment en useront-ils avec l'ennemi? Vois si je pense juste ou non sur ces deux points. — Explique-toi. — Ne convient-il pas que celui qui, par lâcheté, aura quitté son rang, jeté ses armes, ou fait quelque autre action indigne d'un homme de cœur, soit dégradé, et relégué parmi les artisans ou les laboureurs? — Oui. — Et qu'on abandonne à l'ennemi, pour en faire ce qu'il voudra, celui qui sera tombé vif entre ses mains? — Sans doute. — Quant à celui qui se sera signalé par sa bravoure, ne juges-tu point à propos que, sur le champ de bataille, les jeunes guerriers et les enfants lui mettent tour à tour une couronne sur la tête? — Oui. — Qu'ils lui donnent la main? — Encore. — Tu ne consentiras pas, je pense, à ce que je vais ajouter. — Quoi? — Que chacun d'eux l'embrasse et en soit embrassé. — J'y consens

16*

de tout mon cœur. J'ajoute même à ce règlement que,
tant que la campagne durera, il ne soit permis à personne
de se refuser à ses embrassements. Ce sera, pour tous
ceux qui aimeront quelqu'un de l'un ou de l'autre sexe,
un motif pour s'efforcer plus ardemment de mériter le
prix de la valeur. — Fort bien ; cela s'accorde avec ce que
nous avons déjà dit ailleurs, qu'il fallait laisser aux citoyens d'élite la liberté de s'approcher des femmes plus
souvent que les autres, et de choisir celles qui leur ressemblent, afin que leur race devienne aussi nombreuse
qu'il se pourra. — Je m'en souviens. — Homère veut encore qu'on honore d'une autre manière les jeunes guerriers qui se distinguent par leur bravoure. Ce poète dit
qu'après un combat où Ajax s'était signalé, on lui servit
par honneur [1] une récompense convenable à l'égard d'un
jeune et vaillant guerrier, puisque c'était tout à la fois une
distinction et un moyen d'augmenter ses forces. — Fort
bien. — Nous suivrons donc en ce point l'autorité d'Homère. Dans les sacrifices et dans les fêtes, on célébrera
par des chants les exploits des guerriers, on leur donnera
la place d'honneur ; on leur servira des viandes et du vin
en plus grande quantité qu'aux autres [2], ces distinctions
étant également propres à les flatter et à les rendre plus
robustes. Ce que j'ai dit des hommes doit s'entendre aussi
des femmes. — J'approuve tous ces règlements. — A l'é-
gard de ceux qui sont morts généreusement les armes à la
main, ne dirons-nous pas d'abord qu'ils sont de la race
d'or ? — Sans doute. — Et n'entrerons-nous pas dans les
sentiments d'Hésiode, qui assure qu'à leur mort ceux de
cette race deviennent

Des génies purs, dont le séjour est sur la terre, génies bienfaisants, qui
détournent les maux de dessus les hommes, et veillent à leur conservation ?

— Oui. — Ainsi, nous consulterons l'oracle sur le culte

[1] *Iliade*, VII, v. 321.
[2] *Iliade*, VIII, v. 162.

qu'il faut rendre à ces hommes supérieurs et divins, et nous en réglerons les cérémonies sur ce qu'il aura répondu. — Sans contredit. — Nous les honorerons dès lors comme des génies tutélaires, et nous leur adresserons des vœux sur leur tombe. On décernera les mêmes honneurs à ceux qui seront morts de vieillesse ou de maladie, après avoir passé leur vie dans l'exercice de la plus pure vertu. — C'est moins un honneur qu'une justice que nous leur rendrons.

— Mais comment nos guerriers en useront-ils à l'égard des ennemis? — En quoi? — Premièrement, en ce qui regarde l'esclavage, te semble-t-il juste que des Grecs réduisent en servitude des villes grecques? Ne devraient-ils pas plutôt le défendre aux autres autant que possible, et poser en principe d'épargner la nation grecque, de peur qu'elle ne tombât dans l'esclavage de la part des Barbares? — Il est certes du plus grand intérêt de l'épargner. — Et par conséquent de n'avoir aucun esclave grec, et de conseiller à tous les autres Grecs de suivre cet exemple? — Sans doute. Par là, au lieu de s'entre-détruire, ils tourneraient toutes leurs forces contre les Barbares. — Trouves-tu bon qu'ils dépouillent les morts, et qu'ils ôtent à leurs ennemis vaincus autre chose que leurs armes? N'est-ce pas pour les lâches un prétexte de ne point attaquer ceux qui se défendent encore, comme s'ils faisaient leur devoir en restant penchés sur des cadavres? D'ailleurs, cette avidité pour le butin a déjà été funeste à plus d'une armée. — Cela est vrai. — N'est-ce pas une bassesse et une ignoble cupidité que de dépouiller un mort? N'est-ce pas une petitesse d'esprit, qui se pardonnerait à peine à une femme, de traiter en ennemi le cadavre de son adversaire, après que l'ennemi s'est envolé, et qu'il ne reste plus que l'instrument dont il se servait pour combattre? Agir de la sorte, n'est-ce pas imiter les chiens qui mordent la pierre qui les a frappés, sans faire aucun mal à la main qui l'a jetée? — C'est faire la même chose. — Que nos guerriers s'abstiennent donc de dépouiller les morts, et qu'ils ne

refusent pas à l'ennemi la permission de les enlever. —
J'y consens. — Nous ne porterons pas non plus dans les
temples des dieux les armes des vaincus, surtout des Grecs,
comme pour en faire une offrande, pour peu que nous
soyons jaloux de la bienveillance des autres Grecs. Nous
craindrons plutôt de souiller les temples, en les ornant
ainsi des dépouilles de nos proches; à moins toutefois
que l'oracle n'ordonne le contraire. — Fort bien.

—Que penses-tu de la dévastation du territoire grec et
de l'incendie des maisons? — Je serais bien aise de savoir
ton sentiment là-dessus. — Mon avis est qu'on ne doit ni
dévaster ni brûler, mais se contenter d'enlever tous les
grains et les fruits de l'année. Veux-tu en savoir la raison?
— Très-volontiers. — Il me semble que comme la guerre
et la discorde ont deux noms différents, ce sont aussi
deux choses différentes, qui ont rapport à deux objets différents. L'un de ces objets est ce qui nous est uni par les
liens du sang ou de l'amitié; l'autre, ce qui nous est
étranger. L'inimitié entre alliés s'appelle discorde; entre
étrangers, guerre. — Ce que tu dis est très-raisonnable.
— Vois si ce que j'ajoute l'est moins. Je dis que les Grecs
sont amis et alliés entre eux, et étrangers à l'égard des
Barbares. — Cela est vrai. — Ainsi, lorsque les Grecs et
les Barbares auront ensemble quelque différend, et qu'ils
en viendront aux armes, ce différend sera, selon nous,
une véritable guerre; mais, lorsqu'il surviendra quelque
chose de semblable entre les Grecs, nous dirons qu'ils
sont amis par nature; que c'est une maladie, une division
intestine qui trouble la Grèce, et nous donnerons à cette
inimitié le nom de discorde.—Je suis tout à fait de ton sentiment. — Dès lors, si, toutes les fois que la discorde
s'élève dans un État, les citoyens ravageaient les terres et
brûlaient les maisons les uns des autres, vois, je te prie,
combien elle serait funeste, et combien chaque parti se
montrerait peu sensible aux intérêts de la patrie. S'ils la
regardaient comme leur mère et leur nourrice, se porte-
raient-ils contre elle à de tels excès? Les vainqueurs ne

croiraient-ils pas assez faire de mal aux vaincus, en leur enlevant la récolte de l'année? Ne les traiteraient-ils pas comme des amis à qui ils ne feront pas toujours la guerre, et avec qui ils doivent se réconcilier un jour? — Cette façon d'agir est beaucoup plus conforme à l'humanité que la première.

— Mais quoi! n'est-ce pas un État grec que tu prétends fonder? — Sans doute. — Les citoyens n'en seront-ils pas humains et vertueux? — Oui. — Ne seront-ils pas aussi amis des Grecs? ne regarderont-ils pas la Grèce comme leur commune patrie? n'auront-ils pas la même religion? — Sans contredit. — Ils traiteront donc de discorde leurs différends avec les autres Grecs, et ne leur donneront pas le nom de guerre. — Non. — Et, dans ces différends, ils se comporteront comme devant un jour se raccommoder avec leurs adversaires. — Oui. — Ils les réduiront doucement à la raison, sans vouloir, pour les châtier, ni les rendre esclaves, ni les ruiner. Ils les corrigeront en amis pour les rendre sages, et non en ennemis. — Tu as raison. — Puisqu'ils sont Grecs, ils ne porteront le ravage dans aucun endroit de la Grèce; ne brûleront pas les maisons, ne regarderont pas comme des adversaires tous les habitants d'un État, hommes, femmes et enfants, sans exception, mais seulement les auteurs du différend; en conséquence, épargnant les terres et les maisons des habitants parce que le plus grand nombre se compose d'amis, ils n'useront de violence qu'autant qu'elle sera nécessaire pour contraindre les innocents à tirer eux-mêmes vengeance des coupables. — Je reconnais avec toi que les citoyens de notre État doivent garder ces ménagements dans leurs querelles avec les autres Grecs, et en user avec les Barbares comme les Grecs font à présent entre eux. — Ainsi, défendons à nos guerriers, par une loi expresse, les ravages et les incendies. — Je le veux bien; j'approuve fort cette loi et celles qui précèdent. Mais, Socrate, il me semble que si on te laisse poursuivre, tu ne viendras jamais au point essentiel dont tu as différé plus haut l'ex-

plication pour entrer dans tous ces développements : ce
point est de voir si un pareil État est possible, et comment
il l'est. Je conviens que tous les biens dont tu as fait mention se trouveraient dans notre État s'il pouvait exister.
J'ajoute même d'autres avantages que tu omets, par
exemple, que ses guerriers seraient d'autant plus courageux que, se connaissant tous, et se donnant dans la
mêlée les noms de frères, de pères, de fils, ils voleraient
au secours les uns des autres. Je sais aussi que la présence
des femmes les rendrait invincibles, soit qu'elles com-
battissent avec eux dans les mêmes rangs, soit qu'on les
mît derrière le corps de bataille, pour faire peur à l'ennemi, et pour s'en servir dans une extrémité. Je vois
aussi qu'ils goûteraient pendant la paix mille autres biens
dont tu n'as rien dit. Je t'accorde tout cela, et mille
autres choses encore, si l'exécution répond au projet.
Ainsi, laisse ce détail qui est superflu ; montre-nous
plutôt que ton projet n'est point une chimère, et comment
on peut l'exécuter ; je te tiens quitte du reste.

—Quelle irruption tu fais tout à coup sur mon discours,
sans me laisser respirer après tant d'attaques ! Peut-être
ne sais-tu pas qu'après avoir échappé, non sans peine, à
deux vagues furieuses, tu m'exposes à une troisième vague
beaucoup plus grosse et plus terrible : quand tu l'auras
vue, et que tu en auras entendu le bruit, tu excuseras ma
frayeur, et tous les détours que j'ai pris avant de hasarder
une proposition aussi étrange. — Plus tu apporteras de
prétextes, plus nous te presserons de nous expliquer comment il est possible de réaliser ta cité : parle donc, et ne
nous tiens pas plus longtemps en suspens. — Soit. Il est
bon d'abord de vous rappeler que ce qui nous a conduits
jusqu'ici, c'est la recherche de la nature de la justice et
de l'injustice. — Sans doute ; mais que fait cela ? — Rien ;
mais, quand nous aurons découvert la nature de la justice,
exigerons-nous de l'homme juste qu'il ne s'écarte en rien
de la justice, et qu'il ait une parfaite conformité avec elle ?
ou bien nous suffira-t-il qu'il lui ressemble autant qu'il

est possible, et qu'il en reproduise plus de traits que le
reste des hommes? — Cela nous suffira. — Qu'avons-nous
donc prétendu, en cherchant quelle est l'essence de la
justice; et quel serait l'homme juste, supposé qu'il
existât? J'en dis autant de l'injustice et de l'homme injuste.
Rien de plus, je pense, que de trouver deux modèles
accomplis, de porter ensuite nos regards sur l'un et sur
l'autre, pour juger du bonheur ou du malheur attaché à
chacun d'eux, et de nous obliger à conclure, par rapport
à nous-mêmes, que nous serons plus ou moins heureux,
selon que nous ressemblerons davantage à l'un ou à l'autre;
mais notre dessein n'a jamais été de prouver que ces modèles pussent exister. — Tu dis vrai. — Crois-tu qu'un
peintre en fût moins habile, si, après avoir peint le plus
beau modèle d'homme qui se puisse voir, et donné à
chaque trait la dernière perfection, il était incapable de
prouver que la nature peut produire un homme semblable? — Non. — Mais nous-mêmes, qu'avons-nous fait
dans cet entretien, sinon de tracer le modèle d'un État
parfait? — Rien autre chose. — Ce que nous en avons dit
sera-t-il moins bien dit, quand nous serions hors d'état de
montrer qu'on peut former un État sur ce modèle? — Point
du tout.

— La vérité est donc telle que je viens de dire; mais,
si tu veux que je te fasse voir comment et jusqu'à quel
point un semblable État peut se réaliser, je le ferai pour
t'obliger, pourvu que tu m'accordes une chose qui m'est
nécessaire. — Laquelle? — Est-il possible d'exécuter une
chose précisément comme on la décrit? N'est-il pas, au
contraire, dans la nature des choses que l'exécution approche moins du vrai que le discours? D'autres ne pensent peut-être pas de même; mais toi, qu'en penses-tu?
— Je suis de ton sentiment. — N'exige donc pas de moi
que je réalise avec la dernière précision le plan que j'ai
tracé; mais, si je puis trouver comment un État peut
être gouverné d'une manière très-approchante de celle que
j'ai dite, reconnais alors que j'aurai prouvé, comme tu

l'exiges de moi, que notre État n'est point une chimère ;
ne seras-tu pas content, si j'en viens à bout ? Pour moi,
je le serais. — Et moi aussi. — Tâchons à présent de
découvrir pourquoi les États actuels sont mal gouvernés,
et quel changement il serait possible d'y introduire pour
que leur gouvernement devînt semblable au nôtre ; n'y
changeons, s'il se peut, qu'un point, sinon deux ; ou
autrement un très-petit nombre, et des moins considérables par leurs effets. — Fort bien. — Or, je trouve
qu'en y changeant un seul point, je suis en état de montrer que les républiques changeraient tout à fait de face.
Il est vrai que ce point n'est ni de peu d'importance, ni
aisé à changer ; mais enfin le changement est possible. —
Quel est ce point ?

— Me voici arrivé à ce que j'ai comparé à la troisième vague ; mais, dussé-je être accablé et comme sub-
mergé sous le ridicule, je vais parler ; écoute-moi. —
Dis. — A moins que les philosophes ne gouvernent les
États, ou que ceux qu'on appelle aujourd'hui rois et sou-
verains ne soient véritablement et sérieusement philosophes, de sorte que l'autorité publique et la philosophie se
rencontrent ensemble dans le même sujet, et qu'on exclue
absolument du gouvernement tant de personnes qui aspirent aujourd'hui à l'un de ces deux termes, à l'exclusion
de l'autre ; à moins de cela, mon cher Glaucon, il n'est
point de remède aux maux qui désolent les États, ni
même à ceux du genre humain : et jamais cet État parfait, dont nous avons fait le plan, ne paraîtra sur la
terre et ne verra la lumière du jour. Voilà ce que, depuis si longtemps, j'hésitais à dire ; je prévoyais combien un tel discours révolterait l'opinion commune : en
effet, il est difficile de concevoir que le bonheur public
et particulier soit attaché à cette condition. — Tu as dû
t'attendre, mon cher Socrate, en proférant un semblable
discours, à voir beaucoup de gens, même d'un grand
mérite, se dépouiller, pour ainsi dire, de leurs habits,
et, après s'être armés de tout ce qui se trouverait sous

leur main, venir fondre sur toi de toutes leurs forces , et dans la disposition de faire des merveilles. Si tu ne les repousses avec les armes de la raison, tu vas être accablé de railleries, et tu porteras la peine de ta témérité. — C'est aussi toi qui en es la cause. — Je ne m'en repens pas ; mais je te promets de ne pas t'abandonner, et de te seconder de tout mon pouvoir, c'est à-dire en t'encourageant et en m'intéressant à tes succès. Peut-être encore répondrai-je à tes questions plus à propos que tout autre ; avec un tel secours, essaye de combattre tes adversaires , et de les convaincre que la raison est de ton côté.

— Je l'essayerai avec confiance, puisque tu m'offres un secours sur lequel je compte beaucoup. Si nous voulons nous sauver des mains de ceux qui nous attaquent, il semble nécessaire de leur expliquer quels sont les philosophes à qui nous osons dire qu'il faut déférer le gouvernement des États. Après avoir développé ce point, nous pourrons plus aisément nous défendre, et montrer qu'il n'appartient qu'à de tels hommes d'être philosophes et magistrats, et que tous les autres ne doivent ni philosopher, ni se mêler du gouvernement.—Il est temps d'expliquer ta pensée à ce sujet. — C'est ce que je vais faire. Suis-moi, et vois si je te conduis bien. — Je te suis. — Est-il besoin que je te rappelle à l'esprit que, lorsqu'on dit de quelqu'un qu'il aime une chose, si l'on parle juste, on n'entend point par là qu'il en aime une partie et non l'autre, mais qu'il l'aime tout entière? — Tu feras bien de me le rappeler, car je ne comprends pas ce que tu veux dire. — — En vérité, Glaucon, je pardonnerais à tout autre de parler comme tu fais: mais un homme expert, comme tu l'es, dans les matières d'amour, devrait savoir que tout ce qui est jeune fait impression sur un cœur aimant, et lui semble digne de ses soins et de sa tendresse. N'est-ce pas ainsi que vous faites, vous autres, à l'égard des beaux garçons? Ne dites-vous pas du nez camus qu'il est joli ; de l'aquilin, que c'est le nez royal ; de celui qui tient le milieu, qu'il est parfaitement bien proportionné? que les bruns ont un air martial, que les blancs sont les enfants des dieux? Et quel autre qu'un amant aurait inventé l'expression par laquelle on compare à la couleur du miel la pâleur de ceux qui sont dans la fleur de l'âge? En un mot, il n'est point de moyens que vous n'employiez, point de prétextes que vous ne saisissiez pour comprendre dans vos hommages tous ceux qui sont dans leur première jeunesse.

— Si tu veux prendre exemple sur moi de ce que les autres font en ce genre, je te l'accorde, pour ne point arrêter le cours de cet entretien. — Ne vois-tu pas que ceux qui sont abandonnés aux vins tiennent la même conduite, et qu'ils font l'éloge de toutes les sortes de vins? — Cela est vrai. — Ne vois-tu pas aussi que les ambitieux, lorsqu'ils ne peuvent commander toute une tribu, en commandent un tiers, et que, lorsqu'ils ne peuvent être honorés des grands, ils se contentent des honneurs que leur rendent les petits, parce qu'ils sont avides des distinctions, quelles qu'elles soient? — J'en conviens.

— A présent, réponds-moi: quand on dit de quelqu'un qu'il aime une chose, veut-on dire qu'il ne l'aime qu'en partie, ou plutôt qu'il l'aime tout entière? — On veut dire qu'il l'aime tout entière? — Ainsi, nous dirons du philosophe qu'il aime la sagesse non en partie, mais tout entière. — Sans doute. — Nous ne dirons pas de quelqu'un qui fait le difficile en matière de sciences, surtout s'il est jeune, et n'est pas en état de rendre raison de ce qui est utile ou ne l'est pas, qu'il est philosophe et avide de connaissances; de même qu'on ne dit pas d'un homme qui mange avec répugnance, qu'il a faim, ni qu'il aime à manger; mais qu'il est dégoûté. — On a raison. — Mais celui qui se porte vers toutes les sciences avec une égale ardeur, qui voudrait les embrasser toutes, et qui est insatiable d'apprendre, ne mérite-t-il pas le nom de philosophe? Qu'en penses-tu? — Il y aurait, à ton compte, des philosophes en bien grand nombre, et d'un caractère bien étrange; car il faudrait comprendre sous ce nom tous ceux qui sont curieux de voir et d'apprendre quelque chose de nouveau ; et il serait assez plaisant de ranger parmi les philosophes ces gens avides d'entendre, qui certainement n'assisteraient pas volontiers à un entretien tel que le nôtre, mais qui semblent avoir loué leurs oreilles pour entendre tous les chœurs, courent à toutes les fêtes de Bacchus, sans en manquer une seule, soit à la ville, soit à la campagne. Appellerons-nous donc philosophes ceux qui ne montrent d'ardeur que pour apprendre de semblables choses, ou qui s'appliquent à la connaissance des arts les plus infimes? — Ce ne sont pas là les vrais philosophes ; ils n'en ont que l'apparence. — Qui sont donc, selon toi, les vrais philosophes?— Ceux qui aiment à contempler la vérité. — Tu as raison sans doute ; mais explique-moi ce que tu entends par là. — Cela ne serait point aisé vis-à-vis de tout autre ; mais je crois que tu m'accorderas ceci. — Quoi? — Que le beau étant opposé au laid, ce sont deux choses distinctes. — Sans doute. — Chacune d'elles est une par conséquent. — Oui. — Il en est de même à l'égard du juste et de l'injuste, du bon et du mauvais, et de toutes les autres idées : chacune d'elles, prise en elle-même, est un ; mais, considérées dans les relations qu'elles ont avec nos actions, avec les corps, et entre elles, elles revêtent mille formes qui semblent les multiplier.— Tu dis vrai.— Voici donc par où je distingue ces gens qui sont avides de voir, ont la manie des arts, et se bornent à la pratique, des contemplateurs de la vérité, à qui seuls convient le nom de philosophes. — Par où, je te prie? — Les premiers, dont la curiosité est toute dans les yeux et dans les oreilles, se plaisent à entendre de belles voix, à voir de belles couleurs, de belles figures, et tous les ouvrages de l'art ou de la nature où il entre quelque chose de beau ; mais leur âme est incapable de s'élever jusqu'à l'essence du beau, de la connaître et de s'y attacher. — La chose est comme tu dis.— Ne sont-ils pas rares ceux qui peuvent s'élever jusqu'au vrai beau, et le contempler en lui-même?— Très-rares. — Qu'est-ce que la vie d'un homme qui, à la vérité, connaît de belles choses, mais qui n'a aucune idée de la beauté en elle-même, et qui n'est pas capable de suivre ceux qui voudraient la lui faire connaître? Est-ce un rêve, est-ce une réalité? Prends garde: qu'est-ce que rêver? N'est-ce pas, soit qu'on dorme, soit qu'on veille, prendre la ressemblance d'une chose pour la chose même? — Oui, c'est là ce que j'appellerais rêver.

— Celui au contraire qui peut contempler le beau, soit en lui-même, soit en ce qui participe à son essence; qui ne confond point le beau et les choses belles, et qui ne prend jamais les choses belles pour le beau, vit-il en rêve ou en réalité? — Il vit en réalité. — Les connaissances de celui-ci, qui sont fondées sur une vue claire des objets, sont donc une vraie science; et celles de celui-là, qui ne reposent que sur l'apparence, ne méritent que le nom d'opinions. — Oui. — Mais si ce dernier, qui, selon nous, juge sur l'apparence et ne connaît pas, s'emportait contre nous, et soutenait que nous ne disons pas la vérité, n'aurons-nous rien à lui dire pour le calmer, et lui persuader doucement qu'il se trompe, en lui cachant néanmoins la maladie de son âme? — Si fait. — Voyons ce que nous lui dirons, ou plutôt veux-tu que nous l'interrogions, l'assurant que, loin de porter envie à ses connaissances, s'il en a, nous serions charmés d'entendre quelqu'un sachant quelque chose? Mais, lui demanderais-je, dis-moi: celui qui connaît, connaît-il quelque chose, ou rien? Glaucon, réponds-moi pour lui. — Je réponds qu'il connaît quelque chose. — Qui est, ou qui n'est pas? — Qui est; car comment connaîtrait-on ce qui n'est pas?

— Ainsi, sans pousser nos recherches plus loin, nous savons, à n'en pas douter, que ce qui est en toute manière peut être connu de même, et que ce qui n'est nullement ne peut être nullement connu. — Nous en sommes certains. — Mais s'il y avait quelque chose qui tînt à la fois de l'être et du non-être, ne tiendrait-elle pas le milieu entre ce qui est tout à fait et ce qui n'est point du tout? — Oui. — Si donc la science a pour objet l'être, et l'ignorance

le non-être, il faut chercher, pour ce qui tient le milieu
entre l'être et le non-être, une manière de connaître qui
soit intermédiaire entre la science et l'ignorance, supposé
qu'il y en ait une.—Sans doute.—Est-ce quelque chose que
l'opinion?—Oui.—Est-ce une faculté distincte ou non de la
science? — Elle en est distincte. — Ainsi, l'opinion a son
objet à part, la science de même a le sien ; chacune d'elles
se manifestant toujours comme une faculté distincte. —
Oui.—La science n'a-t-elle pas pour objet de connaître ce
qui est en tant qu'il est? Ou plutôt, avant d'aller plus
loin, il me paraît nécessaire d'expliquer une chose. —
Quoi?—Je dis que les facultés sont une espèce d'êtres qui
nous rendent capables, nous et tous les autres agents, des
opérations qui nous sont propres. Par exemple, j'appelle
faculté la puissance de voir, d'entendre. Tu comprends ce
que je veux dire par ce nom générique.—Je comprends.—
Écoute quelle est ma pensée à ce sujet. Je ne vois dans
chaque faculté ni couleur ni figure, ni rien de semblable à
ce qui se trouve en mille autres choses, sur quoi je puisse
porter les yeux pour m'aider à la distinguer d'une autre
faculté. Je ne considère, en chacune d'elles, que sa destination et ses effets : c'est par là que je les distingue ;
j'appelle facultés identiques celles qui ont le même objet
et qui opèrent les mêmes effets, et facultés différentes
celles qui ont des objets et des effets différents. Et toi,
comment les distingues-tu?—De la même manière.

— Maintenant reprenons. Mets-tu la science au nombre
des facultés, ou dans une autre espèce d'êtres? — Je la
regarde comme la plus puissante de toutes les facultés. —
L'opinion est-elle aussi une faculté, ou bien quelque autre
espèce d'êtres? — Nullement; l'opinion n'est autre chose
que la faculté qui est en nous de juger sur l'apparence. —
Mais tu es convenu un peu plus haut que la science diffé-
rait de l'opinion? — Sans doute : et comment un homme
sensé pourrait-il confondre ce qui est infaillible avec ce
qui ne l'est pas? — Fort bien. Ainsi, nous reconnaissons
que la science et l'opinion sont deux facultés distinctes. —

Oui. — Chacune d'elles a donc une vertu et un objet différent.—Il le faut bien.—La science n'a-t-elle pas pour objet
de connaître ce qui est précisément tel qu'il est?—Oui.—
Mais l'opinion n'est autre chose, disons-nous, que la
faculté de juger sur l'apparence. — Sans contredit. —
A-t-elle le même objet que la science, de sorte que la
même chose puisse tomber à la fois sous la connaissance
et sous l'opinion? ou plutôt, cela n'est-il pas impossible?
—De notre aveu, cela est impossible; car, si les facultés
différentes ont des objets différents, si d'ailleurs la science
et l'opinion sont deux facultés différentes, il s'ensuit que
l'objet de la science ne peut être celui de l'opinion. — Si
donc l'être est l'objet de la science, celui de l'opinion sera
autre chose que l'être. — Oui. — Serait-ce le non-être? ou
est-il impossible que le non-être soit l'objet de l'opinion?
Vois avec moi. Celui qui a une opinion ne l'a-t-il pas sur
quelque chose? Peut-on avoir une opinion, et ne l'avoir
sur rien? — Cela ne se peut. — Ainsi, celui qui a une
opinion l'a sur quelque chose. — Oui. — Mais le non-être
est-il quelque chose? N'est-ce pas plutôt une négation de
chose? — Cela est certain. — C'est pour cette raison que
nous avons assigné à la science l'être pour objet, et le non-
être à l'ignorance.—Nous avons bien fait.—L'objet de l'opinion n'est donc ni l'être ni le non-être. — Non. — Par
conséquent, l'opinion diffère également de la science et
de l'ignorance.—Oui.

     — Est-elle au delà de l'une ou de l'autre, de manière
qu'elle soit plus lumineuse que la science ou plus obscure
que l'ignorance?—Non.—C'est donc le contraire : c'est-à-
dire qu'elle a moins de clarté que la science, et moins d'obscurité que l'ignorance. Se trouve-t-elle entre l'une et
l'autre?—Oui.—Ainsi, l'opinion est quelque chose d'intermédiaire entre l'une et l'autre?—Oui.—N'avons-nous
pas dit plus haut que, si nous trouvions quelque chose
qui fût et ne fût pas en même temps, cette chose tiendrait
le pur être et le pur néant, et qu'elle ne serait l'objet ni
de la science ni de l'ignorance, mais de quelque faculté

que nous jugerions intermédiaire entre l'une et l'autre?—
Cela est vrai. — Ne venons-nous pas de trouver que cette
faculté intermédiaire est ce qu'on nomme opinion?—Oui.
— Il nous reste donc à trouver quelle est cette chose qui
tient de l'être et du non-être, et qui n'est proprement ni
l'un ni l'autre : si nous découvrons qu'elle est l'objet de
l'opinion, nous assignerons alors à chacune de ces trois facultés leurs objets : les extrêmes aux extrêmes, et l'objet
intermédiaire à la faculté intermédiaire. N'est-ce pas? —
Sans doute.—Cela posé, qu'il me réponde cet homme qui
ne croit pas qu'il y ait rien de beau en soi, ni que l'idée
du beau soit immuable, et qui ne reconnaît que des choses
belles; cet amateur de spectacles qui ne peut souffrir qu'on
lui parle du beau, du juste absolu; réponds-moi, lui
dirai-je : ces mêmes choses que tu juges belles, justes,
saintes, ne te semble-t-il pas, sous d'autres rapports,
qu'elles ne sont ni belles, ni justes, ni saintes? — Oui,
répondra-t-il : les mêmes choses envisagées diversement
paraissent belles et laides, et ainsi du reste. — Les quan-
tités doubles paraissent-elles pouvoir être plutôt doubles
que moitiés? — Non. — J'en dis autant des choses qu'on
appelle grandes ou petites, pesantes ou légères : chacune
de ces qualifications leur convient-elle plutôt que la qua-
lification contraire? — Non; elles tiennent toujours de
l'une et de l'autre. — Ces choses sont-elles plutôt qu'elles
ne sont pas ce qu'on les dit être?—Elles ressemblent à ces
propos à double sens qu'on tient à table, et à l'énigme
des enfants sur la manière dont l'eunuque frappa la chauve-
souris[1] : les mots y ont deux sens contraires : on ne peut
dire avec certitude ni oui ni non, ni l'un et l'autre, ni
s'empêcher de dire l'un ou l'autre.

— Que faire de ces sortes de choses, et où les placer
mieux qu'entre l'être et le néant? Car elles n'ont certaine-

[1] Voici l'énigme entière. Un homme qui ne l'est point, qui voit et ne voit
point, a frappé et n'a point frappé d'une pierre qui n'est pas pierre un oiseau
qui n'est point oiseau sur un arbre qui n'est point arbre. C'est-à-dire, un
eunuque borgne a atteint d'une pierre ponce une chauve-souris sur un sureau.

ment pas moins d'existence que le néant, ni plus de réalité que l'être. — Cela est certain. — Nous avons donc trouvé que cette multitude de choses auxquelles la foule attribue la beauté et les autres qualités semblables roulent, pour ainsi dire, dans cet espace qui sépare l'être et le néant. — Nous l'avons trouvé, à n'en pouvoir douter. — Mais nous sommes convenus d'avance que nous dirions de ces choses qui flottent entre l'être et le néant, qu'elles sont l'objet, non de la science, mais de la faculté intermédiaire, l'opinion. — Oui. — Ainsi donc, à l'égard de ceux qui voient la multitude des choses belles, mais qui ne distinguent pas le beau essentiel, et ne peuvent suivre ceux qui veulent les mettre à portée de le percevoir; qui voient la multitude des choses justes, mais non la justice même, et ainsi du reste, nous dirons que tous leurs jugements sont des opinions, et non des connaissances. — Sans contredit. — Au contraire, ceux qui contemplent l'essence immuable des choses ont des connaissances, et non des opinions. — Cela est également indubitable. — Les uns et les autres n'aiment-ils pas et n'embrassent-ils pas, ceux-ci, les choses qui sont l'objet de la science, ceux-là, les choses qui sont l'objet de l'opinion? Ne te rappelles-tu pas ce que nous disions de ces derniers, qu'ils se plaisent à entendre de belles voix, à voir de belles couleurs, mais qu'ils ne peuvent souffrir qu'on leur parle du beau absolu comme d'une chose réelle? — Je m'en souviens. — Nous ne leur ferons donc aucune injustice en les appelant *amis de l'opinion* plutôt qu'*amis de la sagesse*[1]? Crois-tu qu'ils se fâchent contre nous, si nous les traitons de la sorte?—S'ils m'en veulent croire, ils n'en feront rien ; car il n'est jamais permis de s'offenser de la vérité. — Il faudra, par conséquent, appeler du nom de philosophes ceux-là seuls qui s'attachent à la contemplation des choses unes, simples et immuables? — Sans doute. »

---

[1] *Philodoxes*, plutôt que *philosophes*.

LIVRE SIXIÈME.

ARGUMENT.

Il s'agit de prouver que le vrai philosophe est seul en état de commander aux hommes. Platon va justifier cette proposition célèbre établie dans le livre précédent, que les gouvernements ne seront parfaits que lorsque les philosophes consentiront à devenir rois, ou lorsque les rois seront devenus philosophes. Or, quelles sont les qualités du vrai philosophe, et quelle doit être sa science? Il doit connaître ce qui est. Mais connaître ce qui est, ce n'est pas connaître la figure du monde, incertaine et chancelante; c'est s'élever jusqu'à l'essence des choses; c'est se placer en face du beau et du bon, qui est Dieu. Ainsi, le sage peut arriver à la vérité, en la cherchant, hors de ce monde, à sa source céleste. Il peut réfléchir des vertus dont le type idéal ne se trouve nulle part ici-bas; il peut enfin former en lui ce divin exemplaire de l'homme parfait qu'Homère appelle si poétiquement une image de la divinité. Le résultat de ce beau livre est donc de conduire le philosophe à la connaissance de Dieu, et de faire de cette connaissance le dernier terme des sciences humaines, la lumière qui les éclaire toutes. Platon le termine par un tableau magnifique des deux mondes, du monde visible et du monde invisible. Le monde visible, c'est le monde qui passe; qui s'attache à celui-là vit d'illusions et de mensonges. Le monde invisible est le seul réel, c'est le monde des idées pures au moyen desquelles l'âme, sans le secours d'aucune image, remonte jusqu'au principe éternel. On remarquera avec quelle crainte Platon aborde cette idée sublime de l'existence d'un seul Dieu; idée qui devait civiliser le monde, mais que le monde n'était point encore en état de comprendre, et qui venait de coûter la vie à Socrate.

« Enfin, après bien de la peine et un assez long circuit de paroles, nous avons fixé, mon cher Glaucon, la différence des vrais philosophes d'avec ceux qui ne le sont pas. — Peut-être n'était-il pas aisé d'en venir à bout autrement. — Je ne le crois pas. Nous aurions, ce me semble, porté encore plus loin l'évidence à cet égard, si nous n'avions eu que ce point à traiter, et s'il ne fallait pas parcourir bien d'autres questions pour voir en quoi la condition de l'homme juste diffère de celle du méchant. — Que nous reste-t-il à considérer après cela? — Ce qui

suit immédiatement. Puisque les vrais philosophes sont
ceux dont l'esprit peut atteindre à la connaissance de ce
qui existe toujours d'une manière immuable, et que les
autres, qui errent sans cesse autour de mille objets toujours changeants, ne sent rien moins que philosophes, il
faut voir qui nous choisirons pour gouverner notre État.
— Quel est le parti le plus sage que nous ayons à prendre? — C'est d'établir magistrats ceux qui nous paraîtront
les plus propres à maintenir les lois et les institutions dans
toute leur vigueur. — Fort bien. — Il n'est pas difficile de
décider si un bon gardien doit être aveugle ou clairvoyant.
— Non, sans doute. — Or, quelle différence mets-tu
entre les aveugles et ceux qui, privés de la connaissance
de ce qui existe d'une manière simple et immuable, et
n'ayant dans leur âme aucune idée claire et distincte, ne
peuvent, à l'imitation des peintres, porter leurs regards
sur l'exemplaire éternel de la vérité, et, après l'avoir contemplé avec toute l'attention possible, transporter aux
choses d'ici-bas ce qu'ils y ont remarqué, et s'en servir
comme d'une règle sûre pour fixer par des lois ce qui est
honnête, bon, juste dans les actions humaines, et pour
conserver ces lois après les avoir établies? — Je ne mets
aucune différence entre eux et des aveugles. — Est-ce eux
que nous choisirons pour gardiens? ou plutôt ceux qui
connaissent l'essence de chaque chose, et de plus ne cèdent
aux autres ni en expérience ni en aucun autre genre de
mérite? — Ce serait une folie d'en choisir d'autres, si
d'ailleurs ils n'étaient en rien inférieurs aux premiers,
puisqu'ils ont sur eux l'avantage qui importe le plus.

— C'est à nous d'expliquer à présent par quels moyens
ils pourront joindre l'expérience à la spéculation. — Oui.
— Il faut, comme nous disions au commencement de cet
entretien, commencer par bien connaître le caractère qui
leur est propre. Je suis persuadé qu'après l'avoir bien
approfondi, nous ne balancerons pas un moment à reconnaître qu'ils peuvent réunir en eux l'expérience et la
spéculation, et qu'on ne doit leur préférer personne pour

le gouvernement. — Comment cela? — Convenons d'abord
que la première marque de l'esprit philosophique est
d'aimer avec passion toutes les sciences qui peuvent nous
conduire à la connaissance de cette essence immuable,
et inaccessible aux vicissitudes de la génération et de la
corruption. — J'en conviens. — Qu'il en est de lui comme
des amants et des ambitieux par rapport à l'objet de leur
ambition et de leur amour : qu'il aime tout ce qui tient à
cette essence, sans en négliger aucune partie, grande ou
petite, plus ou moins imparfaite. — Tu as raison. —
Examine ensuite si ce n'est pas une nécessité que ceux qui
doivent être tels que nous avons dit aient encore cet autre
caractère. — Lequel? — L'aversion, l'horreur du mensonge, auquel ils fermeront toute entrée dans leur âme,
avec un amour égal pour la vérité. — Il y a apparence. —
Non-seulement il y apparence, mon cher ami, mais il est
absolument nécessaire que celui qui aime quelqu'un aime
tout ce qui le touche, tout ce qui a rapport à lui. — Cela
est vrai. — Mais y a-t-il rien qui soit plus étroitement lié
avec la science que la vérité? — Non. — Est-il possible
que le même homme soit amateur de la sagesse et du
mensonge? — Non. — Par conséquent, l'esprit véritablement avide de science doit, dès la première jeunesse,
aimer et rechercher toute vérité. — D'accord. — Mais tu
sais que, quand les désirs se portent avec violence vers un
objet, ils ont moins de vivacité pour tout le reste, et
qu'ils sont semblables à ces faibles ruisseaux qu'on a
détournés du lit d'un torrent. — Sans doute. — Ainsi,
celui dont les désirs se portent vers les sciences n'a de
goût que pour les plaisirs purs, qui appartiennent à
l'âme. Pour ce qui est des plaisirs du corps, il les dédaigne,
s'il n'est point philosophe de nom, mais d'effet. — La
chose ne peut être autrement. — Un homme pareil est donc
tempérant et entièrement exempt de cupidité; car les
raisons qui engagent les autres à courir avec tant d'ardeur
après les richesses n'ont aucun pouvoir sur lui. — Oui.
— Pour discerner le vrai philosophe de celui qui ne l'est

pas, il est encore bon de faire attention à une chose? — A
quoi? — A ce qu'il n'a rien de bas et de rampant, la
petitesse étant absolument incompatible avec une âme qui
doit embrasser dans ses recherches toutes les choses divines
et humaines. — Rien de plus vrai. — Mais penses-tu
qu'une âme grande, qui porte sa pensée sur tous les temps
et sur tous les êtres, regarde la vie de l'homme comme
quelque chose d'important? — Cela est impossible. — Une
âme de cette trempe ne craindra donc pas la mort? —
Non. — Ainsi, une âme lâche et basse n'aura jamais le
moindre commerce avec la vraie philosophie. — Je ne le
crois pas. — Mais quoi! un homme modéré dans ses désirs,
exempt de cupidité, de bassesse, d'arrogance, de lâcheté,
peut-il être injuste ou d'un commerce difficile? — Nullement. — Lors donc qu'il s'agira de discerner quelle est l'âme
née pour la philosophie, tu prendras garde si, dès les
premières années, elle montre de l'équité et de la douceur, ou si elle est farouche et intraitable. — Oui. — Tu
n'oublieras pas, je pense, de faire attention à cet autre
point. — Lequel? — Si elle a de la facilité ou de la difficulté
à apprendre. Peux-tu espérer de qui que soit qu'il prenne
du goût pour ce qu'il fait avec beaucoup de peine et peu
de succès? — J'aurais tort de l'espérer. — Mais s'il ne
retient rien de ce qu'il apprend, s'il oublie tout, est-il
possible qu'il acquière de la science? — Comment cela
pourrait-il être? — Voyant qu'il travaille sans fruit, ne
sera-t-il pas forcé à la fin de se haïr lui-même en tout
genre d'étude? — Sans doute. — Nous ne mettrons donc
pas au rang des âmes qui sont propres à la philosophie une
âme qui oublie tout; nous voulons qu'elle soit douée
d'une mémoire excellente. — Nous avons raison. — Mais
une âme sans harmonie et sans grâce n'incline-t-elle pas
naturellement à manquer de mesure? — Oui. — La vérité
est-elle amie de la mesure ou du contraire? — Elle est
amie de la mesure. — Cherchons donc encore dans le philosophe un esprit ami de la grâce et de la mesure, et que
sa pente naturelle porte à la contemplation de l'essence

des choses. — Sans doute. — Toutes les qualités dont nous venons de faire le dénombrement ne se tiennent-elles pas entre elles, et ne sont-elles pas toutes nécessaires à une âme qui doit s'élever à la plus parfaite connaissance de l'être? — Elles lui sont toutes nécessaires. — Peut-on blâmer par quelque endroit une profession dont on ne peut se rendre capable, si on n'est doué de mémoire, de pénétration, de grandeur d'âme, d'affabilité; si l'on n'est ami et, pour ainsi dire, allié de la vérité, de la justice, de la force et de la tempérance? — Momus même n'y trouverait rien à reprendre[1].—C'est donc à de tels naturels perfectionnés par l'éducation et par l'expérience, et à eux seuls, que tu confieras le gouvernement de l'État. »

Adimante, prenant ici la parole, me dit : « Socrate, personne ne peut te contester la vérité de ce que tu viens de dire. Mais voici une chose qui arrive d'ordinaire à ceux qui s'entretiennent avec toi. Ils s'imaginent que, faute d'être versés dans l'art d'interroger et de répondre, ils sont conduits peu à peu dans l'erreur, par une suite de questions dont ils ne voient pas d'abord les conséquences, mais qui, rapprochées les unes des autres, finissent par les faire tomber dans une erreur toute contraire à ce qu'ils avaient cru d'abord. Et comme au trictrac les joueurs malhabiles sont tellement embarrassés par les habiles joueurs, qu'ils finissent par ne savoir plus quel dé amener, de même ton habileté à manier non les dés, mais le discours, finit par mettre les interlocuteurs dans l'impossibilité de savoir que dire, sans que pour cela il y ait plus de vérité dans tes paroles; et je ne parle de la sorte qu'en conséquence de ce que je viens d'entendre. En effet, on pourrait te dire qu'à la vérité il est impossible de rien opposer à chacune de tes questions en particulier, mais que, si l'on examine la chose en soi, on voit que ceux qui s'appliquent à la philosophie, non-seulement pendant la jeunesse, pour compléter leur éducation, mais qui

[1] Locution proverbiale. Voyez Érasme, *Cheliad.*, I, 5, 75.

18

vieillissent dans cette étude, sont, pour la plupart, d'un
caractère bizarre et incommode, pour ne rien dire de plus
fort, et que les plus supportables d'entre eux deviennent
inutiles à la société, pour avoir embrassé cette étude à
laquelle tu donnes tant d'éloges. »

« Adimante, repris-je, crois-tu que ceux qui parlent
de la sorte ne disent pas la vérité? — Je n'en sais rien;
mais tu me ferais plaisir de me dire ton sentiment. — Eh
bien! mon sentiment est qu'ils disent vrai. — Si cela est,
sur quel fondement as-tu pu dire tantôt qu'il n'est point
de remède aux maux qui désolent les États, jusqu'à ce
qu'ils soient gouvernés par ces mêmes philosophes, que
tu reconnais leur être inutiles? — Tu me fais là une
demande à laquelle je ne puis répondre que par une comparaison. — Ce n'est pourtant pas ta coutume, ce me
semble, d'employer la comparaison dans tes discours? —
Fort bien. Tu me railles après m'avoir engagé dans une
discussion aussi difficile. Écoute donc la comparaison
dont je vais me servir, et tu connaîtras encore mieux mon
peu de talent en ce genre. Le traitement qu'on fait aux
sages dans les États où ils vivent a quelque chose de si
étrange et de si particulier, que personne n'a jamais
éprouvé rien qui en approche; de sorte que je suis obligé
de former de plusieurs parties, qui n'ont ensemble aucun
rapport, le tableau qui doit servir à leur justification, et
d'imiter les peintres lorsqu'ils nous représentent des hir-
cocerfs [1] ou d'autres assemblages monstrueux.

» Figure-toi donc le patron d'un ou de plusieurs vaisseaux, tel quel je vais te le peindre; plus grand et plus
robuste que tout le reste de l'équipage, mais un peu
sourd, ayant la vue basse, et peu versé dans l'art de la
navigation. Les matelots se disputent entre eux le gouvernail; chacun d'eux prétend être pilote, sans avoir aucune connaissance du pilotage, et sans pouvoir dire sous
quel maître ni dans quel temps il l'a appris. De plus, ils

[1] Moitié boucs et moitié cerfs.

sont assez extravagants pour dire que ce n'est pas une
science qui puisse s'apprendre, et tout prêts à mettre en
pièces quiconque oserait soutenir le contraire. Imagine-
les ensuite à l'entour du patron, l'obsédant, le conjurant,
le pressant de leur confier le gouvernail. Ceux qui sont
exclus tuent ou jettent dans la mer ceux qu'on leur a pré-
férés. Après quoi, ils enivrent le patron, ou l'assoupis-
sent en lui faisant boire de la mandragore, ou ils s'en
délivrent de toute autre manière. Alors ils s'emparent du
vaisseau, se jettent sur les provisions, boivent et mangent
avec excès, et conduisent le vaisseau comme de pareilles
gens peuvent le conduire. En outre, ils regardent comme
un homme entendu, un habile marin, quiconque peut les
aider à obtenir par la persuasion ou la violence la conduite du vaisseau ; ils méprisent comme inutile celui qui
ne sait pas flatter en cela leurs désirs : ils ignorent d'ailleurs ce que c'est qu'un pilote, et que pour être tel il faut
avoir une exacte connaissance des temps, des saisons, du
ciel, des astres, des vents et de tout ce qui appartient à
cet art ; et quant à la science de gouverner un vaisseau,
qu'il y ait ou non opposition de la part de l'équipage, ils
croient qu'il est impossible de la joindre à la science du
pilotage. Dans les vaisseaux où se passent de pareilles
choses, quelle idée veux-tu qu'on ait du vrai pilote ? Les
matelots, dans la disposition d'esprit où je les suppose,
ne le traiteront-ils pas d'homme inutile, de vain discou-
reur, qui perd son temps à contempler les astres? — Cela
est vrai. — Je ne crois pas qu'il soit besoin de te montrer
que ce tableau est l'image fidèle du traitement qu'on fait
aux vrais philosophes dans les divers États. Tu comprends
sans doute ma pensée? — Oui. — Présente donc cette
comparaison à celui qui s'étonne de voir les philosophes
traités dans les États d'une manière si peu honorable ;
tâche de lui faire concevoir que ce serait une merveille
bien plus grande s'ils étaient honorés. — Je la lui présen-
terai. — Dis-lui qu'il a raison de regarder les plus sages
d'entre les philosophes comme des gens inutiles à l'État ;

que néanmoins ce n'est point à eux qu'il faut se prendre
de leur inutilité, mais à ceux qui ne daignent pas les employer, parce qu'il n'est pas selon l'ordre ni que le pilote
prie l'équipage de lui abandonner la conduite du vaisseau, ni que les sages aillent de porte en porte faire aux
riches une semblable prière. Celui qui a osé l'avancer s'est
bien trompé. Mais la vérité est que c'est au malade, riche
ou pauvre, de recourir au médecin; à celui qui a besoin
des lumières d'autrui pour se conduire, de faire les premières démarches, et non à ceux qui peuvent être de quelque utilité aux autres, de les conjurer de profiter de leurs
lumières. Ainsi tu ne te tromperas point en comparant
aux matelots dont je viens de parler les politiques qui sont
aujourd'hui à la tête des affaires, et ceux qu'ils traitent
de gens inutiles, perdus dans la contemplation des astres,
aux vrais pilotes. — Fort bien. — Il suit de là qu'il est
malaisé que la meilleure profession soit en honneur auprès de ceux qui suivent une route absolument opposée.
Mais les plus grandes et les plus fortes calomnies que la
philosophie ait à essuyer lui viennent à l'occasion de ceux
qui se disent philosophes sans l'être. Ce sont eux qui font
dire aux ennemis de la philosophie que la plupart de ses
sectateurs sont des hommes pervers, et que les meilleurs
d'entre eux sont tout au moins inutiles, accusation que
j'ai reconnue fondée avec toi. Dis, n'est-ce pas cela? —
Oui. — Ne venons-nous pas de voir la raison de l'inutilité
des vrais philosophes? — Oui. — Veux-tu que nous cherchions à présent la cause inévitable de la perversité des
prétendus philosophes, et que nous nous efforcions de
montrer, s'il est possible, que ce n'est point sur la philosophie qu'il en faut rejeter la faute? — J'y consens.

— Commençons par nous rappeler ce qui a donné occasion à cette digression, c'est-à-dire quelles sont les qualités nécessaires pour devenir un vrai sage. La première
est, s'il t'en souvient, l'amour de la vérité, qu'on doit
rechercher en tout et partout, la vraie philosophie étant
absolument incompatible avec l'esprit de mensonge. —

C'est ce que tu disais. — La plupart des hommes ne sont-
ils pas sur ce point d'un sentiment bien différent du nôtre?
— Assurément. — Aurons-nous tort, à ton avis, de répondre que celui qui a un véritable désir d'apprendre
ne s'arrête point aux choses qui ne sont qu'en apparence,
mais que, né pour ce qui est réellement, il y tend avec
une ardeur et des efforts que rien ne peut retenir ni surmonter, jusqu'à ce qu'il soit parvenu à s'y unir par la
partie la plus intime de son âme qui s'y rapporte le plus
intimement, jusqu'à ce qu'enfin cette union, cet accou-
plement divin ait fait naître en lui l'intelligence et la vérité, qu'il ait de l'être une vue claire et distincte, et qu'il
y vive d'une véritable vie; que jusqu'à ce moment son
âme sera en proie aux douleurs de l'enfantement? — On
ne peut mieux répondre. — Peut-il aimer le mensonge?
N'en a-t-il pas au contraire une horreur infinie? — Il le
déteste. —Nous ne dirons pas non plus que la vérité puisse
mener à sa suite le cortége des vices. — Non sans doute.
— Mais qu'elle se trouve toujours avec des mœurs pures
et réglées, et que la tempérance est sa compagne. — Oui.
— Qu'est-il besoin de faire une seconde fois l'énumération
des qualités inséparables du naturel philosophe? Tu t'en
souviens, nous sommes tombés d'accord, Glaucon et moi,
que la force, la grandeur d'âme, la facilité à apprendre
et la mémoire lui étaient essentielles; qu'alors tu nous as
interrompus pour dire qu'à la vérité il était impossible de
ne pas se rendre à nos raisons, mais que si, laissant les
discours, on jetait les yeux sur la conduite des philosophes, on ne pourrait s'empêcher de reconnaître que les
uns sont inutiles, et que les autres, en bien plus grand
nombre, sont entièrement pervers. Après nous être mis à
chercher la cause de cette accusation, nous en sommes
venus à examiner pourquoi la plupart de ceux qui se donnent pour philosophes sont pervers. Et c'est ce qui nous a
obligés à tracer de nouveau le caractère du vrai philosophe. — Cela est vrai.
— Il faut à présent examiner comment un si beau na-

turel se corrompt et se pervertit, de sorte qu'il n'en
échappe que très-peu à la corruption générale ; et ce sont
ceux qu'on traite, non pas de méchants, mais de gens
inutiles. Ensuite nous considérerons quel est le caractère
de ces faux philosophes qui, usurpant une profession
dont ils sont indignes et qui est au-dessus de leur portée,
donnent dans mille écarts, et occasionnent le décri universel où se trouve, selon toi, la philosophie. — Quelles
sont les causes de corruption pour le vrai philosophe ? —
Je vais te les développer, si j'en suis capable. D'abord
tout le monde conviendra avec moi qu'il paraît rarement
sur la terre de ces naturels heureux qui réunissent en eux
toutes les qualités que nous demandons dans un philosophe accompli : qu'en penses-tu ? — Je crois qu'ils sont
en très-petit nombre. — Or, vois combien de causes puissantes travaillent à la perte de ce petit nombre. — Quelles
sont-elles ? — Ce qui te paraîtra de plus étrange, c'est
que ces mêmes qualités, qui rendent ces naturels si précieux, corrompent quelquefois l'âme qui les possède,
et l'arrachent à la philosophie ; je dis la force, la tempérance et les autres qualités dont nous avons fait mention.
— Cela est bien étrange en effet. — Outre cela, tout ce
qu'on regarde parmi les hommes comme des biens, la
beauté, les richesses, la force du corps, les grandes alliances, et tous les autres avantages de cette nature, ne
contribuent pas moins à pervertir l'âme et à la dégoûter de
l'étude de la sagesse. Tu dois comprendre de quoi je veux
parler. — Oui ; mais je voudrais que tu m'expliquasses
tout ceci plus au long.

— Saisis bien ce principe général, et tout ce que je viens
de dire, loin de te paraître étrange, sera pour toi de la
dernière évidence. — Quel est ce principe ? — Chacun sait
que toute plante, tout animal qui naît sous un climat peu
favorable, qui n'a d'ailleurs ni la nourriture ni la saison
qu'il lui faut, exige d'autant plus de culture et de soins
que sa nature est plus forte et plus robuste, parce que le
mal est plus contraire à ce qui est bon qu'à ce qui n'est ni

bon ni mauvais. — Cela est certain. — Il est donc vrai qu'un mauvais régime nuit plus à ce qui est excellent de sa nature qu'à ce qui n'est que médiocre. — Oui. — Nous pouvons également assurer, mon cher Adimante, que les âmes les mieux nées deviennent les plus mauvaises par une mauvaise éducation. Crois-tu, en effet, que les grands crimes et la méchanceté consommée partent d'une âme ordinaire, et non plutôt d'une forte nature que l'éducation a gâtée? Pour les âmes vulgaires, on peut dire qu'elles ne feront jamais ni beaucoup de bien ni beaucoup de mal. — J'en conviens. — Par conséquent, de deux choses l'une : si le naturel philosophique est cultivé par les sciences qui lui sont propres, c'est une nécessité qu'il parvienne de degré en degré jusqu'à la plus sublime vertu; si au contraire il est semé et croît dans un sol étranger, il n'est pas de vice qu'il ne produise un jour, à moins que quelque dieu ne veille d'une façon spéciale à sa conservation. Penses-tu, comme la plupart se l'imaginent, que ceux qui perdent la jeunesse soient quelques sophistes? Le plus grand mal ne vient pas d'eux. Ceux qui l'attribuent aux sophistes sont eux-mêmes des sophistes bien plus dangereux, qui par leurs maximes savent former et tourner à leur gré l'esprit des hommes et des femmes, des jeunes et des vieux. — En quelle occasion? — Lorsque, dans les assemblées publiques, au barreau, au théâtre, au camp, ou dans quelque autre lieu où la multitude se rassemble, ils blâment ou approuvent certaines paroles et certaines actions avec un grand fracas, de grands cris et des battements de mains redoublés par les voûtes et les échos du lieu. En présence de semblables scènes, quelle contenance veux-tu que fasse un jeune homme? Quelque excellente que soit l'éducation qu'il a reçue en particulier, ne fera-t-elle pas naufrage au milieu de ces flots de louanges et de critiques? pourra-t-elle résister au courant qui l'entraînera? Ne conformera-t-il pas ses jugements à ceux de la multitude sur ce qui est beau ou honteux? Ne s'étudiera-t-il pas à lui ressembler? — Mon cher Socrate, comment pourrait-il faire autrement?

— Je n'ai cependant point encore parlé de la plus violente épreuve à laquelle on soumet sa vertu. — Quelle est-elle? — C'est quand ces habiles maîtres et ces grands sophistes, ne pouvant rien par les discours, ajoutent les actions aux paroles. Ne sais-tu pas qu'ils punissent par la perte des biens, de la réputation, de la vie même, ceux qui refusent de se rendre à leurs raisons? — Je le sais. — Quel autre sophiste, quelle instruction particulière pourrait prévaloir contre de pareilles leçons? — Il n'en est point. — Non, sans doute; et ce serait une folie de le tenter. Il n'y a point, il n'y a jamais eu, il n'y aura jamais d'âme vraiment vertueuse, lorsque son éducation sera contre-balancée par les leçons de tels maîtres. Ceci doit s'entendre humainement parlant, et en mettant à part toute protection immédiate des dieux; car, si dans un État gouverné selon ces maximes il se trouve quelqu'un qui échappe au naufrage commun, et qui soit ce qu'il doit être, on peut assurer, sans crainte de se tromper, qu'il est redevable aux dieux de son salut. — Je suis de ton avis. — Alors tu peux l'être encore pour ce qui suit. — De quoi s'agit-il? — Tous ces simples particuliers, ces docteurs mercenaires, que le peuple appelle sophistes, et dont il croit que les leçons sont opposées à ce qu'il enseigne lui-même, ne font autre chose que répéter à la jeunesse les maximes qu'il professe dans ses assemblées, et c'est là ce qu'ils appellent enseigner la sagesse. On dirait un homme qui, après avoir observé les mouvements instinctifs et les appétits d'un animal grand et robuste, par où il faut l'approcher et le toucher, quand et pourquoi il est farouche ou paisible, quels cris il pousse en chaque occasion, et quel ton de voix l'apaise ou l'irrite, après avoir appris tout cela avec le temps et l'expérience, en formerait une science qu'il se mettrait à enseigner, sans avoir d'ailleurs aucune règle sûre pour discerner parmi ces habitudes et ces appétits ce qui est honnête, bon, juste, de ce qui est honteux, mauvais, injuste ; se conformant dans ses jugements à l'instinct de l'animal, appelant bien tout ce qui le flatte et lui fait plaisir, mal tout ce qui le courrouce ; juste et beau, tout ce qui satisfait les nécessités de la nature, sans faire d'autre distinction, parce qu'il ne sait pas quelle différence essentielle il y a entre ce qui est bon en soi et ce qui est bon relativement ; qu'il ne l'a jamais connue, et qu'il est hors d'état de la faire connaître aux autres ; certes, un tel maître ne te semblerait-il pas bien étrange ? — Oui.

— N'est-ce pas là, trait pour trait, l'image de ceux qui font consister la sagesse à connaître ce que désire la multitude assemblée, ce qui la flatte, soit en peinture, soit en musique, soit en politique ? N'est-il pas évident que, si quelqu'un produit devant ces assemblées quelque ouvrage de poésie ou d'art, ou quelque projet d'utilité publique, et qu'il s'en rapporte au jugement de la foule, c'est pour lui une véritable nécessité de se conformer en tout à ce qu'elle approuvera ? Or, as-tu jamais entendu un seul de ceux qui la composent prouver, autrement que par des raisons ridicules et pitoyables, que ce qu'il estime bon et honnête est tel en effet ? — Je n'en ai entendu aucun, et je crois que je n'en entendrai jamais. — A toutes ces réflexions joins encore celle-ci. Est-il possible que la multitude entende volontiers et regarde comme vrai ce principe : que le beau est un, et distinct de la foule des choses belles qui frappent les sens ; que toute essence est simple et indivisible ? — Cela n'est pas possible. — Il est par conséquent impossible que le peuple soit philosophe. — Oui. — C'est aussi une nécessité qu'il méprise ceux qui s'adonnent à la philosophie. — Sans contredit. — Et que ces sophistes particuliers, qui sont livrés au peuple et qui s'appliquent à lui plaire en tout, les méprisent à son exemple. — Cela est évident.

— Maintenant, quel asile vois-tu où le naturel philosophique puisse se retirer, persévérer dans la profession

qu'il a embrassée, et parvenir au point de perfection où il
aspire? Juges-en par ce que nous venons de dire. Nous
sommes convenus que le vrai philosophe doit avoir reçu
de la nature la facilité à apprendre, la mémoire, le courage et la grandeur d'âme. — Il est vrai. — Dès l'enfance,
il sera le premier entre tous ses égaux, surtout si les per-
fections du corps répondent à celles de l'âme. — Sans
doute. — Lorsqu'il sera parvenu à l'âge mûr, ses parents
et ses concitoyens s'empresseront de faire usage de ses
talents, et de lui confier leurs intérêts particuliers et ceux
de l'État. — Oui, — Ils l'accableront de respects et de
prières, prévoyant de loin le crédit qu'il aura un jour
dans sa patrie, et lui faisant déjà leur cour pour s'assurer
de lui par avance. — Cela arrive d'ordinaire. — Que veux-tu
qu'il fasse au milieu de tant de flatteurs, surtout s'il est
né dans un État puissant, s'il est riche, de haute naissance, beau de visage et d'une taille avantageuse [1]?
Ne se laissera-t-il pas aller aux plus folles espérances,
jusqu'à s'imaginer qu'il a assez de talents pour gouverner
les Grecs et les Barbares? Rempli de ces folles idées, ne
sera-t-il pas bouffi d'orgueil et d'arrogance? et la raison
ne perdra-t-elle pas tout empire sur lui? — Oui.

— Si, tandis qu'il est dans cette disposition d'esprit,
quelqu'un, s'approchant doucement de lui, osait lui faire
entendre la vérité, et lui dire qu'il est dépourvu de raison,
qu'il en a néanmoins grand besoin pour se conduire,
mais que la raison ne s'acquiert qu'au prix des plus grands
efforts, crois-tu qu'obsédé de tant d'illusions funestes, il
prêtât volontiers l'oreille à de pareils discours? — Il s'en
faut bien. — Si pourtant, à cause de son heureuse nature
et des rapports qui existent entre ces discours et les facultés de son âme, il les écoutait, et se laissait convaincre
et entraîner vers la philosophie, que penses-tu que fassent
alors ses flatteurs, persuadés que ce changement va leur

---

[1] Il est clair que Socrate veut désigner ici Alcibiade. Tous les traits lui
conviennent. Ce sage, qui lui donne des conseils salutaires, c'est Socrate lui-
même.

faire perdre ses bonnes grâces et tous les avantages qu'ils s'en promettaient? Discours, actions, ne mettront-ils pas tout en œuvre pour le dissuader, en même temps qu'ils tourneront tous leurs efforts contre cet importun donneur d'avis, pour le perdre, soit en lui dressant des piéges secrets, soit en le traduisant devant les juges? — Cela ne peut manquer d'arriver. — Eh bien! espères-tu encore qu'il s'adonne à la philosophie? — Pas trop. — Tu vois donc que j'avais raison de dire que les qualités qui constituent le philosophe, si elles sont perverties par une mauvaise éducation, contribuent en quelque sorte à le détourner de sa destinée naturelle, aussi bien que les richesses et les autres prétendus avantages de cette espèce? — Oui ; je reconnais que tu avais raison.

— Telle est, mon cher ami, la manière dont se corrompent et se perdent ces naturels heureux, si bien faits pour la meilleure des professions; naturels qui sont d'ailleurs très-rares, comme nous avons dit. Ce sont ces hommes, ainsi pervertis, qui causent les plus grands maux à l'État et aux particuliers, et qui, au contraire, leur font le plus de bien lorsqu'ils se tournent du bon côté. Un naturel médiocre n'est capable de rien de grand, soit en bien, soit en mal, comme particulier ou comme homme public. — Rien n'est plus vrai. — Ces mêmes hommes, après avoir abandonné ainsi la profession pour laquelle ils étaient nés, et avoir laissé là philosophie solitaire et négligée, mènent une vie qui est étrangère à leur nature et à la vérité. Cependant la philosophie, ainsi délaissée par ses propres enfants, les voit remplacés par des enfants supposés qui la déshonorent et lui attirent tous ces reproches dont tu parlais; et de tous ceux qui la cultivent, les uns ne sont bons à rien, et la plupart sont des misérables. — Ces reproches ne sont, il est vrai, que trop ordinaires. — Et ils ne sont pas sans fondement. Des hommes de néant, voyant la place vide, et éblouis par les noms distingués et les titres qui la décorent, quittent volontiers une profession obscure, où leurs petits

talents avaient brillé peut-être avec quelque éclat, et se
jettent entre les bras de la philosophie : semblables à ces
criminels échappés de leur prison qui vont se réfugier
dans les temples. Car la philosophie, malgré l'état d'aban-
don où elle est réduite, conserve encore sur les autres arts
un ascendant, une supériorité, qui la font rechercher par
ces naturels qui n'étaient point faits pour elle, par ces vils
artisans, dont un travail servile a déformé le corps, et
dont il a en même temps dégradé l'âme. Cela peut-il être
autrement? — Non. — A les voir, ne dirais-tu pas un
esclave chauve et de petite taille, sorti depuis peu de la
forge et des entraves, qui a amassé quelque argent, et
qui, après s'être nettoyé au bain et revêtu d'un habit neuf,
va épouser la fille de son maître, que la pauvreté et l'a-
bandon où elle est réduisent à cette cruelle extrémité? —
La comparaison est juste. — Quels enfants naîtront d'un
pareil mariage? Sans doute des enfants contrefaits et abâ-
tardis. — Cela doit être. — De même, quelles productions
sortiront du commerce de ces âmes basses et sans culture
avec la philosophie? Des pensées frivoles, des sophismes,
des opinions dépourvues de vérité, de bon sens et de soli-
dité. — Rien autre chose.

— Il reste donc, mon cher Adimante, un bien petit
nombre de vrais philosophes : c'est quelque esprit élevé,
que l'éducation a perfectionné, et qui, retiré dans la
solitude, doit sa persévérance dans l'étude de la sagesse
au soin qu'il a pris de s'éloigner des corrupteurs; ou
bien quelque grande âme qui, née dans un petit État,
se consacre à la philosophie, par le mépris qu'elle fait
avec raison des charges publiques et de toute autre profession. D'autres enfin sont arrêtés par le même frein qui
retient notre ami Théagès. Tout ce qui peut détourner de
la philosophie semble s'être réuni contre lui ; mais ses
maladies continuelles l'empêchent de se mêler des affaires
et l'obligent à philosopher. Pour ma part, il ne convient
guère de parler de ce démon qui m'accompagne et m'avertit sans cesse. A peine en trouverait-on un autre exemple

dans le passé. Or, parmi ce petit nombre d'hommes, celui qui goûte et qui a goûté la douceur et le bonheur qu'on trouve dans la sagesse, voyant la folie du reste des hommes, et le désordre introduit dans les États par ceux qui se mêlent de les gouverner; n'apercevant d'ailleurs autour de lui personne qui voulût le seconder dans les efforts qu'il ferait pour tirer la justice de l'oppression, de sorte qu'il n'eût rien à craindre pour lui-même; se regardant comme étant au milieu d'une multitude de bêtes féroces, dont il ne veut point partager les injustices, et à la rage desquelles il essayerait en vain de s'opposer; sûr de se rendre inutile à lui-même et aux autres, et de périr avant que d'avoir pu rendre quelque service à la patrie et à ses amis; plein de ces réflexions, il se tient en repos, uniquement occupé de ses propres affaires; et comme un voyageur assailli d'un violent orage s'estime heureux de rencontrer un mur pour se mettre à l'abri de la pluie et des vents, de même, voyant que l'injustice règne partout impunément, il met le comble du bonheur à pouvoir conserver dans la retraite son cœur exempt d'iniquité et de crimes, passer ses jours dans l'innocence, et sortir de cette vie avec une conscience tranquille et remplie des plus belles espérances.—Ce n'est pas peu de chose de sortir de ce monde après avoir vécu de la sorte.—J'en conviens; mais il n'a pas rempli ce qu'il y avait de plus grand dans la destinée, faute d'avoir trouvé une forme de gouvernement qui lui convînt. Dans un pareil gouvernement, le philosophe se fût encore plus développé, et se serait rendu utile à l'État et aux particuliers. Nous avons, ce me semble, suffisamment montré la cause et l'injustice des reproches qu'on fait à la philosophie. Aurais-tu encore quelque difficulté à m'opposer? — Je n'ai plus rien à objecter à ce sujet. Mais, dis-moi, de tous les gouvernements actuels, quel est celui qui conviendrait au philosophe? — Aucun; et je me plains précisément de ce qu'il n'y ait pas une seule forme de gouvernement qui convienne au philosophe. Aussi le voyons-nous s'altérer;

corrompre ; et, de même qu'une graine semée dans une
terre étrangère, dégénère et prend la qualité du sol où
on l'a transportée, ainsi le naturel philosophique perd
la vertu qui lui est propre et change de nature. Si, au
contraire, il rencontre un gouvernement dont la perfection réponde à la sienne, alors on verra qu'il renferme
véritablement en lui quelque chose de divin ; que tous les
autres caractères et les autres professions n'ont rien que
d'humain. Tu vas me demander, sans doute, de quelle
forme de gouvernement je veux parler? — Point du tout.
Mais je voudrais savoir si l'État dont nous avons tracé le
plan est celui que tu as en vue, ou si c'en est un autre.—
C'est celui-là même, à un point près qui lui manque
encore. Nous avons déjà dit, à la vérité, qu'il fallait trouver le moyen de conserver dans notre État le même esprit
qui l'avait éclairé et dirigé dans l'établissement des lois.
—Nous l'avons dit. —Mais nous n'avons pas développé
ce point suffisamment, parce que nous avons craint les
objections mêmes que vous avez faites, et dont la solution
est si longue et si difficile, comme vous l'avez montré,
d'autant plus que ce qui nous reste à dire n'est point aisé
à expliquer. — De quoi s'agit-il ? — Des mesures qu'il faut
prendre pour conserver la philosophie de notre État ; car
les grandes entreprises sont hasardeuses, et, comme l'on dit,
les *belles choses sont difficiles.* — Ne te rebute pas ; déve-
loppe-nous ce point, qui manque à ton système pour le
rendre complet.

   — Ce ne sera point faute de bonne volonté, mais bien
de pouvoir, si je ne parviens pas à faire ma démonstration. Je te fais juge de mon empressement à te satisfaire.
Vois d'abord avec quel courage, ou plutôt avec quelle
audace j'avance qu'il faut pour cela tenir une conduite
toute contraire à celle qu'on suit aujourd'hui à l'égard de
la philosophie. — Comment donc? — On y applique trop
tôt les enfants, encore partage-t-on leur temps entre cette
étude et celle de l'économie et du commerce. Les plus
habiles y renoncent lorsqu'ils sont près d'entrer dans ce

qu'elle a de plus difficile, je veux dire la dialectique. Dans
la suite, ils croient faire beaucoup d'assister à des entretiens philosophiques, lorsqu'ils en sont priés; ils s'en font
moins une occupation qu'un passe-temps. La vieillesse
est-elle venue, à l'exception d'un petit nombre, leur ardeur pour cette science s'éteint bien plus que le soleil
d'Héraclite[1], puisqu'elle ne se rallume plus.—Et comment
faut-il faire?—Tout le contraire. Il faut que les enfants et
les jeunes gens s'appliquent aux études de leur âge[2], et que,
dans cette saison de la vie où le corps croît et se fortifie,
on en prenne un soin particulier, afin qu'un jour il puisse
mieux seconder l'esprit dans ses travaux philosophiques.
Avec le temps, et à mesure que l'esprit se forme et se
mûrit, on renforcera le genre d'exercices qu'on lui donne.
Enfin, lorsque leurs forces usées ne permettront plus
d'aller à la guerre, ni de s'occuper des affaires de l'État,
alors on sera libre de se livrer en entier à la philosophie,
et de ne faire nulle autre chose, si ce n'est en passant,
afin de pouvoir mener ici-bas une vie heureuse, et d'obtenir après la mort un sort qui réponde à la félicité dont on
aura joui sur la terre.

—Socrate, on ne peut parler sur ce sujet avec plus
d'ardeur. Je crois cependant que la plupart de ceux qui
t'écoutent, à commencer par Thrasymaque, en mettront
encore plus à te résister et à ne pas se rendre à tes raisons.
—Ne va pas, je te prie, me mettre mal avec Thrasymaque. Depuis peu nous sommes amis, et jamais nous
n'avons été ennemis. Au reste, il n'est pas d'efforts que
je ne fasse pour le convaincre, lui et les autres. Du
moins, ce que je dirai leur servira dans une autre vie,
lorsque, recommençant une nouvelle carrière, ils se trouveront à de semblables entretiens. — A la bonne heure :
l'ajournement est bien court. —Dis plutôt que ce n'est

[1] On peut conclure de ce passage que l'opinion d'Héraclite, touchant le
soleil, était que cet astre s'éteint chaque soir et se ranime chaque matin.
[2] La musique et la gymnastique.

rien en comparaison de la durée des siècles. Après tout, il n'est pas surprenant que de pareils discours ne trouvent point de croyance dans la plupart des esprits. On n'a point encore vu s'exécuter ce que nous disons. Loin de là, on n'entend ordinairement sur ces matières que des discours étudiés, où l'on a principalement égard à ce que les membres de chaque phrase se répondent dans une juste proportion ; et non des discours naturels et sans art, tels que les nôtres. Mais ce qu'on n'a point vu surtout, c'est un homme formé sur le modèle de la vertu, aussi exactement que la faiblesse humaine le permet, et à la tête d'un État aussi parfait que lui. Qu'en penses-tu ?—Je ne le crois pas. — On n'a point assisté non plus à des entretiens d'hommes vraiment libres et vertueux, où l'on cherche la vérité avec ardeur par toutes les voies possibles, dans la seule vue de la connaître ; où l'on rejette bien loin tout ce qui sent les vains ornements et la fausse subtilité ; où l'on ne parle ni par esprit de contention ni pour montrer son éloquence, comme on fait au barreau et dans les conversations particulières. — Cela est encore vrai.

— Ce sont toutes ces raisons qui m'arrêtaient tantôt et m'empêchaient de m'expliquer librement ; cependant la vérité l'a emporté, et j'ai dit qu'il ne fallait point s'attendre à voir sur la terre d'État, de gouvernement, ni même d'homme parfait, à moins qu'une heureuse nécessité ne contraignît, bon gré mal gré, ce petit nombre de philosophes, qu'on n'accuse pas d'être méchants, mais d'être inutiles, à se charger du gouvernement, et l'État lui-même à les écouter ; ou bien à moins que les dieux n'inspirent un amour sincère pour la vraie philosophie à ceux qui gouvernent aujourd'hui les monarchies et les autres États, ou à leurs successeurs. Dire que l'une ou l'autre de ces deux choses, ou toutes les deux, sont impossibles, c'est avancer un propos dénué de toute raison. Autrement, nous serions bien ridicules de nous amuser ici à former de vains souhaits. N'est-ce pas ? — Oui. — Si donc il est arrivé, dans l'espace des siècles déjà écoulés, qu'un vrai philosophe se soit trouvé dans la nécessité de prendre en main le gouvernail de l'État, ou si la chose arrive à présent dans quelque contrée barbare, placée à une distance qui la dérobe à nos yeux, ou si elle doit arriver un jour, nous sommes prêts à soutenir qu'il y a eu, qu'il y a, ou qu'il y aura un État tel que le nôtre, lorsque cette Muse[1] y possédera la suprême autorité. Il n'y a rien d'impossible et de chimérique dans notre projet. Que l'exécution en soit difficile, nous sommes les premiers à en convenir. — Je suis de ton avis.

— Mais le commun des hommes ne pense pas de même, me diras-tu. — Aurais-je tort de le dire? — O mon cher Adimante, n'aie pas trop mauvaise opinion de la multitude. Quelle que soit sa façon de penser, homme, au lieu de disputer avec elle, tâche de la réconcilier avec la philosophie en détruisant les mauvaises impressions qu'on lui en a données. Montre-lui les philosophes dont tu veux parler; définis, comme nous venons de le faire, leur caractère et celui de leur profession, de peur qu'elle ne s'imagine que tu lui parles des philosophes tels qu'elle les conçoit. Diras-tu que, quand même elle les envisagerait sous leur vrai jour, elle s'en formerait toujours la même idée, différente de la vôtre, et répondrait toujours comme par le passé? Crois-tu que des cœurs exempts de fiel et d'envie s'emporteront contre qui ne s'emporte pas, et voudront du mal à qui n'en veut à personne? Je préviens ton objection, et je te déclare qu'un caractère aussi intraitable n'est pas celui de la multitude, mais du très-petit nombre. — J'en conviens. — Hé bien! sois également persuadé que ce qui indispose tant de gens contre la philosophie, ce sont ces faux sages, toujours déchaînés contre les gens, qu'ils accablent d'injures, et dont les discours sont une satire perpétuelle du genre humain. Ils font en cela un personnage tout à fait messéant à la philosophie.

---

[1] C'est-à-dire la philosophie.

—Cela est vrai. — Car, mon cher Adimante, celui qui
fait son unique étude de la contemplation de la vérité n'a
pas le temps d'abaisser ses regards sur la conduite des
hommes pour la censurer, et se remplir contre eux de
haine et d'aigreur; mais, ayant l'esprit sans cesse fixé sur
des objets qui gardent entre eux un ordre constant et
immuable; qui, sans jamais se nuire les uns aux autres,
conservent toujours les mêmes arrangements et les mêmes
rapports, c'est à imiter et à exprimer en soi cet ordre
invariable qu'il met toute son application. Est-il possible,
en effet, qu'on admire la beauté d'un objet, et qu'on
aime à s'en approcher continuellement, sans s'efforcer de
lui ressembler? — Cela ne peut être. — Ainsi, le philosophe, grâce au commerce qu'il a avec les objets divins,
entre lesquels règne un ordre immuable, devient un
homme divin et réglé dans toutes ses actions, autant du
moins que la faiblesse humaine le permet, car il n'est rien
ici-bas où on ne trouve quelque chose à reprendre. — Tu
as raison.

— Si quelque motif puissant l'obligeait à ne point
borner ses soins à sa propre perfection, mais à faire passer
dans le gouvernement et dans les mœurs de ses semblables
l'ordre qu'il a admiré dans l'essence des choses, crois-tu
que ce fût un mauvais maître en ce qui concerne la tempérance, la justice et les autres vertus civiles? — Non
certes. — Mais, si le peuple parvient à sentir une fois la
vérité de ce que nous disons sur les philosophes, leur
voudra-t-il tant de mal, et refusera-t-il de croire avec
nous qu'un État ne saurait être heureux, à moins que le
plan n'en soit tracé par ces artistes d'après le divin modèle
qu'ils ont sans cesse devant les yeux? — Il cessera, sans
doute, de leur vouloir du mal, dès qu'il connaîtra la vérité.
Mais de quelle manière s'y prendront les philosophes
pour tracer ce plan? — Ils regarderont l'État et l'âme de
chaque citoyen comme une toile qu'il faut commencer
par rendre nette, ce qui n'est point aisé; car tu penses
bien qu'il y aura cette différence entre eux et les législa-

teurs ordinaires, qu'ils ne voudront s'occuper d'un État
ou d'un individu, pour lui tracer des lois, qu'ils ne l'aient
reçu pur et net, ou qu'il ne soit devenu tel par leurs
soins. — Ils ont raison en cela. — Ils travailleront ensuite
sur cette toile, en jetant souvent les yeux tantôt sur
l'essence de la justice, de la beauté, de la tempérance et
des autres vertus, tantôt sur ce que l'homme peut comporter de cet idéal, et, par le mélange et la combinaison
de ces deux éléments, ils formeront l'homme véritable,
d'après cet exemplaire qu'Homère appelle divin et semblable aux dieux, lorsqu'il le rencontre dans un homme.
— Fort bien. — Tu juges bien qu'il faudra souvent effacer,
puis ajouter de nouveaux traits, jusqu'à ce que l'âme de
l'homme approche le plus qu'il est possible de cet état de
perfection qui la rend agréable aux dieux. — Après un
travail si exact, il ne peut sortir de leurs mains qu'une
peinture parfaite.

— Que t'en semble maintenant? Avons-nous suffisamment prouvé à ceux que tu me représentais tantôt[1],
marchant en ordre de bataille pour nous attaquer, que
le seul qui puisse dessiner le plan d'une république, c'est
ce même philosophe auquel ils trouvaient mauvais que
nous donnassions les États à gouverner? Ce qu'ils viennent d'entendre ne contribuera-t-il pas à les adoucir? —
Beaucoup, s'ils veulent écouter la raison. — Que pourraient-ils encore nous objecter? Que les philosophes ne
sont point amateurs de l'être et de la vérité? — Cela serait
absurde. — Que leur naturel, tel que nous l'avons dépeint,
n'approche pas de ce qu'il y a de meilleur? — Non. — Ou
qu'un semblable naturel, secondé par une bonne éducation, n'a pas plus de disposition que tout autre à acquérir
la vertu et la sagesse? Leur préféreront-ils ceux que nous
avons rejetés du nombre des philosophes? — Ils n'en
feront rien. — S'effaroucheront-ils encore quand ils nous
entendront dire qu'il n'est point de remède aux maux

[1] Ce n'est pas Adimante, mais Glaucon qui a dit cela dans le cinquième livre.

publics et particuliers, et que le projet d'un État, tel que nous l'avons imaginé, ne se réalisera jamais que les philosophes ne possèdent toute l'autorité? — Peut-être s'adouciront-ils. — Veux-tu que nous laissions ce *peut-être*, et que nous disions que nous les avons entièrement adoucis et persuadés, quand même la honte seule les obligerait d'en convenir? — Je le veux bien. — Tenons-les donc pour convaincus à cet égard. A présent, qui peut douter que les enfants de rois ou de chefs de gouvernement puissent naître avec des dispositions naturelles à la philosophie? — Personne.

— Et voudrait-on dire que quand même ils apporteraient en naissant de pareilles dispositions, c'est une nécessité inévitable qu'ils se pervertissent? Nous convenons qu'il leur est difficile de se sauver de la corruption générale; mais que, dans toute la suite des temps, pas un seul ne se sauve, c'est ce que personne n'oserait dire. — Cela est vrai. — Or, il suffit qu'il s'en sauve un seul, et qu'il trouve ses sujets disposés à lui obéir, pour exécuter ce qui passe aujourd'hui pour impossible. — Un seul suffit. — S'il arrive que le chef d'un État fasse les lois et les règlements dont nous avons parlé, il n'est pas impossible que ses sujets consentent à s'y soumettre. — Non, sans doute. — Mais est-ce une chose étrange et qui répugne, que ce qui nous est venu à la pensée vienne un jour à la pensée de quelque autre? — Je ne le crois pas. — Nous avons, ce me semble, assez bien démontré que notre système, une fois supposé possible, est très-avantageux? — Oui. — Concluons donc que si notre plan de législation peut avoir lieu, il est excellent, et que si l'exécution en est difficile, du moins elle n'est pas impossible. — Cette conclusion est juste.

— Puisqu'après bien des efforts, nous sommes enfin venus à bout de ce que nous prétendions, voyons ce qui suit, c'est-à-dire comment, à l'aide de quelles sciences et de quels exercices, nous formerons des hommes capables de maintenir la constitution politique en son entier, et à quel âge il faudra les y appliquer. — Voyons. — En vain ai-je voulu précédemment user d'adresse pour éviter de parler du mariage, de la procréation des enfants et du choix des magistrats, sachant combien cette matière était délicate, et quelle serait la difficulté de l'exécution ; car maintenant je ne me trouve pas moins forcé d'en parler. Il est vrai que j'ai traité de ce qui regarde les femmes et les enfants, mais il faut reprendre entièrement ce qui regarde les magistrats. Nous avons dit, s'il t'en souvient, qu'ils devaient montrer un grand zèle pour le bien public, et qu'il fallait éprouver ce zèle par les plaisirs ou par la douleur, de telle sorte que ni les travaux, ni la crainte, ni aucune autre situation critique ne leur fît perdre de vue cette maxime ; qu'il fallait rejeter celui qui aurait succombé à ces épreuves, choisir pour magistrat celui qui en serait sorti aussi pur que l'or qui a passé par le feu, et le combler de distinctions et d'honneurs pendant sa vie et après sa mort [1]. Je n'en ai pas dit davantage pour lors, déguisant et enveloppant ma pensée, dans la crainte de nous engager dans la discussion où nous sommes à présent. — Tu dis vrai ; je m'en souviens. — Je craignais alors, mon cher ami, de dire ce que j'ai pris enfin le parti de déclarer ; maintenant que le pas est franchi, disons que les meilleurs gardiens de l'État doivent être autant de philosophes. — Disons-le hardiment.

— Remarque, je te prie, combien le nombre en sera petit ; car il arrive rarement que les qualités qui doivent, selon nous, entrer dans leur caractère, se trouvent rassemblées en un seul homme ; pour l'ordinaire, elles sont partagées entre plusieurs. — Comment l'entends-tu ? — Tu n'ignores pas que ceux qui ont de la facilité à apprendre et à retenir, et qui sont d'un esprit vif et pétillant, ne joignent pas communément à la chaleur des sentiments et à l'élévation des idées l'ordre, le calme et la constance ; mais que, se laissant aller où la vivacité les emporte, ils

[1] Livre III.

n'ont en eux rien de stable ni d'assuré. — Tu as raison. — Au contraire, les hommes d'un caractère solide, incapable de changement, sur lequel on peut compter, et qui à la guerre demeurent presque impassibles devant les plus grands dangers, ont, à cause de cela même, peu de disposition pour les sciences; ils ont l'esprit pesant, peu souple, engourdi, pour ainsi dire; ils bâillent et s'endorment dès qu'ils veulent s'appliquer à quelque étude sérieuse. — Cela est vrai. — Nous avons dit cependant que nos magistrats devaient avoir l'esprit vif et le caractère ferme; que sans cela il ne fallait ni prendre tant de soins pour leur éducation, ni les élever aux honneurs et aux premières dignités. — Nous étions bien fondés à le dire. — Conçois-tu à présent combien de telles natures doivent être rares? — Sans doute.

— Disons donc maintenant ce que nous avons omis tantôt, qu'outre l'épreuve des travaux, des dangers et des plaisirs, par laquelle on les fera passer, il faudra les exercer dans un grand nombre de sciences, afin de voir si leur esprit est capable de soutenir les plus profondes études, ou s'ils perdront cœur, comme il arrive aux âmes lâches dans d'autres exercices. — Il est à propos de les soumettre à cette épreuve; mais quelles sont ces études profondes dont tu parles? — Tu te souviens sans doute qu'après avoir distingué trois parties dans l'âme, cette distinction nous a servi à expliquer la nature de la justice, de la tempérance, du courage et de la prudence. — Si je ne m'en souvenais pas, je ne mériterais pas d'entendre ce qui te reste à dire. — Te rappelles-tu aussi ce que nous avons dit auparavant? — Quoi? — [1] Qu'on pouvait avoir de ces vertus une connaissance plus exacte, mais qu'il fallait faire un plus long circuit pour y parvenir; mais que nous pouvions aussi les connaître par une voie qui nous écarterait moins du chemin que nous avions déjà fait. Vous parûtes vous en contenter; en conséquence,

---

[1] Livre IV.

je traitai cette matière fort imparfaitement, ce me semble;
c'est à vous de dire si vous avez été satisfaits. — Pour moi,
je l'ai été, et il m'a semblé que les autres l'étaient aussi.
— Mon cher ami, dans des sujets de cette importance,
toute démonstration à laquelle il manque quelque chose
n'est pas suffisante, parce que rien d'imparfait n'est la
juste mesure de quoi que ce soit; cependant il est assez
ordinaire à quelques personnes de croire qu'il y en a bientôt assez, et qu'il n'est pas besoin de pousser plus loin les
recherches. — C'est un défaut commun à bien des gens:
il a sa source dans la paresse de leur esprit. — Mais aussi,
s'il est quelqu'un qui doive s'en garder, c'est le gardien
de l'État et des lois. — Sans doute.

— Il faut donc qu'il fasse ce grand circuit dont nous
venons de parler, et qu'il s'exerce l'esprit autant que le
corps, ou jamais il ne parviendra au plus haut degré de
cette science sublime, qui lui convient plus qu'à tout
autre. — Quoi donc? Y a-t-il quelque connaissance plus
sublime que celle de la justice, et des autres vertus dont
nous avons parlé? — Sans doute: j'ajoute même qu'à
l'égard de ces vertus, l'esquisse que nous en avons tracée
ne lui suffit pas, et qu'il en doit vouloir le tableau le
plus achevé. Ne serait-il pas ridicule qu'il mît tout en
œuvre pour avoir la connaissance de choses peu importantes, et qu'il n'apportât pas les plus grands soins à
connaître les choses les plus relevées? — Cette réflexion
est très-sensée; mais crois-tu qu'on te laissera passer outre
sans te demander quelle est cette science supérieure à
toutes les autres, et quel est son objet? — Je ne le crois
pas; demande-le-moi donc; au surplus, tu m'as entendu
plus d'une fois; et maintenant, ou tu manques de mémoire, ou, ce qui me paraît plus vraisemblable, tu ne
cherches qu'à m'embarrasser par de nouvelles objections.
Tu m'as souvent entendu dire que l'idée du bien est l'objet
de la plus sublime des connaissances, que la justice et les
autres vertus empruntent de cette idée leur utilité et tous
leurs avantages. Tu sais fort bien que c'est à peu près la

ce que j'ai à te dire maintenant, en ajoutant que nous ne connaissons cette idée qu'imparfaitement, et que si nous ne la connaissons pas, il ne nous servira de rien de savoir tout le reste; de même que la possession de toute autre chose nous est inutile sans la possession du bien. Crois-tu, en effet, qu'il soit avantageux de posséder quelque chose que ce soit, si elle n'est bonne, ou de connaître tout, à l'exception du beau et du bon? — Non, certes, je ne le crois pas. — Tu n'ignores pas non plus que la plupart font consister le bien dans le plaisir, et d'autres, moins grossiers, dans l'intelligence? — Je le sais. — Tu sais aussi, mon cher ami, que ceux qui sont de ce dernier sentiment sont embarrassés pour expliquer ce que c'est que l'intelligence, et qu'à la fin ils sont réduits à dire que c'est l'intelligence du bien. — Oui, et cela est fort plaisant. — Sans doute, c'est une chose plaisante de leur part de nous reprocher notre ignorance à l'égard du bien, et de nous en parler ensuite comme si nous le connaissions. Ils disent que c'est l'intelligence du bien, comme si nous devions les entendre dès qu'ils auront prononcé le mot de *bien*. — Cela est très-vrai. — Mais ceux qui définissent l'idée du bien par celle du plaisir, sont-ils dans une moindre erreur que les autres? Ne sont-ils pas contraints d'avouer qu'il y a des plaisirs mauvais? — Oui. — Et par conséquent d'avouer que les mêmes choses sont bonnes et mauvaises? — Oui.

— Il est donc évident que cette matière est sujette à un grand nombre de graves difficultés. — J'en conviens. — Est-il moins évident qu'à l'égard du beau et de l'honnête, bien des gens s'en tiendront aux simples apparences, dans leurs paroles et dans leurs actions; mais que lorsqu'il s'agit du bien, les apparences ne satisfont personne, qu'on cherche quelque chose de réel, et qu'on se met peu en peine des apparences? — Cela est certain. — Or, ce bien, dont toute âme poursuit la jouissance, en vue duquel elle fait tout, qu'elle ne connaît que par conjecture, toujours dans l'incertitude et dans l'impuissance

de définir au juste ce que c'est, et d'avoir une foi inébranlable à cet égard, comme elle fait à l'égard des autres
choses, ce qui la prive des avantages qu'elle pourrait
retirer de ces dernières ; ce bien si grand et si précieux,
convient-il que la meilleure partie de l'État, celle à qui
nous devons tout confier, ne le connaisse pas mieux que le
commun des hommes? — Point du tout. — Je pense en
effet que ce ne sera pas un sûr gardien de l'État celui qui
possédera le juste et l'honnête sans en savoir les rapports
avec le bien, supposé qu'on puisse connaître le beau et le
juste sans connaître préalablement le bien, ce que j'ose
nier. — Et tu as raison. — Notre État sera donc bien
gouverné, s'il a pour chef un homme qui joigne la connaissance du bien à celle du beau et du juste? — La chose
doit être ainsi. Mais toi, Socrate, en quoi fais-tu consister
le bien : dans la science, dans le plaisir, ou dans quelque
autre chose? — Tu es charmant ; je vois depuis longtemps
que tu ne veux pas t'en tenir à ce qu'ont dit les autres là-
dessus. — C'est qu'il ne me paraît pas raisonnable, mon
cher Socrate, qu'un homme qui a réfléchi toute sa vie sur
cette matière dise quel est le sentiment des autres, et ne
dise pas le sien. — Fort bien ; mais te paraît-il plus raisonnable qu'un homme parle de ce qu'il ne sait pas comme
s'il le savait? — Non ; mais il peut proposer comme une
conjecture ce qu'il croit probable. — Hé quoi ! ne sens-tu
pas le ridicule de tous ces systèmes qui ne sont fondés sur
aucun principe certain? Les meilleurs ne sont-ils pas pleins
d'obscurité? Et les hommes qui, par hasard, trouvent la
vérité, mais sans en pouvoir rendre compte, ne ressemblent-ils pas à des aveugles qui suivent le droit chemin?
— Oui. — Veux-tu donc entendre un système informe,
obscur et mal fondé, tandis que tu peux en entendre un
clair et magnifique?

» Au nom des dieux, Socrate, me dit alors Glaucon,
n'en demeure pas là, comme si tu étais déjà arrivé au
terme : nous serons contents si tu nous expliques la nature
du bien comme tu as expliqué celle de la justice, de la

tempérance et des autres vertus.— Et moi aussi j'en serais content; mais je crains bien que cela ne passe mes forces, et qu'en tâchant de vous satisfaire je ne m'y prenne assez mal pour m'attirer des railleries de votre part. Croyez-moi, mes chers amis, laissons pour cette fois la recherche du bien tel qu'il est en lui-même; cette recherche nous mènerait trop loin, et j'aurais peine à vous expliquer sa nature telle que je la conçois, en suivant la route que nous avons prise. Mais je veux vous entretenir, si vous le trouvez bon, de ce qui me paraît la production du bien, sa représentation exacte; sinon passons à d'autres choses. —Non, parle-nous du fils; tu nous entretiendras une autre fois du père; c'est une dette que nous réclamerons en son temps. — Je voudrais bien pouvoir m'en acquitter à votre entière satisfaction, au lieu de vous offrir le simple fruit [1] de la dette, tel que je vous l'offre aujourd'hui : toutefois recevez ce fruit, cette production du bien; prenez garde cependant que je ne vous trompe sans le vouloir, en vous payant en fausse monnaie. — Nous y prendrons garde le plus que nous pourrons; ainsi, explique-toi avec confiance.

— Je ne le ferai qu'après vous avoir rappelé ce que nous avons dit précédemment et en plusieurs autres rencontres, et vous en avoir fait convenir. — De quoi s'agit-il? — Il y a plusieurs choses que nous appelons belles, et plusieurs choses que nous appelons bonnes : c'est ainsi que nous désignons chacune d'elles. — Cela est vrai. — De plus, il y a le beau, le bon idéal, c'est-à-dire que nous rapportons toutes ces beautés et toutes ces bontés particulières à une idée simple et unique. — Soit. — Et nous disons des choses belles ou bonnes, qu'elles sont l'objet des sens et de l'esprit; des idées du beau et du bon, qu'elles sont l'objet de l'esprit et non des sens. — J'en tombe d'accord.—Par quel sens apercevons-nous les objets

---

[1] Il y a dans le grec une équivoque sur le mot τόκος, qui signifie également un enfant, une production, et l'intérêt, le fruit d'une dette.

visibles? — Par la vue. — Nous saisissons les sons par
l'ouïe, et par les autres sens toutes les autres choses sensibles, n'est-ce pas? — Sans doute. — As-tu remarqué
combien l'ouvrier de nos sens a fait plus de dépense pour
l'organe de la vue que pour les autres sens? — Non. — Eh
bien! remarque-le donc. L'ouïe et la voix ont-elles besoin
d'une troisième chose, l'une pour entendre, l'autre pour
être entendue; de sorte que, si cette chose vient à manquer, l'ouïe n'entendra point, la voix ne sera point entendue? — Nullement. — Je crois que la plupart des autres
sens, pour ne pas dire tous, n'ont besoin de rien de semblable. Vois-tu quelque exception? — Non. — Mais, à
l'égard de la vue, ne conçois-tu pas qu'elle ne peut apercevoir l'objet visible sans le secours d'une troisième chose?
— Que veux-tu dire? — Je veux dire qu'encore que les
yeux soient bien disposés, qu'on les applique à leur usage,
et que l'objet soit coloré, cependant, s'il n'intervient une
troisième chose, destinée à concourir à la vision, les yeux
ne verront rien, et les couleurs seront invisibles. — Quelle
est cette chose? — C'est ce que tu appelles la lumière. —
Tu as raison.

— Le sens de la vue a donc un grand avantage sur les
autres, celui d'être uni à son objet par un lien d'un bien
plus grand prix, à moins qu'on ne dise que la lumière est
quelque chose de méprisable. — Il s'en faut de beaucoup
qu'elle le soit. — De tous les dieux qui sont au ciel, quel
est celui dont la lumière dispose mieux les yeux à voir et
les objets à être vus? — Selon moi, comme selon toi et
tout le monde, c'est le soleil. — Vois si le rapport de la
vue à ce dieu n'est pas tel que je vais dire. — Comment?
— La vue, non plus que la partie où elle se forme, et
qu'on appelle l'œil, n'est pas le soleil. — Non. — Mais,
de tous les organes de nos sens, l'œil est, je crois, celui
qui tient le plus du soleil. — Sans contredit. — La faculté
qu'il a de voir, n'est-ce pas du soleil qu'il l'emprunte,
et qu'elle découle, pour ainsi dire, jusqu'à lui? — Oui. —

Et le soleil, qui n'est pas la vue, mais qui en est le principe, est aperçu par elle? — Cela est vrai.

— Sache donc que, quand je parle de la production du bien, c'est le soleil que je veux dire. Le fils a une parfaite analogie avec son père. L'un est dans la sphère visible, par rapport à la vue et à ses objets, ce que l'autre est dans la sphère idéale, par rapport à l'intelligence et aux êtres intelligibles. — Comment? Je te prie de m'expliquer ta pensée. — Tu sais que lorsqu'on tourne les yeux vers des objets qui ne sont pas éclairés par le soleil, mais par les astres de la nuit, on a peine à les discerner, qu'on est presque aveugle, et que la vue n'est pas nette. — La chose est ainsi. — Mais que, quand on regarde des objets éclairés par le soleil, on les voit distinctement, et que la vue est très-nette. — Sans doute. — Comprends que la même chose se passe à l'égard de l'âme. Quand elle fixe ses regards sur des objets éclairés par la vérité et par l'être, elle les voit clairement, les connaît, et montre qu'elle est douée d'*intelligence*; mais, lorsqu'elle tourne son regard sur ce qui est mêlé de ténèbres, sur ce qui naît et périt, sa vue se trouble et s'obscurcit, et n'a plus que des opinions qui changent à toute heure : en un mot, elle paraît tout à fait dénuée d'intelligence. — Cela est comme tu dis. — Tiens donc pour certain que ce qui répand sur les objets des sciences la lumière de la vérité, ce qui donne à l'âme la faculté de connaître, c'est l'idée du bien, et qu'elle est le principe de la science et de la vérité, en tant qu'elles sont du domaine de l'intelligence. Quelque belles que soient la science et la vérité, tu peux assurer, sans crainte de te tromper, que l'idée du bien en est distincte et les surpasse en beauté. Et comme dans le monde visible on a raison de penser que la lumière et la vue ont de l'analogie avec le soleil, mais qu'il serait faux de dire qu'elles sont le soleil; de même, dans le monde intelligible, on peut regarder la science et la vérité comme des images du bien; mais on aurait tort de prendre l'une ou l'autre pour le bien même, dont la nature est d'un prix infiniment plus relevé. — Sa beauté doit être au-dessus de toute expression, puisqu'il est la source de la science et de la vérité, et qu'il est encore plus beau qu'elles. Tu n'as garde, par conséquent, de dire que le bien soit le plaisir. — A Dieu ne plaise. Mais considère son image avec plus d'attention, et de cette manière. — Comment ? — Tu penses sans doute comme moi que le soleil ne rend pas seulement visible les choses visibles, mais qu'il leur donne encore la naissance, l'accroissement et la nourriture, sans être lui-même rien de tout cela. — Sans doute. — De même tu peux dire que les êtres intelligibles ne tiennent pas seulement du bien leur intelligibilité, mais encore leur être et leur essence, quoique le bien lui-même ne soit point essence, mais quelque chose bien au-dessus de l'essence, en dignité et en puissance.

— Grand Apollon, s'écria Glaucon en riant, voilà du merveilleux ! — C'est toi, repris-je, qui en es cause. Pourquoi m'obliger à dire ma pensée sur ce sujet ? — N'en demeure pas là, je te prie, mais achève la comparaison du bien avec le soleil, s'il y manque encore quelque chose. — Vraiment oui, il y manque encore bien des choses. — Encore un coup, je te conjure de ne rien omettre. — Je ferai tous mes efforts pour cela ; mais cela n'empêchera pas que bien des traits de ressemblance ne m'échappent malgré moi. — Fais comme tu dis. — Imagine-toi donc que le bien et le soleil sont deux rois, l'un du monde intelligible, l'autre du monde visible ; je ne dis pas *du ciel*, de peur que tu ne croies qu'à l'occasion de ce mot je veux faire une équivoque [1]. Voilà, par conséquent, deux espèces d'êtres, les uns visibles, les autres intelligibles. — Fort bien. — Soit, par exemple, une ligne coupée en deux parties égales : coupe encore en deux chaque partie, c'est-à-dire le monde visible et le monde

---

[1] Ciel, en grec, se dit ὑρανός, et visible, ὁρατόν. De là cette précaution de Platon.

intelligible, et tu auras d'une part l'évidence, de l'autre l'obscurité. Une des sections de l'espèce visible te donnera les images : j'entends par images, premièrement, les ombres; ensuite, les fantômes représentés dans les eaux et sur la surface des corps denses, polis et brillants. Tu comprends ma pensée? — Oui. — L'autre section te donnera les objets que ces images représentent; je veux dire les animaux, les plantes, et tous les ouvrages de la nature et de l'art. — Je conçois cela. — Serais-tu d'avis qu'appliquant cette division au vrai et au faux, on fît cette proportion : ce que les apparences sont aux choses qu'elles représentent, l'opinion l'est à la connaissance. — J'y consens.

— Voyons à présent comment il faut diviser le monde intelligible. — Comment? — De sorte qu'une partie de cette division renferme les images intellectuelles, qui obligent l'âme, lorsqu'elle s'en sert, de procéder dans ses recherches en partant de certaines suppositions, non pour remonter au principe, mais pour descendre aux conclusions les plus éloignées; et que l'autre partie nous donne les idées les plus pures, au moyen desquelles l'âme, sans le concours d'aucune image, partant d'une supposition, remonte par le raisonnement jusqu'à un principe indépendant de toute supposition.— Je ne comprends pas bien ce que tu viens de dire. — Tu le comprendras tout à l'heure; tout ceci va s'éclaircir. Tu n'ignores pas, je pense, que les géomètres et les arithméticiens supposent deux sortes de nombres, l'un pair, l'autre impair, les figures, trois espèces d'angles, et ainsi du reste, selon la démonstration qu'ils cherchent; qu'ils regardent ensuite ces suppositions comme autant de principes certains et évidents, dont ils ne rendent raison ni à eux-mêmes ni aux autres; qu'enfin ils partent de ces hypothèses, et, par une chaîne non interrompue, descendent de proposition en proposition jusqu'à celle qu'ils avaient dessein de démontrer. — Je sais cela. — Tu sais donc aussi qu'ils se servent pour cela de figures visibles, et qu'ils y appliquent leurs raisonnements, quoique ce ne soit point à elles qu'ils pensent, mais à d'autres figures représentées par celles-là. Par exemple, ce n'est ni sur le carré ni sur la diagonale, telle qu'ils la tracent, que portent leurs raisonnements, mais sur le carré tel qu'il est en lui-même avec sa diagonale. J'en dis autant des autres figures qu'ils représentent, soit en relief, soit par le dessin, et qui se reproduisent aussi soit dans leur ombre, soit dans les eaux. Les géomètres les emploient comme autant d'images qui leur servent à connaître les vraies figures, qu'on ne peut connaître que par la pensée. — Tu dis vrai. — Voilà la première classe des choses intelligibles. L'âme, pour parvenir à les connaître, est contrainte de se servir de suppositions, non pour aller jusqu'à un premier principe, parce qu'elle ne peut remonter au delà des suppositions qu'elle a faites ; mais, employant les images terrestres et sensibles, qu'elle ne connaît que par l'opinion, et supposant qu'elles sont claires et évidentes, elle s'en aide pour la connaissance des vraies figures. — Je conçois que la méthode dont tu parles est celle de la géométrie et des autres sciences de cette nature.

— Conçois à présent ce que j'entends par la seconde classe des choses intelligibles. Ce sont celles que l'âme saisit immédiatement par la voie du raisonnement, en faisant quelques hypothèses qu'elle ne regarde pas comme des principes, mais comme de simples suppositions, et qui lui servent de degrés et de points d'appui pour s'élever jusqu'à un premier principe indépendant de toute supposition. Elle saisit ce principe, et, s'attachant à toutes les conclusions qui en dépendent, elle descend de là jusqu'à la dernière conclusion, sans s'étayer de rien de sensible, et s'appuyant toujours sur des idées pures, par lesquelles sa démonstration commence, procède et se termine. — Je comprends un peu, mais point encore suffisamment ; cette matière me paraît fort obscure. Il me semble néanmoins que ton but est de prouver que la connaissance qu'on acquiert par la dialectique des êtres purement intelligibles est plus claire que celle qu'on acquiert par le moyen des arts, auxquels certaines suppositions servent de principes. Il est vrai que ces arts sont obligés de se servir du raisonnement, et non des sens; mais comme ils sont fondés sur des suppositions, et ne montent point jusqu'à un principe, tu juges qu'ils n'ont point cette claire intelligence qu'ils auraient s'ils remontaient à un principe; et tu appelles, ce me semble, connaissance raisonnée celle qu'on acquiert au moyen de la géométrie et des autres arts semblables, et tu la ranges entre l'opinion et la pure intelligence. — Tu as fort bien compris ma pensée. Applique maintenant à ces quatre classes d'objets sensibles et intelligibles quatre différentes opérations de l'âme, savoir : à la première classe, la pure intelligence; à la seconde, la connaissance raisonnée; à la troisième, la foi; à la quatrième, la conjecture; et donne à chacune de ces manières de connaître plus ou moins d'évidence, selon que leurs objets participent plus ou moins de la vérité. — J'entends. Je suis d'accord avec toi, et j'adopte l'ordre que tu me proposes. »

LIVRE SEPTIÈME.

—

ARGUMENT

Platon suppose l'existence d'une *caverne* où, depuis leur enfance, une multitude d'hommes vivent enfermés; et ces hommes sont chargés de chaînes, en sorte qu'ils ne peuvent ni se lever, ni marcher, ni tourner la tête. Derrière eux brille la lumière dont ils n'ont que les reflets, et devant eux passent des ombres qu'ils prennent pour des êtres réels. La *caverne*, c'est le globe où nous vivons; les chaînes qui chargent les hommes, ce sont nos passions et nos préjugés; les ombres qui passent, c'est nous, c'est la figure du monde que nous prenons pour une réalité. En effet, l'homme emprisonné dans ses sens n'est qu'un vain fantôme; il est comme s'il n'existait pas. Celui-là seul existe qui, après de longs et pénibles efforts, est parvenu à briser ces ..es et à sortir de l'antre ténébreux. Là, en face de la lumière, son âme apparaît, il cesse d'être une ombre, il devient immortel en s'élevant jusqu'à Dieu. Telle est l'allégorie sublime qui a mérité l'admiration des siècles, et qui méritera celle de la postérité. Non-seulement elle domine le septième livre, mais on la retrouve dans tout le reste de l'ouvrage. Elle se traduit ainsi : le monde visible ne peut s'expliquer que par la contemplation du monde invisible; rien n'est vrai sans Dieu. De cette pensée vous voyez sortir les types de Platon et son système d'éducation intellectuelle. Nul ne sera digne de commander aux hommes s'il n'est sorti de la caverne, et s'il n'a pénétré dans le monde des essences et de la vérité. Nul ne conduira bien les affaires humaines s'il n'a la contemplation des choses divines : la théorie du beau idéal devient la pratique des âmes d'élite. Ces principes posés, Platon trace en détail le plan d'étude des magistrats de la république, c'est-à-dire des philosophes. Ils doivent connaître la géométrie, l'astronomie, la physique, toutes les sciences humaines, non pas seulement pour en faire des applications à nos besoins matériels, mais pour en développer les théories les plus idéales. Il faut qu'en nous dévoilant l'ordre de l'univers, la géométrie nous élève jusqu'à la source de cet ordre. Ainsi le monde matériel sera la route du monde intellectuel. Ces études intellectuelles du magistrat, auxquelles se joignent des études pratiques, dureront jusqu'à l'âge de cinquante ans, époque de la vie où l'homme n'est pas assez vieux pour désirer le repos, mais où il n'est plus assez jeune pour être ambitieux. C'est seulement alors qu'on lui confiera le maniement des affaires; et il sera digne de commander, car il aura employé tout ce temps à s'élever jusqu'à la source du beau, du bon, du juste, qui est Dieu.

« Représente-toi à présent l'état de la nature humaine

par rapport à la science et à l'ignorance, d'après le tableau que je vais faire. Imagine un antre souterrain ayant dans toute sa longueur une ouverture qui donne une libre entrée à la lumière, et dans cet antre des hommes enchaînés depuis l'enfance, de sorte qu'ils ne puissent changer de place ni tourner la tête, à cause des chaînes qui leur assujettissent les jambes et le cou, mais seulement voir les objets qu'ils ont en face. Derrière eux, à une certaine distance et une certaine hauteur, est un feu dont la lueur les éclaire, et entre ce feu et les captifs est un chemin escarpé. Le long de ce chemin, imagine un mur semblable à ces cloisons que les charlatans mettent entre eux et les spectateurs, pour leur dérober le jeu et les ressorts secrets des merveilles qu'ils leur montrent. — Je me représente tout cela. — Figure-toi des hommes qui passent le long de ce mur, portant des objets de toute espèce, des figures d'hommes et d'animaux en bois ou en pierre, de sorte que tout cela paraisse au-dessus du mur. Parmi ceux qui les portent, les uns s'entretiennent ensemble, les autres passent sans rien dire. — Voilà un étrange tableau et d'étranges prisonniers !

— Ils nous ressemblent de point en point. Et d'abord, crois-tu qu'ils verront autre chose, d'eux-mêmes et de ceux qui sont à leurs côtés, que les ombres qui vont se peindre vis-à-vis d'eux dans le fond de la caverne ? — Que pourraient-ils voir de plus, puisque, depuis leur naissance, ils sont contraints de tenir toujours la tête immobile ? — Verront-ils aussi autre chose que les ombres des objets qui passent derrière eux ? — Non. — S'ils pouvaient converser ensemble, ne conviendraient-ils pas entre eux de donner aux ombres qu'ils voient les noms des choses mêmes ? — Sans contredit. — Et, s'il y avait au fond de leur prison un écho qui répétât les paroles des passants, ne s'imagineraient-ils pas entendre parler les ombres mêmes qui passent devant leurs yeux ? — Oui. — Enfin, ils ne croiraient pas qu'il y eût autre chose de réel que ces ombres. — Sans doute.

— Vois maintenant ce qui devra naturellement leur.
arriver, si on les délivre de leurs fers et qu'on les gué-
risse de leur erreur. Qu'on détache un de ces captifs;
qu'on le force sur-le-champ de se lever, de tourner la tête,
de marcher et de regarder du côté de la lumière : il ne
fera tout cela qu'avec des peines infinies; la lumière lui
blessera les yeux, et l'éblouissement qu'elle lui causera
l'empêchera de discerner les objets dont il voyait auparavant les ombres. Que crois-tu qu'il répondit à celui qui
lui dirait que jusqu'alors il n'a vu que des fantômes, qu'à
présent il a devant les yeux des objets plus réels et plus
approchants de la vérité? Si on lui montre ensuite au
doigt les choses à mesure qu'elles se présenteront, et qu'on
l'oblige à force de questions à dire ce que c'est, ne le
jettera-t-on pas dans l'embarras, et ne se persuadera-t-il
pas que ce qu'il voyait auparavant était plus réel que ce
qu'on lui montre?—Sans doute.—Et, si on le contraignait
de regarder le feu, n'aurait-il pas mal aux yeux ? N'en
détournerait-il point ses regards pour les porter sur ces
ombres qu'il fixe sans effort? Ne jugerait-il pas qu'elles
ont quelque chose de plus net et de plus distinct que tout
ce qu'on lui fait voir? — Assurément. — Si maintenant on
l'arrache de la caverne, et qu'on le traîne, par le sentier
rude et escarpé, jusqu'à la clarté du soleil, quel supplice
pour lui d'être traîné de la sorte! dans quelle fureur il
entrerait! et lorsqu'il serait arrivé au grand jour, les yeux
tout éblouis de son éclat, pourrait-il rien voir de cette
foule d'objets que nous appelons des êtres réels? — Il ne le
pourrait pas d'abord. — Il lui faudrait du temps, sans
doute, pour s'y accoutumer. Ce qu'il discernerait plus
aisément, ce serait d'abord les ombres, ensuite les images
des hommes et des autres objets, peintes dans les eaux;
enfin, les objets mêmes. De là il porterait ses regards vers
le ciel, dont il soutiendrait plus facilement la vue de nuit
à la lueur de la lune et des étoiles, qu'en plein jour à la
lumière du soleil. — Sans doute. — A la fin, il serait en

état non-seulement de voir l'image du soleil dans les eaux et partout où son image se réfléchit, mais de le fixer, de le contempler lui-même à sa véritable place. — Oui. — Après cela, se mettant à raisonner, il en viendra à conclure que c'est le soleil qui fait les saisons et les années, qui gouverne tout dans le monde visible, et qui est en quelque sorte la cause de tout ce qui se voyait dans la caverne. — Il est évident qu'il en viendrait par degrés jusqu'à faire ces réflexions.

— S'il venait alors à se rappeler sa première demeure, l'idée qu'on y a de la sagesse, et ses compagnons d'esclavage, ne se réjouirait-il pas de son changement, et n'aurait-il pas compassion de leur malheur? — Assurément. — Crois-tu qu'il fût encore jaloux des honneurs, des louanges et des récompenses qu'on y donnait à celui qui saisissait le plus promptement les ombres à leur passage, qui se rappelait le plus sûrement celles qui allaient devant, après ou ensemble, et qui par là était le plus habile à deviner leur apparition, ou qu'il portât envie à la condition de ceux qui dans cette prison étaient les plus puissants et les plus honorés? Ne préférerait-il pas, comme Achille dans Homère, de passer sa vie au service d'un pauvre laboureur, et de tout souffrir, plutôt que de reprendre son premier état et ses premières illusions? — Je ne doute pas qu'il ne fût disposé à souffrir tout plutôt que de vivre de la sorte. — Fais encore attention à ceci. S'il retournait de nouveau dans sa prison pour y reprendre son ancienne place, dans ce passage subit du grand jour à l'obscurité, ne se trouverait-il pas comme aveuglé? — Oui. — Et si, tandis qu'il ne distingue encore rien, et avant que ses yeux soient bien remis, ce qui ne pourrait arriver qu'après un assez long temps, il lui fallait entrer en dispute avec les autres prisonniers sur ces ombres, n'apprêterait-il pas à rire aux autres, qui diraient de lui que, pour être monté là haut, il a perdu la vue; ajoutant que ce serait une folie à eux de vouloir sortir du lieu où

ils sont, et que, si quelqu'un s'avisait de vouloir les en
tirer et les conduire en haut, il faudrait s'en saisir et le
tuer?—Sans contredit.

— Eh bien, mon cher Glaucon, c'est là précisément
l'image de la condition humaine. L'antre souterrain, c'est
ce monde visible; le feu qui l'éclaire, c'est la lumière du
soleil; ce captif qui monte à la région supérieure et qui la
contemple, c'est l'âme qui s'élève jusqu'à la sphère intelligible. Voilà du moins quelle est ma pensée, puisque tu
veux la savoir. Dieu sait si elle est vraie. Quant à moi,
la chose me paraît telle que je vais dire. Dans le lieu le
plus élevé du monde intellectuel est l'idée du bien qu'on
n'aperçoit qu'avec beaucoup de peine et d'effort, mais
qu'on ne peut connaître sans conclure qu'elle est la cause
première de tout ce qu'il y a de beau et de bon dans
l'univers; que, dans ce monde visible, elle produit la
lumière et l'astre qui y préside; que, dans le monde idéal,
elle engendre la vérité et l'intelligence; qu'il faut par
conséquent la connaître, si on veut se conduire sagement
dans l'administration des affaires, tant publiques que
particulières. — Je suis de ton avis autant que je puis
comprendre ta pensée.—Admets donc aussi et ne t'étonne
plus que ceux qui sont parvenus à cette sublime contemplation dédaignent de prendre part aux affaires humaines,
et que leurs âmes aspirent sans cesse à se fixer dans ce
lieu élevé. La chose doit être ainsi, si elle est conforme
à la peinture allégorique que j'en ai tracée. — Cela doit
être.

— Est-il surprenant qu'un homme, passant de cette
contemplation divine à celle des misérables objets qui
nous occupent, soit troublé et paraisse ridicule lorsque,
avant d'être familiarisé avec les ténèbres qui l'environnent, il est forcé d'entrer en dispute devant les tribunaux
ou ailleurs sur des ombres et des fantômes de justice, et
d'expliquer la manière dont il les conçoit devant des personnes qui n'ont jamais vu la justice elle-même? — Je ne
vois en cela rien de surprenant. — Un homme sensé fera

réflexion que la vue peut être troublée de deux manières et par deux causes opposées, par le passage de la lumière à l'obscurité, ou par celui de l'obscurité à la lumière ; et, appliquant aux yeux de l'âme ce qui arrive aux yeux du corps, lorsqu'il la verra troublée et embarrassée pour discerner certains objets, au lieu de rire sans raison de son embarras, il examinera s'il lui vient de ce qu'elle descend d'un état plus lumineux, ou si c'est que, passant de l'ignorance à la lumière, elle est éblouie de son trop grand éclat. Dans le premier cas, il la félicitera de son embarras ; dans le second, il plaindra son sort ; ou, s'il veut rire à ses dépens, ses railleries seront moins ridicules que si elles s'adressaient à l'âme qui redescend du séjour de la lumière. — Ce que tu dis est très-raisonnable.

— Or, si tout cela est vrai, il faut en conclure que la science ne s'apprend pas de la manière dont certaines gens le prétendent. Ils se vantent de pouvoir la faire entrer dans une âme où elle n'est point, à peu près comme on rendrait la vue à des yeux aveugles. — Ils le disent hautement. — Mais le discours présent nous fait voir que chacun a dans son âme la faculté d'apprendre avec un organe destiné à cela ; que tout le secret consiste à tourner cet organe, avec l'âme tout entière, de la vue de ce qui naît vers la contemplation de ce qui est, jusqu'à ce qu'il puisse fixer ses regards sur ce qu'il y a de plus lumineux dans l'être, c'est-à-dire, selon nous, sur le bien ; de même que, si l'œil n'avait pas de mouvement particulier, il faudrait de nécessité que tout le corps tournât avec lui dans le passage des ténèbres à la lumière ; n'est-ce pas ? — Oui. — Dans cette évolution qu'on fait faire à l'âme, tout l'art consiste donc à la tourner de la manière la plus aisée et la plus utile. Il ne s'agit pas de lui donner la faculté de voir : elle l'a déjà ; mais son organe est dans une mauvaise direction, il ne regarde point où il faudrait : c'est ce qu'il faut corriger. — Il me semble qu'il n'y a pas d'autre secret.

— Il en est à peu près des autres qualités de l'âme comme de celles du corps; quand on ne les a pas reçues de la nature, on les acquiert par l'éducation et la culture. Mais à l'égard de la faculté de savoir, comme elle est d'une nature plus divine, jamais elle ne perd sa vertu; elle devient seulement utile ou inutile, avantageuse ou nuisible, selon la direction qu'on lui donne. N'as-tu point encore remarqué jusqu'où va la sagacité de ces hommes à qui on donne le nom d'habiles coquins? Avec quelle pénétration leur petite âme discerne tout ce qui les intéresse? Sa vue n'est ni faible ni troublée; mais, comme ils la contraignent de servir d'instrument à leur malice, ils sont d'autant plus malfaisants qu'ils sont plus subtils et plus clairvoyants. — Cette remarque est juste. — Si dès l'enfance on avait coupé ces penchants criminels qui, comme autant de poids de plomb, entraînent l'âme vers les plaisirs sensuels et grossiers, et la forcent de regarder toujours en bas; si, après l'avoir dégagée de ces poids, on eût tourné son regard vers la vérité, elle l'aurait distinguée avec la même sagacité. — Il y a apparence. — N'est-ce pas une conséquence vraisemblable, ou plutôt nécessaire, de tout ce que nous avons déjà dit, que ni ceux qui n'ont reçu aucune éducation, et qui n'ont aucune connaissance de la vérité, ni ceux qu'on a laissés passer toute leur vie dans l'étude et la méditation, ne sont propres au gouvernement des États : les uns, parce qu'ils n'ont dans toute leur conduite aucun but fixe auquel ils puissent rapporter tout ce qu'ils font dans la vie publique ou dans la vie privée; les autres, parce qu'ils ne consentiront jamais à se charger d'un pareil fardeau, se croyant déjà dès leur vivant dans les îles fortunées? — Tu as raison.

C'est donc à nous, qui fondons une république, d'obliger les naturels excellents de s'appliquer à la plus sublime de toutes les sciences, de contempler le bien en lui-même, et de s'élever jusqu'à lui par ce chemin escarpé dont nous avons parlé; mais après qu'ils y seront parvenus, et qu'ils l'auront contemplé pendant un certain temps, gardons-nous de leur permettre ce qu'on leur permet aujourd'hui. — Quoi? — D'y fixer leur demeure, de ne plus vouloir redescendre vers ces malheureux captifs pour prendre part à leurs travaux, à leurs honneurs même, quel que soit le cas qu'on doive en faire. — Eh quoi! serons-nous si durs à leur égard? Pourquoi les condamner à une vie misérable, tandis qu'ils peuvent jouir d'une condition plus heureuse? —Tu oublies encore une fois, mon cher ami, que le législateur ne doit point se proposer pour but la félicité d'un certain ordre de citoyens à l'exclusion des autres, mais la félicité de tous; que, dans cette vue, il doit unir tous les citoyens d'intérêts, les engageant par la persuasion ou l'autorité à se faire part les uns aux autres des avantages qu'ils sont en état de rendre à la communauté; et qu'en formant avec soin de pareils citoyens, il ne prétend pas leur laisser la liberté de faire de leurs facultés tel usage qu'il leur plaira, mais se servir d'eux pour fortifier le lien de l'État. — Tu dis vrai; je l'avais oublié.

—Au reste, observe, mon cher Glaucon, que nous ne serons pas coupables d'injustice envers les philosophes qui se seront formés chez nous, et que nous aurons de bonnes raisons à leur alléguer pour les obliger à se charger de la garde et de la conduite des autres. Dans les autres États, leur dirons-nous, les philosophes sont plus excusables de se soustraire à l'embarras des affaires publiques, parce qu'ils ne sont redevables qu'à eux-mêmes de leur sagesse, et qu'ils se sont formés malgré le gouvernement : or, il est juste que ce qui ne doit qu'à soi sa naissance et son accroissement ne soit tenu à aucune reconnaissance envers qui que ce soit; mais vous, nous vous avons formés dans l'intérêt de l'État comme dans le vôtre, pour être dans notre république, comme dans celle des abeilles, nos chefs et nos rois; dans ce dessein, nous vous avons donné une éducation plus parfaite, qui vous rendît plus capables qu'aucun autre d'allier l'étude de la sagesse au maniement des affaires. Descendez donc chacun, autant qu'il est nécessaire, dans la demeure commune; accoutumez vos yeux aux ténèbres qui y règnent; lorsque vous vous serez familiarisés avec elles, vous jugerez infiniment mieux que les autres de la nature des choses qu'on y voit; vous discernerez mieux qu'eux les fantômes du beau, du juste et du bien, parce que vous avez vu ailleurs l'essence du beau, du juste et du bien. Ainsi, pour votre bonheur autant que pour le bonheur public, le gouvernement de notre État sera une réalité, et non un rêve comme dans la plupart des autres États, où les chefs se battent pour des ombres vaines, et se disputent avec acharnement l'autorité, qu'ils regardent comme un grand bien. Mais la vérité est que dans tout État où ceux qui doivent commander ne font paraître aucun empressement pour leur élévation, c'est une nécessité qu'il soit bien gouverné, et que la concorde y règne; au lieu que, partout où l'on brigue le commandement, le contraire ne peut manquer d'arriver.—Cela est vrai.

— Nos élèves résisteront-ils à la force de ces raisons? Refuseront-ils de porter tour à tour le poids du gouvernement, pour aller ensuite passer ensemble la plus grande partie de leur vie dans la région de la pure lumière?—Il est impossible qu'ils le refusent, car ils sont justes et nos demandes le sont aussi; mais alors chacun d'eux, au contraire de ce qui se pratique ailleurs, se chargera du commandement comme d'un joug inévitable.—Il en est ainsi, mon cher ami. Si tu peux trouver, pour ceux qui doivent commander, une condition qu'ils préfèrent au commandement, tu pourras aussi trouver une république bien gouvernée, car dans cet État seul commanderont ceux qui sont vraiment riches, non en or, mais en sagesse et en vertu, les seules richesses des vrais heureux; mais partout où des hommes pauvres, des gens affamés de bien, et qui n'ont rien par eux-mêmes, aspireront au commandement, croyant rencontrer là le bonheur qu'ils cherchent, le gouvernement sera toujours mauvais : on se disputera, on s'arrachera l'autorité; et cette guerre domestique et intestine perdra enfin l'État avec ses chefs.—Rien de plus vrai.—Or, connais-tu une autre condition que celle du vrai philosophe, pour inspirer le mépris des dignités et des charges publiques? — Je n'en connais point d'autre. — De plus, il faut confier l'autorité à ceux qui ne sont pas jaloux de la posséder; autrement, la rivalité fera naître des disputes entre eux. — Sans doute. — Qui forceras-tu donc d'accepter le commandement, si ce n'est ceux qui, mieux instruits que personne dans la science de gouverner, ont une autre vie et d'autres honneurs qu'ils préfèrent à ceux que la vie civile leur offre? — Je ne m'adresserai point à d'autres.

— Veux-tu maintenant examiner ensemble de quelle manière nous formerons les hommes de ce caractère, et comment nous les ferons passer des ténèbres à la lumière, comme on dit que quelques-uns ont passé des enfers au séjour des dieux?—Faut-il demander si je le veux?—Il ne s'agit point ici d'un tour de palet, comme au jeu[1], mais d'imprimer à l'âme un mouvement qui, du jour ténébreux qui l'environne, l'élève jusqu'à la vraie lumière de l'être par la route, cette route que nous appellerons pour cela la véritable philosophie. — Fort bien. —Ainsi il est à propos de voir quelle est, parmi les sciences, celle qui est propre à produire cet effet. — Sans doute. — Hé bien, mon cher Glaucon, quelle est la science qui élève l'âme de ce qui naît vers ce qui est? Je fais en même temps réflexion à une autre chose. N'avons-nous pas dit qu'il fallait que nos philosophes s'exerçassent dans la jeunesse au métier des armes? — Oui. — Il faut donc que la science que nous cherchons, outre ce premier avantage, en ait encore un autre. — Lequel?—Celui de n'être point inutile à des gens de guerre. — Sans doute; il le faut, s'il est possible. — N'avons-nous pas déjà admis dans notre plan d'éducation la musique et la gymnastique? — Oui. —Mais la gymnastique a pour objet ce qui est sujet à la génération et à la

[1] Voyez le Phédre.

corruption, son but étant d'examiner ce qui peut augmenter ou diminuer les forces du corps. — Cela est vrai. — Elle n'est donc pas la science que nous cherchons.—Non.

— Serait-ce la musique telle que nous l'avons expliquée plus haut? — Mais, s'il t'en souvient, elle répond à la gymnastique, quoique dans un genre opposé. Son but, disions-nous, est d'accorder, pour ainsi dire, l'âme des guerriers par le moyen de l'harmonie, et d'en régulariser les mouvements par le moyen du rhythme et de la mesure, mais non de lui communiquer une science. Elle emploie dans un but semblable les discours, soit vrais, soit fabuleux ; mais je n'ai point vu qu'elle renfermât aucune des sciences que tu cherches, et qui sont propres à élever l'âme à la connaissance du bien. — Tu me rappelles exactement ce que nous avons dit : la musique, en effet, ne nous a paru contenir rien de semblable. Mais, mon cher Glaucon, où donc rencontrer cette science? ce ne sont point les arts mécaniques ; de ton aveu, ils sont trop bas pour cela. — Sans contredit ; cependant, si nous écartons la musique, la gymnastique et les arts, quelle autre science peut-il rester encore? — Si nous ne trouvons plus rien hors de là, prenons quelque science universelle. — Laquelle? — Celle qui est si commune, dont tous les arts et toutes les sciences font usage, et qu'il est nécessaire d'apprendre des premières. — Quelle est-elle ? — Celle qui apprend à connaître ce que c'est qu'un, deux, trois ; science vulgaire et facile. Je l'appelle en général la science des nombres et du calcul : n'est-il pas vrai qu'aucun art, aucune science ne peut s'en passer? — J'en conviens. — Ni l'art militaire, par conséquent? — Elle lui est absolument nécessaire.

— En vérité, Palamède, dans les tragédies, nous représente toujours Agamemnon comme un plaisant général. N'as-tu pas remarqué qu'il se vante d'avoir inventé les nombres, d'avoir donné le plan du camp devant Troie, et d'avoir fait le dénombrement des vaisseaux et de tout le reste, comme s'il eût été impossible avant lui de comp-

ter tout cela, et qu'Agamemnon ne sût pas même combien il avait de pieds, puisqu'à l'en croire, il ne savait
pas même compter? Quelle idée voudrais-tu qu'on eût
d'un pareil général? — Une idée très-désavantageuse, si
la chose était vraie. — Est-il, à ton avis, une science
plus nécessaire au guerrier que celle des nombres et du
calcul? — Elle lui est indispensable, s'il veut entendre
quelque chose à l'ordonnance d'une armée, ou plutôt s'il
veut être homme. — Partages-tu la même idée que moi au
sujet de cette science? — Quelle idée? — Il me semble
qu'elle a l'avantage que nous cherchons, celui d'élever
l'âme à la pure intelligence, et de l'amener à la contemplation de ce qui est; mais personne ne sait s'en servir
comme il faut. — Je n'entends pas.

— Je vais tâcher de t'expliquer ce que je pense. A
mesure que je vais distinguer les choses que je crois propres à élever l'âme de celles qui ne le sont pas, considère
successivement le même objet que moi ; puis accorde ou
nie, selon que tu le jugeras à propos; nous verrons mieux
par là si la chose est telle que je l'imagine. — Parle. —
Vois s'il n'est pas vrai que, parmi les choses sensibles,
les unes n'invitent nullement l'entendement à y porter son
attention, parce que les sens en sont juges compétents;
tandis que les autres obligent l'entendement à réfléchir,
parce que les sens n'en sauraient porter un jugement
sain. — Tu parles sans doute des objets aperçus dans le
lointain et des esquisses? — Tu n'as pas bien compris ce
que je veux dire. — De quoi veux-tu donc parler? —
Par les objets qui n'invitent pas l'âme à la réflexion, j'entends ceux qui n'excitent point en même temps deux sensations contraires; et par objets qui invitent l'âme à
réfléchir, j'entends ceux qui font naître deux sensations
opposées, lorsque le rapport des sens ne dit pas plutôt
que c'est telle chose que telle autre chose opposée, soit
que l'objet frappe les sens de près ou de loin. Pour le
faire mieux comprendre ma pensée, voilà trois doigts : le
petit, le suivant et celui du milieu.—Fort bien.—Conçois

que je les suppose vus de près; puis fais avec moi cette
observation. — Quelle observation? — Chacun d'eux nous
paraît également un doigt; peu importe à cet égard qu'on
le voie au milieu ou à l'extrémité, blanc ou noir, gros ou
menu, et ainsi du reste. Rien de tout cela n'oblige l'âme
à demander à l'entendement ce que c'est qu'un doigt; car
jamais la vue n'a témoigné en même temps qu'un doigt
fût autre chose qu'un doigt.—Non sans doute.—J'ai donc
raison de dire qu'en ce cas rien n'excite ni ne réveille
l'entendement. — Oui.

   — Mais quoi! la vue juge t-elle comme il faut de la
grandeur ou de la petitesse de ces doigts? Lui est-il indifférent, pour en bien juger, que l'un d'eux soit au milieu
ou à l'extrémité? J'en dis autant de la grosseur et de la
finesse, de la mollesse et de la dureté au toucher. En
général, le rapport des sens sur tous ces points est-il bien
exact? N'est-ce pas ceci plutôt que fait chacun d'eux? Le
sens destiné à juger de ce qui est dur ne peut le faire
qu'après avoir jugé de ce qui est mou, et il rapporte à
l'âme que le corps qui l'affecte est en même temps dur et
mou. — Cela est ainsi. — N'est-il pas inévitable alors que
l'âme soit embarrassée de ce rapport du toucher qui lui
dit que la même chose est dure et molle? La sensation de
la pesanteur et de la légèreté ne jette-t-elle point aussi
l'âme dans de pareilles incertitudes sur la nature de la
pesanteur et de la légèreté, lorsque la même sensation lui
dit que le même corps est pesant ou léger? — De pareils
témoignages doivent sembler bien étranges à l'âme, et
demandent un sérieux examen de sa part. — Ce n'est donc
pas sans raison que l'âme, appelant alors à son secours l'entendement et la réflexion, tâche d'examiner si chacun de ces
témoignages porte sur une seule chose ou sur deux. —Non
sans doute. — Et si elle juge que ce sont deux choses,
chacune d'elles lui paraîtra une et distincte de l'autre. —
Oui. — Si donc chacune d'elles lui paraît une, et l'une et
l'autre deux, elle les concevra toutes deux à part; car si
elle les concevait comme n'étant pas séparées, ce ne serait

plus la conception de deux choses, mais d'une seule. —
Fort bien.

—La vue, disions-nous, aperçoit la grandeur et la petitesse, non comme deux choses séparées, mais comme des
choses confondues ensemble : n'est-ce pas? — Oui. — Et
pour démêler cette sensation confuse, l'entendement,
faisant le contraire de la vue, est contraint de considérer
la grandeur et la petitesse non plus confondues, mais
distinctes l'une de l'autre. — Cela est vrai. — Ainsi, voilà
ce qui nous fait naître la pensée de nous demander à
nous-mêmes ce que c'est que grandeur et petitesse. — Oui.
— C'est aussi pour cela que nous avons distingué quelque
chose de visible et quelque chose d'intelligible. — Fort
bien. — Voilà ce que je voulais te faire entendre, lorsque
je disais que, parmi les objets sensibles, les uns excitent
l'âme à la réflexion, désignant par là ceux qui produisent
à la fois deux sensations contraires; les autres n'invitent
point l'esprit à réfléchir, parce qu'ils ne font naître
qu'une sensation. — Je comprends à présent, et je pense
comme toi.

— En laquelle de ces deux classes ranges-tu le nombre
et l'unité? — Je n'en sais rien. — Juges-en par ce que
nous venons de dire. Si nous obtenons une connaissance
suffisante de l'unité par la vue ou par quelque autre sens,
cette connaissance ne saurait nous diriger vers la contemplation de l'essence, comme nous disions tout à l'heure du
doigt. Mais si la vue nous offre toujours dans l'unité quelque contradiction, de sorte qu'elle ne nous paraît pas plus
une unité qu'un assemblage d'unités, il est alors besoin
d'un juge qui décide; l'âme, embarrassée, réveille en
elle l'entendement, et se trouve contrainte de faire des
recherches, et de se demander à elle-même ce que c'est
que l'unité. C'est dans ce cas que la connaissance de
l'unité est une de celles qui élèvent l'âme, et la tournent
vers la contemplation de l'être. — Mais la vue de l'unité
produit en nous l'effet dont tu parles; car nous voyons en
même temps la même chose une et multiple jusqu'à l'in-

fini. — Ce qui arrive à l'unité n'arrive-t-il pas aussi à tout nombre, quel qu'il soit? — Sans doute. — Or, l'arithmétique et la science du calcul ont pour objet le nombre. — Oui. — Elles conduisent par conséquent l'une et l'autre à la connaissance de la vérité. — Parfaitement bien.

— Voilà donc déjà deux des sciences que nous cherchons. En effet, elles sont nécessaires au guerrier pour bien disposer une armée; au philosophe, pour sortir de ce qui naît et meurt, et pour s'élever jusqu'à l'essence même des choses; car il n'y aurait jamais sans cela de vrai arithméticien. — Tu as raison. — Mais celui à qui nous confions la garde de notre État est tout à la fois guerrier et philosophe. — Oui. — Faisons donc une loi à ceux qui sont destinés chez nous à remplir les premières places de s'appliquer à la science du calcul, de l'étudier, non pas superficiellement, mais jusqu'à ce que, par le moyen de la pure intelligence, ils soient parvenus à connaître l'essence des nombres; non pour faire servir cette science, comme les marchands et les négociants, aux ventes et aux achats, mais pour l'appliquer aux besoins de la guerre, et faciliter à l'âme la route qui doit la conduire de la sphère des choses périssables à la contemplation de la vérité et de l'être. — Fort bien.

— J'aperçois maintenant combien cette science du calcul est belle en soi, et combien elle est utile au dessein que nous nous proposons, lorsqu'on l'étudie pour elle-même, et non pour en faire un négoce. — Qu'admires-tu donc si fort en elle? — La vertu qu'elle a d'élever l'âme, ainsi que nous venons de le dire, en l'obligeant à raisonner sur les nombres tels qu'ils sont en eux-mêmes, sans jamais souffrir que ses calculs roulent sur des nombres visibles et palpables. Tu sais sans doute ce que font ceux qui sont versés dans cette science. Si tu essayes en leur présence de diviser l'unité proprement dite, ils se moquent de toi, et ne t'écoutent pas; mais, si tu la divises, ils la multiplient d'autant, craignant que l'unité ne paraisse point ce qu'elle est, c'est-à-dire une, mais un assemblage de parties. — Tu as raison. — Et si on leur demande : « De quel nombre parlez-vous? Où sont ces unités telles que vous les supposez, parfaitement égales entre elles, sans qu'il y ait la moindre différence, et qui ne sont point composées de parties? » Mon cher Glaucon, que crois-tu qu'ils répondent? — Je crois qu'ils répondraient qu'ils parlent des ces nombres qui ne tombent pas sous les sens, et qu'on ne peut saisir autrement que par la pensée. — Ainsi tu vois, mon cher ami, que nous ne pouvons absolument nous passer de cette science, puisqu'il est évident qu'elle oblige l'âme à se servir de l'entendement pour connaître la vérité. — Il est certain qu'elle est merveilleusement propre à produire cet effet. — As-tu aussi observé que ceux qui sont nés calculateurs, ayant l'esprit de combinaison, ont beaucoup de facilité pour presque toutes les sciences, et que même les esprits pesants, lorsqu'ils se sont exercés et rompus au calcul, en retirent au moins cet avantage d'acquérir plus de facilité et de pénétration? — La chose est ainsi. — Au reste, il te serait difficile de trouver beaucoup de sciences qui coûtent plus à apprendre et à approfondir que celle-là. — Je le crois. — Ainsi, par toutes ces raisons, nous ne devons pas la négliger; mais il faut y appliquer de bonne heure ceux qui seront nés avec un excellent naturel. — J'y consens.

— Nous l'adoptons donc. Voyons si cette autre science qui s'y rattache nous convient ou non. — Quelle est-elle? ne serait-ce point la géométrie? — Elle-même. — Il est évident qu'elle nous convient, du moins en tant qu'elle a rapport aux opérations de la guerre : car, toutes choses égales, un géomètre s'entendra mieux qu'un autre à asseoir un camp, à prendre des places fortes, à resserrer ou à étendre une armée, et à lui faire faire toutes les évolutions qui sont d'usage dans une action ou dans une marche. — A te dire vrai, il n'est pas besoin pour cela de beaucoup de géométrie et de calcul. Il faut voir si la plus haute partie de cette science tend à rendre plus facile à l'esprit la contemplation de l'idée du bien; car c'est là, disons-nous, le résultat des sciences qui obligent l'âme à se tourner vers le lieu où est cet être le plus heureux de tous les êtres, que l'âme doit s'efforcer de contempler de toute manière. — Tu as raison. — Si donc la géométrie porte l'âme à contempler l'essence des choses, elle nous convient; si elle s'arrête à leurs accidents, elle ne nous convient pas. — Sans doute. — Or, aucun de ceux qui ont la moindre teinture de géométrie ne nous contestera que le but de cette science est directement contraire au langage que tiennent ceux qui la traitent. — Comment cela? — Leur langage est fort plaisant, quoiqu'ils ne puissent s'empêcher d'en user. Ils parlent de *carrer*, de *prolonger*, d'*ajouter*, et ainsi du reste, comme s'ils opéraient réellement, et que toutes leurs démonstrations tendissent à la pratique; tandis que cette science n'a tout entière d'autre objet que la connaissance. — Cela est vrai. — Conviens encore d'une chose. — De quoi? — Qu'elle a pour objet la connaissance de ce qui est toujours, et non de ce qui naît et périt. — Je n'ai pas de peine à en convenir; car la géométrie a pour objet la connaissance de ce qui est toujours. — Par conséquent elle attire l'âme vers la vérité, elle forme en elle l'esprit philosophique, en l'obligeant à porter en haut ses regards, au lieu de les abaisser, comme on le fait, sur les choses d'ici-bas. — Rien n'est plus certain. — Nous ordonnerons donc très-expressément aux citoyens de notre État de ne point négliger l'étude de la géométrie; d'autant plus qu'outre cet avantage principal, elle en a encore d'autres qui ne sont pas à mépriser. — Quels sont-ils? — D'abord ceux dont tu as parlé, et qui regardent la guerre. De plus, elle donne à l'esprit de la facilité pour les autres sciences; aussi voyons-nous qu'il y a à cet égard une différence du tout au tout entre celui qui est versé dans la géométrie et celui qui ne l'est point. — La différence est très-grande en effet. — Nous ferons

22

donc apprendre encore cette science à nos jeunes élèves.
— Je le veux bien.

— L'astronomie sera-t-elle la troisième science? Que
t'en semble? J'en suis fort d'avis; d'autant plus qu'il
n'est pas moins nécessaire au guerrier qu'au laboureur
et au pilote d'avoir une exacte connaissance des saisons,
des mois et des années. — Tu es vraiment trop bon. Il
semble que tu craignes que le vulgaire ne te reproche de
faire entrer des sciences inutiles dans ton plan d'éducation. Les sciences dont nous parlons ont un avantage considérable, mais que peu de gens sauront apprécier : c'est
de purifier, de ranimer un organe de l'âme éteint et
aveuglé par les autres occupations de la vie; organe dont
la conservation nous importe mille fois plus que celle des
yeux du corps, puisque c'est par lui seul qu'on aperçoit
la vérité. Quand tu diras cela, ceux qui pensent comme
nous sur ce point l'applaudiront; mais ne l'attends pas
au suffrage de ceux qui n'ont jamais fait ces réflexions,
et qui ne voient dans ces sciences d'autre utilité que celle
dont tu as parlé. Or, vois à présent pour qui tu parles.
A moins que ce ne soit ni pour les uns ni pour les autres,
mais pour toi-même que tu raisonnes, bien que tu sois
dans la disposition de ne point envier aux autres l'utilité
qu'ils pourront retirer de tes paroles. — Il est vrai que
c'est principalement pour moi que j'aime à interroger et à
répondre.

— Si cela est, revenons sur nos pas, car nous n'avons
pas pris la science qui suit immédiatement la géométrie.
— Comment avons-nous donc fait? — Des surfaces nous
avons passé aux solides en mouvement, avant de nous
occuper des solides en eux-mêmes. L'ordre exigeait qu'a-
près ce qui est composé de deux dimensions, nous pris-
sions les solides qui en ont trois, c'est-à-dire le cube et
tout ce qui a de la profondeur. — Cela est vrai. Mais il
me semble, Socrate, qu'on n'a encore fait en ce genre
aucune découverte? — Cela vient de deux causes. La pre-

mière est qu'aucun État ne fait assez de cas de ces découvertes, et qu'on y travaille faiblement parce qu'elles
sont pénibles. La seconde est que ceux qui s'y appliquent
auraient besoin d'un guide, sans lequel leurs recherches
seront inutiles. Or, il est difficile d'en trouver un bon ; et
quand on en trouverait un, dans l'état présent des choses,
ceux qui s'occupent de ces recherches ont trop de pré-
somption pour vouloir lui obéir. Mais si un État présidait
à ces travaux, et qu'il en fît quelque estime, les individus
se prêteraient à ses vues, et, grâce à des efforts concertés
et soutenus, on ne tarderait pas à découvrir la vérité ;
puisque aujourd'hui même, malgré le mépris qu'on fait de
cette science, et quoique le petit nombre de ceux qui s'y
livrent n'en comprennent pas toute l'utilité, néanmoins
la seule force du charme qu'elle exerce triomphe de tous
les obstacles, et chaque jour elle fait de nouveaux progrès.
Il n'est donc point étonnant qu'elle soit arrivée au point
où nous la voyons. — Je conviens qu'il n'est point d'étude
plus attrayante que celle-là. Mais explique-moi, je te prie,
ce que tu disais tout à l'heure. Tu mettais d'abord la géométrie ou la science des surfaces? — Oui. — Et l'astronomie immédiatement après. Ensuite tu es revenu sur tes
pas. — C'est qu'en voulant trop me hâter, je recule au
lieu d'avancer. Je devais, après la géométrie, parler de
la formation des solides; mais, voyant qu'on n'a encore
rien découvert sur cette matière, je l'ai laissée de côté
pour passer à l'astronomie, c'est-à-dire aux solides en
mouvement. — Fort bien. — Mettons donc l'astronomie à
la quatrième place, en supposant la science des solides
découverte du moment qu'un État s'en occupera. — C'est
en effet très-probable. Mais comme tu m'as reproché d'a-
voir fait un éloge maladroit de l'astronomie, je vais la
louer d'une manière conforme à tes idées. Il est, ce me
semble, évident pour tout le monde qu'elle oblige l'âme à
regarder en haut, et à passer des choses de la terre à la
contemplation de celles du ciel. — Cela est peut-être évident pour tout autre que pour moi, car je n'en juge pas

tout à fait de même. — Comment en juges-tu? — Je pense
que de la manière dont l'étudient ceux qui l'érigent en
philosophie, elle fait regarder en bas. — Que veux-tu
dire?

— Il me semble que tu te formes une idée bien singu-
lière de ce que j'appelle la connaissance des choses d'en
haut. Tu crois donc que si quelqu'un distinguait quelque
chose en considérant de bas en haut les ornements d'un
plafond, il regarderait des yeux de l'âme et non de ceux
du corps? Peut-être as-tu raison et me trompé-je grossiè-
rement. Pour moi, je ne puis reconnaître d'autre science
qui fasse regarder l'âme en haut que celle qui a pour objet
ce qui est et ce qu'on ne voit pas, acquit-on cette science
en regardant en haut, la bouche béante, ou en baissant la
tête et fermant à demi les yeux; tandis que si quelqu'un
regarde en haut, la bouche béante, pour apprendre quelque chose de sensible, je ne dirai même pas qu'il apprend
quelque chose, parce que rien de sensible n'est l'objet de
la science; ni que son âme regarde en haut, mais en bas,
quand même il serait couché à la renverse sur la terre ou
sur la mer. — Tu as raison de me reprendre : je n'ai que
ce que je mérite. Mais dis-moi ce que tu blâmes dans la
manière dont on étudie aujourd'hui l'astronomie, et quel
changement il faudrait y faire pour la rendre utile à notre
dessein. — Le voici. Qu'on admire la beauté et l'ordre
des astres dont le ciel est orné, rien de mieux; mais,
comme après tout ce sont des objets sensibles, je veux
qu'on mette leur beauté fort au-dessous de la beauté véritable que produisent la vitesse et la lenteur réelles dans
leurs rapports mutuels et dans les mouvements qu'ils com-
muniquent aux astres, selon le vrai nombre et toutes les
vraies figures. Or, ces choses échappent à la vue, et ne
peuvent se saisir que par l'entendement et la pensée :
crois-tu le contraire? — Nullement.

— Je veux donc que la beauté du ciel visible ne soit
que l'image du ciel intelligible, et nous serve comme
serviraient à un géomètre des figures exécutées par Dé-

dale, ou par tout autre sculpteur ou peintre. Il ne pourrait s'empêcher de les regarder comme des chefs-d'œuvre
d'art ; mais il croirait en même temps que ce serait une
chose ridicule de les étudier sérieusement, dans l'espérance d'y découvrir la vérité touchant le rapport d'égalité, celui du tout à sa moitié, ou quelque autre rapport
que ce soit. — Aurait-il tort de trouver cela ridicule? —
Le véritable astronome n'aura-t-il pas la même pensée
en considérant les révolutions célestes? Il croira sans
doute que celui qui a fait le ciel a donné à son ouvrage
la beauté que l'artiste humain a donnée au sien. Mais
n'es-tu pas persuadé qu'il prendra pour une extravagance
de s'imaginer que les rapports du jour à la nuit, des
jours aux mois, des mois aux années, enfin des révolutions des astres entre elles ou avec celles du soleil, soient
toujours les mêmes et ne changent jamais, lorsqu'il ne
s'agit que de phénomènes matériels et visibles, et de
chercher par tous les moyens à découvrir la vérité même
en tout cela? — A présent que je t'entends, la chose me
semble ainsi. — Nous nous servirons donc des astres dans
l'étude de l'astronomie, comme on se sert des figures en
géométrie, sans nous arrêter à ce qui se passe dans le
ciel, si nous voulons devenir de vrais astronomes, et
tirer quelque utilité de la partie intelligente de notre
âme, qui sans cela nous sera inutile. — Tu rends par là
l'étude de l'astronomie beaucoup plus difficile qu'elle ne
l'est aujourd'hui. — Je pense que nous prescrirons la
même méthode à l'égard des autres sciences; autrement,
de quel avantage seraient nos lois? Mais pourrais-tu
me rappeler encore quelque science qui puisse servir à
notre dessein? — Il ne m'en vient maintenant aucune à
l'esprit.

— Cependant le mouvement, à ce qu'il me semble, ne
présente pas qu'une seule forme; il en a plusieurs. Un
savant pourrait peut-être les nommer toutes; pour nous,
nous ne nommerons que les deux que nous connaissons.—
Quelles sont-elles? — L'astronomie est la première; l'autre

est celle qui lui répond. — Quelle est cette autre? — Il
semble que les oreilles ont été faites pour les mouvements
harmoniques, comme les yeux pour les mouvements astro-
nomiques; et que ces deux sciences, l'astronomie et la
musique, sont sœurs, disent les pythagoriciens, et nous
après eux : n'est-ce pas? — Oui. — Comme la question est
grave, nous adopterons leur opinion sur ce point, et sur
d'autres encore, s'il y a lieu, en observant néanmoins avec
soin notre maxime. — Quelle maxime? — De veiller à ce
qu'on ne fasse point faire à nos élèves d'études en ce genre,
qui demeureraient imparfaites et n'aboutiraient pas au
terme où doivent aboutir toutes nos connaissances, comme
nous le disions tout à l'heure au sujet de l'astronomie. Ne
sais-tu pas que la musique, aujourd'hui, n'est pas mieux
traitée que sa sœur? On borne cette science à la mesure
des tons et des accords sensibles : travail aussi inutile que
celui des astronomes.

— Il est vrai que rien n'est plus plaisant. Nos musiciens
parlent sans cesse de nuances diatoniques; ils tendent
l'oreille, comme pour surprendre les sons au passage : les
uns disent qu'ils entendent un son mitoyen entre deux
tons, et que ce son est le plus petit intervalle qui les
sépare; les autres soutiennent, au contraire, que ces deux
tons sont parfaitement semblables; tous préfèrent le jugement de l'oreille à celui de l'esprit. — Tu parles de ces
braves musiciens qui ne laissent aucun repos aux cordes,
qui les mettent à la question et les tourmentent au moyen
des chevilles. Je pourrais pousser plus loin cette descrip-
tion, parler des coups d'archet qu'ils leur donnent, et des
accusations dont ils les chargent sur leur obstination à
refuser certains sons ou à en donner qu'on ne leur
demande pas; mais je la laisse, et je déclare que ce n'est
point d'eux que je veux parler, mais de ceux que nous
nous sommes proposés d'interroger sur l'harmonie. Ceux-
ci, du moins, font la même chose que les astronomes :
ils cherchent de quels nombres résultent les accords qui
frappent l'oreille; mais ils ne vont pas jusqu'à ne voir

dans ces accords qu'un moyen pour découvrir quels sont les nombres harmoniques et ceux qui ne le sont pas, ni d'où vient entre eux cette différence. — Cette recherche serait vraiment sublime. — Elle conduit à la découverte du beau et du bon ; mais, si l'on s'y livre dans un autre but, elle ne servira de rien. — Je le crois.

— Je pense en effet que si l'étude de toutes les sciences dont nous venons de parler avait pour but de faire connaître les rapports intimes et généraux qu'elles ont entre elles, cette étude alors serait d'un grand secours pour la fin que nous nous proposons, sinon elle ne vaudrait pas la peine qu'on s'y livrât. — Je suis de ton sentiment ; mais, Socrate, ce travail sera bien long et bien pénible.— Que veux-tu dire? Ce n'est encore là que le prélude. Ne sais-tu pas que tout ceci n'est qu'une sorte de prélude de l'air qu'il nous faut apprendre? En effet, tous ceux qui sont versés dans ces sciences sont-ils dialecticiens, à ton avis? — Non certes : je n'en ai trouvé qu'un très-petit nombre. — Mais quoi, si l'on n'est pas en état de donner ou d'entendre la raison de chaque chose, crois-tu qu'on puisse jamais bien connaître ce que nous avons dit qu'il fallait savoir? — Je ne le crois pas.

— Nous voilà enfin parvenus, mon cher Glaucon, à l'air même dont je viens de parler, c'est-à-dire à la dialectique. Cette science, toute spirituelle qu'elle est, peut être représentée par l'organe de la vue, qui, comme nous l'avons montré, s'élève graduellement du spectacle des animaux à celui des astres, et enfin à la contemplation du soleil même. Ainsi celui qui s'applique à la dialectique, s'interdisant absolument l'usage des sens, s'élève par la raison seule jusqu'à l'essence des choses ; et s'il continue ses recherches jusqu'à ce qu'il ait saisi par la pensée l'essence du bien, il est arrivé au terme des connaissances intellectuelles, comme celui qui voit le soleil est parvenu au terme de la connaissance des choses visibles. — Cela est vrai. — N'est-ce pas là ce que tu appelles la marche dialectique? — Sans doute. — Rappelle-toi l'homme de la

caverne : il commence par être délivré de ses chaînes;
puis, laissant les ombres, il se tourne vers les figures
artificielles et vers le feu qui les éclaire. Enfin il sort de ce
lieu souterrain pour s'élever jusqu'aux lieux qu'éclaire le
soleil ; et parce que ses yeux faibles et éblouis ne peuvent
se porter d'abord ni sur les animaux, ni sur les plantes,
ni sur le soleil, il a recours à leurs images peintes dans
les eaux et à leurs ombres; mais ces ombres appartiennent
à des êtres réels, et non point à des objets artificiels
comme dans la caverne, et elles ne sont point formées par
cette lumière que notre prisonnier prenait pour le soleil.
L'étude des sciences dont nous avons parlé produit le
même effet. Elle élève la partie la plus noble de l'âme
jusqu'à la contemplation du plus excellent de tous les êtres,
comme, dans l'autre cas, le plus perçant des organes du
corps s'élève à la contemplation de ce qu'il y a de plus
lumineux dans le monde matériel et visible.

— Je tombe d'accord sur ce que tu dis. Cependant, sous
un certain jour, la chose me paraît difficile à croire; sous
un autre jour, elle me paraît difficile à rejeter. Mais,
comme ce n'est pas la seule fois que nous parlerons de ce
sujet, et que nous y reviendrons souvent dans la suite,
supposons que cela est ainsi : venons maintenant à notre
air, et étudions-le avec autant de soin que le prélude. Dis-
nous donc en quoi consiste la dialectique, en combien
d'espèces elle se divise, et par quels chemins on y parvient. Car il y a apparence que le terme où ces chemins
aboutissent est le repos de l'âme et la fin de son voyage.
— Tu ne pourrais point me suivre jusque-là, mon cher
Glaucon : car, pour moi, la bonne volonté ne me manquerait pas; ce ne serait plus l'image du bien que je te
ferais voir; mais le bien lui-même; du moins c'est ma
pensée. Au reste, que ce soit le bien lui-même ou non,
ce n'est pas encore la question; mais ce qu'il s'agit de
prouver, c'est qu'il existe quelque chose de semblable :
n'est-ce pas? — Oui. — Et que la dialectique seule peut
le découvrir à un esprit exercé dans les sciences qui ser-

vent de préparation à celle-là ; la chose étant impossible par toute autre voie. — C'est bien là ce qu'il s'agit de prouver. — Au moins il est un point que personne ne nous contestera ; c'est que cette méthode est la seule qui essaye de parvenir régulièrement à l'essence de chaque chose : car, d'abord, la plupart des arts ne s'occupent que des opinions des hommes et de leurs goûts, de production et de fabrication, ou même seulement de l'entretien des produits de la nature ou de l'art. Quant aux autres arts, tels que la géométrie et les autres sciences du même ordre, qui, selon nous, ont quelque commerce avec ce qui est, nous voyons que la connaissance qu'ils ont de l'être ressemble à un songe ; qu'il leur sera toujours impossible de le voir de cette vue claire qui distingue la veille du rêve, tant qu'ils ne s'élèveront pas au-dessus de leurs hypothèses, faute de pouvoir en rendre raison. Quel moyen en effet de donner le nom de science à des démonstrations fondées sur des principes incertains, et sur lesquels néanmoins portent les conclusions et les propositions intermédiaires ? — Il n'y a pas moyen.

— Il n'y a donc que la méthode dialectique qui, laissant là les hypothèses, remonte au principe pour l'asseoir fermement, tire peu à peu l'œil de l'âme du bourbier où il est plongé, et l'élève en haut avec le secours et par le ministère des arts dont nous avons parlé. Nous les avons appelés plusieurs fois du nom de *sciences* pour nous conformer à l'usage ; mais il faudrait leur donner un autre nom qui tînt le milieu entre l'obscurité de l'opinion et l'évidence de la science : nous nous sommes servis plus haut du nom de *connaissance raisonnée*. Mais nous avons, ce me semble, des choses trop importantes à examiner pour nous arrêter à une dispute de noms. — Tu as raison. — Mon avis est donc que nous continuions d'appeler *science* la première et la plus parfaite manière de connaître, *connaissance raisonnée* la seconde, *foi* la troisième, *conjecture* la quatrième, comprenant les deux

dernières sous le nom d'*opinion*, et les deux premières
sous celui d'*intelligence* : de sorte que ce qui naît soit
l'objet de l'opinion, et ce qui est, celui de l'intelligence; et
que l'intelligence soit à l'opinion, la science à la foi, la
connaissance raisonnée à la conjecture, ce que l'essence
est à ce qui naît. Laissons pour le présent, mon cher
Glaucon, l'examen des raisons qui fondent cette analogie,
ainsi que la manière de diviser en deux espèces le genre
d'objets qui tombe sous l'opinion, et celui qui appartient à l'intelligence, pour ne pas nous jeter dans des dis-
cussions plus longues que toutes celles dont nous sommes
sortis.—Autant que j'ai pu te suivre, j'adhère à toutes les
autres choses que tu as dites.

—N'appelles-tu pas dialecticien celui qui connaît la
raison de l'essence de chaque chose? Et ne dis-tu pas d'un
homme qu'il n'a pas l'intelligence d'une chose, lorsqu'il
ne peut en rendre raison ni à lui-même ni aux autres ?—
Comment pourrais-je ne le pas dire? — Raisonnons de
la même manière à l'égard du bien. Ne diras-tu pas d'un
homme qui ne peut séparer par l'entendement l'idée du
bien de toutes les autres, ni en donner une définition
précise, ni vaincre toutes les objections comme un homme
de cœur dans un combat, ni démontrer cette idée d'une
façon réelle, en renversant tous les obstacles par un raisonnement irrésistible ; encore un coup, ne diras-tu pas
de lui qu'il ne connaît ni le bien par essence, ni aucun
autre bien ; que s'il saisit quelque fantôme de bien, ce
n'est point par la science, mais par l'opinion qu'il le saisit ; que sa vie se passe dans un profond sommeil accompagné de songes, et dont il ne se réveillera pas avant de
descendre aux enfers pour y dormir d'un sommeil parfait?—Oui certes, je le dirai.—Mais si tu te trouvais un
jour chargé en effet de l'éducation de ces mêmes élèves,
que tu formes ici par manière de discours, tu ne les met-
trais pas sans doute à la tête de l'État avec un plein pouvoir de disposer des plus grandes affaires, si leurs pensées

étaient pour eux ce que sont en géométrie les lignes irra-
tionnelles[1], et qu'ils ne pussent en rendre raison davantage? — Non assurément. — Tu leur prescriras donc de
s'appliquer spécialement à la science d'interroger et de
répondre de la manière la plus savante possible. — Oui,
je le leur prescrirai avec toi. — Ainsi tu juges que la dialectique est, pour ainsi parler, le faîte et le comble des
autres sciences, qu'il n'en est aucune qu'on doive placer
au-dessus d'elle, et qu'elle ferme la série des sciences
qu'il importe d'apprendre. — Oui.

— Il te reste par conséquent à régler qui sont ceux à qui
nous ferons part de ces sciences, et de quelle manière
nous les leur enseignerons. — Cela est évident. — Te rappelles-tu quel est le caractère de ceux que nous avons
choisis pour gouverner? — Oui. — Toi-même tu pensais
que nous devions choisir des hommes de cette trempe, et
qu'il fallait préférer ceux qui sont les plus fermes, les
plus vaillants et, s'il se pouvait, les plus beaux; mais ces
avantages corporels et la noblesse des sentiments ne suffisent pas; il est encore nécessaire qu'ils aient des dispositions convenables à l'éducation que nous voulons leur
donner. — Quelles sont ces dispositions? — La sagacité
nécessaire pour l'étude des sciences, et la facilité à apprendre; car l'âme est bien plus vite rebutée par les
difficultés des sciences abstraites que par les difficultés de
la gymnastique, parce que la peine n'est que pour elle
seule, et que le corps ne la partage point. — Cela est
vrai. — Il faut de plus qu'ils aient de la mémoire, de la
volonté, qu'ils aiment le travail, et toute espèce de travail sans distinction; autrement, comment crois-tu qu'ils
consentent à allier ensemble tant d'exercices du corps,
tant de réflexions et de travaux de l'esprit? — Jamais
ils n'y consentiront, s'ils ne sont nés avec le plus heureux
naturel.

— La faute que l'on commet aujourd'hui, et c'est elle

[1] Euclid. liv. X. lignes incommensurables.

qui a fait tant de tort à la philosophie, vient, comme nous avons dit plus haut, de ce qu'on n'a point assez d'égard à la dignité de cette science ; elle n'est point faite pour des esprits faux et bâtards, mais pour des âmes franches et vraies. — Comment l'entends-tu ? — D'abord, ceux qui veulent s'y appliquer doivent être à l'abri de tout reproche en ce qui concerne l'amour du travail. Il ne faut pas qu'ils soient en partie laborieux, en partie indolents ; ce qui arrive lorsqu'un jeune homme, rempli d'ardeur pour le gymnase, pour la chasse, pour tous les exercices du corps, n'a d'ailleurs aucun goût pour tout ce qui est étude, conversations, recherches scientifiques, et qu'il craint ces sortes de travaux. J'en dis autant de celui qui est d'un caractère opposé. — Rien n'est plus vrai. — Ne mettrons-nous pas encore au rang des naturels imparfaits par rapport à l'étude de la vérité les âmes qui, détestant le mensonge volontaire, et ne pouvant le souffrir sans répugnance dans elles-mêmes, ni sans indignation dans les autres, n'ont pas la même horreur pour le mensonge involontaire, ne se déplaisent pas à leurs propres yeux lorsqu'elles sont convaincues d'ignorance, et s'y vautrent avec la même complaisance qu'un pourceau dans la fange ? — Oui sans doute. — Il ne faut pas apporter une moindre attention à discerner les naturels francs d'avec les naturels bâtards, à l'égard de la tempérance, de la force, de la grandeur d'âme et des autres vertus. Faute de savoir les distinguer, les particuliers et les États commettent leurs intérêts, ceux-ci à des magistrats, ceux-là à des amis faux et imparfaits. — Cela n'est que trop ordinaire.

— Prenons donc toutes nos mesures pour faire un bon choix ; parce que, si nous n'appliquons à des études et à des exercices de cette importance que des sujets auxquels il ne manque rien, ni du côté du corps ni du côté de l'âme, la justice elle-même n'aura nul reproche à nous faire ; notre État et nos lois se maintiendront ; mais, si nous appliquons à ces travaux des sujets indignes, le contraire arrivera, et nous couvrirons la philosophie d'un ridicule encore plus grand. — Ce serait une tâche honteuse pour nous. — Sans doute ; mais je ne m'aperçois pas que j'apprête moi-même ici à rire à mes dépens. — En quoi donc ? — J'oublie que tout ceci n'est qu'un projet en l'air, et je parle avec autant de véhémence que si la chose s'exécutait sous nos yeux. Ce qui m'a si fort échauffé, c'est qu'en parlant j'ai jeté les yeux sur la philosophie, et, la voyant traitée avec le dernier mépris, je n'ai pu m'empêcher d'en témoigner mon indignation contre ceux qui l'outragent. — Ton auditeur ne trouve pas que tu aies dit rien de trop fort. — L'orateur n'en juge pas de même. Quoi qu'il en soit, n'oublions pas que notre premier choix tombait sur des vieillards, et qu'ici un pareil choix ne serait pas de saison : car il n'en faut pas croire Solon lorsqu'il dit qu'*un vieillard peut apprendre beaucoup de choses.* Il serait plutôt en état de courir : non, tous les grands travaux sont pour la jeunesse. — Cela est certain.

— C'est donc dès l'âge le plus tendre qu'il faut appliquer nos élèves à l'étude de l'arithmétique, de la géométrie et des autres sciences qui servent de préparation à la dialectique ; mais il faut bannir des formes de l'enseignement tout ce qui pourrait sentir la gêne et la contrainte. — Pour quelle raison ? — Parce qu'un esprit libre ne doit rien apprendre en esclave. Que les exercices du corps soient forcés ou volontaires, le corps n'en tire pas pour cela moins d'avantage ; mais les leçons qu'on fait entrer de force dans l'âme n'y demeurent pas. — Cela est vrai. — N'use donc pas de violence envers les enfants dans les leçons que tu leur donnes ; fais plutôt en sorte qu'ils s'instruisent en jouant ; par là tu seras plus à portée de connaître les dispositions de chacun. — Ce que tu dis me paraît très-sensé. — Te souvient-il aussi de ce que nous disions plus haut, qu'il fallait mener les enfants à la guerre sur des chevaux, les rendre spectateurs du combat, les approcher même de la mêlée lorsqu'on le pourra sans danger, et leur faire en quelque sorte goûter du sang, comme on fait aux jeunes chiens de meute? — Je m'en souviens. — Tu mettras à part ceux qui auront montré plus de patience dans les travaux, plus de courage dans les dangers, et plus d'ardeur pour les sciences. — A quel âge? — Lorsqu'ils auront fini leurs cours d'exercices gymnastiques; car, pendant tout ce temps, qui sera de deux ou trois ans, il leur est impossible de faire autre chose, rien n'étant plus ennemi des sciences que la fatigue et le sommeil : d'ailleurs les exercices gymnastiques sont une épreuve à laquelle il est très-important de les soumettre. — Je le pense aussi.

— Après ce temps, lorsqu'ils auront atteint l'âge de vingt ans, tu accorderas à ceux que tu auras choisis des distinctions plus honorables, et tu leur présenteras dans leur ensemble les sciences qu'ils auront étudiées en détail dans l'enfance, afin qu'ils s'accoutument à voir d'un coup d'œil les rapports que les sciences ont entre elles, et à connaître la nature de ce qui est. — Cette méthode d'apprendre est la seule qui puisse affermir en eux les connaissances qu'ils auront acquises. — C'est aussi le moyen le plus sûr de distinguer l'esprit dialecticien de tout autre esprit; car celui qui sait rassembler les objets sous un seul point de vue est né pour la dialectique; les autres n'y sont pas propres. — Je suis du même sentiment. — Après avoir remarqué avec soin les meilleurs esprits dans ce genre, et ceux qui auront montré plus de constance et de fermeté soit dans l'étude des sciences, soit dans les travaux de la guerre, soit dans les autres épreuves prescrites, lorsqu'ils auront atteint l'âge de trente ans, tu les élèveras à de plus grands honneurs, et tu distingueras, en les appliquant à la dialectique, ceux qui, sans s'aider de leurs yeux ni des autres sens, pourront, par la seule force de la vérité, s'élever jusqu'à la connaissance de l'être; et c'est ici, mon cher Glaucon, qu'il faut apporter les plus grandes précautions. — Pourquoi? — As-tu fait attention au grand mal qui règne de nos jours dans la dialectique?— Quel mal? — Elle est pleine de désordre. — Cela est vrai.

—Crois-tu qu'il y ait en ce désordre rien de surprenant, et n'excuses-tu pas ceux qui s'y laissent aller?—Par où sont-ils excusables?—Il leur arrive la même chose qu'à un enfant supposé qui, élevé dans le sein d'une famille noble, opulente, au milieu du faste et des flatteurs, s'apercevrait, étant devenu grand, que ceux qui se disent ses parents ne le sont pas, sans pouvoir découvrir ceux qui le sont véritablement. Me dirais-tu bien quels seraient ses sentiments à l'égard de ses flatteurs et de ses parents prétendus, avant qu'il eût connaissance de sa supposition, et après qu'il en serait instruit? ou veux-tu savoir là-dessus ma pensée? — Je le veux bien. — Je m'imagine qu'il aurait d'abord plus de respect pour son père, sa mère et les autres qu'il regarderait comme ses proches, que pour ses flatteurs; qu'il aurait plus d'empressement à les secourir s'il les voyait dans l'indigence, qu'il serait moins disposé à les maltraiter de paroles ou d'action; en un mot que, dans les choses essentielles, il leur obéirait plutôt qu'à ses flatteurs pendant tout le temps qu'il ignorerait son état. — Il y a apparence. — Mais à peine aurait-il connu la vérité, qu'aussitôt son respect et ses attentions diminueraient à l'égard de ses parents, et augmenteraient pour ses flatteurs; qu'il s'abandonnerait à ceux-ci avec moins de réserve qu'auparavant, suivant en tout leurs conseils, et vivant avec eux publiquement dans la plus grande familiarité; tandis qu'il ne s'embarrasserait nullement de ce père et de ces parents supposés, à moins qu'il ne fût d'un naturel très-sage. — La chose ne manquerait pas d'arriver comme tu dis : mais comment appliquer ce tableau au désordre dont tu te plains?

— Voici comment : dès l'enfance ne nous élève-t-on pas dans des principes de justice et d'honnêteté que nous honorons, à qui nous obéissons comme à nos parents? — Cela est vrai. — N'est-il pas aussi des maximes opposées à celles-là? maximes qui ne tendent qu'au plaisir, qui obsèdent notre âme comme autant de flatteurs qui nous sollicitent vivement, mais qui ne nous persuadent pas, du

moins ceux d'entre nous qui sont les plus sages, et qui
conservent toujours pour les maximes dans lesquelles on
les a élevés le même respect et la même soumission? —
Cela est encore vrai. —Maintenant, si l'on vient demander
à quelqu'un qui est dans cette disposition d'esprit ce que
c'est que l'honnête, et si, après qu'il a répondu conformément à ce qu'il a appris de la bouche du législateur,
on réfute sa réponse, on le confond à plusieurs reprises,
et on le réduit à douter s'il y a rien qui soit honnête en
soi plutôt que déshonnête; si on en fait autant à l'égard du
juste, du bon et des autres choses qu'il révérait le plus,
quel parti crois-tu qu'il prenne au sujet du respect et de
la soumission qu'il doit leur rendre? — C'est une nécessité qu'il les honore et leur obéisse moins que devant. —
Mais, lorsqu'il en sera venu à n'avoir plus le même respect pour ces maximes, et à ne plus reconnaître les rapports intimes qu'elles ont avec lui, et qu'il lui sera d'ailleurs
impossible de découvrir le vrai par lui-même, se peut-il
faire qu'il embrasse d'autres maximes que celles qui le
flattent? —Non. — Il deviendra donc rebelle aux lois, de
soumis qu'il leur était auparavant. — Sans doute. — Ainsi
tu vois que ceux qui s'appliquent à la dialectique de la
manière que je viens de dire doivent tomber dans cet
inconvénient, et qu'après tout ils méritent qu'on leur
pardonne. — Et, de plus, qu'on les plaigne.

— Or, afin de ne pas exposer nos élèves au même inconvénient, lorsqu'ils seront parvenus à l'âge de trente
ans, avant de les appliquer à la dialectique, tu prendras
toutes les précautions nécessaires. — Fort bien. — N'est-
ce pas d'abord une excellente précaution de leur inter-
dire la dialectique quand ils sont trop jeunes? Tu n'ignores
pas sans doute que les jeunes gens, lorsqu'ils ont pris
les premières leçons de la dialectique, s'en servent comme
d'un amusement, et se font un jeu de contredire sans
cesse. A l'exemple de ceux qui les ont confondus dans la
dispute, ils confondent les autres à leur tour; et, semblables à de jeunes chiens, ils se plaisent à quereller et

à déchirer avec le raisonnement tous ceux qui les approchent. — Tu les peins au naturel. — Après beaucoup de disputes où ils ont été tantôt vainqueurs, tantôt vaincus, ils finissent d'ordinaire par ne plus rien croire de ce qu'ils croyaient auparavant. Par là, ils donnent occasion aux autres de les décrier, eux et la philosophie. — Rien n'est plus vrai. — Dans un âge plus mûr, on ne donnera point dans cette manie; on imitera plutôt ceux qui s'entretiennent dans le dessein de découvrir le vrai que ceux qui contredisent pour s'amuser et se divertir. On se fera ainsi une réputation d'homme sage et modéré, et on mettra la profession philosophique dans un degré d'estime où elle n'était point auparavant. — Très-bien.

— C'était encore par manière de précaution que nous disions plus haut qu'il ne fallait admettre aux exercices de la dialectique que des esprits graves et solides, au lieu d'y admettre, comme on fait de nos jours, le premier venu, qui n'a souvent aucune disposition pour cela. — Tu as raison. — Sera-ce assez de donner à la dialectique le double de temps qu'on aura donné à la gymnastique, et de s'y appliquer sans relâche et aussi exclusivement qu'on s'était livré aux exercices du corps? — Combien d'années, quatre ou six? — Mets-en cinq. Après quoi, tu les feras descendre de nouveau dans la caverne, les obligeant de passer par les emplois militaires et les autres fonctions propres à leur âge, afin qu'ils ne cèdent à personne en expérience. En toutes ces épreuves, tu observeras s'ils demeurent fermes, quoiqu'ils soient tirés et sollicités de tous côtés, ou s'ils se laissent ébranler un peu. — Combien de temps dureront ces épreuves? — Quinze ans. Il sera temps alors de conduire au terme ceux qui à cinquante ans seront sortis purs de ces épreuves, et se seront distingués dans les sciences et dans toute leur conduite; de les contraindre à diriger l'œil de l'âme vers l'être qui éclaire toutes choses, à contempler l'essence du bien, et à s'en servir après comme d'un modèle pour régler leurs mœurs, celles de l'État et de chaque citoyen; s'occupant presque toujours de l'étude de la philosophie, mais se chargeant, quand leur tour viendra, du fardeau de l'autorité et de l'administration des affaires dans la seule vue du bien public, et dans la persuasion que c'est moins une place d'honneur qu'un devoir onéreux et indispensable. C'est alors qu'après avoir travaillé sans cesse à former et à laisser à l'État des successeurs dignes de les remplacer, ils pourront passer de cette vie dans les îles fortunées. L'État leur érigera de magnifiques tombeaux, et, si l'oracle d'Apollon le trouve bon, on leur fera des sacrifices comme à des génies tutélaires, ou du moins comme à des âmes bienheureuses et divines.

— Socrate, tu viens de nous donner, en sculpteur habile, le modèle d'un magistrat accompli. — Applique aussi ceci aux femmes, mon cher Glaucon. Et ne crois pas que j'aie parlé plutôt pour les hommes que pour celles des femmes qui seront douées d'une aptitude convenable. — Cela doit être, puisque, dans notre système, il faut que tout soit commun entre les deux sexes. — Eh bien ! mes amis, m'accordez-vous à présent que notre projet d'État et de gouvernement n'est pas un simple souhait? L'exécution en est difficile, sans doute; mais elle est possible, et elle ne l'est que comme il a été dit, savoir, lorsqu'on verra à la tête des gouvernements un ou plusieurs vrais philosophes, qui, regardant d'un œil de mépris les honneurs qu'on brigue aujourd'hui, persuadés qu'ils ne sont d'aucun prix, n'estimant que le devoir et les honneurs qui en sont la récompense, mettant la justice au-dessus de tout pour l'importance et la nécessité, soumis en tout à ses lois, et s'appliquant à la faire prévaloir, entreprendront la réforme de l'État. — De quelle manière? — Ils relégueront à la campagne tous les citoyens qui seront au-dessus de dix ans; et, ayant soustrait de la sorte les enfants de ces citoyens à l'influence des mœurs actuelles, puisque leurs parents y auront été eux-mêmes soustraits, ils les élèveront conformément à leurs propres mœurs et à leurs propres principes, qui sont ceux que nous avons exposés ci-dessus. Par ce moyen, ils établiront dans l'État, en peu de temps et sans peine, le gouvernement dont nous avons parlé, et le rendront très-heureux. — Sans contredit. Je crois, Socrate, que tu as trouvé la manière dont notre projet s'exécutera, supposé qu'il s'exécute un jour. — Finissons là notre discours au sujet de cette république et de l'homme qui lui ressemble. Il n'est pas mal aisé de juger quel il doit être selon nos principes. — Non sans doute ; et, comme tu dis, cette manière est épuisée. »

LIVRE HUITIÈME.

—

ARGUMENT.

Platon arrive enfin à cette question toujours présente dans son livre, mais qu'il n'a point encore résolue, savoir, s'il est vrai que le méchant soit heureux sur la terre. Cette question, il veut l'approfondir à la fois dans l'individu et dans les masses, dans la famille et dans l'État. Ainsi la morale trouvera sa place au sommet de la politique, et c'est du tableau vivement tracé des divers gouvernements qui se partagent les peuples qu'il fera sortir la solution du plus difficile problème que se soit encore proposé la philosophie. Pour accomplir une si grande tâche, Platon établit d'abord qu'il y a cinq espèces de gouvernements et cinq caractères de l'âme qui leur répondent; il examine ensuite les défauts et les qualités de chacun de ces caractères et de chacun de ces gouvernements. C'est dans l'excès de leur principe fondamental, dans l'abus de leur prospérité qu'il trouve le vice qui les tue, ou plutôt l'origine de leurs transformations successives. Ainsi l'aristocratie devient une timarchie par la corruption; la timarchie, qui est le gouvernement des ambitieux, devient une oligarchie par la puissance donnée aux richesses; l'oligarchie devient une démocratie par la pauvreté du plus grand nombre qui se compte et se connaît : cette dernière forme de gouvernement sort toute armée de la corruption des riches et de la misère des pauvres; enfin, la démocratie se change en tyrannie par l'excès même de la licence, qui enfante toujours un maître. Alors le fils dévore le père, c'est-à-dire que le tyran dévore le peuple. L'État populaire trouve sa perte dans ce qu'il regarde comme son vrai bien, la liberté dégénérée en licence. Ce magnifique développement de la génération et de la transformation des États fait tout le fond de ce livre : il y tient la première place, et cependant il n'en est pas le but; le but est plus élevé et plus grand. Il s'agit en effet d'établir sur des bases inébranlables cette haute vérité morale, dont Platon vient de faire un principe politique, que la justice seule peut donner le bonheur.

« C'est donc une chose reconnue entre nous, mon cher Glaucon, que, dans un État bien gouverné, tout doit être commun, les femmes, les enfants, l'éducation, les exercices qui se rapportent à la paix et à la guerre, et qu'il faut lui donner pour chefs des hommes consommés dans la philosophie et dans la science des armes.—Oui.—Nous sommes convenus aussi qu'après leur institution, les chefs iront, avec les guerriers qu'ils commandent, habiter dans des maisons telles que nous avons dit, communes à tous, et où personne n'aura rien en propre. Outre le logement, tu te rappelles peut-être ce que nous avons réglé sur le revenu des guerriers. — Oui, je me souviens que nous n'avons pas jugé à propos qu'aucun d'eux eût la propriété de quoi que ce soit, comme les guerriers d'aujourd'hui ; mais que, se regardant comme autant d'athlètes destinés à combattre et à veiller pour le bien public, ils devaient pourvoir à leur sûreté et à celle de leurs concitoyens, et recevoir des autres, pour prix de leurs services, ce qui leur était nécessaire chaque année pour leur nourriture. — Bien. Mais, puisque nous avons tout dit sur ce point, rappelons-nous l'endroit où nous en étions lorsque nous sommes entrés dans cette digression, et reprenons la suite de notre entretien.

— Il est aisé de le faire. Tu semblais avoir épuisé ce qui regarde l'État, et tu concluais à peu près comme tout à l'heure, disant qu'un État, pour être parfait, devait ressembler à celui que tu venais de décrire ; que l'homme de bien était celui qui se conduisait d'après les mêmes principes que cet État ; quoiqu'il te parût possible de donner de l'un et de l'autre un modèle encore plus achevé [1]. Mais, ajoutais-tu, si cette forme de gouvernement est bonne, toutes les autres sont défectueuses. Autant qu'il m'en souvient, tu en comptais quatre espèces, dont il était à propos de faire mention et d'examiner les défauts, en les comparant aux défauts des particuliers dont le caractère répondait à chacune de ces espèces, afin qu'après les avoir considérés avec soin, et nous être assurés du caractère de l'homme de bien et du méchant, nous fussions en état de juger si le premier est le plus heureux, et le second le plus malheureux des hommes, ou si la chose est autrement. Et, dans le moment où je

[1] Livre IV, vers la fin.

le priais de me nommer ces quatre sortes de gouvernements, Adimante et Polémarque nous interrompirent, et l'engagèrent dans la digression qui vient de finir. — Ta mémoire est très-fidèle.

— Fais donc comme les athlètes : donne-moi encore la même prise, et réponds à la même question ce que tu avais dessein de répondre alors. — Si je puis. — Je désire savoir quels sont ces quatre gouvernements dont tu parlais? — Je n'aurai pas de peine à te satisfaire; ils sont très-connus tous quatre. Le premier, et le plus vanté, est celui de Crète et de Lacédémone. Le second, que l'on met aussi au second rang, est l'oligarchie, gouvernement sujet à un grand nombre de maux. Le troisième, entièrement opposé au second et moins estimé, est la démocratie. Vient enfin la tyrannie, qui ne ressemble à aucun des trois autres gouvernements, et qui est la plus grande maladie d'un État. Peux-tu me nommer quelque gouvernement qui ait une forme propre et distinguée de celles-ci? car les souverainetés et les principautés vénales rentrent dans ceux dont j'ai parlé, et on n'en trouve pas moins chez les Barbares que chez les Grecs. — Il y en a en effet d'étranges et en grand nombre. — Tu sais à présent qu'il y a nécessairement autant de caractères d'hommes que d'espèces de gouvernements. Crois-tu, en effet, que les sociétés se forment des chênes et des rochers, et non pas des mœurs de chacun des membres qui la composent, et de la direction que cet ensemble de mœurs imprime à tout le reste? — Les sociétés ne peuvent se former d'ailleurs.

— Ainsi, puisqu'il y a cinq espèces de gouvernements, il doit y avoir cinq caractères de l'âme qui leur répondent. — Sans doute. — Nous avons déjà traité du caractère qui répond à l'aristocratie, et nous avons dit avec raison qu'il est bon et juste. — Oui. — Il nous faut parcourir à présent les caractères vicieux, d'abord celui qui est jaloux et ambitieux, formé sur le modèle du gouvernement de Lacédémone; ensuite les caractères oligarchique, démocratique et tyrannique. Quand nous aurons reconnu quel est le plus injuste de ces caractères, nous l'opposerons au plus juste ; et, comparant la justice pure avec l'injustice aussi sans mélange, nous finirons par voir jusqu'à quel point l'une et l'autre nous rendent heureux ou malheureux, et s'il faut nous attacher à l'injustice, suivant le conseil de Thrasymaque, ou nous rendre à la force des raisons qui nous pressent d'embrasser le parti de la justice. — Il faut faire comme tu dis. — Comme nous avons déjà commencé par examiner les mœurs de l'État avant que de passer à celles des particuliers, parce que nous avons cru que cette méthode était la plus lumineuse, n'est-il point à propos que nous continuions de la suivre, et qu'après avoir considéré d'abord le gouvernement ambitieux (car je ne sais quel autre nom lui donner, si ce n'est peut-être celui de *timocratie* ou de *timarchie*), nous passions ensuite à l'homme qui lui ressemble? Nous ferons la même chose à l'égard de l'oligarchie et de l'homme oligarchique. De là, après avoir jeté les yeux sur la démocratie, nous porterons nos regards sur l'homme démocratique. Enfin nous viendrons au gouvernement tyrannique; nous en examinerons la constitution ; après quoi, nous verrons le caractère tyrannique, et nous tâcherons de prononcer avec connaissance de cause sur la question que nous avons entrepris de résoudre. — On ne peut procéder avec plus d'ordre dans cet examen et ce jugement.

— Essayons d'abord d'expliquer de quelle manière se peut faire le passage de l'aristocratie à la timocratie. N'est-il pas vrai, en général, que les changements qui arrivent dans tout gouvernement politique ont leur source dans la partie qui gouverne, lorsqu'il s'élève en elle quelque division; et que, quelque petite qu'on suppose cette partie, tant qu'elle sera d'accord avec elle-même, il est impossible qu'il se fasse dans l'État aucune innovation?— C'est une chose certaine. — Comment donc un État tel que le nôtre changera-t-il de face? par où la discorde, se

glissant entre les guerriers et les chefs, armera-t-elle
chacun de ces corps contre l'autre et contre lui-même?
Veux-tu qu'à l'imitation d'Homère, nous conjurions les
Muses de nous expliquer l'origine de la querelle, et que
nous les fassions parler sur un ton tragique et sublime,
moitié en badinant avec nous comme avec des enfants, et
moitié sérieusement?—Comment?—A peu près ainsi :

« Il est difficile que la constitution d'un État tel que le
vôtre s'altère ; mais, comme tout ce qui naît est soumis à
la ruine, ce système de gouvernement, tout excellent qu'il
est, ne se maintiendra pas toujours ; il se dissoudra, et
voici comment. Il y a, non-seulement par rapport aux
plantes qui naissent dans le sein de la terre, mais encore
à l'égard de l'âme et du corps des animaux qui vivent sur
sa surface, des retours de fertilité et de stérilité. Ces
retours ont lieu quand chaque espèce termine et recom-
mence sa révolution circulaire, laquelle est plus courte ou
plus longue, selon que la vie de chaque espèce est plus
longue ou plus courte. Vos magistrats, tout habiles qu'ils
sont, pourront fort bien ne pas saisir juste par les sens ou
par le calcul l'instant favorable ou contraire à la propagation de leur espèce. Cet instant leur échappera, et ils donneront des enfants à l'État lorsqu'il n'en faudra pas donner.
Pour les générations divines, la révolution est comprise
dans un nombre parfait. En ce qui touche les hommes, il y
a un nombre géométrique[1] dont la vertu préside aux bonnes et aux mauvaises générations. Ignorant la vertu de ce
nombre, vos magistrats feront contracter à contre-temps
des mariages d'où naîtront, sous de funestes auspices, des
enfants d'un mauvais naturel. Leurs pères choisiront,
à la vérité, les meilleurs d'entre eux pour les remplacer ;
mais, comme ils seront indignes de leur succéder dans
leurs dignités, ils n'y seront pas plutôt élevés, qu'ils
commenceront par nous négliger en ne faisant pas de

[1] Nous avons omis, avec tous les traducteurs qui nous ont précédé, la
phrase célèbre sur les conditions de ce nombre géométrique. Il paraît impossible d'y trouver un sens raisonnable.

24

la musique le cas qu'il convient d'en faire ; puis en négligeant pareillement la gymnastique : d'où il arrivera que l'éducation de vos jeunes gens sera beaucoup moins parfaite. Aussi les magistrats qui seront choisis parmi eux n'apporteront point assez de précaution pour discerner les races d'or et d'argent, d'airain et de fer, dont parle Hésiode, et qui se trouvent chez vous. Le fer venant donc à se mêler avec l'argent, et l'airain avec l'or, il résultera de ce mélange un défaut de convenance, de régularité et d'harmonie : défaut qui, quelque part qu'il se trouve, engendre toujours la guerre et l'inimitié. » Telle est l'origine de la division partout où elle se déclare. — Et nous dirons que les Muses ne se trompent point. — Comment les Muses pourraient-elles se tromper ? — Hé bien ! que disent-elles ensuite?

— « La division une fois formée, les deux races de fer et d'airain aspireront à s'enrichir et à acquérir des terres, des maisons, de l'or et de l'argent ; tandis que les races d'or et d'argent, riches de leurs propres fonds, et n'étant pas dépourvues, tendront à la vertu et au maintien de la constitution primitive. Après bien des violences et des luttes, les gens de guerre et les magistrats s'accorderont à faire entre eux le partage des terres et des maisons ; et ils attacheront comme des esclaves au soin de leurs terres et de leurs maisons le reste des citoyens, qu'ils gardaient auparavant comme des hommes libres, comme leurs amis et leurs nourriciers ; et eux-mêmes continueront de faire la guerre et de pourvoir à la sûreté commune. » — Il me paraît que cette révolution n'aura point d'autre cause. — Ainsi ce gouvernement tiendra le milieu entre l'aristocratie et l'oligarchie.—Oui.

—Le changement se fera donc de la manière que j'ai expliquée ; mais quelle sera la forme de ce nouveau gouvernement? N'est-il pas évident qu'il retiendra quelque chose de l'ancien ; qu'il prendra aussi quelque chose du gouvernement oligarchique, puisqu'il tient le milieu entre l'un et l'autre ; enfin qu'il aura quelque chose de propre

et de distinctif? -- Sans doute. — Il conservera de l'aristocratie le respect pour les magistrats, l'aversion des gens
de guerre pour l'agriculture, les arts mécaniques et les
autres professions lucratives, la coutume de prendre les
repas en commun, et le soin de cultiver les exercices
gymnastiques et militaires. — Oui. — Ce qu'il aura de
propre sera de craindre d'élever des sages aux premières
dignités, parce qu'il ne se formera plus dans son sein des
hommes d'une vertu simple et pure, mais des natures
mélangées ; de choisir plutôt, pour commander, des
esprits où la colère domine, et qui sont peu éclairés,
plus nés pour la guerre que pour la paix; de faire un grand
cas des stratagèmes et des ruses de guerre, et d'avoir
toujours les armes à la main. — Oui. — De tels hommes
seront avides de richesses, comme dans les États oligarchiques. Adorateurs jaloux de l'homme et de l'argent, ils
les honoreront dans l'ombre, et les tiendront renfermés
dans des coffres particuliers. Eux-mêmes, retranchés dans
l'enceinte de leurs maisons, comme dans autant de nids,
ils prodigueront les dépenses pour des femmes, et pour
qui bon leur semblera. Cela est très-vrai. — Ils seront donc
avares de leur argent, parce qu'ils l'aiment et le possèdent
clandestinement, et en même temps prodigues du bien
d'autrui par le désir qu'ils ont de satisfaire leurs passions.
Livrés en secret à tous les plaisirs, ils se cacheront de la
loi comme un jeune débauché se cache de son père; et
cela grâce à une éducation dont la force et non la persuasion a été le principe, parce qu'on a négligé la
véritable Muse, celle qui préside à la dialectique et à la
philosophie, et qu'on a préféré la gymnastique à la musique. — Le portrait que tu fais est celui d'un gouvernement
mêlé de bien et de mal. — Tu l'as dit. Comme la colère y
domine, ce qui s'y fait remarquer par-dessus tout, c'est
l'ambition et la brigue. — Il est vrai.

— Telles seraient donc l'origine et les mœurs de ce gouvernement. Je n'en ai pas fait une exacte peinture, mais
seulement une esquisse, parce que cela suffit à notre des-

sein, qui est de connaître l'homme juste et le méchant,
et que, d'ailleurs, nous nous jetterions dans des détails
interminables, si nous voulions décrire avec la dernière
exactitude chaque gouvernement et chaque caractère. —
Tu as raison. — Quel est l'homme qui répond à ce gouvernement? Comment se forme-t-il, et quel est son caractère? — Je m'imagine, interrompit Adimante, qu'il doit
ressembler à Glaucon, du moins pour ce qui est de l'ambition. — Cela peut être, lui dis-je; mais il me semble
qu'il en diffère par plusieurs autres endroits. — Par où,
s'il te plaît? — Il doit être plus vain et moins adouci par
les Muses, quoiqu'il les aime assez. Il écoutera volontiers,
mais il n'aura aucun talent pour la parole. Dur envers
ses esclaves, sans toutefois les mépriser, comme font ceux
qui ont reçu une bonne éducation, il sera doux avec ses
égaux et plein de déférence pour ses supérieurs. Il pré-
tendra aux honneurs et aux dignités, non par l'éloquence,
ni par aucun des talents du même ordre, mais par les
vertus guerrières; par conséquent, il sera passionné pour
la chasse et les exercices du gymnase. — Voilà au naturel
les mœurs des citoyens de cet État. — Pendant sa jeunesse,
il pourra bien n'avoir que du mépris pour les richesses;
mais son attachement pour elles croîtra avec l'âge, parce
que son caractère le porte à l'avarice, et que sa vertu,
destituée de son fidèle gardien, n'est ni pure ni désinté-
ressée. — Quel est ce gardien? — La dialectique tempérée
par la musique; elle seule peut conserver la vertu dans
un cœur qui la possède. — Tu dis bien. — Tel est le jeune
homme ambitieux, image du gouvernement timocratique.
— Fort bien.

— Voici à présent de quelle manière il se forme. Il
aura pour père un homme de bien, citoyen d'un État
mal gouverné, qui fuit les honneurs, les dignités, la magistrature, et tous les embarras que les charges traînent
après elles, qui enfin préfère son repos à son élévation.
— Quelle est la cause qui donne naissance au caractère
de ce jeune homme? — Ce sont les discours de sa mère,

qu'il entend à toute heure se plaindre que son mari n'a aucune charge dans l'État; qu'elle en est moins considérée des autres femmes; qu'il n'a point assez d'empressement pour augmenter son bien; qu'il aime mieux souffrir lâchement quelque dommage que d'avoir un procès ou un démêlé avec qui que ce soit; qu'elle s'aperçoit tous les jours que, tout occupé de lui-même, il n'a pour elle que de l'indifférence. Cette mère, outrée d'une pareille conduite, répète sans cesse à son fils que son père est un homme mou et indolent, et cent autres propos semblables que les femmes ont coutume de dire de leurs maris en ces sortes de rencontres. — Il est vrai qu'alors elles font mille plaintes qui sont tout à fait dans leur caractère. — Tu n'ignores pas, en outre, que des domestiques, pensant faire ainsi preuve de zèle envers le fils de la maison, lui tiennent souvent en secret le même langage. Lorsqu'ils voient, par exemple, qu'un père ne poursuit pas le payement de quelque dette ou la réparation de quelque injure : « Ne manque pas, disent-ils à son fils, lorsque tu seras grand, de faire valoir tes droits, et sois plus homme que ton père. » Sort-il de la maison, il entend de tous côtés les mêmes discours; il voit qu'on méprise, qu'on traite d'imbéciles ceux qui ne s'occupent que de ce qui les regarde, tandis qu'on honore et qu'on vante les gens qui se mêlent de ce qui ne les regarde pas. Ce jeune homme, qui entend et voit tout cela, à qui son père tient d'autre part un langage tout différent, et qui voit que la conduite de son père à cet égard est opposée à celle des autres, se sent à la fois tiré de deux côtés : par son père, qui cultive et qui fortifie la partie raisonnable de son âme, et par les autres, qui enflamment sa colère et ses désirs. Comme son naturel n'est point mauvais de soi, qu'il est seulement sollicité au mal par les méchants qu'il fréquente, il prend le milieu entre les deux partis extrêmes, et laisse prendre tout empire sur son âme à cette partie de lui-même où réside la colère, l'esprit de dispute, et qui tient le milieu entre la raison et les passions; il devient un homme ambitieux, plein de sentiments hautains et de grands projets. — Il me semble que tu as très-bien expliqué l'origine et le développement de ce caractère. — Nous avons donc la seconde espèce d'homme et de gouvernement. — Oui.

— Ainsi passons en revue, comme dit Eschyle, un autre homme auprès d'un autre État, et, pour garder le même ordre, commençons par l'État. — J'y consens. — Le gouvernement qui vient après est, je crois, l'oligarchie. — Qu'entends-tu par oligarchie? — J'entends une forme de gouvernement où le cens décide de la condition de chaque citoyen, où les riches, par conséquent, ont le commandement, auquel les pauvres n'ont aucune part. — Je comprends. — Ne dirons-nous pas d'abord comment la timarchie se change en oligarchie? — Oui. — Il n'est personne, quelque peu clairvoyant qu'il soit, qui ne voie comment se fait le passage de l'une à l'autre. — Comment se fait-il? — Ces richesses, accumulées dans les coffres de chaque particulier, perdent à la fin la timarchie. Leur premier effet est de pousser chaque citoyen à faire des dépenses de luxe pour lui et pour sa femme, et par conséquent à méconnaître et à éluder la loi. — Cela doit être. — Ensuite, l'exemple des uns excitant les autres, et les portant à les imiter, en peu de temps la contagion devient universelle. — Cela doit être encore. — Pour soutenir ces dépenses, on se livre de plus en plus à la passion d'amasser; or, plus le crédit des richesses augmente, plus celui de la vertu diminue. L'or et la vertu ne sont-ils pas, en effet, comme deux poids mis dans une balance, dont l'un ne peut monter que l'autre ne baisse? — Oui. — Par conséquent, la vertu et les gens de bien sont moins estimés dans un État à proportion qu'on y estime davantage les riches et les richesses. — Cela est évident. — Mais on recherche ce qu'on estime, et on néglige ce qu'on méprise. — Sans doute. — Ainsi, dans la timarchie, les citoyens, d'ambitieux et d'intrigants qu'ils étaient, finissent par devenir avares et cupides. Tous leurs éloges, toute leur admiration est pour les riches; les charges ne sont que pour eux;

c'est assez d'être pauvre pour être méprisé. — Sans contredit.

— Alors on fixe par une loi les conditions exigibles
pour participer au pouvoir oligarchique, et ces conditions
se résument dans la quotité du revenu. La quotité requise
est plus ou moins considérable, selon que le principe oligarchique est plus ou moins en vigueur; et il est défendu
d'aspirer aux charges à ceux dont le bien ne monte pas au
taux marqué. Les riches font passer cette loi par la voie
de la force et des armes, ou on l'adopte par la crainte de
quelque violence de leur part. N'est-ce pas ainsi que les
choses se passent? — Oui. — Voilà donc à peu près comment cette forme de gouvernement s'établit. — Oui; mais
quelles sont ses mœurs, et les vices que nous lui repro-
chons? — Le premier est le principe même de cet État.
Prends garde, en effet : si, dans le choix du pilote, on
avait uniquement égard au cens, et qu'on exclût du gouvernail le pauvre, malgré sa grande expérience, qu'arri-
verait-il?— Que les vaisseaux seraient très-mal gouvernés.
— N'en serait-il pas de même à l'égard de tout autre gouvernement, quel qu'il soit? — Je le pense. — Faut-il en
excepter celui d'un État? — Moins qu'un autre; car c'est
de tous les gouvernements le plus difficile et le plus important. — L'oligarchie a donc ce vice capital? — Oui.

— Mais quoi! cet autre vice est-il moins grave?— Quel
vice? — Cet État, par sa nature, n'est point un; mais il
renferme nécessairement deux États, l'un composé de
riches, l'autre de pauvres, qui habitent le même sol, et
qui travaillent sans cesse à se détruire les uns les autres.
— Non certes, ce vice n'est pas moins grave que le premier. — Ce n'est pas non plus un grand avantage pour ce
gouvernement que l'impuissance où il est de faire la
guerre, parce qu'il lui faut, ou bien armer la multitude,
et avoir par conséquent plus à craindre d'elle que de
l'ennemi; ou ne pas s'en servir, et se présenter au combat
avec une armée vraiment oligarchique [1]. Outre cela, les

---

[1] C'est-à-dire composée des seuls riches, et par conséquent très-peu nombreuse.

riches refusent par avarice de fournir aux frais de la
guerre. — Il s'en faut bien que ce soit un avantage. — De
plus, ne vois-tu pas que les mêmes citoyens y sont à la fois
laboureurs, guerriers et commerçants? Or, n'avons-nous
pas proscrit cette réunion de plusieurs emplois dans les
mains d'un seul individu? — Et nous avons eu raison.

— Vois maintenant si le plus grand vice de cette constitution n'est pas celui que je vais dire. — Quel vice? — La
liberté qu'on y laisse à chacun de se défaire de son bien ;
ou d'acquérir celui d'autrui; et à celui qui a vendu son
bien, de demeurer dans l'État sans y avoir aucun emploi,
ni d'artisan, ni de commerçant, ni de soldat, ni d'autre
titre enfin que celui de pauvre et d'indigent? — Tu as
raison. — On ne songe pas à empêcher ce désordre dans
les gouvernements oligarchiques : car, si on le prévenait,
les uns n'y posséderaient pas des richesses immenses,
tandis que les autres sont réduits à la dernière misère. —
Cela est vrai. — Fais encore attention à ceci. Lorsque cet
homme autrefois riche se ruinait par de folles dépenses,
quel avantage l'État en retirait-il? Passait-il donc pour un
de ses chefs, ou, en effet, n'en était-il ni chef ni servi-
teur, et n'y avait-il d'autre emploi que celui de dépenser
son bien? — Ce n'était qu'un prodigue, et rien de plus.
— Veux-tu que nous disions de cet homme qu'il est dans
l'État ce qu'un frelon est dans une ruche, un fléau? — Je
le veux bien, Socrate. — Mais il y a cette différence, mon
cher Adimante, que Dieu a fait naître sans aiguillon tous
les frelons ailés, au lieu que parmi ces frelons à deux
pieds, s'il y en a qui n'ont pas d'aiguillons, d'autres, en
revanche, en ont de très-piquants. Ceux qui n'en ont pas
vivent et meurent dans l'indigence. Du nombre de ceux
qui en ont, sont tous ceux qu'on appelle malfaiteurs. —
Rien de plus vrai. — Il est donc manifeste que dans tout
État où tu verras des pauvres il y a des filous cachés, des
coupeurs de bourse, des sacrilèges et des fripons de toute
espèce?— On n'en saurait douter. — Mais dans les gouvernements oligarchiques n'y a-t-il pas de pauvres?—Presque
tous les citoyens le sont, à l'exception des chefs. — Ne

sommes-nous point, par conséquent, autorisés à croire
qu'il s'y trouve beaucoup de malfaiteurs armés d'aiguillons
que les magistrats surveillent et contiennent par la force?
—Oui.—Mais si on nous demande qui les y a fait naître, ne
dirons-nous pas que c'est l'ignorance, la mauvaise éducation et le vice intérieur du gouvernement? — Sans doute.

— Tel est donc le caractère de l'État oligarchique ; tels
sont ses vices ; peut-être en a-t-il encore davantage.—Peut-
être. — Ainsi se trouve achevé le tableau de ce gouvernement qu'on nomme *oligarchie*, où le cens élève aux différents degrés du pouvoir. — Passons à présent à l'homme
oligarchique. Voyons comment il se forme et quel est son
caractère. — J'y consens. — Le changement de l'esprit
timarchique en oligarchique, dans un individu, ne se fait-
il pas de cette manière? — De quelle manière? — Le fils
veut d'abord imiter son père et marcher sur ses traces ;
mais ensuite, voyant que son père s'est brisé contre l'État,
comme un vaisseau contre un écueil; qu'après avoir pro-
digué ses biens et sa personne, soit à la tête des armées ou
dans quelque autre grande charge, il est traîné devant les
juges, calomnié par des imposteurs, condamné à mort,
à l'exil, à la perte de son honneur ou de ses biens. — Cela
est très-ordinaire. — Voyant, dis-je, fondre sur son père
tant de malheurs qu'il partage avec lui, dépouillé de son
patrimoine, et craignant pour sa propre vie, il précipite
cette ambition et ces grands sentiments du trône qu'il leur
avait élevé dans son âme; humilié de l'état d'indigence
où il se trouve, il ne songe plus qu'à amasser du bien,
et, par un travail assidu et des épargnes sordides, il vient
à bout de s'enrichir. Ne crois-tu pas qu'alors, sur ce même
trône d'où il a chassé l'ambition, il fera monter l'esprit
d'avarice et de convoitise, qu'il l'établira son grand roi [1],
lui mettra le diadème, le collier, et lui ceindra le cime-
terre? — Je le crois. — Mettant ensuite aux pieds de ce
nouveau maître, d'un côté la raison, de l'autre le courage,
enchaînés comme de vils esclaves, il oblige l'une à ne ré-

[1] Allusion au roi de Perse, que les Grecs appelaient *le grand roi*.

fléchir, à ne penser qu'aux moyens d'accumuler de nouveaux trésors, et il force l'autre à n'admirer, à n'honorer que les richesses et les riches, à mettre toute sa gloire dans la possession d'une grande fortune, et dans l'art, le talent d'en amasser.— Il n'est point dans un jeune homme de passage plus rapide ni plus violent que celui de l'ambition à l'avarice. — N'est-ce pas là le caractère oligarchique? — Du moins, la métamorphose dont il est le résultat est la même que la métamorphose qui aboutit au gouvernement oligarchique.

— Voyons donc s'il ressemble à l'oligarchie. — Je le veux bien.—N'a-t-il pas d'abord avec elle ce premier trait de ressemblance, de placer les richesses au-dessus de tout? — Sans contredit. — Il lui ressemble de plus par l'esprit d'épargne et par l'industrie; il n'accorde à la nature que la satisfaction des désirs nécessaires, il s'interdit toute autre dépense, et maîtrise tous les autres désirs comme insensés. — Cela est vrai.— Il est sordide, fait argent de tout, ne songe qu'à thésauriser; en un mot, il est du nombre de ceux dont le vulgaire admire l'habileté. N'est-ce pas là le portrait fidèle du caractère analogue au gouvernement oligarchique?—Oui, car de part et d'autre on ne voit rien de préférable aux richesses. — Sans doute, cet homme n'a guerre songé à s'instruire. — Il n'y a pas d'apparence; autrement, il ne se laisserait pas conduire par un aveugle tel que Plutus.

— Prends garde à ce que j'ajoute. Ne dirons-nous pas que le manque d'éducation a fait naître en lui des désirs qui sont de la nature des frelons, les uns toujours indigents, les autres toujours portés à malfaire, et qu'il contient à grand'peine? — La chose est ainsi. — Sais-tu en quelles occasions ses désirs malfaisants se manifesteront? — En quelles occasions? — Lorsqu'il sera chargé de quelque tutelle, ou de quelque autre commission où il aura toute licence de malfaire. — Tu as raison. — N'est-il pas clair que si, dans les autres circonstances de la vie, il passe pour un homme d'honneur et de probité, s'il contient ses

mauvais désirs et les cache sous le voile de l'équité et de
la modération, ce n'est ni par vertu ni par raison, mais
par nécessité, et par la crainte de perdre son bien, en
voulant s'emparer de celui d'autrui? — Cela est certain.
— Mais lorsqu'il sera question de dépenser le bien d'autrui, c'est alors, mon cher ami, que tu découvriras dans
les hommes de ce caractère ces désirs qui tiennent du
naturel des frelons. — J'en suis persuadé. — Un homme
de ce caractère éprouvera donc nécessairement des séditions au dedans de lui-même : il y aura en lui deux hommes différents, dont les désirs se combattront ; mais, pour
l'ordinaire, les bons désirs l'emporteront sur les mauvais.
— Bien. — C'est pour cela qu'à l'extérieur il paraîtra plus
modéré, plus maître de lui-même que bien d'autres.
Mais la vraie vertu qui produit dans l'âme l'harmonie et
l'unité est bien loin de lui. — Je le pense comme toi.

— Faut-il disputer une victoire, ou quelque prix dans
une lutte entre concitoyens, l'homme ménager ne s'y
porte que faiblement. Il ne veut pas dépenser d'argent
pour la gloire ni pour ces sortes de combats ; il craint de
réveiller en lui les désirs prodigues et de les appeler à son
secours. Il combat donc sur un pied oligarchique, c'est-à-
dire avec une très-petite partie de ses forces ; il a presque
toujours le dessous ; mais que lui importe? il s'enrichit.
— J'en conviens. — Douterons-nous encore de la parfaite
ressemblance qui se trouve entre l'homme avare et ménager et le gouvernement oligarchique? — Non.

— Il s'agit à présent d'examiner l'origine et les mœurs
de la démocratie, afin qu'après avoir observé la même
chose dans l'homme démocratique, nous puissions les
comparer ensemble et les juger. — Nous ne ferons que
suivre en cela notre méthode ordinaire. — On passe de
l'oligarchie à la démocratie par l'envie insatiable d'acquérir de nouvelles richesses, qu'on regarde comme le
premier avantage dans le gouvernement oligarchique. —
Comment cela? — Les chefs, qui sont redevables à leurs
grands biens des charges qu'ils occupent, se gardent bien

de réprimer par la sévérité des lois le libertinage des
jeunes débauchés, ni de les empêcher de se ruiner par
des dépenses excessives ; car leur dessein est d'acheter
leurs biens, de leur prêter à gros intérêts, et d'accroître
par ce moyen leurs richesses et leur crédit. — Sans doute.
— Or il est évident que, dans quelque gouvernement que
ce soit, il est impossible que les citoyens estiment les richesses, et pratiquent en même temps la tempérance,
mais que c'est une nécessité qu'ils sacrifient une de ces
choses à l'autre. — Cela est de la dernière évidence. —
Ainsi, dans les oligarchies, les magistrats, par leur né-
gligence et les facilités qu'ils accordent au libertinage, ont
souvent réduit à l'indigence des hommes nés peut-être
avec des sentiments nobles et élevés.— Sans doute.—Cela
forme dans l'État un corps de gens pourvus d'aiguillons,
les uns accablés de dettes, les autres notés d'infamie,
quelques-uns ruinés à la fois de biens et d'honneur, en état
permanent d'hostilité contre ceux qui se sont enrichis des
débris de leur fortune et contre le reste des citoyens, et
n'aspirant qu'à exciter quelque révolution dans le gouvernement. — Cela est ainsi. — Cependant ces usuriers avides,
penchés sur leur œuvre, et sans paraître voir ceux qu'ils
ont ruinés, continuent de prêter à gros intérêts, et de s'enrichir en faisant de larges brèches au patrimoine de leurs
nouvelles victimes, et par là ils multiplient dans l'État
l'engeance des frelons et des pauvres. — Comment ne se
multiplierait-elle pas ? — Ils ne veulent pas néanmoins
arrêter cet incendie croissant, soit en empêchant les particuliers de disposer de leurs biens à leur fantaisie, soit en
employant un autre moyen également propre à arrêter le
progrès du mal. — Quel est cet autre moyen? — Celui
qu'il est naturel d'employer au défaut du premier, et qui
obligerait les citoyens d'être honnêtes par amour pour
leurs intérêts ; car, si les contrats de ce genre avaient lieu
aux risques et périls des prêteurs, l'usure s'exercerait avec
moins d'impudence, et l'État se verrait délivré de ce dé-
luge de maux dont j'ai parlé. — J'en conviens.

— C'est ainsi que les citoyens sont réduits à ce triste état par la faute des gouvernants, qui, par suite, corrompent eux et leurs enfants; ceux-ci menant une vie voluptueuse, et n'exerçant ni leur corps ni leur esprit par les travaux propres de leur âge, deviennent incapables de résister aux amorces du plaisir et à l'impression de la douleur.— Cela est vrai. — Leurs pères, uniquement occupés à s'enrichir, négligent tout le reste, et ne se mettent pas plus en peine de la vertu que ceux qu'ils ont rendus pauvres. — Sans contredit. — Or, les esprits étant ainsi disposés, lorsque les magistrats et les sujets se trouvent ensemble en voyage, dans une théorie, à l'armée, tant sur mer que sur terre, ou en quelque autre rencontre, et qu'ils s'examinent mutuellement dans les occasions périlleuses, les riches n'ont alors aucun sujet de mépriser les pauvres; au contraire, quand un pauvre, maigre et brûlé du soleil, posté dans une mêlée à côté d'un riche élevé à l'ombre et chargé d'embonpoint, le voit tout hors d'haleine et embarrassé de sa personne, quelles pensées crois-tu qu'il lui vienne en ce moment à l'esprit? Ne se dit-il pas à lui-même que ces gens-là doivent leurs richesses à la lâcheté des pauvres? Et, lorsqu'ils se rencontrent ensemble, ne se disent-ils pas les uns aux autres : En vérité, nos hommes d'importance sont bien peu de chose! — Je suis persuadé qu'ils parlent et pensent de la sorte.

— Et comme un corps infirme n'a besoin, pour tomber à bas, que du plus léger accident; que souvent même il se dérange sans qu'il survienne aucune cause extérieure; ainsi un État, dans la situation où je viens de le représenter, ne tarde point à être en proie aux séditions et aux guerres intestines, aussitôt que, sur le moindre prétexte, les riches et les pauvres, cherchant à fortifier leur parti, appellent à leur secours, ceux-ci les habitants d'une république voisine, ceux-là les chefs de quelque État oligarchique; quelquefois aussi les deux factions se déchirent de leurs propres mains, sans que les étrangers entrent

dans leur querelle. — Oui vraiment. — Le gouvernement
devient démocratique, lorsque les pauvres, ayant remporté la victoire sur les riches, massacrent les uns, chassent les autres, et partagent également avec ceux qui
restent les charges et l'administration des affaires; partage qui, dans ce gouvernement, se règle d'ordinaire par
le sort. — C'est ainsi, en effet, que la démocratie s'établit,
soit par la voie des armes, soit que les riches, craignant
pour eux, prennent le parti de se retirer.

— Quelles seront les mœurs, quelle sera la constitution
de ce nouveau gouvernement? Tout à l'heure nous verrons
un homme qui lui ressemble, et nous pourrons l'appeler
l'homme démocratique. — Certainement. — D'abord, tout
le monde est libre dans cet État; on n'y respire que
l'indépendance; chacun y est maître de faire ce qu'il lui
plaît. — On le dit ainsi. — Mais, partout où l'on a ce
pouvoir, il est clair que chaque citoyen dispose de lui-
même, et choisit à son gré le genre de vie qui lui agrée
davantage. — Sans doute. — Il doit, par conséquent, y
avoir dans un pareil gouvernement des hommes de toute
sorte de professions. — Oui. — En vérité, cette forme de
gouvernement a bien l'air d'être la plus belle de toutes,
et cette prodigieuse diversité de caractères pourrait bien
en relever autant la beauté que des fleurs brodées relèvent
la beauté d'une étoffe. — Pourquoi non? — Ceux du moins
qui en jugeront comme les femmes et les enfants jugent
des objets, je veux dire par la bigarrure, ne sauraient
manquer de la préférer à toutes les autres. — Je n'ai pas
de peine à le croire. — C'est dans cet État, mon cher
ami, que chacun peut aller chercher le genre de gouvernement qui l'accommode. — Pourquoi cela? — Parce qu'il
les renferme tous, chacun ayant la liberté d'y vivre à sa
façon. Il semble, en effet, que si quelqu'un voulait former
le plan d'un État, comme nous faisions tout à l'heure, il
n'aurait qu'à se transporter dans un État démocratique :
c'est un marché où sont étalées toutes les sortes de gouver-

nements. Il n'aurait qu'à choisir, et qu'à exécuter ensuite son dessein sur le modèle qu'il aurait choisi. — Il ne manquerait pas de modèles.

— A juger de la chose sur le premier coup d'œil, n'est-ce pas une condition bien douce et bien commode de ne pouvoir être contraint d'accepter aucune charge publique, quelque mérite que l'on ait pour la remplir ; de n'être soumis à aucune autorité, si vous ne le voulez ; de ne point aller à la guerre quand les autres y vont, et, tandis que les autres vivent en paix, de n'y pas vivre vous-même, si cela ne vous plaît pas ; et, en dépit de la loi qui vous interdirait toute fonction dans le barreau et dans la magistrature, d'être juge ou magistrat, si la fantaisie vous en prend ? — A la première vue, cette vie doit paraître délicieuse. — N'est-ce pas encore quelque chose d'admirable que la douceur avec laquelle on y traite certains criminels ? N'as-tu pas vu dans quelque État de ce genre des hommes condamnés à la mort ou à l'exil rester et se promener en public avec une démarche et une contenance de héros, comme si personne n'y faisait attention, et ne devait pas même s'en apercevoir ? — J'en ai vu plusieurs. — De plus, n'est-ce pas l'effet d'une condescendance vraiment généreuse, et d'une façon de penser exempte de bassesse, que ce mépris qu'on y témoigne pour ces maximes que nous traitions tantôt avec tant de respect en traçant le plan de notre république, lorsque nous assurions qu'à moins d'être doué d'un excellent naturel, de s'être joué, pour ainsi dire, dès l'enfance, au milieu du beau et de l'honnête, et d'en avoir fait ensuite une étude sérieuse, jamais on ne deviendrait vertueux ? Avec quelle grandeur d'âme on y foule aux pieds ces maximes, sans se mettre en peine d'examiner quelle a été l'éducation de ceux qui s'ingèrent dans le maniement des affaires ! quel empressement, au contraire, à les accueillir et à les honorer, pourvu qu'ils se disent pleins de zèle pour les intérêts du peuple ! — Cela suppose, en effet, des sentiments bien généreux.

— Tels sont, avec d'autres semblables, les avantages de
la démocratie. C'est, comme tu vois, un gouvernement
très-agréable, où personne n'est le maître, dont la variété
est charmante, et où l'égalité règne entre les choses les
plus inégales. — Tu n'en dis rien qui ne soit connu de
tout le monde.— Considère à présent ce caractère dans un
individu, ou plutôt, pour garder toujours le même ordre,
ne verrons-nous pas auparavant comme il se forme? —
Oui.— N'est-ce pas ainsi? L'homme avare et oligarchique
a un fils qu'il élève dans ses sentiments. — Fort bien. —
Ce fils maîtrise par la force, à l'exemple de son père, les
désirs qui le portent à la dépense et sont ennemis du gain,
et ceux qu'on appelle superflus. — Cela doit être.— Veux-
tu, pour jeter plus de clarté dans notre entretien, que
nous commencions par établir la distinction des désirs
nécessaires et des désirs superflus? — Je le veux bien. —
N'a-t-on pas raison d'appeler désirs nécessaires ceux qu'il
n'est pas en notre pouvoir de retrancher ni de réprimer,
et qu'il nous est d'ailleurs utile de contenter? car il est
évident que ce sont des nécessités naturelles, n'est-ce pas?
— Oui. — C'est donc à bon droit que nous appellerons
ces désirs nécessaires. — Sans doute. — Pour ceux dont
il est aisé de se défaire si l'on s'y applique de bonne heure,
et dont la présence, loin de produire en nous aucun bien,
y cause souvent de grands maux, quel autre nom leur
convient mieux que celui de désirs superflus?— Nul autre.
— Proposons un exemple des uns et des autres, afin de
nous en former une plus juste idée. — Ce sera bien fait.
— Le désir de prendre de la nourriture avec quelque assaisonnement, autant qu'il est besoin pour entretenir la
santé et les forces, n'est-il pas nécessaire? — Je le pense.
— Celui de la simple nourriture est nécessaire pour deux
raisons, et parce qu'il est utile de manger, et parce qu'il
est impossible de vivre autrement.— Oui.— Celui de l'assaisonnement n'est nécessaire qu'autant qu'il sert à la
santé. — Cela est vrai. — Mais le désir de toute sorte de
mets et de ragoûts, désir qu'on peut réprimer, et même

retrancher entièrement par une bonne éducation, désir nuisible au corps et à l'âme, à la raison et à la tempérance, ne doit-il pas être compté parmi les désirs superflus? — Sans contredit. — Nous dirons donc que ceux-ci sont des désirs prodigues; ceux-là des désirs profitables, parce qu'ils servent à nous rendre plus capables d'agir. — Oui. — Nous porterons le même jugement sur les plaisirs de l'amour, et sur tous les autres plaisirs. — Oui. — N'avons-nous pas dit de celui à qui nous avons donné le nom de frelon, qu'il était dominé par les désirs superflus; au lieu que l'homme ménager et oligarchique n'est gouverné que par les désirs nécessaires? — Nous l'avons dit.

— Expliquons de nouveau comment cet homme oligarchique devient démocratique : voici, ce me semble, de quelle manière cela arrive pour l'ordinaire. — Comment? — Lorsqu'un jeune homme, mal élevé, ainsi que nous l'avons dit, et nourri dans l'amour du gain, a goûté une fois du miel des frelons, qu'il s'est trouvé dans la compagnie de ces insectes avides et habiles à exciter en lui des désirs de toute sorte, n'est-ce pas alors que son gouvernement intérieur, d'oligarchique qu'il était, devient démocratique? — C'est une nécessité inévitable. — Et comme l'État a changé de forme parce que la faction du peuple, fortifiée par un secours étranger qui favorisait ses desseins, l'a emporté sur celle des riches, ainsi ce jeune homme ne change-t-il pas de mœurs à cause de l'appui que ses passions trouvent dans des passions de même nature? — Oui. — Si son père ou ses proches envoyaient de leur côté du secours à la faction de désirs oligarchiques, et employaient pour la soutenir les avis salutaires et les réprimandes, son cœur ne deviendrait-il pas alors le théâtre d'une guerre intestine? — Sans doute. — Il arrive quelquefois que la faction oligarchique l'emporte sur la démocratique; alors les mauvais désirs sont en partie détruits, en partie chassés de son âme par une honte généreuse, et ce jeune homme rentre dans son devoir. — Cela arrive quelquefois. — Mais bientôt, à cause de la mauvaise éducation qu'il a reçue de son père, de nouveaux désirs plus forts, et en plus grand nombre, succèdent à ceux qu'il a bannis. — Il n'est rien de plus ordinaire. — Ils l'entraînent de nouveau dans les mêmes compagnies; et de ce commerce clandestin naît une foule d'autres désirs. — Oui.

— Enfin, ils s'emparent de la citadelle de l'âme de ce jeune homme, après s'être aperçus qu'elle est vide de science, d'habitudes louables, et de maximes vraies, qui sont la garde la plus sûre et la plus fidèle de la raison des mortels chéris des dieux. — Sans doute. — Aussitôt les jugements faux et présomptueux, les opinions hasardées accourent en foule et se jettent dans la place. — Hélas! oui. — N'est-ce point alors qu'il retourne dans la première compagnie, où l'on s'enivre de lotos [1], et ne rougit plus de son commerce intime avec elle? S'il vient de la part de ses amis et de ses proches quelque renfort à la faction contraire, les maximes présomptueuses, fermant promptement les portes du château royal, refusent l'entrée au secours qu'on envoie, et n'écoutent pas même les conseils que des vieillards pleins de sens et d'expérience envoient en ambassade. Secondées d'une multitude de désirs pernicieux, elles remportent la victoire, et, traitant la honte d'imbécillité, elles la chassent ignominieusement, bannissent la tempérance, après l'avoir outragée en lui donnant le nom de lâcheté, et exterminent la modération et la frugalité, qu'elles traitent de rusticité et de bassesse. — Oui vraiment. — Après en avoir vidé et purgé l'âme du malheureux jeune homme qu'elles obsèdent, et comme si elles l'initiaient aux grands mystères, elles y introduisent, avec un nombreux cortége, richement parées et la couronne sur la tête, l'insolence, l'anarchie, le libertinage et l'effronterie, dont elles font mille éloges, déguisant leur laideur sous les plus beaux noms : l'insolence sous le nom de politesse, l'anarchie sous celui de liberté, le libertinage sous celui de magnificence, l'effronterie

---

[1] Fruit dont, suivant Homère, on ne pouvait manger sans oublier le passé.

sous celui de courage. N'est-ce pas ainsi qu'un jeune homme, accoutumé dès l'enfance à ne satisfaire d'autres désirs que les désirs nécessaires, passe à l'état, dirai-je de liberté ou d'esclavage, où il s'abandonne à une foule de désirs superflus et pernicieux? — On ne peut exposer ce changement d'une manière plus frappante.

—Comment vit-il après cela? Sans distinguer les plaisirs superflus des plaisirs nécessaires, il se livre aux uns et aux autres; il n'épargne, pour les satisfaire, ni son bien, ni ses soins, ni son temps. S'il est assez heureux pour ne pas porter ses désordres à l'excès, et si l'âge, ayant un peu apaisé le tumulte des passions, l'engage à rappeler de l'exil la faction bannie, et à ne pas s'abandonner sans réserve au parti vainqueur, il établit alors entre ses désirs une espèce d'égalité, et les faisant, pour ainsi dire, tirer au sort, il livre son âme au premier à qui le sort est favorable. Ce désir satisfait, il passe sous l'empire d'un autre, et ainsi de suite; il n'en rebute aucun, et les favorise tous également. — Cela est vrai. — Que quelqu'un vienne lui dire qu'il y a des plaisirs de deux sortes: les uns qui vont à la suite des désirs innocents et légitimes, les autres qui sont le fruit des désirs criminels et défendus; qu'il faut rechercher et estimer les premiers, réprimer et dompter les seconds; il ferme toutes les avenues de la citadelle à ces sages maximes, et n'y répond que par des signes de dédain: il soutient que tous les plaisirs sont de même nature et méritent également d'être recherchés. — Telle doit être en effet sa conduite dans la disposition d'esprit où il se trouve.

—Il vit donc au jour le jour. Le premier désir qui se présente est le premier satisfait. Aujourd'hui il fait ses désirs de l'ivresse et des chansons bachiques; demain il jeûnera et ne boira que de l'eau. Tantôt il s'exerce au gymnase, tantôt il est oisif et n'a souci de rien. Quelquefois il est philosophe; le plus souvent il est homme d'État, il monte à la tribune, il parle et agit sans savoir ni ce qu'il dit ni ce qu'il fait. Un jour, il porte envie à la condition des gens de guerre, et le voilà devenu guerrier; un autre jour, il se jette dans le commerce. En un mot, il n'y a dans sa conduite rien de fixe, rien de réglé; il ne veut être gêné en rien, et il appelle la vie qu'il mène une vie libre, agréable, une vie de bienheureux. — Tu nous as dépeint au naturel la vie d'un ami de l'égalité. — Son caractère, qui réunit en lui toute sorte de mœurs et de caractères, a tout l'agrément et toute la variété de l'État populaire, et il n'est pas étonnant que tant de personnes de l'un et de l'autre sexe trouvent si beau un genre de vie où sont rassemblées toutes les espèces de gouvernements et de caractères. — Je le conçois. — Mettons donc vis-à-vis de la démocratie cet homme qu'on peut à bon droit nommer démocratique. — Mettons-le.

— Il nous reste désormais à considérer la plus belle forme de gouvernement et le caractère le plus accompli; je veux dire la tyrannie et le tyran. — Sans doute. — Voyons donc, mon cher Adimante, comment se forme le gouvernement tyrannique; et d'abord il est presque évident qu'il doit sa naissance à la démocratie. — Cela est certain. — Le passage de la démocratie à la tyrannie n'est-il pas à peu près le même que celui de l'oligarchie à la démocratie? — Comment cela? — Ce qu'on regarde dans l'oligarchie comme le plus grand bien, ce qui même a donné naissance à cette forme de gouvernement, ce sont les richesses excessives des particuliers, n'est-ce pas? — Oui. — Ce qui cause sa ruine, n'est-ce pas le désir insatiable de s'enrichir, et l'indifférence que cet unique objet inspire pour tout le reste? — Cela est encore vrai. — Par la même raison, la démocratie trouve la cause de sa perte dans le désir insatiable de ce qu'elle regarde comme son vrai bien? — Quel est ce bien? — La liberté. Entre dans un État démocratique, tu entendras dire de toutes parts qu'il n'est point d'avantage préférable à celui-là; et que, pour ce motif, tout homme né libre y fixera son séjour plutôt que partout ailleurs. — Rien n'y est plus ordinaire qu'un pareil langage.

— N'est-ce pas, et c'est ce que je voulais dire, cet amour de la liberté porté à l'excès, et accompagné d'une indifférence extrême pour tout le reste, qui perd enfin ce gouvernement et rend la tyrannie nécessaire? — Comment? — Lorsqu'un État démocratique, dévoré d'une soif ardente de liberté, est gouverné par de mauvais échansons qui la lui versent toute pure et le font boire jusqu'à l'ivresse, alors, si les gouvernants ne portent pas la complaisance jusqu'à lui donner de la liberté tant qu'il veut, il les accuse et les châtie, sous prétexte que ce sont des traîtres qui aspirent à l'oligarchie. — Assurément. — Il traite avec le dernier mépris ceux qui ont encore du respect et de la soumission pour les magistrats; il leur reproche qu'ils sont des gens de néant, des esclaves volontaires. En public comme en particulier, il vante et honore l'égalité qui confond les magistrats avec les citoyens. Se peut-il faire que dans un pareil État la liberté ne s'étende pas à tout? — Comment cela ne serait-il pas? — Qu'elle ne pénètre pas dans l'intérieur des familles, et qu'à la fin l'esprit d'indépendance et d'anarchie ne passe jusqu'aux animaux? — Qu'entends-tu par là? — Je veux dire que les pères s'accoutument à traiter leurs enfants comme leurs égaux, à les craindre même; ceux-ci à s'égaler à leurs pères, à n'avoir ni respect ni crainte pour eux, parce qu'autrement leur liberté en souffrirait; que les citoyens et les simples habitants, que les étrangers même, aspirent aux mêmes droits. — C'est ainsi que les choses se passent.

— Et, pour descendre à de moindres objets, les maîtres, dans cet État, craignent et ménagent leurs disciples; ceux-ci se moquent de leurs maîtres et de leurs gouverneurs. En général, les jeunes gens veulent aller de pair avec les vieillards, et leur tenir tête soit en paroles, soit en actions. Les vieillards, de leur côté, descendent aux manières des jeunes gens, et s'étudient à copier leurs façons, dans la crainte de passer pour des gens d'un caractère bourru et despotique. — Cela est vrai. — Mais l'abus le plus intolérable que la liberté introduise dans ce gouvernement, c'est que les esclaves de l'un et de l'autre sexe sont aussi libres que ceux qui les ont achetés. J'allais presque oublier de dire à quel point de liberté et d'égalité vont les relations entre les hommes et les femmes.—N'oublions rien, et, selon l'expression d'Eschyle, *disons tout ce qui nous viendra à la bouche.* — Fort bien. C'est aussi ce que je fais. On aurait peine à croire, à moins de l'avoir vu, combien les animaux qui sont à l'usage des hommes sont plus libres que partout ailleurs. De petites chiennes, selon le proverbe, y sont sur le même pied que leurs maîtresses ; les chevaux et les ânes, accoutumés à marcher tête levée et sans se gêner, heurtent tous ceux qu'ils rencontrent, si on ne leur cède le passage. Enfin, tout y jouit d'une pleine et entière liberté. — Tu me racontes mon propre songe : je ne vais presque jamais à la campagne que cela ne m'arrive.

— Or, vois-tu le mal qui résulte de tout cela ? Vois-tu combien les citoyens en deviennent ombrageux, au point de se soulever, de se révolter à la moindre apparence de contrainte ? Ils en viennent à la fin, comme tu sais, jusqu'à ne tenir aucun compte des lois écrites ou non écrites, afin de n'avoir absolument aucun maître. — Je le sais. — C'est de cette forme de gouvernement, si belle et si charmante, que naît la tyrannie, du moins à ce que je pense. — Charmante, en vérité ; mais continue de m'en expliquer les effets. — Le même fléau qui a perdu l'oligarchie, prenant de nouvelles forces et de nouveaux accroissements par la licence générale, pousse à l'esclavage l'État démocratique : car il est vrai de dire qu'on ne peut donner dans un excès sans s'exposer à tomber dans un excès contraire. C'est ce qu'on remarque dans les saisons, dans les plantes, dans nos corps et dans les États, tout comme ailleurs. — Cela doit être. — Ainsi, par rapport à un État, comme par rapport à un simple particulier, la liberté excessive doit amener tôt ou tard une extrême servitude. — Cela doit être encore. — Il est donc naturel que la tyrannie ne prenne naissance d'aucun

autre gouvernement que du gouvernement populaire ; c'est-
à-dire qu'à la liberté la plus pleine et la plus entière suc-
cède le despotisme le plus absolu et le plus intolérable. —
C'est l'ordre même des choses. — Mais ce n'est pas là ce
que tu me demandes. Tu veux savoir quel est ce fléau qui,
formé dans l'oligarchie et accru ensuite dans la démocratie,
conduit celle-ci à la tyrannie. — Tu as raison.

— Par ce fléau, j'entends cette foule de gens oisifs et
prodigues, dont les uns, plus courageux, vont à la tête,
et les autres, plus lâches, marchent à la suite. Nous avons
comparé les premiers à des frelons armés d'aiguillon, et
les seconds à des frelons sans aiguillon. — Cette comparaison me paraît juste. — Ces deux espèces d'hommes
font, dans tout corps politique, les mêmes ravages que le
flegme et la bile dans le corps humain. Le sage législateur,
en habile médecin de l'État, prendra à leur égard les
mêmes précautions qu'un homme qui élève des abeilles
prend à l'égard des frelons. Son premier soin sera d'empêcher qu'ils ne s'introduisent dans la ruche ; et si, malgré
sa vigilance, ils s'y sont glissés, il les détruira au plus
tôt avec les alvéoles qu'ils ont infestés. — Il n'a pas d'autre
parti à prendre. — Pour comprendre encore mieux ce que
nous voulons dire, faisons une chose. — Quoi ? — Sépa-
rons par la pensée l'État populaire en trois classes, dont
en effet il est composé. La première comprend ceux dont
je viens de parler ; la licence publique les y fait naître en
aussi grand nombre que dans l'oligarchie. — La chose est
ainsi. — Il y a néanmoins cette différence qu'ils sont
beaucoup plus malfaisants dans l'État démocratique. —
Pour quelle raison ? — C'est que dans l'autre État, comme
ils n'ont aucun crédit, et qu'on a soin de les écarter de
toutes les charges, ils ne peuvent ni agir ni se fortifier ;
au lieu que, dans l'État démocratique, ce sont eux presque exclusivement qui sont à la tête des affaires. Les plus
ardents parlent et agissent ; les autres bourdonnent autour
de la tribune, et ferment la bouche à quiconque voudrait
ouvrir un avis contraire : de sorte que, dans ce gouver-

nement, toutes les affaires passent entre leurs mains, à l'exception d'un très-petit nombre. — Cela est vrai.

— La seconde classe fait bande à part, et n'a nul commerce avec la multitude. — Quelle est-elle? — Comme dans cet État tout le monde travaille à s'enrichir, ceux qui sont plus sages et plus modérés dans leur conduite sont aussi pour l'ordinaire les plus riches. — Cela doit être.—C'est de ces gens-là sans doute que les frelons tirent le plus de miel, et avec le plus de facilité.—Quel butin feraient-ils sur ceux qui n'ont rien ou peu de chose? — Aussi donne-t-on aux riches le nom d'*herbe aux frelons*. — Ordinairement. — La troisième classe est le menu peuple, composé de manouvriers, étrangers aux affaires et ayant à peine de quoi vivre. Dans la démocratie, cette classe est la plus nombreuse et la plus puissante lorsqu'elle est assemblée. — Oui ; mais elle ne s'assemble guère, à moins qu'il ne doive lui revenir pour sa part quelque peu de miel. — Aussi ceux qui président à ces assemblées font-ils tout ce qui dépend d'eux pour lui en fournir. Dans cette vue, ils s'emparent des biens des riches, qu'ils partagent avec le peuple, gardant toujours pour eux la meilleure part. — C'est là le fond des distributions qu'on lui fait. — Cependant les riches, se voyant dépouillés de leurs biens, sont obligés de se défendre ; ils portent leurs plaintes au peuple, et emploient tous les moyens pour mettre leurs biens à l'abri des ravisseurs. — Sans doute.— Les autres, de leur côté, les accusent, tout innocents qu'ils sont, de vouloir mettre le trouble dans l'État, de conspirer contre la liberté du peuple, et d'être oligarchiques. — Ils n'y manquent pas.

— Mais lorsque les accusés s'aperçoivent que le peuple, moins par mauvaise volonté que par ignorance, et séduit par les artifices de leurs calomniateurs, se range du parti de ces derniers, alors, qu'ils le veuillent ou non, ils deviennent en effet oligarchiques. Ce n'est point à eux qu'il faut s'en prendre, mais aux frelons qui les piquent de leurs aiguillons et les poussent à cette extrémité.— Sans contre-

dit. — Ensuite viennent les dénonciations, les procès et
les luttes réciproques. — Cela est vrai.— N'est-il pas ordinaire au peuple d'avoir quelqu'un à qui il confie spécialement ses intérêts, qu'il travaille à agrandir et à rendre
puissant ? — Oui. — Il est donc évident que c'est de la
tige de ces protecteurs du peuple que naît le tyran, et
non d'ailleurs. — La chose est manifeste.

— Mais par où le protecteur du peuple commence-t-il
à en devenir le tyran ? N'est-ce pas évidemment lorsqu'il
commence à faire quelque chose de semblable à ce qui
se passe, dit-on, en Arcadie, dans le temple de Jupiter
Lycéen? — Que dit-on qu'il s'y passe? — On dit que
celui qui a goûté des entrailles humaines, mêlées à celles
des autres victimes, est changé en loup. Ne l'as-tu jamais entendu dire? — Oui. — De même, lorsque le protecteur du peuple, trouvant en lui une soumission parfaite
à ses volontés, trempe ses mains dans le sang de ses
concitoyens; quand, sur des accusations calomnieuses et
qui ne sont que trop ordinaires, il traîne ses adversaires
devant les tribunaux, et les fait expirer dans les supplices, que lui-même abreuve sa langue et sa bouche impie
du sang de ses proches et de ses amis, qu'il décime l'État
par le fer ou par l'exil, qu'il propose l'abolition des
dettes, un nouveau partage des terres; n'est-ce pas pour
lui une nécessité de périr de la main de ses ennemis, ou
de devenir le tyran de l'État, et d'être changé en loup?
— Il n'y a pas de milieu. — Le voilà donc en guerre
ouverte avec ceux qui possèdent de grands biens? — Oui.
— Et si, après avoir été chassé, il revient malgré ses
ennemis, ne revient-il pas tyran achevé? — Sans doute.

— Mais si les riches ne peuvent venir à bout de le
chasser ni de le faire condamner à mort, en l'accusant
devant le peuple, alors ils conspirent sourdement contre
sa vie. — Cela ne manque guère d'arriver. — Ce qui
donne occasion à la requête que présente au peuple tout
ambitieux qui en est venu à ces extrémités. Il lui demande
des gardes, afin de mettre en sûreté le protecteur du

26

peuple. — Oui vraiment. — Le peuple les lui accorde, craignant tout pour son défenseur et ne craignant rien pour lui-même. — Sans doute. — Quand les choses en sont à ce point, tout homme qui possède de grandes richesses, et qui, par cette raison, passe pour ennemi du peuple, prend pour lui l'oracle adressé à Crésus ; *il fuit vers le fleuve Hermus, et ne craint pas les reproches de lâcheté qu'on pourrait lui faire.* — Il a raison ; on ne lui donnerait pas l'occasion de craindre deux fois de pareils reproches. — En effet, s'il est pris dans sa fuite, il lui en coûte la vie. — Il n'a pas d'autre sort à attendre.

— Quant au protecteur du peuple, ne crois pas qu'il s'endorme dans sa puissance : il monte ouvertement sur le char de l'État, renverse à droite et à gauche tous ceux dont il se défie, et se déclare ainsi tyran. — Qui pourrait l'en empêcher ? — Voyons à présent quel est le bonheur de cet homme et de la société qui le nourrit. — Je le veux bien. — D'abord, dans les premiers jours de sa domination, ne sourit-il pas gracieusement à tous ceux qu'il rencontre, ne va-t-il pas jusqu'à leur dire qu'il ne pense à rien moins qu'à être tyran ? Ne fait-il pas les plus belles promesses en public et en particulier, affranchissant tous les débiteurs, partageant des terres entre le peuple et ses favoris, traitant tout le monde avec une douceur et une tendresse de père ? — Il faut bien qu'il commence de la sorte. — Quand il s'est délivré de ses ennemis du dehors, en partie par des transactions, en partie par des victoires, et qu'il est en repos de ce côté-là, il a toujours soin d'entretenir quelques semences de guerre, afin que le peuple sente le besoin qu'il a d'un chef. — Cela doit être. — Et surtout afin qu'appauvris par les impôts que nécessite la guerre, les citoyens ne songent qu'à leurs besoins de chaque jour, et soient hors d'état de conspirer contre lui. — Sans contredit. — C'est encore afin d'avoir une voie non suspecte de se défaire de ceux qu'il sait avoir le cœur trop haut pour plier sous ses volontés, en les exposant aux coups de l'ennemi. Par toutes

ces raisons, il faut qu'un tyran ait toujours quelque
guerre sur les bras. — J'en conviens.

— Mais une pareille conduite ne doit-elle pas le rendre
odieux à ses sujets? — Très-odieux. — Et quelques-uns
de ceux qui ont contribué à son élévation, et qui ont
après lui le plus d'autorité, ne parleront-ils pas entre
eux avec beaucoup de liberté de ce qui se passe, et les
plus hardis n'iront-ils pas jusqu'à s'en plaindre à lui-
même? — Il y a grande apparence. — Il faut donc que
le tyran s'en défasse, s'il veut régner en paix, et que,
sans distinction d'ami ni d'ennemi, il perde tous les gens
de quelque mérite. — Cela est évident. — Il doit avoir
l'œil bien clairvoyant pour discerner ceux qui ont du courage, de la grandeur d'âme, de la prudence, des richesses : et tel est son bonheur, qu'il est réduit, bon
gré mal gré, à leur faire la guerre à tous, à leur tendre
des piéges sans relâche, jusqu'à ce qu'il en ait purgé
l'État. — L'étrange manière de le purger! — Il fait le
contraire des médecins, qui purgent le corps en ôtant ce
qu'il y a de mauvais et en laissant ce qu'il y a de bon. —
Il faut apparemment qu'il en vienne là, ou qu'il renonce
à la tyrannie. — En vérité, n'est-ce pas pour lui une
heureuse alternative que celle de périr, ou de vivre avec
des gens méprisables, dont encore il ne peut éviter d'être
haï? — Telle est sa situation.

— N'est-il pas vrai que plus il se rendra odieux à ses
citoyens par ses cruautés, plus il aura besoin d'une
garde nombreuse et fidèle? — Sans doute. — Mais où
trouvera-t-il des gens fidèles? d'où les fera-t-il venir? —
S'il les paye bien, ils accourront en foule à lui de toutes
parts. — Je crois t'entendre. Il viendra par essaims des
frelons de tous les pays. — Tu as parfaitement compris
ma pensée. — Pourquoi ne confierait-il point la garde de
sa personne à des gens du pays? — Comment cela? —
En composant sa garde d'esclaves qu'il affranchirait
après avoir fait mourir leurs maîtres. — Fort bien, car
ces esclaves lui seraient entièrement dévoués. — Encore

un coup, la condition du tyran est bien digne d'envie, si elle l'oblige à perdre les meilleurs citoyens, et à faire de leurs esclaves ses amis et ses confidents. — Il ne saurait en avoir d'autres. — Ces nouveaux citoyens sont pleins d'admiration pour sa personne; ils sont admis dans sa plus intime familiarité, tandis que les gens de bien le haïssent et le fuient. — Cela doit être.

— On a donc bien raison de vanter la tragédie comme une école de sagesse, et Euripide particulièrement. — A quel propos dis-tu cela?— C'est qu'Euripide a prononcé quelque part cette maxime d'un sens profond : *Les tyrans deviennent habiles par le commerce des gens habiles.* Sans doute il a voulu dire que ceux qui composent leur société sont des gens habiles. — Il est vrai qu'Euripide et les autres poëtes qualifient la tyrannie de divine en plusieurs endroits de leurs ouvrages. — Aussi ces poëtes tragiques ont-ils l'esprit trop bien fait pour trouver mauvais que dans notre État, et dans tous ceux qui sont gouvernés suivant les principes analogues, on refuse de les recevoir à cause des éloges qu'ils font de la tyrannie. — Autant que je puis croire, les plus raisonnables d'entre eux ne s'offenseront point de ce refus. — Mais ils peuvent parcourir à leur gré les autres États. Là, rassemblant le peuple et prenant à leurs gages les voix les plus belles, les plus fortes et les plus insinuantes, ils inspireront à la multitude le goût de la tyrannie et de la démocratie. — Sans doute. — Il leur en reviendra de l'argent et des honneurs, en premier lieu, de la part des tyrans, comme cela doit être; en second lieu, de la part des démocraties. Mais, à mesure qu'ils prendront leur essor vers des gouvernements plus parfaits, leur renommée se lassera, perdra haleine et ne pourra les suivre. — Tu as raison.

— Mais laissons cette digression. Revenons au tyran, et voyons comment il pourra pourvoir à l'entretien de cette garde belle, nombreuse et renouvelée à tous moments. — Il est évident qu'il commencera par dépouiller les temples, et tant que la vente des choses sacrées lui

produira des fonds suffisants, il ne demandera pas au
peuple de trop fortes contributions. — Fort bien ; mais,
quand ce fonds viendra à lui manquer, que fera-t-il ? —
Alors il vivra du bien de son père, lui, ses convives, ses
favoris et ses maîtresses. — J'entends : c'est-à-dire que
le peuple, qui a donné naissance au tyran, le nourrira lui
et les siens.— Il le faudra bien.— Mais quoi ! si le peuple
se fâchait à la fin, et lui disait qu'il n'est pas juste qu'un
fils déjà grand et fort soit à la charge de son père ; qu'au
contraire, c'est à lui de pourvoir à l'entretien de son père ;
qu'il n'a pas prétendu, en le formant et en l'élevant, se
le donner pour maître aussitôt qu'il serait grand, ni
devenir l'esclave de ses esclaves, et le nourrir lui et ce
ramas d'étrangers qu'il traîne à sa suite ; qu'il a voulu
seulement s'affranchir par son moyen du joug des riches,
et de ceux qu'on appelle dans la société des honnêtes gens ;
qu'ainsi il lui ordonne de se retirer avec ses amis, par la
même autorité qu'un père chasse de sa maison son fils
avec ses compagnons de débauche ? — Le peuple verra
alors quel enfant il a nourri et élevé dans son sein, et
que ceux qu'il prétend chasser sont plus forts que lui. —
Que dis-tu ? Quoi ! le tyran oserait faire violence à son
père, et même le frapper, s'il ne cédait pas ? — Qui doute
qu'il n'en vînt jusque-là, après l'avoir désarmé ? — Le
tyran est donc un fils dénaturé, un parricide ? C'est là ce
qu'on appelle la tyrannie proprement dite. Le peuple, en
voulant, comme on dit, éviter la fumée de l'esclavage
des hommes libres, tombe dans le feu du despotisme des
esclaves, et voit succéder la servitude la plus dure et la
plus amère à une liberté excessive et désordonnée. — C'est
le châtiment qu'il ne manque guère d'éprouver. — Eh
bien ! pouvons-nous nous flatter d'avoir expliqué d'une
manière satisfaisante le passage de la démocratie à la
tyrannie, et les mœurs de ce gouvernement ? — Oui,
nous pouvons nous en flatter avec raison. »

LIVRE NEUVIÈME.

—

ARGUMENT.

Ce livre est la suite du précédent. Platon y trace le portrait du tyran; il veut connaître ses passions les plus secrètes, savoir s'il est heureux ou malheureux. Dans ce but, il rassemble tous les traits divers qui caractérisent un parfait scélérat; ce scélérat, il le remplit d'ivresse, de libertinage et de fureur; aucune débauche ne l'effraye, aucun meurtre ne l'arrête; il peut satisfaire tous ses goûts, assouvir toutes ses passions : au lieu de l'abaisser, ses crimes l'élèvent. Le voilà puissant, il commande, il est roi. C'est là, au sommet de la fortune, que Platon le saisit, et que, le dépouillant de son appareil de théâtre, il montre à nu les plaies qui le dévorent. Pour en donner une plus vive image, il compare la condition du tyran en proie à ses passions, à celle d'une ville en proie aux fureurs d'une populace effrénée. Toutes les violences, toutes les bassesses, tous les crimes qui font gémir la cité, s'agitent dans cette âme douloureuse; ils y enfantent les mêmes ravages, ils y soulèvent les mêmes tempêtes, ils y excitent les mêmes désespoirs; ainsi, comme l'État opprimé par un tyran est le plus malheureux des États, l'homme tyrannisé par ses passions est le plus infortuné des hommes : il y a parité. Platon termine en représentant l'injustice et les mauvaises passions sous la forme d'un monstre à plusieurs têtes et d'un lion affamé que le méchant renferme dans son sein. Là, ces animaux se font une guerre horrible, et grandissent en le dévorant. Dire que la pratique de l'injustice est utile à l'homme, c'est dire qu'il lui est utile de se livrer tout vivant à la fureur de ces monstres, de les nourrir de sa propre substance, de se faire à la fois leur esclave et leur victime. Le symbole est frappant, la vérité est lumineuse, et cependant, après vingt-deux siècles d'expériences, la vérité n'est point encore acquise au genre humain.

« Il nous reste à voir comment l'homme tyrannique se forme du démocratique, quelles sont ses mœurs, et si son sort est heureux ou malheureux. — C'est la seule chose qui nous reste à considérer. — Sais-tu ce qui me manque encore? — Quoi? — Nous n'avons pas, ce me semble, assez nettement exposé la nature et les différentes espèces de désirs. Tandis qu'il manquera quelque chose à ce point, la découverte de ce que nous cherchons sera toujours mêlée de quelque obscurité. — Il est encore temps d'y revenir. — Sans doute. Voici surtout ce que je serais bien aise de connaître d'une manière plus claire. Parmi les désirs et les plaisirs superflus, j'en trouve d'illégitimes. Ces désirs naissent dans l'âme de tous les hommes; mais chez quelques-uns ils sont réprimés par les lois et par d'autres désirs meilleurs; de sorte qu'ils s'en vont entièrement, grâce à la raison, ou que ceux qui restent sont faibles et en petit nombre. Dans d'autres hommes, au contraire, ces désirs sont en plus grand nombre et en même temps les plus forts. — De quels désirs parles-tu? — Je parle de ceux qui se réveillent durant le sommeil, lorsque cette partie de l'âme qui est raisonnable, pacifique et faite pour commander, est comme endormie, et que la partie animale et féroce, excitée par le vin et la bonne chère, se révolte, et, repoussant le sommeil, cherche à s'échapper et à satisfaire ses appétits. Tu sais que dans ces moments cette partie de l'âme ose tout, comme si elle était délivrée et affranchie des lois de la sagesse et de la pudeur; elle ne distingue rien, ni dieu, ni homme, ni bêtes; aucun meurtre, aucun aliment ne lui fait horreur; en un mot, il n'est point d'action, quelque extravagante, quelque infâme qu'elle soit, à laquelle elle ne se porte. — Tu dis vrai.

— Mais lorsqu'un jeune homme mène une vie sobre et réglée, lorsque, avant de se livrer au sommeil, il ranime le flambeau de sa raison, le nourrit de réflexions salutaires, et s'entretient avec lui-même; que, sans rassasier la partie animale, il lui accorde ce qu'il ne peut lui refuser, afin qu'elle repose et ne vienne pas troubler de sa joie et de sa tristesse la partie intelligente de l'âme, mais qu'elle la laisse seule, dégagée des sens, poursuivre de ses regards curieux ce qu'elle ignore du passé, du présent, de l'avenir; lorsque cet homme a aussi apaisé la partie où réside la colère, qu'il se couche sans avoir le cœur plein de ressentiment et de trouble contre qui que ce soit; enfin, lorsque tout dort en lui, hormis sa raison qu'il tient éveillée, alors l'esprit voit de plus près la vérité; il s'unit à elle d'une façon plus intime, et n'est point traversé par des fantômes impurs et des songes criminels. — J'en suis persuadé. — Peut-être me suis-je un peu trop étendu. Ce qu'il importe seulement de savoir, c'est qu'il y a en chacun de nous, même dans ceux qui paraissent le plus maîtres de leurs passions, une espèce de désirs cruels, brutaux, sans frein, sans lois, et c'est ce que prouvent les songes. Examine si ce que je dis est vrai ou non.—J'en tombe d'accord.

— Rappelle-toi maintenant le portrait que nous avons fait de l'homme démocratique. Nous disions que dans sa jeunesse il avait été élevé par un père avare, qui n'estimait que les désirs intéressés, et se mettait peu en peine de satisfaire les désirs superflus, qui n'ont d'autre but que le luxe et les plaisirs : n'est-ce pas? — Oui. — Que se trouvant ensuite dans la compagnie des gens frivoles et livrés à ces désirs superflus dont je viens de parler, il avait bientôt pris en aversion les leçons de son père, et s'était abandonné à la débauche et au libertinage; que cependant, comme il était doué d'un meilleur naturel que ses corrupteurs, se voyant tiré de deux côtés opposés, il avait pris un milieu entre leur système et celui de son père, et s'était proposé d'user de l'un et de l'autre avec modération, et de mener une vie également éloignée, à ce qu'il pensait, de la contrainte servile et du désordre qui ne connaît point de loi; qu'ainsi d'oligarchique il était devenu démocratique.—Cela est vrai. Telle est bien l'idée que nous nous en sommes faite.

— Donne à présent à cet homme devenu vieux un fils élevé dans les mêmes maximes. — Fort bien. — Imagine ensuite qu'il lui arrive la même chose qu'à son père; je veux dire qu'il se trouve engagé dans une vie licencieuse, appelée vie libre par ceux qui le séduisent; que, d'une part, son père et ses proches prêtent main-forte à la faction des désirs modérés, tandis que de l'autre ces enchanleurs habiles, qui possèdent le secret de faire des tyrans, secondent de tout leur pouvoir la faction contraire ; et, quand ils désespéreront de tout autre moyen de retenir ce jeune homme dans leur parti, ils feront naître en son cœur, par leurs artifices, l'amour qui préside aux désirs oisifs et prodigues, et qui n'est autre, à mon sens, qu'un grand frelon ailé. Crois-tu qu'un pareil amour soit autre chose?—Je ne le crois pas.—Mais lorsque les autres désirs, couronnés de fleurs, parfumés d'onguent, enivrés de vins et accompagnés des plaisirs effrénés, viennent bourdonner autour de ce frelon, le nourrissent, l'élèvent et l'arment enfin de l'aiguillon de l'ambition, alors ce tyran de l'âme ne garde plus de mesure : escorté de la démence, il extermine ou chasse loin de lui tous les sentiments honnêtes et tous les désirs vertueux, jusqu'à ce qu'après avoir effacé dans l'âme tout vestige de sagesse et de tempérance, il l'ait remplie d'une fureur qu'elle ne connaissait point auparavant. — On ne peut faire une plus vive peinture de la manière dont se forme l'homme tyrannique. — N'est-ce pas pour cette raison qu'on a donné, il y a longtemps, à l'amour le nom de tyran?—Il y a toute apparence.—Tout homme dans l'ivresse n'a-t-il pas des idées et des sentiments tyranniques?— Oui. — De même un homme tombé en démence ne s'imagine-t-il pas qu'il peut commander aux hommes, et même aux dieux? — Sans doute. — Or, mon cher ami, qu'est-ce que l'homme tyrannique proprement dit, sinon l'homme que la nature, l'éducation, ou l'une et l'autre ensemble, ont rendu ivre, amoureux et fou? — Cela est vrai.

— Tu viens de voir comme se forme l'homme tyrannique. Mais comment vit-il? —Je te répondrai comme on fait en plaisantant : ce sera toi qui me le diras. — Soit. Ce ne seront sans doute que fêtes, jeux, festins, débauches et plaisirs de toute espèce, où le poussera l'amour tyrannique qu'il a laissé pénétrer dans son âme, et qui en gouverne toutes les facultés. — Nécessairement. — Jour et nuit, ne sentira-t-il pas naître au dedans de lui-même une

foule de désirs indomptés et insatiables? — Oui. — Ainsi
ses revenus, s'il en a, seront bientôt épuisés à les satisfaire.—Sans doute.—Après cela viendront les emprunts,
suivis de la dissipation de sa fortune. — Il le faudra bien.
— Et, lorsqu'il n'aura plus rien, ne sera-t-il pas impor-
tuné par les cris tumultueux de cette foule de désirs qui
s'agitent dans son âme comme dans leur nid? Pressé de
leurs aiguillons, et surtout de celui de l'amour, à qui les
autres désirs servent, pour ainsi dire, d'escorte, ne cour-
ra-t-il pas çà et là comme un forcené, cherchant de
tous côtés quelque proie qu'il puisse surprendre par artifice, ou ravir par force? — Oui certes. — Ainsi, ce sera
pour lui une nécessité d'emporter tout ce qui se trouvera
sous sa main, ou d'être déchiré par les plus cruelles douleurs.— Il n'y a pas de milieu. — Et de même que les nouvelles passions survenues dans son cœur ont supplanté les
anciennes et se sont enrichies de leurs dépouilles, ainsi,
quoique plus jeune, ne voudra-t-il pas avoir plus de biens
que son père et sa mère, et s'emparer de ce qui leur reste
de patrimoine, après avoir dissipé sa part?—Oui.—Et si
ses parents refusent de se prêter à ses désirs, n'essayera-
t-il pas d'abord contre eux le larcin et la fraude? — Sans
contredit. — Si cette voie ne lui réussit pas, n'aura-t-il pas
recours à la rapine et à la force ouverte? — Je le pense.—
S'ils s'opposent à sa violence, s'ils résistent, respectera-
t-il leur vieillesse, pourra-t-il s'empêcher de leur faire
quelque traitement tyrannique? — J'ai grand sujet de
craindre pour les parents de ce jeune homme.

— Ainsi, pour une nouvelle maîtresse qu'il aime par
caprice et sans raison; pour quelque jeune homme qu'il
aime de la veille et par caprice, tu crois, mon cher Adimante, qu'il irait jusqu'à porter la main sur son père ou
sur sa mère, sans égard pour leur grand âge, ni pour les
droits anciens et naturels qu'ils ont sur son cœur, et jusqu'à vouloir les asservir à l'objet de ses amours?—Je n'en
doute nullement.—C'est donc un grand bonheur pour des
parents d'avoir donné le jour à un fils de ce caractère? —

Il s'en faut de beaucoup. — Mais quoi! lorsqu'il aura con-
sumé tout le bien de son père et de sa mère, et que l'essaim des passions se sera multiplié et fortifié dans son
cœur, ne sera-t-il pas réduit à forcer les maisons, à dépouiller de nuit les passants, à piller les temples? Les
sentiments d'honneur et de probité, qu'on lui avait inspirés dans son enfance, disparaîtront. Ses passions, affranchies et ayant l'amour à leur tête, se rendront maîtresses
de son âme; ces mêmes passions, qui, lorsqu'il était soumis à l'autorité des lois et à la volonté de son père, osaient
à peine s'émanciper la nuit dans ses rêves, aujourd'hui
que l'amour est devenu son maître et son tyran, le porteront cent fois le jour aux mêmes actions auxquelles jadis
elles le portaient rarement pendant son sommeil. Aucun
meurtre, aucun horrible festin, aucun crime ne l'arrêtera;
l'amour tyrannique régnant seul dans son âme y intro-
duira la licence, le mépris des lois; et regardant cette
âme comme un État dont il est maître absolu, il la con-
traindra de tout faire et de tout oser, pour trouver de quoi
l'entretenir, lui et cette foule de passions tumultueuses
qu'il traîne à sa suite, les unes venues de dehors par les
mauvaises compagnies, les autres nées au dedans, et auxquelles il a lâché la bride ou qui se sont affranchies elles-
mêmes. N'est-ce pas là la vie que mènera ce jeune homme?
— Oui.

— Si dans un État il se trouve peu de citoyens de ce
caractère, et que le reste soit sage et réglé dans ses mœurs,
ils en sortiront pour aller se mettre au service de quelque
tyran étranger; s'il y a guerre quelque part, ils vendront
leurs services; ou s'ils vivent dans l'État au sein de la paix
et de la tranquillité, ils y commettront un grand nombre
de petits maux. — Quels maux? — Par exemple, ils vole-
ront, forceront les maisons, couperont les bourses, dé-
pouilleront les passants, commettront des sacriléges et des
rapts. S'ils ont quelque éloquence, ils feront le métier
d'accusateurs, porteront de faux témoignages et se vendront au plus offrant. — Voilà donc ce que tu appelles de

petits maux, et ce que ces hommes feront, s'ils sont en petit nombre. — Oui ; les petites choses, tu le sais, ne sont telles que par comparaison avec les grandes, et tous ces maux, mis à côté de ceux que souffre un État opprimé par un tyran, ne sont qu'une bagatelle. Mais lorsqu'il y a dans un État beaucoup de citoyens de ce caractère, et que, leur parti venant à se grossir chaque jour, ils sentent qu'ils ont la majorité, ce sont eux qui, secondés par une populace insensée, donnent à l'État pour tyran celui d'entre eux dont le cœur est tyrannisé par les passions les plus fortes et les plus impérieuses. — Ce choix tombe bien : un tel homme doit s'entendre parfaitement au métier de tyran,

— Le meilleur parti que l'État puisse prendre alors, c'est de n'opposer aucune résistance ; sinon, au moindre mouvement qui se fera, il se portera contre sa patrie aux mêmes violences dont il a usé envers son père et sa mère : il la maltraitera, la livrera au pouvoir des jeunes débauchés qui le suivent, et tiendra dans le plus dur esclavage cette patrie, cette mère, pour me servir de l'expression des Crétois [1]. C'est là qu'aboutiront les désirs du tyran. — Tu as raison. — Au reste, il n'est pas nécessaire qu'il soit arrivé au pouvoir pour se faire connaître tel qu'il est ; il montre son caractère tandis qu'il n'est encore que dans une condition privée ; voici comment : ou bien il est environné d'une foule de flatteurs prêts à lui obéir en tout ; ou, rampant lui-même devant les autres, quand il a besoin d'eux, il n'est point de choses qu'il ne fasse pour les persuader de son entier dévoûment ; mais à peine a-t-il obtenu ce qu'il souhaite, qu'il leur tourne le dos. — Rien n'est plus ordinaire. — Ainsi ils passent leur vie sans être amis de personne, maîtres ou esclaves des volontés d'autrui ; la marque du caractère tyrannique est de ne connaître ni la vraie liberté ni la véritable amitié. — Cela est vrai. — Ne peut-on pas dire de ces sortes de gens, qu'ils sont

---

[1] Le texte porte : Cette matrie.

sans foi?—Oui.—Et de plus, qu'ils sont injustes à l'excès,
si ce que nous avons dit plus haut au sujet de la justice est
véritable? — On ne peut douter qu'il ne le soit.

— Rassemblons donc les divers traits qui constituent
le parfait scélérat : s'il existe, ce doit être l'homme que
nous venons de dépeindre. — Sans doute. — Ainsi ce doit
être celui qui, avec le caractère le plus tyrannique qu'on
puisse avoir, sera en outre revêtu de l'autorité tyrannique ; et plus il aura vécu de temps dans l'exercice de la
tyrannie, plus il sera méchant. — C'est une conséquence
nécessaire, s'écria Glaucon. — Mais s'il est le plus méchant des hommes, n'est-il pas aussi le plus malheureux,
et ne le sera-t-il pas d'autant plus qu'il aura exercé la
tyrannie plus longtemps et d'une manière plus absolue ?
Je parle ici selon l'exacte vérité, et non selon l'opinion du
vulgaire. — La chose ne saurait être autrement. — La condition de l'homme tyrannisé par ses passions est donc la
même que celle d'un État opprimé par un tyran ; par la
même raison, la condition de l'homme démocratique ressemble à celle d'un État démocratique, et ainsi des autres.
— Sans contredit. — Et ce qu'un État est par rapport à
un autre État, soit pour la vertu, soit pour le bonheur, un
homme l'est par rapport à un autre homme. — Tu as
raison. — Mais quel est le rapport d'un État gouverné par
un tyran à l'État gouverné par un roi[1], tel que nous
l'avons décrit en premier lieu? — Ces deux gouvernements sont entièrement opposés ; l'un est le meilleur,
l'autre est le pire. — Je ne te demanderai pas lequel des
deux est le meilleur ou le pire, cela est évident ; mais je te
demande si tu juges que celui qui est le meilleur est aussi
le plus heureux, et celui qui est le pire le plus malheureux.
N'allons pas, au reste, nous laisser éblouir, en ne considérant que le tyran seul, ou le petit nombre de favoris
qui l'environnent ; entrons dans l'État, examinons-le tout

---

[1] Platon n'a parlé que du gouvernement aristocratique. Il est donc éviden
qu'il assimile à cette forme de gouvernement la royauté.

entier, pénétrons partout, et prononçons ensuite sur ce que nous aurons vu. — Tu ne demandes rien que de juste. Il est évident, pour tout homme, qu'il n'est point d'État plus malheureux que celui qui obéit à un tyran, ni de plus heureux que celui qui est gouverné par un roi.

— Aurai-je tort d'exiger qu'on apporte les mêmes précautions quand il s'agira de porter son jugement sur le bonheur des individus, et de vouloir qu'on ne s'en rapporte qu'à la décision de celui qui peut pénétrer par la pensée jusque dans l'intérieur de l'homme, qui ne se laisse pas prendre comme un enfant aux apparences, et à ces dehors fastueux dont le pouvoir tyrannique se revêt pour imposer à la multitude, mais qui pénètre au fond des choses? Si donc je prétendais que nous ne devons écouter, dans la question présente, d'autre juge que celui qui aux lumières de l'esprit joint celle de l'expérience, qui a vécu avec les tyrans, qui les a vus dans le domestique, dépouillés de leur appareil et de leur pompe de théâtre qui les suit en public; qui sait quelle impression font sur eux les crises politiques; si j'engageais cet homme à prononcer sur le bonheur ou le malheur de la condition du tyran, comparée à celle des autres?... — Tu ne pourrais choisir un meilleur juge. — Veux-tu que nous supposions pour un moment que nous sommes nous-mêmes en état de juger, et que nous avons vécu avec les tyrans [1], afin que nous ayons quelqu'un qui puisse répondre à nos interrogations? — Je le veux bien.

— Suis-moi donc, et, te rappelant la ressemblance qui existe entre l'État et l'individu, considère-les l'un après l'autre, et dis-moi quelle doit être leur situation à tous deux. — Je te suis. — Pour commencer par l'État, diras-tu d'un État soumis à un tyran qu'il est libre, ou esclave? — Je dis qu'il est esclave autant qu'on peut l'être. — Tu

---

[1] Platon avait plus de droit qu'aucun autre de prononcer sur la condition des tyrans. On sait qu'il passa quelque temps à la cour des deux Denis, qu'il fut même admis dans leur intimité, et que, si ses conseils eussent été suivis, le palais du tyran eût été changé en une école de philosophie.

vois cependant, dans cet État, des gens maîtres de quelque chose et libres de leurs actions? — J'en vois, mais en très-petit nombre; et, à dire vrai, la plus grande et la plus saine partie des citoyens est réduite à un dur et honteux esclavage. — Si donc il en est de l'individu comme de l'État, n'est-ce pas une nécessité qu'il se passe en lui les mêmes choses, que son âme gémisse dans une servitude basse et honteuse, que la plus excellente partie de cette âme soit soumise aux volontés de la partie la plus méprisable, la plus méchante et la plus furieuse? — Cela doit être ainsi. — Que diras-tu d'une âme en cet état, qu'elle est libre, ou esclave? — Je dis qu'elle est esclave. — Mais un État esclave, et dominé par un tyran, ne fait point ce qu'il veut? — Non certes. — Ainsi, à dire vrai, une âme tyrannisée ne fait pas non plus ce qu'elle veut; mais, sans cesse entraînée par la violence de ses passions, elle sera pleine de trouble et de repentir. — Sans doute. — L'État où règne un tyran est-il riche, ou pauvre? — Il est pauvre. — Une âme tyrannisée est donc aussi toujours pauvre et insatiable? — Oui. — N'est-ce pas encore une nécessité que cet État et cet individu soient dans une crainte et une frayeur continuelles? — Assurément. — Crois-tu qu'on puisse trouver dans quelque autre État plus de plaintes, plus de sanglots, plus de gémissements et de douleurs amères? — Non. — Ou dans quelque autre homme, plus que dans l'homme tyrannique, que l'amour et les autres passions rendent furieux?— Je ne le crois pas.

— Or, c'est en jetant les yeux sur tous ces métaux, et sur mille autres encore, que tu as jugé que cet État était le plus malheureux de tous les États. — N'ai-je point eu raison?— Sans doute; mais, en te plaçant au même point de vue, que dis-tu de l'homme tyrannique? — Je dis que c'est le plus malheureux de tous les hommes. — Tu te trompes. — Pourquoi? — Il n'est pas encore aussi malheureux qu'on peut l'être. — Qui le sera donc? — Celui que je vais dire te paraîtra peut-être plus malheureux. — Quel est-il? — C'est celui qui, étant déjà tyrannisé par ses passions, ne passe point sa vie dans une condition privée, et à qui sa mauvaise fortune présente l'occasion de devenir tyran d'un Etat. — Sur ce que nous avons dit, je conjecture que tu as raison. — Cela peut être ; mais, dans une matière de cette importance, où il ne s'agit de rien moins que d'examiner d'où dépend le bonheur et le malheur de la vie, il ne faut pas s'arrêter à des conjectures, mais porter, s'il se peut, la chose jusqu'à l'entière conviction. — Cela est bien dit.

— Vois si je raisonne juste. Pour bien juger de la condition du tyran, voici, ce me semble, comment il faut la considérer. — Comment? — Il en est du tyran comme de ces riches particuliers qui ont beaucoup d'esclaves; car ils ont cela de commun avec lui, qu'ils commandent à beaucoup de monde : la différence n'est que dans le nombre. — Cela est vrai. — Tu sais que ces particuliers vivent tranquilles, et ne craignent rien de la part de leurs esclaves. — Qu'en auraient-ils à craindre? — Rien ; mais en vois-tu la raison? — Oui. C'est que tout l'Etat veille à la sûreté de chaque citoyen. — Fort bien. Mais si quelque dieu, enlevant du sein de la cité un de ces hommes qui ont à leur service cinquante esclaves et davantage, avec sa femme et ses enfants, le transportait, ainsi que son bien et toute sa maison, dans un désert où il n'aurait de secours à attendre d'aucun homme libre, ne serait-il pas dans une appréhension continuelle de périr de la main de ses esclaves, lui, sa femme et ses enfants? — Je n'ai pas de peine à le croire. — Il serait donc réduit à faire sa cour à quelques-uns d'entre eux, à les gagner à force de promesses, à les affranchir sans qu'ils l'eussent mérité; en un mot, à devenir le flatteur de ses esclaves? — Il faudrait bien qu'il en passât par là, ou qu'il consentît à périr?

— Que serait-ce donc, si ce même dieu plaçait autour de la demeure de ce riche un grand nombre de gens déterminés à ne pas souffrir qu'un homme exerce aucun empire sur ses semblables, et à punir du dernier supplice celui qu'ils surprendraient formant une pareille entreprise? —

27*

Environné de toutes parts de tant d'ennemis, il aurait encore un plus grand sujet de craindre pour ses jours.

— N'est-ce pas dans une semblable prison qu'est enchaîné le tyran? Du caractère dont nous l'avons dépeint, il doit être dévoré sans cesse de craintes et de désirs de toute espèce. Mais, quelque avide que soit sa curiosité, il ne peut voyager comme les autres citoyens, ni aller voir mille choses qui attirent leurs regards. Enfermé dans l'enceinte de son palais, comme une femme, il porte envie au bonheur de ses sujets, lorsqu'il apprend qu'ils font quelque voyage et qu'ils vont voir des choses dignes d'exciter leur attention. — Cela est vrai. — Tels sont les maux qui viennent accroître les souffrances de l'homme qui est tyrannisé par ses passions, et que tu as jugé le plus malheureux des hommes; telles sont les nouvelles tortures qui viennent l'assaillir lorsque le sort l'oblige de renoncer à la vie privée, et l'élève à la condition de tyran : incapable de se conduire lui-même, il lui faudra conduire les autres. Sa condition ressemble à celle d'un malade qui, n'ayant pas assez de forces pour lui-même, au lieu de ne songer qu'à sa santé, se verrait contraint de passer toute sa vie dans des combats d'athlètes. — Cette comparaison, Socrate, est très-exacte et très-vraie. — Une telle situation, mon cher Glaucon, n'est-elle pas la plus triste qu'on puisse imaginer, et la condition de tyran n'ajoute-t-elle pas un surcroît de malheur à celui qui, selon toi, était déjà le plus malheureux des hommes? — J'en conviens.

— Ainsi, en réalité, et quelle que soit l'apparence, le tyran n'est qu'un esclave, un esclave assujetti à la plus dure et à la plus basse servitude, et le flatteur des hommes les plus méchants. Jamais il ne peut assouvir ses passions : ce qui lui manque va bien au delà de ce qu'il possède; quiconque saura voir dans le fond de son âme trouvera qu'elle est vraiment pauvre, toujours saisie de frayeur, toujours en proie aux douleurs et aux angoisses; telle est sa situation, s'il est vrai qu'elle ressemble à celle de l'État dont il est le maître : or elle y ressemble ; qu'en penses-tu? — Oui. — Ajoutons à tant de misères ce que nous avons déjà dit, que de jour en jour il devient nécessairement, à raison du rang qu'il occupe, plus envieux, plus perfide, plus injuste, plus impie, plus disposé à loger et à nourrir dans son cœur tous les vices : d'où il suit qu'il est le plus malheureux des hommes, et qu'il communique son mal à ceux qui l'approchent. — Nul homme de bon sens ne te contredira en ce point.

— Fais donc à présent l'office de juge, et décide quels sont de ces cinq caractères, le royal, le timocratique, l'oligarchique, le démocratique, le tyrannique, ceux qui sont le plus heureux et ceux qui le sont le moins. — Le jugement est aisé à faire. Je leur donne à chacun plus ou moins de vertu, plus ou moins de bonheur, selon le rang auquel ils se sont présentés à nous. — Veux-tu que nous fassions venir un héraut, ou que je publie moi-même à haute voix que le fils d'Ariston a déclaré que le plus heureux des hommes, c'est le plus juste et le plus vertueux, c'est-à-dire celui qui règne sur lui-même, et qui se gouverne selon les principes de l'État monarchique ; et que le plus malheureux, c'est le plus injuste et le plus méchant, c'est-à-dire celui qui, étant du caractère le plus tyrannique, exerce sur lui-même et sur les autres la tyrannie la plus absolue? — Je te permets de le publier. — Ajouterai-je que, selon toi, l'un et l'autre sont tels, quand bien même les dieux et les hommes n'auraient aucune connaissance de la justice du premier et de l'injustice du second? — Ajoute.

— Ainsi nous voilà parvenus à la découverte de ce que nous cherchions. Je vais, si tu veux, te donner une seconde démonstration de la même vérité. — Quelle est-elle? — Si, de même que l'État est partagé en trois corps, l'âme de chacun de nous est aussi divisée en trois parties, il y a lieu, ce me semble, à tirer de là une nouvelle démonstration? — Dis-la-moi. — La voici ; à ces trois parties de l'âme répondent trois espèces de plaisirs propres à chacune d'elles; elles ont aussi chacune leurs désirs et leurs dominations à part. — Explique-toi. — L'une de ces parties est la raison, instrument des connaissances de l'homme; la seconde est l'appétit irascible; la troisième a trop de formes différentes pour pouvoir être comprise sous un nom particulier; mais on la désige ordinairement par ce qu'il y a de remarquable et de prédominant en elle. Nous l'avons nommée appétit concupiscible, à cause de la violence des désirs qui nous portent vers le manger, le boire, l'amour et les autres plaisirs des sens; nous l'avons aussi appelée esprit d'intérêt, parce que l'argent est le moyen le plus efficace de satisfaire ces sortes de désirs. — Nous avons eu raison. — Si nous disions que le plaisir propre à cette faculté, c'est le plaisir du gain, ne serait-ce pas là en fixer la notion et nous en donner une idée claire? Quel autre nom, en effet, lui convient mieux que celui de l'amour du gain?— Je n'en vois point d'autre. — L'appétit irascible ne nous porte-t-il point à dominer, à l'emporter sur les autres, et à acquérir de la gloire? — Oui. — Nous pouvons donc à juste titre l'appeler esprit de brigue et d'ambition? — Ce nom lui convient parfaitement. — Quant à la faculté qui connaît, il est évident qu'elle tend sans cesse et tout entière à connaître la vérité partout où elle est, et qu'elle se met peu en peine des richesses et de la gloire. — Cela est certain. — Ainsi nous n'aurons pas tort de l'appeler esprit philosophique et amour de l'instruction? — Non.

— N'est-il pas encore vrai que, selon la différence des caractères, les uns se laissent dominer par cet esprit, les autres par l'un des deux autres? — Oui. — C'est pour cela que nous disions qu'il y a trois principaux caractères d'hommes, le philosophe, l'ambitieux, l'intéressé. — Fort bien. — Et trois espèces de plaisirs analogues à chacun de ces caractères. — Sans doute. — Si tu demandais à chacun de ces hommes en particulier quelle est la vie la plus heureuse, tu n'ignores pas que chacun d'eux te dirait que c'est la sienne; que l'intéressé mettrait le plaisir du gain au-dessus des autres plaisirs, qu'il mépriserait la science et les honneurs, à moins que ce ne fût un moyen d'amasser de l'argent. — Cela est vrai. — De son côté, que dira l'ambitieux? Ne traitera-t-il pas de bassesse le plaisir que l'on goûte à accumuler des trésors, et de vaine fumée celui qui revient de l'étude des sciences, à l'exception de celles qui peuvent le conduire aux honneurs et à la gloire? — La chose est ainsi. — Quant au philosophe, disons hardiment qu'il ne fait aucun cas de tout le reste, en comparaison du plaisir que procure la connaissance du vrai, et que, par son application continuelle à cette étude, il tend à s'en procurer de plus en plus la jouissance; à l'égard des autres plaisirs, s'il les appelle des nécessités, c'est qu'il ne s'y prêterait nullement si le besoin de la nature ne l'exigeait. — J'en suis très-persuadé.

—Maintenant, puisqu'il est question de décider laquelle de ces trois espèces de plaisirs et de conditions est, je ne dis pas la plus honnête et la meilleure en soi, mais la plus agréable et la plus douce, comment, entre ces prétentions opposées, pourrons-nous savoir de quel côté se trouve la vérité? — Je ne saurais le dire. — Voyons la chose de cette manière. Quelles sont les qualités requises pour bien juger? N'est-ce pas l'expérience, la réflexion et le raisonnement? Peut-on suivre de meilleurs guides quand il s'agit de porter un jugement? — Non. — Or, lequel de nos trois hommes a le plus d'expérience des trois sortes de plaisirs dont nous venons de parler? Crois-tu que l'homme intéressé, s'il s'appliquait à la connaissance du vrai, fût plus capable de juger par le sentiment intérieur de la nature du plaisir qui accompagne la science, que le philosophe n'est en état de juger du plaisir que cause le gain? — Il s'en faut de beaucoup, parce que le philosophe s'est trouvé dès l'enfance dans la nécessité de goûter le plaisir du gain; au lieu qu'il n'y a aucune nécessité pour l'homme intéressé d'éprouver combien est doux le plaisir de connaître la nature des choses, et que ce plaisir étant au-dessus de sa portée, il ferait de vains

efforts pour y atteindre. — Ainsi le philosophe est plus
expérimenté que l'homme intéressé, dans l'un et l'autre
de ces plaisirs. — Sans comparaison. — Ne connaît-il pas
aussi par expérience le plaisir attaché aux honneurs mieux
que l'ambitieux ne connaît le plaisir qui suit la sagesse?
— Sans doute, puisque chacun de ces trois hommes est
sûr d'être honoré, s'il parvient au but qu'il se propose :
car les richesses ont leurs admirateurs comme le courage
et la sagesse. Ainsi, à l'égard du plaisir qu'il y a d'être
honoré, tous trois ont une égale expérience. Mais il est
impossible qu'aucun autre que le philosophe goûte le
plaisir attaché à la contemplation de l'essence des choses.
— Par conséquent, à ne consulter que l'expérience, il est
plus en état de juger que les deux autres. — Sans contredit.
   — Il est donc le seul qui aux lumières de l'expérience
joigne celles de la réflexion. — Cela est incontestable. —
Quant à l'instrument qui est la troisième condition pour
bien juger, il n'appartient en propre ni à l'intéressé ni à
l'ambitieux, mais au seul philosophe. — Quel est donc cet
instrument? — N'avons-nous pas dit qu'il faut employer
le raisonnement dans les jugements? — Oui. — Or, le
raisonnement est, à proprement parler, l'instrument du
philosophe. — Cela est vrai. — Si la richesse et le gain
étaient la plus juste règle pour bien juger de chaque chose,
ce que l'homme intéressé estime ou méprise serait en effet
ce qu'il y a de plus digne d'estime ou de mépris. — J'en
conviens. — Si c'était les honneurs, le courage et les victoires, ne faudrait-il pas s'en rapporter à la décision de
l'homme intrigant et ambitieux? — Cela est évident. —
Mais puisque c'est à la prudence, à l'expérience, au raisonnement qu'il appartient de prononcer... — On ne peut
s'empêcher de reconnaître que ce qui mérite l'estime du
philosophe, de l'ami de la raison, est véritablement estimable. — Donc, des trois plaisirs dont il s'agit, le plus
doux est celui que goûte cette partie de l'âme qui est l'instrument de nos connaissances; et l'homme qui donne à
cette partie tout empire sur lui-même mène la vie la plus

heureuse. — J'en demeure d'accord; et quand le sage
vante le bonheur de son état, c'est qu'il a le droit de le
faire. — Quelle vie et quel plaisir mettra-t-il au second
rang? — Il est clair que ce sera le plaisir du guerrier et
de l'ambitieux, qui approche beaucoup plus du sien que
celui de l'homme intéressé. — Selon toute apparence,
c'est à ce dernier qu'il assignera la dernière place. — Sans
doute.

— Ainsi, voilà deux victoires consécutives que le juste
remporte sur l'injuste. Il va en remporter une troisième
dont il rendra grâce à Jupiter Conservateur et Olympien,
comme on fait aux jeux olympiques. Et cette troisième
victoire, la voici : tout autre plaisir que celui du sage
n'est point un plaisir réel, un plaisir pur; au contraire,
ce n'est qu'une ombre, un fantôme de plaisir, selon ce
que j'ai ouï dire à un sage. Or, si cela est, la défaite de
l'injuste est pleine et entière. — Assurément; mais comment le prouves-tu? — Réponds-moi seulement. Nous
allons examiner ensemble la question. — Interroge. —
La douleur n'est-elle pas le contraire du plaisir? — Oui.
— N'y a-t-il pas aussi un état où l'âme n'éprouve ni plaisir
ni douleur? — Je le pense. — Cet état, qui tient le milieu
entre ces deux sentiments contraires, ne consiste-t-il pas
dans un certain repos où l'âme se trouve à l'égard de l'un
et de l'autre? N'est-ce pas là ta pensée? — Oui. — Te
rappelles-tu les discours que tiennent d'ordinaire les
malades dans les accès de leur mal? — Quels sont ces
discours? — Qu'il n'est pas de plus grand bien que la
santé; mais qu'ils n'en connaissaient pas tout le prix avant
d'être malades. — Je me les rappelle. — N'entends-tu pas
dire à tous ceux qui souffrent qu'il n'est rien de plus doux
que de ne plus souffrir. — Cela est vrai. — Et tu verras
que dans tous les événements fâcheux de la vie les hommes
tiennent le même langage. Sont-ils tristes? être exempt de
tristesse est pour eux le bien le plus désirable. Ce n'est pas la
joie qu'ils regardent comme ce qu'il y a de plus délicieux,
mais la cessation de la tristesse et le repos. — C'est que

cette situation serait douce pour eux en comparaison de
celle où ils se trouvent. — Par la même raison, la cessation du plaisir doit être une douleur pour celui qui était
auparavant dans la joie. — Cela doit être. — Ainsi ce
calme de l'âme, que nous disions tout à l'heure tenir le
milieu entre le plaisir et la douleur, nous paraît être à
présent l'un et l'autre. — Oui. — Mais est-il possible que
ce qui n'est ni l'un ni l'autre soit tout ensemble l'un et
l'autre?—Je ne le pense pas.— Le plaisir et la douleur ne
sont-ils pas l'un et l'autre un mouvement de l'âme?—Oui.
—Mais ne venons-nous pas de dire que cet état où l'on ne
sent ni plaisir ni douleur est un repos de l'âme, et quelque chose d'intermédiaire entre ces deux sentiments? — Il
est vrai. — Comment donc peut-on croire raisonnablement
que la négation de la douleur soit un plaisir, et la
négation du plaisir une douleur? — On ne le peut
pas. — Par conséquent, cet état n'est en lui-même ni
agréable ni fâcheux; mais on le juge agréable par opposition avec la douleur, et fâcheux par opposition avec le
plaisir. Dans tous ces fantômes, il n'est pas de plaisir réel,
tout cela n'est qu'un prestige. — Du moins la raison le
démontre.

— Afin qu'il ne te reste aucun motif pour croire que le
plaisir n'est ici-bas que la cessation de la douleur, et la
douleur que la cessation du plaisir, considère les plaisirs
qui ne viennent à la suite d'aucune douleur.—Où sont-ils,
et quelle est leur nature? — Ils sont en grand nombre et
de différentes espèces; fais attention, par exemple, aux
plaisirs de l'odorat. La vive sensation qu'ils excitent dans
l'âme n'est précédée d'aucune douleur, et, lorsqu'elle
vient à cesser, elle ne laisse aucune douleur après elle. —
Cela est très-vrai. — Ne nous laissons donc pas persuader
que le plaisir pur ne soit qu'une simple cessation de douleur, et la douleur une simple cessation de plaisir.—Non.
— Et pourtant ces plaisirs qui passent dans l'âme par le
canal des sens, c'est-à-dire les plus nombreux et les plus
vifs, ce sont de véritables cessations de douleur. — J'en

conviens. — N'en est-il pas de même à l'égard des pressentiments de joie et de douleur causés par l'attente de quelque sensation agréable ou fâcheuse? — Oui. — Sais-tu ce qu'on doit penser de ces plaisirs, et à quoi on peut les comparer? — A quoi? — Tu n'ignores pas qu'il y a dans les choses un haut, un milieu et un bas? — Non. — Quelqu'un qui passe d'une région inférieure à une région moyenne ne s'imagine-t-il pas monter à la plus haute? Et lorsque étant arrivé au milieu il vient à jeter les yeux sur le terme d'où il est parti, quelle autre pensée peut-il avoir, sinon qu'il est en haut, parce qu'il ne connaît pas encore la région véritablement haute? — Je ne crois pas qu'il pût s'imaginer autre chose. — S'il retombait de là dans la basse région, il croirait descendre, et sans doute il ne se tromperait pas. — Non. — A quoi peut-on attribuer son erreur, sinon à l'ignorance où il est de la région vraiment haute, vraiment moyenne ou vraiment basse? — Il est évident que son erreur ne vient que de là. — Est-il donc surprenant que des hommes qui ne connaissent pas la vérité se forment des idées fausses de mille choses, entre autres du plaisir, de la douleur, et de ce qui tient le milieu entre l'un et l'autre; de sorte que, lorsqu'ils passent à la douleur, ils croient souffrir, et souffrent en effet; mais, lorsque de la douleur ils passent à l'état intermédiaire, ils se persuadent qu'ils sont arrivés à la pleine jouissance du plaisir? Est-il surprenant que des gens qui n'ont jamais ressenti le vrai plaisir, et qui ne considèrent la douleur que par opposition avec la cessation de la douleur, soient trompés dans leur jugement, à peu près comme si, ne connaissant pas la couleur blanche, ils prenaient du gris pour du blanc en le comparant avec du noir? — Il n'y a rien de surprenant en cela. Au contraire, je serais bien plus surpris que la chose fût autrement.

— Fais à présent réflexion sur ce que je vais dire. La faim, la soif et les autres besoins naturels ne forment-ils pas des espèces de vides dans le corps? — Oui. — Pareillement, l'ignorance et la déraison ne sont-elles pas un vide

28

dans l'âme? — Sans doute. — Ne remplit-on pas la première sorte de vide en prenant de la nourriture, et la seconde en acquérant de l'intelligence? — Oui. — Quelle est la plénitude la plus réelle, celle qui provient de choses qui ont plus de réalité, ou celle qui provient de choses qui en ont moins? — Il est évident que c'est la première. — Or, le pain, la boisson, les viandes, en général tout ce qui nourrit le corps a-t-il plus de réalité, participe-t-il davantage à la véritable essence, que les opinions vraies, la science, l'intelligence, en un mot toutes les vertus? Voici comment il faut en juger. Ce qui provient de l'être vrai, immortel, immuable; ce qui présente en soi les mêmes caractères, et se produit en un sujet semblable, n'a-t-il pas plus de réalité que ce qui vient de la nature, sujette au changement et à la corruption, et se produit dans une substance pareillement mortelle et changeante? — Ce qui tient de l'être immuable a infiniment plus de réalité. — La science est-elle moins essentielle à l'être immuable que l'existence? — Non. — Et la vérité? — Non plus. — Si cet être perdait de la vérité, ne perdrait-il pas de son existence? — Sans doute. — Donc, en général, tout ce qui sert à l'entretien du corps participe moins de la vérité et de l'existence que ce qui sert à l'entretien de l'âme. — J'en demeure d'accord. — Le corps lui-même n'a-t-il pas moins de réalité que l'âme? — Oui. — Donc la plénitude de l'âme est plus réelle que celle du corps à proportion que l'âme elle-même a plus de réalité que le corps, et que ce qui sert à la remplir en a aussi davantage. — Sans contredit.

— Par conséquent, si le plaisir consiste à se remplir de choses conformes à sa nature, ce qui peut se remplir véritablement de choses qui ont plus de réalité doit goûter un plaisir plus réel et plus solide, et ce qui participe de choses moins réelles doit être rempli d'une manière moins vraie et moins solide et ne goûter qu'un plaisir moins sûr et moins vrai. — C'est une conséquence nécessaire. — Ainsi, ceux qui ne connaissent ni la sagesse ni la vertu, qui sont

toujours dans les festins et dans les autres plaisirs sensuels,
passent sans cesse de la basse région à la moyenne et de
la moyenne à la basse. Ils sont toute leur vie errants entre
ces deux termes, sans pouvoir jamais les franchir. Jamais
ils ne se sont élevés jusqu'à la haute région, ils n'ont pas
même porté leurs regards jusque-là ; ils n'ont point été
véritablement remplis par la possession de ce qui est ;
jamais ils n'ont goûté une joie pure et solide. Mais, toujours penchés vers la terre, comme des animaux, et les
yeux toujours fixés sur leur pâture, ils se livrent brutale-
ment à la bonne chère et à l'amour ; et, se disputant la
jouissance de ces plaisirs, ils tournent leurs armes les uns
contre les autres et finissent par s'entre-tuer avec leurs
sabots et leurs cornes de fer, dans la fureur de leurs
appétits insatiables, parce qu'ils ne songent point à remplir d'objets réels cette partie d'eux-mêmes qui tient de
l'être, et qui est seule capable d'une vraie plénitude. —
Socrate, tu viens de peindre au naturel la vie de la plupart
des hommes. — C'est donc une nécessité qu'ils ne goûtent
que des plaisirs mêlés de douleurs, des fantômes du plaisir véritable, qui n'ont de couleur et d'éclat que quand on
les rapproche l'un de l'autre, et dont la vue excite dans le
cœur des insensés un amour si vif, des transports si vio-
lents, qu'ils se battent pour les posséder, comme les
Troyens se battirent, selon Stésichore, pour le fantôme
d'Hélène[1], faute d'avoir vu l'Hélène véritable. — Il est
impossible que cela soit autrement.

— Mais quoi ! la même chose n'arrive-t-elle pas à l'égard
de cette partie de l'âme où réside le courage, lorsque
l'ambition, secondée par la jalousie, l'esprit de querelle

[1] Selon Hérodote, livre II, Pâris et Hélène, en venant de Sparte à Troie,
furent jetés par la tempête sur les côtes de l'Égypte ; Protée, qui y régnait
alors, renvoya Pâris et garda Hélène, qu'il rendit à Ménélas, lorsqu'à son
retour de Troie, la tempête l'eut aussi obligé de relâcher en Égypte. Stésichore et le scoliaste de Lycophron (*Alexandra*, v. 113) ajoutent que le fantôme d'Hélène suivit Pâris à Troie. Euripide adopte cette version dans sa tragédie d'*Hélène*.

par la violence, et l'humeur farouche par la colère, font
courir l'homme sans réflexion et sans discernement après
une fausse plénitude d'honneur et de victoire, et après
l'assouvissement de son ressentiment? — La même chose
doit nécessairement arriver. — Ainsi nous pouvons dire
avec confiance que, quand les désirs qui appartiennent à
ces deux parties de l'âme, l'intéressée et l'ambitieuse, se
laissent conduire par la science et la raison, et que, sous
leurs auspices, elles ne poursuivent d'autres plaisirs que
ceux qui leur sont marqués par la sagesse, elles ressentent alors les plaisirs les plus vrais et les plus conformes à
leur nature qu'il leur soit possible de goûter; parce que,
d'une part, la vérité les guide dans leurs poursuites, et
que, de l'autre, ce qui est le plus avantageux à chaque
chose est aussi ce qui a le plus de conformité avec sa nature. — Rien de plus vrai. — Lors donc que toute l'âme
marche à la suite de la raison, et qu'il ne s'élève en
elle aucune sédition, outre que chacune de ses parties se
tient dans les bornes du devoir et de la justice, elle a
encore la jouissance des plaisirs qui lui sont propres, des
plaisirs les plus purs et les plus vrais dont elle puisse jouir.
— Sans contredit. — Au lieu que, quand une des deux
autres parties usurpe l'autorité, il arrive de là, en premier
lieu, qu'elle ne peut se procurer les plaisirs qui lui conviennent; en second lieu, qu'elle oblige les autres parties
à poursuivre des plaisirs faux et qui leur sont étrangers.—
J'en conviens. — Mais ce qui s'éloigne davantage de la
philosophie et de la raison est aussi plus capable de produire ces funestes effets. — Sans doute. — Mais ce qui
s'écarte davantage de l'ordre et de la loi ne s'écarte-t-il pas
de la raison dans la même proportion?—Cela est évident.
— N'avons-nous pas dit que rien ne s'en éloignait davantage que les désirs tyranniques et amoureux? — Oui. — Et
que rien ne s'en écartait moins que les désirs modérés et
monarchiques? — Oui. — Par conséquent, le tyran sera
le plus éloigné du plaisir véritable et propre de l'homme;
au lieu que le roi en approchera d'aussi près qu'il est pos-

sible.—Sans contredit.—La condition du tyran sera donc la moins heureuse, et celle du roi la plus heureuse qu'on puisse imaginer.—Cela est incontestable. — Sais-tu de combien la condition du tyran est moins heureuse que celle du roi? — Je le saurai, si tu me le dis. — Il y a trois espèces de plaisirs, une de vrais, deux de faux; or le tyran, ennemi de la loi et de la raison, et toujours assiégé d'une escorte de désirs esclaves et rampants, est placé à l'extrémité des plaisirs faux. Maintenant, de combien est-il inférieur à l'autre en bonheur, c'est ce qu'il n'est point aisé de déterminer, si ce n'est peut-être de cette manière.
— De quelle manière?

— Le tyran est le troisième, à partir de l'homme oligarchique, car entre eux deux, se trouve l'homme démocratique. — Oui. — Par conséquent, si ce que nous avons dit plus haut est vrai, le fantôme de plaisir dont jouit le tyran est trois fois plus éloigné de la vérité que celui dont jouit l'homme oligarchique. — Cela est ainsi. — Mais si nous comptons pour un seul l'homme royal et l'homme aristocratique, l'oligarchique est aussi le troisième après lui.— Il l'est en effet.—Le tyran est donc éloigné du vrai plaisir le triple du triple.—Oui, ce me semble.— Par conséquent, le fantôme de plaisir du tyran, à le considérer selon sa longueur, peut être exprimé par un nombre plan. —Oui.—Or, en multipliant cette longueur par elle-même, et en l'élevant à la troisième puissance, il est aisé de voir combien le plaisir du tyran est éloigné de la vérité.—Rien de plus aisé pour un calculateur. — Maintenant, si l'on renverse cette progression, et qu'on cherche de combien le plaisir du roi est plus vrai que celui du tyran, on trouvera, le calcul fait, que le roi est sept cent vingt-neuf[1] fois plus

[1] Comme on pourrait trouver quelque obscurité dans cette manière de calculer le plaisir et la douleur, je vais en donner l'explication qui me paraît la plus approchante du texte. Le bonheur du tyran a trois fois moins de réalité que celui de l'oligarchique : celui de l'oligarchique en a trois fois moins que celui du roi : le bonheur du tyran a donc neuf fois moins de réalité que celui du roi. Le nombre neuf est un nombre plan, puisque c'est le carré de trois.

heureux que le tyran, et que celui-ci est plus malheureux dans la même proportion. — Tu viens de trouver par un calcul tout à fait surprenant l'intervalle qui sépare le plaisir du juste de celui de l'injuste.—Ce nombre exprime exactement la différence de leur condition, si tout s'accorde de part et d'autre, les jours, les nuits, les mois et les années. — Tout s'accorde d'une et d'autre part. — Mais si la condition de l'homme juste et vertueux surpasse si fort en plaisir celle du méchant et de l'injuste, combien plus la surpassera-t-elle en décence, en beauté et en mérite ! — Elle l'emportera infiniment sur l'autre.

— Maintenant, puisque nous en sommes venus ici, reprenons ce qui a été dit plus haut, et qui a donné occasion à cet entretien [1]. On disait, ce me semble, que l'injustice était avantageuse au parfait scélérat, pourvu qu'il passât pour honnête homme. N'est-ce pas ainsi qu'on s'est exprimé? — Oui. — Examinons si cette maxime est vraie, à présent que nous sommes convenus des effets que produisent dans l'âme les actions justes et injustes. — Comment nous y prendrons-nous? — Pour montrer à celui qui en est l'auteur qu'il s'est trompé, formons, par la pensée, une image de l'âme.—Quelle sorte d'image? —Une image faite sur le modèle de la Chimère, de Scylla, de Cerbère et des autres monstres que la tradition nous représente formés de l'assemblage de plusieurs natures différentes. —Fort bien. — Compose d'abord un monstre à plusieurs têtes, les unes des animaux paisibles, les autres de bêtes

Ensuite Platon, considérant ces deux bonheurs, l'un réel, l'autre apparent, comme deux solides dont toutes les dimensions sont proportionnelles, et leurs distances de la réalité, un et neuf, comme une de leurs dimensions, leur longueur, par exemple, multiplie chacun de ces nombres deux fois par lui-même, pour avoir le rapport de ces deux solides, qui par là se trouve être celui de un à sept cent vingt-neuf; c'est-à-dire que le bonheur du tyran est sept cent vingt-neuf fois moindre que celui du roi. Ce calcul est fondé sur ce théorème de géométrie : « Les solides dont toutes les dimensions sont proportionnelles sont entre eux en raison triplée, ou comme les cubes d'une de leurs dimensions. »   (Note de Grou.)

[1] Thrasym., au liv. I.

féroces; donne-lui aussi le pouvoir de produire toutes ces têtes et de les changer à son gré. — Un ouvrage de cette nature demande un artiste habile; mais comme il est plus aisé de travailler sur l'imagination que sur la cire, ou sur toute autre matière semblable, je me le figure tel que tu le dépeins. — Fais ensuite l'image d'un lion et celle d'un homme; mais il faut que la première de ces trois images soit plus grande que les deux autres, et la seconde plus grande que la dernière. — Ceci est plus aisé, et la chose est déjà faite. — Joins ensemble ces trois images, de sorte qu'elles se tiennent et ne fassent qu'un tout. — Je les ai jointes. — Enfin, enveloppe ce composé de l'extérieur d'un homme, de manière que celui qui ne pourrait voir jusque dans l'intérieur le prendrait pour un homme, à ne juger que sur l'apparence. — C'est fait.

— Réponds maintenant à celui qui soutient que l'injustice est avantageuse à l'homme ainsi fait, et qu'il ne lui sert à rien d'être juste : disons que c'est comme si l'on prétendait qu'il lui est avantageux de nourrir avec soin et de fortifier le monstre et le lion, et d'affaiblir l'homme en le laissant mourir de faim; de sorte qu'il soit à la merci des deux autres, qui le traîneront partout où ils voudront : n'est-ce pas affirmer, ajouterons-nous, qu'au lieu de les accoutumer à vivre ensemble dans un parfait accord, il lui vaut mieux les laisser se battre, se mordre et se dévorer les uns les autres? — Celui qui vante l'injustice ne dit en effet rien autre chose. — Mais, d'autre part, dire qu'il est utile d'être juste, c'est dire que l'homme doit, par ses discours et ses actions, travailler à donner sur lui-même la plus grande autorité à l'homme intérieur; en sorte qu'il en use avec ce monstre à plusieurs têtes comme un sage laboureur; que dans ce dessein, s'aidant de la force du lion, il empêche les têtes d'animaux féroces de croître; qu'il nourrisse et élève celles des animaux pacifiques; qu'il partage ses soins entre ces différentes têtes, et les maintienne en parfaite intelligence entre elles et avec lui-même. — Voilà précisément ce que dit le partisan de la justice. — Par conséquent, la vérité se rencontre dans les paroles de celui qui fait l'éloge de la justice, et le mensonge dans la bouche de celui qui loue l'injustice. En effet, qu'on ait égard au plaisir ou à la gloire et à l'utilité, la vérité est tout entière du côté du partisan de la justice. Il n'y a rien de solide dans les discours de celui qui la blâme ; il n'a même aucune idée de la chose qu'il blâme. — Aucune, à ce qu'il me semble.

— Comme son erreur n'est pas volontaire, tâchons doucement de le détromper. Mon cher ami, lui demanderons-nous, sur quel fondement repose la distinction établie entre l'honnête et le déshonnête ? N'est-ce point parce que l'un soumet la partie animale de notre nature à la partie humaine ou plutôt divine, et que l'autre assujettit à la partie brutale et féroce celle qui est douce et apprivoisée ? N'en conviendra-t-il pas ? — Oui, s'il veut m'en croire. — Cela posé, peut-il être utile à quelqu'un de prendre de l'or injustement, s'il ne peut le prendre sans assujettir la meilleure partie de lui-même à la plus méprisable ? Quoi ! si pour recevoir cet or il lui fallait sacrifier la liberté de son fils ou de sa fille, et les laisser passer entre les mains de maîtres féroces et cruels, il croirait y perdre, et refuserait d'acquérir par là les plus grandes richesses : et lorsque ce qu'il y a en lui de plus divin devient l'esclave de ce qu'il y a de plus scélérat et de plus ennemi des dieux, n'est-ce pas pour lui le comble du malheur, et l'or qu'il reçoit à ce prix ne lui coûte-t-il pas plus cher que ne coûta à Ériphile le collier fatal pour lequel elle sacrifia la vie de son époux [1] ? — Je réponds pour lui qu'il n'y a point de comparaison à faire. — Pour quelle raison, je te prie, a-t-on condamné de tout temps une vie licencieuse, si ce n'est parce que le libertinage lâche la bride à ce monstre énorme, cruel et à plusieurs têtes ? — Il est clair que c'est

---

[1] Ériphile, épouse du divin Amphiaraüs, séduite par le présent d'un collier d'or, fit connaître l'endroit où s'était caché son mari pour n'être point obligé d'aller à la guerre de Thèbes, où il avait prédit qu'il périrait, et où il périt en effet. *Odyssée*, XI, 325.

pour cette raison. — Pourquoi blâme-t-on l'insolence et l'humeur irritable, sinon parce qu'elles développent dans l'homme le naturel du lion et du serpent? — Sans doute. — Si l'on condamne la vie molle et voluptueuse, n'est-ce point parce qu'elle énerve et fait dégénérer ce même naturel en lâcheté? — Oui. — Pourquoi encore blâme-t-on la flatterie et la bassesse, sinon parce qu'elle asservit la colère et le courage à ce monstre turbulent, et que la soif inextinguible des richesses, l'avilissant dès sa jeunesse, lui fait échanger sa fierté contre le caractère rampant du singe? — Cela est vrai.— D'où vient enfin l'espèce d'ignominie attachée aux arts mécaniques et aux professions serviles? N'est-ce point de ce que ces professions supposent dans ceux qui les exercent une raison si faible, que, ne pouvant prendre aucun empire sur les passions, elle est réduite à les servir, et n'a d'industrie que pour inventer de nouveaux moyens de les satisfaire? — Il y a toute apparence.

— Si donc, pour donner à de pareils hommes un maître semblable à celui qui gouverne l'homme vertueux, nous exigions qu'ils obéissent en tout à cet homme qui, lui-même, est gouverné immédiatement par la divinité, nous ne prétendrions pas que cette obéissance dût tourner à son préjudice, comme Thrasymaque prétendait qu'elle tourne au préjudice des sujets en général; nous croyons, au contraire, qu'il n'est rien de plus avantageux pour tout homme que de se laisser conduire par un guide sage et divin, soit qu'il l'ait au dedans de lui-même et qu'il en dispose comme de son bien, ce qui vaudrait mieux, soit qu'à son défaut il se soumette à un guide étranger : car notre dessein est d'établir entre les hommes cette conformité de mœurs qui est la source de l'amitié, en les soumettant tous au même régime. — On ne peut qu'approuver un pareil dessein. — Il n'est pas moins évident que la loi se propose le même but, lorsqu'elle prête également son secours à tous les membres de l'État. La dépendance où l'on tient les enfants est aussi fondée sur le même prin-

cipe. Nous ne souffrons pas qu'ils disposent d'eux-mêmes,
jusqu'à ce que nous ayons établi dans leur âme, comme
dans un État, une forme stable de gouvernement, et que
leur raison, cultivée par la nôtre, puisse, comme celle-ci
fait à notre égard, veiller sur eux et régler leur conduite;
alors nous les abandonnons à leurs propres lumières. —
Le dessein de la loi est manifeste en ce point.

— En quoi donc, et par quelle raison, mon cher Glaucon, dirons-nous qu'il soit avantageux de commettre quelque action injuste, contraire aux bonnes mœurs et à l'honnêteté, dût-on même, en devenant plus méchant, devenir
plus riche et plus puissant?—Cela ne peut être avantageux
en aucune manière. — A quoi servirait-il que l'injustice
demeurât cachée et impunie? L'impunité ne rend-elle pas
le méchant plus méchant encore? Au lieu que le crime
venant à être découvert et puni, la partie animale s'apaise
et s'adoucit; la raison rentre dans tous ses droits; l'âme
entière, rendue au régime du principe meilleur, s'élève,
par l'acquisition de la tempérance, de la justice et de la
prudence, à un état d'autant supérieur à celui du corps,
qui acquerrait la force, la beauté et la santé, que l'âme
est-elle-même au-dessus du corps. — Cela est certain —
Par conséquent, tout homme sensé dirigera toutes ses
actions vers ce but. D'abord il estimera par-dessus tout et
cultivera les sciences propres à perfectionner son âme;
méprisant toutes celles qui ne produiraient pas le même
effet. — Sans contredit. — Ensuite, dans un régime cor-
porel, il ne recherchera nullement la jouissance des plaisirs brutaux et déraisonnables, ni de passer sa vie dans
l'intempérance; il ne recherchera la santé, la force et la
beauté, qu'autant que tous ces avantages seront pour lui
des moyens d'être plus tempérant : en un mot, il n'entre-
tiendra une parfaite harmonie entre les parties de son
corps qu'autant qu'elle pourra servir à maintenir l'accord
qui doit régner dans son âme. — Il ne se proposera pas
d'autre but, s'il veut être vraiment musicien.

— En conséquence, il cherchera la même harmonie à

l'égard des richesses, et il ne se laissera point éblouir par l'idée que la multitude se fait du bonheur ; ou bien augmentera-t-il ses richesses à l'infini pour accroître ses maux dans la même proportion? — Je ne le pense pas. — Mais ayant toujours les yeux sur le gouvernement de son âme, attentif à empêcher que l'opulence d'une part, de l'autre l'indigence n'en dérangent les ressorts, il s'étudiera à conserver toujours le même plan de conduite dans les acquisitions et les dépenses qu'il pourra faire. — Sans doute. — Se dirigeant, d'après les mêmes principes, dans la poursuite des honneurs, il ambitionnera, goûtera même avec plaisir ceux qu'il croira pouvoir le rendre meilleur, et fuira, soit dans sa vie privée, soit dans sa vie publique, ceux qui pourraient troubler l'ordre qui règne dans son âme. — Mais alors il refusera donc de se mêler de l'administration des affaires? — Au contraire, dans son État, il se chargera volontiers du gouvernement ; mais je doute qu'il se charge aussi volontiers de celui de sa patrie, à moins de quelque coup du ciel. — Je t'entends. Tu parles de cet État dont nous avons tracé le plan, et qui n'existe que dans notre pensée; car je ne crois pas qu'il y en ait un pareil sur la terre. — Du moins peut-être en est-il au ciel un modèle pour quiconque veut le consulter et régler sur lui la conduite de son âme. Au reste, peu importe que cet État existe ou doive exister un jour. Ce qui est certain, c'est que le sage ne consentira jamais à en gouverner d'autre que celui-là. — Cela est vraisemblable. »

LIVRE DIXIÈME.

—

ARGUMENT.

Platon revient en détail sur le bannissement d'Homère. A son insistance aux soins qu'il prend de se justifier, on le croirait tourmenté par le remords; et sans doute ses nouveaux arguments le rassurent peu sur la justice de sa cause, puisque, après avoir accusé le poëte de n'être ni philosophe, ni théologien, ni législateur, il n'ose prononcer son exil, et lui accorde le droit de venir lui-même se défendre devant la république. Reprenant ensuite son sujet où il l'avait laissé dans le livre précédent, il veut savoir quelles sont les récompenses de la vertu; si elles sont toutes de la terre, et s'il n'y a rien au delà. C'est ainsi qu'il arrive à l'immortalité de l'âme. Cette croyance n'était encore qu'un dogme obscur du polythéisme; il en fait une vérité lumineuse de la philosophie. Il élargit l'âme humaine en lui soumettant une question d'éternité, et il lui prouve sa grandeur par la grandeur même de cette question. Voici son raisonnement : le mal de l'âme, c'est l'injustice et l'impiété; le mal du corps, c'est le fer, le feu, la corruption et la maladie. Or, une substance ne saurait périr par le mal d'une autre substance; donc le fer, le feu, la maladie, qui tuent le corps, ne sauraient tuer l'âme; donc l'âme est immortelle. Après avoir développé cet argument, qui tire toute sa force de la nature spirituelle de l'âme, mais qui tombe devant les assertions du matérialiste, Platon raconte les visions de Her l'Arménien dans le monde des esprits, les récompenses et les punitions de l'autre vie. C'est l'Élysée et l'Enfer de cette époque philosophique. Virgile lui doit quelque chose, et l'imagination d'Homère est surpassée. C'est ainsi qu'après avoir institué l'éducation d'un peuple, défini la justice, et développé les véritables principes de la morale en proclamant le bonheur du juste et le malheur du méchant, Platon termine son œuvre, la plus belle des temps antiques, par la révélation de notre immortalité.

« Entre toutes les raisons qui me déterminent à croire que le plan de notre État est aussi parfait qu'il puisse être, celle qui me frappe le plus est notre règlement sur la poésie. — Quel règlement? — Celui de ne point admettre cette partie de la poésie qui est purement imitative. A présent que nous avons nettement établi la distinction qui

29

existe entre les parties de l'âme, ce règlement me paraît, plus que jamais, d'une incontestable nécessité. — Comment cela? — Je veux bien vous le dire; car je ne crains pas que vous m'alliez accuser auprès des poëtes tragiques et des autres poëtes imitateurs. Rien n'est plus capable que ce genre de poésie de corrompre l'esprit de ceux qui l'écoutent, lorsqu'ils n'ont pas l'antidote, qui consiste à savoir apprécier ce genre tel qu'il est. — Quelle raison t'engage à parler de la sorte? — Je vais la dire; cependant je sens que ma langue est arrêtée par une certaine tendresse et un certain respect que j'ai depuis l'enfance pour Homère; car Homère est le maître et le chef de tous ces beaux poëtes tragiques; mais comme les égards que je dois à un homme sont moindres que ceux qui sont dus à la vérité, j'expliquerai ma pensée. — Fort bien.

— Écoute donc, ou plutôt réponds-moi. — Interroge. — Pourrais-tu me dire ce que c'est en général que l'imitation? Pour moi, je l'avoue que j'ai peine à bien comprendre quelle est sa nature. — Crois-tu que je puisse le comprendre mieux que toi? — Il n'y aurait en cela rien d'étonnant. Souvent ceux qui ont la vue faible aperçoivent les objets avant ceux qui ont les yeux beaucoup plus perçants. — Cela peut être. Mais je n'oserai jamais dire en ta présence mon sentiment sur quoi que ce soit. Vois, je te prie, toi-même. — Veux-tu que nous procédions, dans cette recherche, selon notre méthode ordinaire? Elle consiste, comme tu sais, à embrasser sous une idée générale cette multitude d'êtres existants chacun à part, et que l'on comprend tous sous le même nom. N'entends-tu pas? — J'entends. — Prenons celle que tu voudras de ces espèces d'êtres. Par exemple, il y a une multitude de lits et de tables. — Sans doute. — Mais ces deux espèces de meubles sont comprises, l'une sous l'idée du lit, l'autre sous celle de la table. — Oui. — Nous avons aussi coutume de dire que l'ouvrier qui fabrique l'une ou l'autre de ces deux sortes de meubles ne fait le lit ou la table qui est à notre usage que d'après l'idée qu'il en a : car ce n'est pas

l'idée même que l'ouvrier façonne; cela ne peut être. —
Non assurément.

— Vois, à présent, quel nom il convient de donner à
l'ouvrier que je vais dire. — A qui? — A celui qui fait
seul tout ce que les autres ouvriers font chacun séparément. — Tu parles là d'un homme bien habile et bien
extraordinaire. — Attends; tu vas l'admirer encore bien
davantage. Ce même ouvrier n'a pas seulement le talent
de faire tous les ouvrages d'art, il fait encore tous les ouvrages de la nature, les plantes, les animaux, toutes les
autres choses, et lui-même enfin. Ce n'est pas tout : il
fait la terre, le ciel, les dieux, tout ce qu'il y a au ciel, et
sous la terre, dans les enfers. — Voilà un artiste tout
à fait admirable. — Tu sembles douter de ce que je dis.
Mais réponds-moi : crois-tu qu'il n'y ait absolument aucun
ouvrier semblable, ou seulement qu'on puisse faire tout
cela dans un certain sens, et que dans un autre sens on
ne le puisse pas? Ne vois-tu pas que tu pourrais toi-
même en venir à bout d'une certaine manière? — De
quelle manière, s'il te plaît? — La chose n'est pas difficile.
On l'exécute souvent, et en très-peu de temps. Veux-tu
en faire l'épreuve à l'instant? Prends un miroir; pré-
sente-le de tous côtés : en moins de rien tu feras le soleil
et tous les astres du ciel, la terre, toi-même, les autres
animaux, les plantes, les ouvrages d'art, et tout ce que
nous avons dit. — Oui, je ferai tout cela en apparence ;
mais il n'y aura rien de réel et d'existant. — Fort bien.
Tu entres parfaitement dans ma pensée. Le peintre est un
ouvrier de cette espèce, n'est-ce pas? — Sans doute. —
Tu me diras peut-être qu'il n'y a rien de réel en tout ce
qu'il fait; cependant le peintre fait aussi un lit en quelque façon. — Oui, un lit apparent. — Et le menuisier,
que fait-il? Ne viens-tu pas de dire qu'il ne fait pas l'idée
même que nous appelons l'essence du lit, mais un tel lit
en particulier? — Je l'ai dit, il est vrai. — Si donc il ne
fait pas l'essence même du lit, il ne fait rien de réel, mais
seulement quelque chose qui représente ce qui est vérita-

blement ? Et si quelqu'un soutenait que l'ouvrage du menuisier ou de quelque autre ouvrier a une existence réelle,
il est très-vraisemblable qu'il se tromperait. — C'est du
moins le sentiment de ceux qui sont versés dans ces matières. — Ainsi ne soyons pas surpris que, comparés à la
vérité, ces ouvrages soient bien peu de chose. — Nous ne
devons pas l'être.

— Veux-tu que, sur ce que nous venons de dire, nous
examinions quelle idée on doit se former de l'imitateur
de ces sortes d'ouvrages ? — J'y consens, si tu le trouves
bon. — Il y a donc trois espèces de lits : l'un qui est dans
la nature, et dont nous pouvons dire, ce me semble, que
Dieu est l'auteur. A quel autre, en effet, pourrait-on l'attribuer ? — A nul autre. — Le second est celui que fait le
menuisier. — Oui. — Et le troisième, celui qui est de la
façon du peintre, n'est-ce pas ? — A la bonne heure. —
Ainsi le peintre, le menuisier, Dieu, sont les trois artistes
qui président chacun à un de ces trois lits. — Sans doute.
— A l'égard de Dieu, qu'il l'ait ainsi voulu, ou que ç'ait
été une nécessité pour lui de ne faire qu'un seul lit essentiel, il n'en a fait qu'un, qui est le lit proprement dit. Il
n'en a jamais produit ni deux ni plusieurs, et jamais il
n'en produira. — Pour quelle raison ? — C'est que, s'il
en faisait seulement deux, il y en aurait nécessairement
un troisième, dont l'idée serait commune aux deux autres [1]; et celui-là serait le vrai lit, et non pas les deux autres. — Cela est vrai. — Dieu sachant cela, et voulant être
vraiment auteur, non de tel lit en particulier, ce qui
l'aurait confondu avec le menuisier, mais du lit véritablement existant; a produit le lit qui est un de sa nature.
— La chose a dû être ainsi. — Donnerons-nous à Dieu le
titre de *producteur* du lit, ou quelque autre semblable ?

_____

[1] S'il y avait deux essences d'une même chose, elles auraient nécessairement quelque chose de commun; autrement elles ne seraient plus les
essences d'une même chose, mais de deux choses entièrement différentes. Or,
ce qu'elles auraient de commun constituerait une troisième essence, ce qui
serait proprement, et à l'exclusion des deux autres, l'essence de cette chose.

qu'en penses-tu? — Ce titre lui appartient, d'autant plus qu'il a fait de lui-même et l'essence du lit et celle de toutes les autres choses. — Et le menuisier, comment l'appellerons-nous? L'*ouvrier* du lit, sans doute? — Oui. — A l'égard du peintre, dirons-nous qu'il est l'*ouvrier* ou le *producteur*? — Nullement. — Qu'est-il donc par rapport au lit? — Le seul nom qu'on puisse raisonnablement lui donner est celui d'*imitateur* de la chose dont ceux-là sont ouvriers. — Fort bien. Tu appelles donc imitateur l'auteur d'une œuvre éloignée de la nature de trois degrés? — Justement. — Ainsi le faiseur de tragédies, en qualité d'imitateur, est éloigné de trois degrés du roi [1] et de la vérité. Il en est de même de tous les autres imitateurs. — Il y a apparence.

— Puisque nous sommes d'accord sur l'idée qu'on doit se former de l'imitateur, réponds, je te prie, à la question suivante : le peintre se propose-t-il pour objet d'imitation ce qui, dans la nature, est essentiellement un, ou plutôt ne travaille-t-il pas d'après les ouvrages de l'art? — Il travaille d'après les ouvrages de l'art. — Tels qu'ils sont, ou tels qu'ils paraissent? Explique-moi encore ce point. — Que veux-tu dire? — Ceci : un lit n'est-il pas toujours le même lit, soit qu'on le regarde directement ou de profil? mais, quoiqu'il soit le même en soi, ne paraît-il pas différent? J'en dis autant de toute autre chose. — L'apparence est différente, quoique l'objet soit le même. — Pense maintenant à ce que je vais dire. Quel est le but de la peinture? Est-ce de représenter ce qui est tel qu'il est, ou ce qui paraît tel qu'il paraît? Est-elle l'imitation de l'apparence ou de la réalité? — De l'apparence. — L'art d'imiter est donc bien éloigné du vrai; et la raison pour laquelle il fait tant de choses est qu'il ne prend que la plus petite partie de chacune; encore ce qu'il en prend n'est-il qu'un fantôme. Le peintre, par

[1] C'est-à-dire du juste, du philosophe, de celui qui contemple la vérité en elle-même et dans l'essence des choses.

exemple, nous représentera un cordonnier, u charpentier, ou tout autre artisan, sans avoir aucune connaissance de leur métier. Malgré cela, s'il est excellent peintre, il fera illusion aux enfants et au vulgaire ignorant,
en leur montrant de loin un charpentier qu'il aura peint,
de sorte qu'ils prendront l'imitation pour la vérité. —
Assurément. — Ainsi, mon cher ami, lorsque quelqu'un
viendra nous dire qu'il a trouvé un homme qui sait tous
les métiers, qui réunit en lui seul dans un degré éminent
toutes les connaissances partagées entre les autres hommes, il faudra lui répondre qu'il est dupe; qu'il s'est
laissé tromper par un magicien, par un imitateur, qu'il
a pris pour un habile homme, faute de pouvoir distinguer la vraie science de l'ignorance qui sait la contrefaire.
— Cela est très-vrai. — Il nous reste maintenant à examiner la tragédie et Homère, qui en est le père. Comme
nous entendons dire tous les jours à certaines gens que
les poètes tragiques sont très-versés dans tous les arts,
dans toutes les sciences humaines qui ont pour objet le
vice et la vertu, et même dans tout ce qui concerne les
dieux; qu'il est nécessaire à un bon poète d'être parfaitement instruit des sujets qu'il traite, s'il veut les traiter
avec succès; qu'autrement il lui est impossible de réussir :
c'est à nous de voir si ceux qui parlent de la sorte ne se
sont pas laissé tromper par cette espèce d'imitateurs; si
leur erreur ne vient pas de ce qu'en voyant les productions de ces poètes, ils ont oublié de remarquer qu'ils
sont éloignés de trois degrés de la réalité, et que, sans
connaître la vérité, il est aisé de réussir dans ces sortes
d'ouvrages, qui, après tout, ne sont que des fantômes
où il n'y a rien de réel; ou s'il y a quelque chose de vrai
dans ce que ces personnes disent, et si en effet les bons
poètes entendent les matières sur lesquelles le commun
des hommes juge qu'ils ont bien écrit. — C'est ce qu'il
nous faut examiner avec soin.
— Crois-tu que, si quelqu'un était également capable
de faire la représentation d'une chose, ou la chose même

représentée, il préférât consacrer ses talents et sa vie à ne faire que des images vaines, comme s'il ne pouvait employer son temps à rien de mieux? — Je ne le crois pas. — Mais, s'il était réellement versé dans la connaissance de ce qu'il imite, je pense qu'il aimerait mieux s'appliquer à produire de lui-même qu'à imiter ce que fait autrui; qu'il essayerait de se signaler en laissant après lui, comme autant de monuments, un grand nombre de travaux et de beaux ouvrages; en un mot, qu'il préférerait de mériter les éloges des autres que de leur en donner. — Je le pense aussi, car il y aurait pour lui plus de gloire et plus d'avantage à prendre ce parti. — N'exigeons pas d'Homère, ni des autres poëtes, qu'ils nous rendent raison de mille choses dont ils ont parlé. Ne leur demandons pas s'ils étaient médecins, ou s'ils savaient uniquement contrefaire le langage des médecins; si quelque poëte ancien ou moderne a guéri des malades comme Esculape, ou s'il a laissé après lui des disciples savants dans la médecine, comme ce même Esculape a fait de ses enfants. Faisons-leur grâce aussi sur les autres arts, et ne leur en parlons point. Mais puisque Homère a entrepris de parler sur les matières les plus importantes et les plus belles, telles que la guerre, la conduite des armées, l'administration des États, l'éducation de l'homme, il est peut-être juste de l'interroger et de lui dire : Cher Homère, s'il n'est pas vrai que tu sois un artiste éloigné de trois degrés de la vérité, incapable de faire autre chose que des fantômes de vertu (car telle est la définition que nous avons donnée de l'imitateur); si tu es un artiste du second degré; si tu as pu connaître ce qui peut rendre meilleurs ou pires les États et les particuliers; dis-nous quel État te doit la réforme de son gouvernement, comme Lacédémone en est redevable à Lycurgue, et plusieurs États grands et petits à beaucoup d'autres? Quel pays parle de toi comme d'un sage législateur, et se glorifie d'avoir tiré avantage de tes lois? L'Italie et la Sicile ont eu Charondas; nous autres Athéniens, nous avons eu Solon; mais toi, quel est le peuple qui te reconnaît pour son législateur? — Je ne crois pas qu'il y en ait un seul; du moins, les partisans d'Homère n'en disent rien. — Fait-on mention de quelque guerre heureusement conduite par Homère lui-même ou par ses conseils? — Nullement. — S'est-il signalé par des inventions utiles dans les arts, ou dans les autres métiers dont il semble parler savamment, comme on le dit de Thalès le Milésien et du Scythe Anacharsis? — On ne raconte de lui rien de semblable. — Si Homère n'a rendu aucun service à la société, en a-t-il du moins rendu aux particuliers? Dit-on qu'il ait présidé pendant sa vie à l'éducation de quelques jeunes gens qui se soient attachés à lui et qui aient transmis à la postérité un plan de vie homérique, comme on le rapporte de Pythagore, qui, pendant sa vie, fut recherché dans ce but, et qui a laissé des sectateurs que l'on distingue encore aujourd'hui entre tous les autres hommes par le genre de vie qu'ils appellent eux-mêmes pythagorique? — Non, Socrate; on ne dit rien de semblable d'Homère. Créophyle[1], son compagnon, a dû être encore plus ridicule pour ses mœurs que pour le nom qu'il portait, si ce qu'on rapporte d'Homère est vrai, que, durant sa vie même, il fut singulièrement négligé par ce personnage. — On le rapporte en effet. Mais penses-tu, Glaucon, que si Homère eût été en état d'instruire les hommes et de les rendre meilleurs, s'il eût eu une parfaite connaissance des choses qu'il savait seulement imiter; penses-tu, dis-je, qu'il ne se serait pas attaché un grand nombre de personnes, qui l'auraient honoré et chéri? Quoi! Protagoras d'Abdère, Prodicus de Cio, et tant d'autres, ont assez de crédit sur l'esprit de leurs contemporains pour leur persuader, dans des entretiens particuliers, que jamais ils ne seront capables de gouverner ni leur patrie ni leur famille, s'ils ne se font

---

[1] Le nom de Créophyle se compose de deux mots grecs qui signifient, l'un *race*, et l'autre *viande*. Voyez Fabricius, *Biblioth. gr.*, l. 1.

leurs disciples ; on les chérit et on les révère pour leur
sagesse, au point de les porter, pour ainsi dire, en triomphe partout où ils passent ; et ceux qui vivaient du temps
d'Homère et d'Hésiode les auraient laissés aller seuls
réciter leurs vers de ville en ville, s'ils en avaient pu tirer
des leçons salutaires de vertu ? Ils ne se seraient point
attachés à eux plus fortement qu'on ne s'attache à l'or ?
ils n'auraient pas fait tous leurs efforts pour les retenir
auprès d'eux, ou, s'ils n'avaient pu y réussir, ils ne les
auraient pas suivis en tous lieux comme de fidèles disciples, jusqu'à ce que leur éducation eût été achevée ? —
Ce que tu dis, Socrate, me paraît tout à fait vrai.

— Disons donc de tous les poëtes, à commencer par
Homère, que, soit que dans leurs vers ils traitent de la
vertu ou de quelque autre matière, ce ne sont que des
imitateurs de fantômes, qu'ils n'atteignent jamais à la
réalité, et que, comme nous disions tout à l'heure à
l'égard du peintre, qu'il fera un portrait de cordonnier
si ressemblant, quoique lui-même n'ait aucune connaissance de ce métier, que les ignorants, trompés par le
dessin et par la couleur, croiront voir un cordonnier véritable. — Sans contredit. — De même le poëte, sans avoir
d'autre talent que celui d'imiter, sait si bien, par une
couche de mots et d'expressions figurées, donner à chaque
art les couleurs qui lui conviennent, que, soit qu'il parle
de cordonnerie, soit qu'il traite de la guerre, ou de tout
autre sujet, son discours, soutenu de la mesure, du
nombre et de l'harmonie, persuade à ceux qui l'entendent, et qui ne jugent que sur les vers, qu'il est parfaitement instruit des choses dont il parle ; tant est puissant
le prestige de la poésie ! car tu sais, je pense, quelle figure
ont les vers lorsqu'on leur ôte leur coloris musical, et tu
l'as sans doute remarqué. — Oui. — Ne ressemblent-ils
pas à ces visages qui, n'ayant d'autre beauté qu'une certaine fleur de jeunesse, viennent à la perdre ? — Cette
comparaison est juste.

— Allons plus loin. Le faiseur de fantômes, c'est-à-dire

l'imitateur, ne connaît que l'apparence des objets, et nullement ce qu'ils ont de réel ; n'est-il pas vrai ? — Oui. — Ne nous contentons pas d'effleurer cette matière ; examinons-la à fond. — J'y consens. — Le peintre, disons-nous, peindra une bride et un mors. — Oui. — Le sellier et le forgeron les fabriqueront. — Fort bien. — Mais, quant à la forme qu'il faut donner à la bride et au mors, le peintre, et même le sellier et le forgeron, y entendent-ils rien ? et celui qui sait s'en servir, c'est-à-dire l'écuyer, n'est-il pas le seul qui s'y connaisse ? — Cela est vrai. — N'en est-il pas ainsi à l'égard de toutes les autres choses ? — Comment cela ? — Je veux dire qu'il y a trois arts qui répondent à chaque chose : l'art qui s'en sert, celui qui la fait et celui qui l'imite.—Il est vrai.—Mais à quoi tendent les propriétés, la beauté, la perfection d'un meuble, d'un animal, d'une action quelconque, sinon à l'usage auquel chaque chose est destinée par sa nature, ou par l'intention des hommes ? — A nulle autre chose. — C'est donc une nécessité que celui qui se sert d'une chose en connaisse les propriétés mieux que personne, et qu'il dirige l'ouvrier dans son travail, en lui apprenant ce que son ouvrage a de bon ou de mauvais par rapport à l'usage qu'il en fait lui-même. Le joueur de flûte, par exemple, apprendra à celui qui fabrique cet instrument quelles sont les flûtes dont il se sert avec le plus d'avantage ; il lui prescrira la manière dont il doit les faire, et celui-ci lui obéira. — Sans doute. — Ainsi le premier parle en homme instruit de ce qui rend une flûte bonne ou mauvaise, et le second travaille sur la foi du premier. — Oui. — La connaissance que tout ouvrier a de la bonté et des défauts de son ouvrage n'est donc, à proprement parler, qu'une simple foi puisée dans les entretiens qu'il a eus avec celui qui s'en sert, et aux lumières duquel il est obligé de s'en rapporter ; au lieu que celui-ci a une connaissance essentielle des qualités et des défauts de l'instrument. — Cela est ainsi.

— Quant à l'imitateur, est-ce par l'usage de la chose qu'il imite qu'il apprend à juger si elle est belle et bien faite ou non? En acquiert-il du moins une opinion juste par la nécessité où il se trouve de converser avec celui qui s'y connaît, et qui lui prescrit ce qu'il doit imiter? — Ni l'un ni l'autre. — L'imitateur n'a donc ni principes sûrs, ni même une opinion juste, touchant ce qu'il y a de bien ou de mal fait dans tout ce qu'il imite. — Il n'y a pas d'apparence. — Cela étant, l'imitateur doit être sans doute bien versé dans la connaissance des choses qu'il imite. — Pas beaucoup. — Cependant il n'en imitera pas moins, sans savoir ce qu'il y a de bon et de mauvais dans chaque chose, et il se proposera pour objet d'imitation ce qui paraît beau à une multitude ignorante. — Quel autre objet pourrait-il se proposer? — Ainsi nous avons suffisamment démontré deux choses : la première, que tout imitateur n'a qu'une connaissance très-superficielle de ce qu'il imite, que son art n'a rien de sérieux et n'est qu'un badinage d'enfants; la seconde, que tous ceux qui s'appliquent à la poésie dramatique, soit qu'ils composent en vers ïambes ou en vers héroïques, sont imitateurs autant qu'on peut l'être. — Sans doute. — Mais quoi! cette imitation n'est-elle pas éloignée de la vérité de trois degrés? — Oui.

— D'un autre côté, sur quelle faculté de l'homme exerce-t-elle le pouvoir qu'elle a? — De quoi veux-tu parler? — Tu vas le savoir. N'est-il pas vrai que la même grandeur, regardée de près ou de loin, ne paraît pas égale? — Oui. — Que ce qui paraît droit ou brisé, convexe ou concave, vu hors de l'eau, ne paraît plus le même lorsqu'on le voit dans l'eau, à cause de l'illusion que les couleurs font aux sens? Il est évident aussi que cette illusion jette une grande perturbation dans l'âme. Or c'est à cette disposition de notre nature que l'art du dessin, l'art des charlatans et autres semblables, dressent des piéges, ne négligeant aucun artifice pour la séduire. — Tu as raison. — A-t-on trouvé un préservatif plus sûr contre cette illusion que la mesure, le nombre et le poids, pour empêcher que le rapport des sens touchant ce qui est plus ou moins grand, nombreux, pesant, ne prévalût sur le juge-

ment de la partie de l'âme qui calcule, qui pèse, qui
mesure? — Non. — Toutes ces opérations ne sont-elles pas
du ressort de la raison? — Oui. — Mais quand un homme
a bien mesuré une chose, et qu'il a reconnu qu'elle est ou
plus grande, ou plus petite, ou égale, il se trouve alors
en nous deux jugements opposés touchant les mêmes
choses? — Oui. — Mais n'avons-nous pas dit qu'il était
impossible que la même faculté de l'âme portât en même
temps sur la même chose deux jugements contraires. —
Oui, et nous avons eu raison de le dire. — Par conséquent
ce qui juge en nous sans égard à la mesure, est différent
de ce qui juge conformément à la mesure. — Sans doute.
Mais la faculté qui s'en rapporte à la mesure et au calcul
est ce qu'il y a de meilleur dans l'âme. — Sans contredit.
— Donc la faculté opposée est quelque chose d'inférieur en
nous. — Il faut bien que cela soit.

　— C'était à cet aveu que je voulais vous conduire, lorsque je disais que d'une part la peinture, et en général
tout art qui consiste dans l'imitation, est bien éloigné de
la vérité dans tout ce qu'il exécute, et que de l'autre cette
partie de nous-mêmes avec laquelle il est en relation est
elle-même très-éloignée de la sagesse, et n'inspire rien de
vrai ni de solide. — J'en demeure d'accord. — L'imitation
étant donc mauvaise en soi, et se joignant à ce qu'il y a
de mauvais en nous, ne peut produire que des effets mauvais. — Cela doit être. — Mais ceci n'est-il vrai qu'à
l'égard de l'imitation qui frappe la vue? et n'en peut-on
pas dire autant de celle qui est faite pour l'ouïe, et que
nous appelons poésie? — Il me semble qu'on en peut dire
autant de celle-ci. — Ne nous arrêtons pas aux vraisem-
blances fondées sur l'analogie qui se trouve entre la peinture et la poésie; pénétrons jusqu'à cette partie de l'âme
avec laquelle la poésie a un commerce intime, et voyons
si cette partie est bonne ou mauvaise? — Je le veux bien.

　— Considérons la chose de cette manière. La poésie
imitative représente, dirons-nous, les hommes dans des
actions forcées ou volontaires, en conséquence desquelles

ils se croient heureux ou malheureux, et s'abandonnent à la joie ou à la tristesse : y a-t-il rien de plus dans ce qu'elle fait? — Rien. — Or, dans toutes ces situations, l'homme est-il bien d'accord avec lui-même? au contraire, n'éprouve-t-il pas, en ce qui regarde sa conduite, les mêmes divisions et les mêmes combats qu'il éprouvait tout à l'heure, à l'occasion de la vue, lorsqu'il portait tout à la fois sur le même objet deux jugements contraires? Mais je me rappelle qu'il est inutile de disputer sur ce point, parce que nous sommes demeurés d'accord plus haut que notre âme était pleine d'une infinité de contradictions qui y règnent en même temps. — Nous avons eu raison. — Sans doute. Mais il me semble nécessaire d'examiner à présent ce que nous avions omis pour lors. — De quoi s'agit-il?—Nous disions [1] alors qu'un homme d'un caractère modéré, à qui il sera arrivé quelque disgrâce, comme la perte d'un fils ou de quelque autre chose extrêmement chère, portera cette perte plus patiemment que ne ferait tout autre. — Assurément. — Voyons maintenant s'il sera tout à fait insensible à cette perte, ou si, une telle insensibilité étant une chimère, il mettra du moins des bornes à sa douleur. — A dire vrai, il me semble qu'il prendra plutôt ce dernier parti. — Dis-moi encore : dans quel temps se fera-t-il plus de violence pour surmonter sa douleur? sera-ce lorsqu'il se trouvera devant ses semblables, ou lorsqu'il sera seul vis-à-vis de lui-même? —Il prendra bien plus sur lui-même lorsqu'il sera devant le monde. — Mais, se voyant sans témoins, il laissera sans doute échapper bien des plaintes qu'il aurait honte que l'on entendît. Il fera mille choses dans lesquelles il ne voudrait pas être surpris. — Il est vrai.

— Ce qui lui ordonne de se roidir contre la douleur, c'est la loi et la raison; au contraire, ce qui le porte à s'y

[1] Grou nous apprend que Racine le père a traduit tout le reste de ce morceau sur la poésie. Nous n'avons pu découvrir ce fragment de notre grand poëte; nous sommes donc forcé d'approuver sur parole les emprunts que Grou déclare avoir faits à cette traduction.

abandonner, c'est la passion. — J'en conviens. — Or,
lorsque l'homme éprouve ainsi deux mouvements contraires par rapport au même objet, c'est une preuve, disons-
nous, qu'il y a en lui deux parties opposées. — Sans
doute. — L'une qui est prête à obéir à la loi en tout ce
qu'elle prescrit. — Comment cela ? — Par exemple, la loi
dit qu'il est beau d'être ferme dans les malheurs et de ne
pas se laisser emporter au désespoir ; et la raison qu'elle
en donne, c'est qu'on ignore si les accidents sont des biens
ou des maux ; qu'on ne gagne rien à s'en affliger ; que les
événements de la vie ne méritent pas que nous y prenions
un si grand intérêt, et surtout que l'affliction est un
obstacle à ce qu'il y aurait de mieux à faire en ces rencontres. — Que faudrait-il donc faire alors ? — Prendre conseil de la raison sur ce qui vient d'arriver ; réparer l'effet
de la mauvaise fortune, comme on répare un mauvais
coup de dés, c'est-à-dire par les moyens que la raison
aura démontrés les meilleurs, et ne pas faire comme les
enfants, qui, lorsqu'ils sont tombés, portent la main à la
partie blessée, et perdent le temps à crier ; mais plutôt
accoutumer son âme à appliquer promptement le remède
à la blessure, et à relever ce qui est tombé, sans s'amuser
à des pleurs inutiles. — C'est ce que nous pouvons faire de
mieux dans les malheurs qui nous arrivent. — Et c'est la
plus saine partie de nous-mêmes qui sait prendre ainsi
conseil de la raison. — Cela est évident. — Et cette autre
partie qui nous rappelle sans cesse le souvenir de nos disgrâces, qui nous porte aux lamentations, et qui ne peut
s'en rassasier, craindrons-nous de dire que c'est quelque
chose de déraisonnable, de lâche et de timide? — Nous le
dirons sans balancer.

— Or rien ne prête davantage à une imitation variée
que la douleur et le désespoir ; au lieu qu'un caractère
sage, tranquille, toujours semblable à lui-même, est très-
difficile à imiter, et que la peinture qu'on en ferait serait
peu propre à frapper cette multitude confuse qui s'assemble d'ordinaire dans les théâtres ; car ce serait lui offrir

l'image d'une disposition qui lui est tout à fait étrangère.
—Sans contredit.—Il est évident, d'ailleurs, que le génie
du poëte imitateur ne le porte nullement à représenter
cette partie de l'âme, et que le soin qu'il a de plaire à la
multitude tend à l'en détourner; qu'ainsi il s'attachera
plutôt à exprimer les caractères passionnés que leur variété
rend plus faciles à saisir. — La chose est évidente. —
Nous avons donc une juste raison de le condamner et de
le mettre dans la même classe que le peintre. Il a cela de
commun avec lui, de ne composer que des ouvrages sans
valeur, si on les rapproche de la vérité; il lui ressemble
encore en ce qu'il travaille dans la vue de plaire à la partie frivole de l'âme, et non à ce qu'il y a de meilleur en
elle. Ainsi nous sommes bien fondés à lui refuser l'entrée
d'un État qui doit être gouverné par de sages lois, puisqu'il réveille et remue la mauvaise partie de l'âme, et
qu'en la fortifiant, il détruit l'empire de la raison. Et
nous pouvons assurer que ce qui arriverait dans un État
où on rendrait les méchants les plus forts, en leur donnant
toute l'autorité et en faisant périr tous les bons citoyens,
est l'image du désordre que le poëte imitateur introduit
dans le gouvernement intérieur de chaque homme par
l'excessive complaisance qu'il a pour cette partie insensée
de notre âme qui ne sait pas distinguer ce qui est plus
grand de ce qui est plus petit, qui se forme du même
objet tantôt de trop grandes, tantôt de trop petites idées,
produit des fantômes, et est toujours à une distance infinie
du vrai. — Cela est certain.

—Nous n'avons cependant rien dit encore du plus grand
mal que cause la poésie. N'est-ce pas, en effet, quelque
chose de bien triste de voir qu'à l'exception d'un très-
petit nombre, elle est capable de corrompre l'esprit des
gens sages? — Ce serait quelque chose de bien triste, sans
doute, si elle produisait un pareil effet. — Écoute, et tu
jugeras. Tu sais que tous autant que nous sommes, je dis
même les plus raisonnables, lorsque nous entendons réciter les endroits d'Homère, ou de quelque autre poëte tragi-

que, où l'on représente un héros dans l'affliction, déplorant son sort dans un long discours, poussant des cris et se frappant la poitrine; tu sais, dis-je, que nous ressentons alors un plaisir secret auquel nous nous laissons aller insensiblement, et qu'à la compassion pour le héros qui nous intéresse se joint l'admiration pour le talent du poëte qui a si bien su nous émouvoir? — Je le sais; et comment pourrais-je l'ignorer? — Cependant tu as pu remarquer que, dans les disgrâces qui nous arrivent à nous-mêmes, nous croyons qu'il est de notre honneur de prendre le parti contraire, je veux dire d'être fermes et tranquilles, persuadés que ce parti convient à un homme, et qu'il faut laisser aux femmes ces mêmes plaintes que nous venons d'applaudir. — Je l'ai remarqué. — Mais où est le bon sens, je ne dis pas de voir sans indignation, mais d'approuver avec transport dans une autre situation où nous rougirions de nous trouver, et que nous condamnerions en nous comme une indigne faiblesse? — En vérité, cela n'est guère raisonnable. — Non sans doute, surtout si nous regardons la chose du côté qu'il la faut regarder. — De quel côté? — Si nous considérons que cette partie de notre âme contre laquelle nous nous roidissons dans nos propres malheurs, qui est altérée de pleurs et de lamentations, qui voudrait s'en rassasier, et qui de sa nature est portée à les rechercher, est la même que les poëtes flattent et s'étudient à satisfaire; que dans ces occasions cette autre partie de nous-mêmes, qui est la meilleure, n'étant pas encore assez fortifiée par la raison et par l'habitude, néglige de tenir en bride la partie pleureuse, s'excusant sur ce qu'elle n'est que spectatrice des malheurs d'autrui, et qu'il n'est pas honteux pour elle de donner des marques d'approbation et de pitié aux larmes qu'un autre, qui se dit homme de bien, verse mal à propos; de sorte qu'elle compte pour un gain le plaisir qu'elle goûte alors, et ne consentirait pas à s'en priver, en condamnant absolument ces sortes de poëmes. Cela vient de ce que peu de gens font réflexion que les sentiments d'autrui deviennent

infailliblement les nôtres, et qu'après avoir entretenu et
fortifié notre sensibilité par la vue des maux d'autrui, il
est bien difficile de la modérer dans les nôtres. — Cela est
certain. — N'en dirons-nous pas autant du ridicule? Quelque aversion que tu aies pour le personnage de bouffon,
si tu prends un plaisir excessif à entendre des bouffonneries, soit au théâtre, soit dans les conversations, il t'arrivera la même chose que pour les émotions pathétiques,
c'est-à-dire de faire ce que tu approuves dans les autres.
Tu donnes alors une libre carrière à ce désir de faire rire,
que la raison réprimait auparavant en toi, dans la crainte
où tu étais de passer pour bouffon; et, après avoir nourri
ce désir à la comédie, tu ne tarderas pas à laisser échapper, dans tes relations avec les autres, même sans y penser, des traits qui ne peuvent convenir qu'à un farceur.
— Tu as raison. — La poésie imitative produit en nous le
même effet pour l'amour, la colère et toutes les passions
de l'âme qui ont pour objet le plaisir et la douleur, et
qui nous obsèdent sans cesse. Au lieu de les dessécher
peu à peu, elle les nourrit et les arrose. Elle nous rend
vicieux et malheureux par l'empire qu'elle donne à ces
passions sur notre âme, au lieu de les tenir dans une
entière dépendance qui assurerait notre vertu et notre
bonheur. — Je ne puis m'empêcher d'en convenir.

— Ainsi, mon cher Glaucon, lorsque tu entendras dire
aux admirateurs d'Homère que ce poëte a formé la Grèce;
qu'on le lisant on apprend à gouverner et à bien conduire
les affaires humaines, et qu'on ne peut faire rien de
mieux que de se régler sur ses préceptes, il faudra avoir
toutes sortes d'égards et de considérations pour ceux qui
tiennent ce langage, comme ayant tout le mérite possible, et leur accorder qu'Homère est le plus grand des
poëtes, et le premier des poëtes tragiques; mais en même
temps souviens-toi qu'il ne faut admettre dans notre État
d'autres ouvrages de poésie que les hymnes à l'honneur
des dieux, et les éloges des grands hommes. Mais du moment que tu y recevras la muse voluptueuse, soit épique,

soit lyrique, le plaisir et la douleur y régneront à la place des lois, et de cette raison dont tous les hommes ont reconnu l'excellence dans tous les temps. — Rien n'est plus vrai.

— Puisque l'occasion s'est présentée une seconde fois de parler de la poésie, voilà ce que j'avais à dire pour nous justifier de l'avoir bannie de notre État : la raison nous obligeait à cela. Au reste, de peur que la poésie elle-même ne nous accuse en cela de dureté et de rusticité, il est bon de lui dire que ce n'est pas d'aujourd'hui qu'elle est brouillée avec la philosophie. Témoin ces traits : *Cette chienne hargneuse qui aboie contre sa maîtresse.....* *Ce grand homme qui brille dans un cercle de fous.....* *La troupe des sages qui veut s'élever au-dessus de Jupiter.....* *Ces contemplatifs subtils à qui la pauvreté aiguise l'esprit.....;* et mille autres qui sont des preuves de leur vieille querelle. Malgré cela, protestons hautement que si la poésie imitative, et qui a pour but le plaisir, peut nous prouver par de bonnes raisons qu'on ne doit pas l'exclure d'un État bien policé, nous la recevrons à bras ouverts, parce que nous ne pouvons nous dissimuler à nous-mêmes la force et la douceur de ses charmes ; mais il n'est pas permis de trahir ce qu'on regarde comme la vérité. Et, en effet, toi-même, mon cher ami, n'es-tu pas de ceux que la poésie enchante, surtout lorsqu'elle se présente à toi dans Homère ? — Oui assurément. — Il est donc juste de lui laisser le droit de venir défendre sa cause devant nous, soit dans une ode, soit dans toute autre espèce de poème qu'elle jugera à propos de choisir ? — Sans doute.

— Quant à ses défenseurs officieux, qui, sans faire eux-mêmes des vers, sont amateurs de la poésie, nous leur permettrons aussi de nous montrer, en prose, qu'elle n'est pas seulement agréable, mais qu'elle est encore utile aux États et aux particuliers, dans la conduite de la vie ; nous les écouterons volontiers ; car nous y gagnerons, si l'on nous fait voir qu'elle joint l'utile à l'agréable. — Vraiment, sans doute, nous y gagnerons. — Mais, s'ils ne

peuvent venir à bout de nous le prouver, n'imiterons-nous
pas la conduite des amants qui se font violence pour s'ar-
racher à leur passion, après qu'ils en ont reconnu le
danger? Par un effet de l'amour que nous avons conçu
pour elle dès l'enfance, et qu'on nous a inspiré dans ces
belles républiques où nous avons été élevés, nous souhai-
terons qu'elle puisse nous paraître très-bonne et très-amie
de la vérité; mais, tandis qu'elle n'aura rien de solide à
alléguer pour sa défense, nous l'écouterons en nous pré-
munissant contre ses enchantements, par les raisons que
je viens d'exposer, et nous prendrons garde de retomber
dans la passion que nous avons ressentie pour elle étant
jeunes, et dont le commun des hommes n'est pas guéri.
Nous demeurerons donc persuadés qu'on ne doit pas regarder cette sorte de poëme comme quelque chose de
sérieux, ni qui atteigne à la vérité; que tout homme qui
craint pour le gouvernement intérieur de son âme doit
être en garde contre elle, et ne l'écouter qu'avec précaution; enfin, croire que tout ce que nous avons dit est vrai.
— J'y consens de tout mon cœur.

— Car c'est un grand combat, mon cher Glaucon, et
plus grand qu'on ne pense, que celui où il s'agit d'être
vertueux ou méchant. Ni la gloire, ni les richesses, ni les
dignités, ni enfin la poésie, ne méritent que nous négli-
gions pour elles la justice et les autres vertus. — Je ne puis
en disconvenir après ce que nous avons dit, et je ne crois
pas qu'on puisse penser autrement. — Cependant nous
n'avons pas encore parlé des plus grandes récompenses
proposées à la vertu. — Il faut qu'elles soient d'un prix
infini, si elles surpassent celles que nous venons d'exposer.
— Peut-on appeler grand ce qui se passe en un petit
espace de temps? En effet, l'intervalle qui sépare notre
enfance de la vieillesse est bien peu de chose en comparaison de l'éternité. — Ce n'est même rien. — Mais quoi!
penses-tu qu'un être immortel doive borner ses soins et
ses vues à un temps si court, au lieu de les étendre à

l'éternité? — Je ne le pense pas. Mais à quoi tend ce discours?

— Ne sais-tu donc pas que notre âme est immortelle, et qu'elle ne meurt jamais?... » — A ces mots, Glaucon me regardant avec un air de surprise : « Je n'en sais rien, me dit-il; et toi, pourrais-tu me le prouver? — Oui, repartis-je, si je ne me trompe; je crois même que tu en pourrais faire autant, car la chose n'est pas difficile. — Elle l'est pour moi; et tu me feras plaisir de me démontrer ce point que tu juges si facile. — Écoute. — Parle. — Reconnais-tu qu'il y a du bien et du mal? — Oui. — As-tu de l'un et de l'autre la même idée que moi? — Quelle idée? — Que le mal est tout principe de corruption et de dissolution; le bien, tout principe de conservation et d'amélioration ? — Oui. — Chaque chose n'a-t-elle pas son mal et son bien? L'ophthalmie, par exemple, est le mal des yeux; la maladie, celui de tout le corps. La nielle est le mal du blé, la pourriture celui du bois, la rouille celui du fer et de l'airain; en un mot, il n'est rien dans la nature qui n'ait son mal et sa maladie particulière; ne l'admets-tu pas comme moi? — Oui. — Ce mal ne nuit-il point à la chose à laquelle il s'attache? Ne finit-il point par la dissoudre et la ruiner totalement? — Sans doute.

— Ainsi chaque chose est détruite par le mal et par le principe de corruption qu'elle porte en elle; de sorte que si ce mal n'a pas la force de la détruire, il n'est rien qui soit capable de le faire : car le bien ne peut produire cet effet à l'égard de quoi que ce soit, non plus que ce qui n'est ni un bien ni un mal. — Comment cela pourrait-il être?

— Si donc nous trouvons dans la nature une chose que son mal rend à la vérité mauvaise, mais qu'il ne saurait dissoudre ni détruire, dès ce moment ne pourrons-nous pas assurer de cette chose qu'elle ne peut périr? — Il y a toute apparence. — Mais quoi! n'est-il rien qui rende l'âme mauvaise? — Oui certes, et ce sont les vices dont

nous avons fait mention : l'injustice, l'intempérance, la
lâcheté, l'ignorance. — Y a-t-il un seul de ces vices qui
puisse l'altérer et la dissoudre? Prends garde que nous ne
tombions dans l'erreur, en nous imaginant que, quand
l'homme injuste et insensé est condamné à mort pour son
injustice, sa mort soit l'effet de l'injustice qui est le mal
de son âme. Voici plutôt de quelle manière il faut envisager la chose. De même que la maladie, qui est le principe dissolvant du corps, le mine peu à peu, le détruit et
le réduit au point qu'il n'a plus la forme de corps; de
même encore que toutes les autres choses dont nous avons
parlé ont leur mal propre, qui s'attache à elles, les corrompt par le séjour qu'il y fait, et les amène au point de
n'être plus ce qu'elles étaient : cela n'est-il pas vrai? —
Oui. — De même, pour faire l'application de ceci à l'âme,
il faut voir si l'injustice et les autres vices, venant à se
loger chez elle et à s'y fixer, la corrompent, la ruinent,
jusqu'à ce qu'ils la conduisent à la mort et la séparent
d'avec le corps. — Cette application n'est pas vraie à
l'égard de l'âme. — D'un autre côté, il serait contre toute
raison de dire qu'un mal étranger détruisit une substance
que son propre mal ne peut détruire. — Sans doute.

— Fais en effet réflexion, mon cher Glaucon, qu'à
l'égard même du corps, nous ne croyons pas que sa destruction doive être l'effet immédiat de la mauvaise qualité
des viandes, soit qu'elles aient été gardées trop longtemps,
soit qu'elles se soient corrompues, soit pour quelque
autre raison. Mais si la mauvaise nourriture engendre
quelque corruption dans le corps, le mal qui lui est
propre, nous dirons qu'à l'occasion de la nourriture le
corps a été ruiné par la maladie, qui est proprement son
mal; et jamais nous ne prétendrons que les aliments, qui
sont d'une nature différente de celle du corps, aient, par
leur mauvaise qualité, la vertu de le détruire, à moins
que ce mal étranger ne fasse naître en lui le mal qui lui
est propre. — Très-bien. — Par la même raison, à moins
que la maladie du corps n'engendre celle de l'âme, ne

disons jamais que l'âme, qui n'a rien de commun avec le
mal du corps, puisse périr par un mal étranger, sans l'in-
tervention du mal qui lui est propre. — Rien n'est plus
raisonnable.

— Ainsi renversons ces preuves, ou, tant qu'elles con-
serveront toute leur force, gardons-nous bien de dire que
ni la fièvre, ni aucune autre espèce de maladie, ni le fer,
ni quoi que ce soit, le corps en dût-il être haché par mor-
ceaux, puisse donner la mort à l'âme; à moins qu'on ne
nous fasse voir que l'effet de ces accidents du corps est de
rendre l'âme plus injuste et plus impie. Et ne souffrons
pas qu'on dise que ni l'âme, ni quelque autre substance
que ce soit, périt par le mal qui survient à une substance
de nature différente, si le mal qui lui est propre ne vient
à s'y joindre. — Or jamais personne ne nous montrera que
les âmes de ceux qui meurent deviennent plus injustes par
la seule raison qu'ils meurent. — Si quelqu'un néanmoins
était assez hardi pour combattre notre sentiment, et pour
soutenir que la mort rend l'homme plus méchant et plus
injuste, afin de n'être pas obligé de reconnaître l'immortalité de l'âme, nous le forcerons de convenir que, si ce
qu'il dit est vrai, il suit de là que l'injustice conduit naturellement à la mort comme la maladie, qu'elle tue par une
force qui est en elle, et que ceux qui lui donnent entrée
dans leur âme meurent plus ou moins promptement, selon
qu'ils sont plus ou moins méchants; ce qui est contraire à
l'expérience de tous les jours, qui nous montre que la
cause ordinaire de la mort des méchants est le supplice
auquel on les condamne, et non la justice. — Certainement,
si l'injustice était un mal capable en soi de donner la mort
aux méchants, on aurait tort de la regarder comme une
chose si terrible, puisque ceux qui lui donneraient accès
dans leur âme seraient affranchis par son moyen de tous
les maux. Je pense au contraire qu'elle tue les autres,
autant qu'il est en elle, tandis qu'elle conserve plein de
vie, et de plus bien éveillé, celui en qui elle fait sa
demeure : tant elle est éloignée de lui donner la mort!

— Tu dis bien : car si la corruption de l'âme, si son
propre mal ne peut la tuer et la détruire, comment un
mal, destiné par sa nature à la destruction d'une autre
substance, pourrait-il faire périr l'âme, ou toute autre
chose que celle sur quoi il doit produire naturellement cet
effet? — Il me semble que cela est impossible. — Mais il est
évident qu'une chose qui ne peut périr ni par son propre
mal, ni par un mal étranger, doit nécessairement exister
toujours, et que, si elle existe toujours, elle est immortelle. — Oui. — Posons donc cela comme un principe
incontestable. Or, s'il en est ainsi, il est aisé de concevoir
que ces mêmes âmes doivent toujours exister; car, puisque
aucune d'elles ne périt, leur nombre ne saurait diminuer.
Il ne peut pas non plus augmenter. Tu comprends en effet
que si le nombre des êtres immortels devenait plus grand,
ces nouveaux êtres se formeraient de ce qui était mortel,
et que toutes choses finiraient ainsi par être immortelles.
— Tu dis vrai. — Or c'est ce que la raison ne nous permet
pas de croire, non plus que de penser que notre âme, considérée dans le fond même de son être, soit d'une nature
composée, pleine de dissemblance et de diversité. —
Comment dis-tu?

— Il est difficile que ce qui résulte de l'assemblage de
plusieurs parties soit éternel, à moins que la composition
n'en soit aussi parfaite que vient de nous paraître celle de
l'âme. — En effet, cela n'est pas vraisemblable. — Les
raisons que nous venons d'alléguer, et bien d'autres,
démontrent donc invinciblement l'immortalité de l'âme.
Mais, pour bien connaître sa véritable nature, on ne doit
pas la considérer, comme nous faisons, dans l'état de
dégradation où la mettent son union avec le corps, et tous
les maux qui sont la suite de cette union; il faut la contempler attentivement des yeux de l'esprit, telle qu'elle est
en elle-même, dégagée de tout ce qui lui est étranger.
Alors on verra qu'elle est infiniment plus belle : on connaîtra plus distinctement la nature de la justice, de l'injustice et des autres choses dont nous avons parlé. Tout ce

que nous avons dit de l'âme est vrai par rapport à son état
présent. Mais de même que ceux qui verraient maintenant
Glaucus le Marin auraient peine à reconnaître sa première
forme parce que les anciennes parties de son corps ont
été, les unes brisées, les autres usées et totalement défor-
mées par les flots, et qu'il s'en est formé de nouvelles de
coquillages, d'herbes marines et de cailloux, de sorte qu'il
ressemble plutôt à un monstre qu'à un homme tel qu'il
était auparavant; ainsi l'âme se présente à nous défigurée
par mille maux. Mais voici, mon cher Glaucon, ce qu'il
faut envisager en elle. — Quoi? — Son amour pour la
vérité. Il faut faire réflexion aux choses vers lesquelles elle
se porte, aux objets dont elle recherche le commerce, à
cette liaison étroite qu'elle a naturellement avec tout ce
qui est divin, immortel, impérissable, et à ce qu'elle doit
devenir lorsque, se livrant tout entière à cette sublime
poursuite, elle s'élève, par un noble effort, du fond de
cette mer où elle est plongée, et se débarrasse des cailloux
et des coquillages qui s'attachent à elle par la nécessité où
elle est de se nourrir de choses terrestres : nécessité dont
tant de gens s'applaudissent comme d'un bonheur. C'est
alors que tu verras clairement quelle est la nature de l'âme,
si elle est simple ou composée; en un mot, quelle est son
essence et sa manière d'être. Quant à présent, nous avons,
ce me semble, assez bien expliqué les passions et les incli-
nations auxquelles elle est sujette sur cette terre. —
Très-bien.

— N'avons-nous pas dans cette recherche dépouillé la
justice de tout ce qui lui est accessoire, et mis à part les
honneurs et les récompenses que tu lui as attribués sur la
foi d'Homère et d'Hésiode? N'avons-nous pas démontré
que la justice est par elle-même le plus grand bien de
l'âme; que celle-ci doit accomplir ce qui est juste, soit
qu'elle possède ou non l'anneau de Gygès, et si l'on veut
encore, outre cela, le casque de Pluton [1]? — Tu dis très-

---

[1] Homère parle de ce casque au liv. V de l'*Iliade*, vers 845; il dit que

.vrai. — On ne peut donc pas trouver mauvais, mon cher Glaucon, de nous voir maintenant restituer à la justice et aux autres vertus, outre ces avantages qui leur sont propres, les récompenses que les hommes et les dieux y ont attachées, et que l'homme juste reçoit pendant la vie et après la mort. — On ne saurait y trouver à redire. — Me rendras-tu à ton tour ce que je t'ai prêté au commencement de cet entretien [1]? — Quoi donc? — J'ai bien voulu t'accorder que l'homme juste peut passer pour méchant et le méchant pour juste, parce que tu as cru que, fût-il même impossible de tromper en cela les hommes et les dieux, il fallait néanmoins le supposer, dans l'intérêt de la recherche, pour qu'on pût apprécier pleinement la justice et l'injustice, prises l'une et l'autre en elles-mêmes. Ne t'en souviens-tu pas? — J'aurais tort de ne pas m'en souvenir.

— Maintenant que nous les avons appréciées, je te somme, au nom de la justice, de lui restituer les honneurs qu'elle reçoit des hommes et des dieux, et d'aider toi-même à la rétablir dans ses droits : après l'avoir fait convenir des avantages qu'il y a à être juste, et que la justice ne trompe point les espérances de ceux qui la pratiquent, je veux que tu conviennes encore qu'elle l'emporte infiniment sur l'injustice dans les biens que la réputation d'homme vertueux attire après soi. — Tu ne demandes rien que de juste. — Tu m'accorderas donc, en premier lieu, que l'homme vertueux et le méchant sont connus des dieux pour ce qu'ils sont. — Nous te l'accordons. — Et que si la chose est ainsi, l'un est chéri, l'autre haï des dieux, comme nous en sommes convenus dès le commencement. — Cela est vrai. — Ne m'accorderas-tu pas aussi que l'homme chéri des dieux n'a que des biens à attendre de leur part, et que s'il en reçoit quelquefois des maux, c'est

---

« Pallas prit le casque de Pluton, afin que Mars ne la vît pas. » Ce casque rendait donc ceux qui le portaient invisibles aux dieux, comme l'anneau de Gygès le rendait invisible aux hommes.

[1] Liv. II, *Discours d'Agathon.*

en expiation des fautes de sa vie passée? — Sans contredit.
— Il faut donc reconnaître, à l'égard de l'homme juste,
que, soit qu'il se trouve indigent ou malade, ou dans
quelque autre situation regardée comme malheureuse, ces
maux prétendus tourneront à son avantage durant sa vie
ou après sa mort : parce que la providence des dieux est
nécessairement attentive aux intérêts de celui qui travaille
à devenir juste, et à parvenir, par la pratique de la vertu,
à la plus parfaite ressemblance que l'homme puisse avoir
avec la divinité. — Il n'est pas naturel qu'un homme de ce
caractère soit négligé de celui auquel il s'efforce de ressembler. — Ne faut-il pas penser tout le contraire du méchant?—Sans doute. — Ainsi, du côté des dieux, les
fruits de la victoire demeurent au juste. — Du moins c'est
mon sentiment.

— Et, de la part des hommes, n'est-ce pas ainsi que les
choses se passent, puisque enfin il faut dire la vérité?
N'arrive-t-il pas aux fourbes et aux scélérats la même chose
qu'à ces athlètes qui courent fort bien en partant de la
barrière, mais qui ne courent plus de même lorsqu'il faut
y revenir? Ils s'élancent d'abord avec rapidité; mais sur
la fin de la course on se moque d'eux lorsqu'on les voit, les
oreilles entre les épaules, se retirer précipitamment sans
être couronnés, au lieu que les véritables coureurs arrivent
au but, remportent le prix et reçoivent la couronne. Les
justes n'ont-ils pas d'ordinaire le même sort, je veux dire
qu'au terme de chacune de leurs entreprises, et qu'à la
fin de leur conduite et de leur vie, les hommes leur payent
le tribut de gloire et de récompense qui leur est dû?

— Tu as raison. — Tu souffriras donc que j'applique
aux justes ce que toi-même tu as dit des méchants[1]. Je
prétends que les justes, lorsqu'ils sont dans l'âge mûr,
parviennent, dans l'État où ils vivent, à toutes les dignités
auxquelles ils aspirent; qu'ils font à leur choix des alliances
pour eux et pour leurs enfants : en un mot, tout ce que tu

[1] Liv. II.

as dit de ceux-là, je le dis de ceux-ci. Quant aux méchants, je soutiens que, quand même ils auraient d'abord réussi à cacher ce qu'ils sont, la plupart d'entre eux se trahissent à la fin de leur carrière; que lorsqu'ils sont devenus vieux, on les couvre de ridicule et d'opprobre, qu'ils sont le jouet des étrangers et de leurs concitoyens; et, pour me servir des expressions que tu regardais comme trop fortes à l'égard du juste, mais qui sont vraies à l'égard du méchant, je dis qu'ils seront frappés à coups de fouet, mis à la torture, brûlés avec des fers chauds : en un mot, imagine-toi entendre de ma bouche tous les genres de supplices dont tu faisais mention alors. C'est à toi de voir si tu veux m'accorder qu'ils auront à souffrir tout cela. — Oui, d'autant plus que tu ne dis rien que de raisonnable.

— Tels sont donc les avantages, le salaire et les récompenses que le juste reçoit pendant la vie de la part des hommes et des dieux, outre les biens qu'il trouve dans la pratique même de la justice. — Ces avantages sont également glorieux et solides. — Mais ils ne sont rien, ni pour le nombre ni pour la grandeur, en comparaison des biens et des maux réservés dans l'autre vie à la vertu et au vice. Il nous faut en faire le récit, afin de rendre au juste et au méchant ce qu'ils ont droit d'attendre de nous dans cet entretien. — Il est peu de choses que je sois aussi curieux d'entendre. Ainsi, parle.

— Ce n'est point le récit d'Alcinoüs[1] que je vais vous faire, mais celui d'un homme de cœur, de Her l'Arménien, originaire de Pamphylie. Après qu'il eût été tué dans une bataille, comme on vint, dix jours après, pour enlever les cadavres qui étaient déjà putréfiés, le sien fut trouvé sain et entier; on le porta chez lui, et le douzième jour, lorsqu'il était sur le bûcher, il ressuscita et raconta aux assistants ce qu'il avait vu dans l'autre monde. « Aussitôt, dit-il, que mon âme fut sortie de mon corps, j'arrivai

---

[1] C'est-à-dire un récit menteur, tel que celui d'Ulysse à Alcinoüs chez les Phéaciens.

avec une foule d'autres âmes dans un lieu tout à fait merveilleux, où se voyaient dans la terre deux ouvertures
voisines l'une de l'autre, et deux autres au ciel qui répondaient à celles-là. Entre ces deux régions étaient assis des
juges : dès qu'ils avaient prononcé leur sentence, ils
ordonnaient aux justes de prendre leur route à droite par
une des ouvertures du ciel, après leur avoir attaché par
devant un écriteau qui contenait le jugement rendu en leur
faveur; et aux méchants de prendre leur route à gauche
par une des ouvertures de la terre, portant derrière le dos
un semblable écriteau où étaient marquées toutes leurs
actions. Après que je me fus présenté, les juges décidèrent
qu'il fallait que je portasse aux hommes la nouvelle de ce
qui se passait dans l'autre monde, et m'ordonnèrent d'é-
couter et de remarquer en ce lieu toutes les choses dont
j'allais être témoin.

» Je vis donc d'abord les âmes de ceux qu'on avait jugés,
celles-ci monter au ciel, celles-là descendre sous terre,
par les deux ouvertures qui se répondaient; tandis que
par l'autre ouverture de la terre je vis sortir des âmes
couvertes d'ordures et de poussière, en même temps que
par l'autre ouverture du ciel descendaient d'autres âmes
pures et sans tache : elles paraissaient toutes venir d'un
long voyage, et s'arrêter avec plaisir dans la prairie,
comme dans un lieu d'assemblée. Celles qui se connaissaient se demandaient les unes aux autres, en se saluant,
des nouvelles de ce qui se passait soit au ciel, soit sous la
terre. Les unes racontaient leurs aventures avec des gémissements et des pleurs que leur arrachait le souvenir des
maux qu'elles avaient soufferts ou vu souffrir aux autres
pendant leur voyage sous terre, dont la durée était de
mille ans. Les autres qui revenaient du ciel faisaient le
récit des plaisirs délicieux qu'elles avaient goûtés, et des
choses merveilleuses qu'elles avaient vues. »

» Il serait trop long, mon cher Glaucon, de le rapporter
en entier le discours de Her à ce sujet. Il se réduisait à
dire que les âmes étaient punies dix fois par chacune des

injustices qu'elles avaient commises dans la vie ; que la durée de chaque punition était de cent ans, durée naturelle de la vie humaine, afin que le châtiment fût toujours décuple pour chaque crime. Ainsi, ceux qui se sont souillés de plusieurs meurtres, qui ont trahi des États et des armées, les ont réduits en esclavage, ou qui se sont rendus coupables de quelque autre crime semblable, étaient tourmentés au décuple pour chacun de ces crimes. Ceux, au contraire, qui ont fait du bien aux hommes, qui ont été saints et vertueux, recevaient dans la même proportion la récompense de leurs bonnes actions. A l'égard des enfants morts peu de temps après leur naissance, Her donnait d'autres détails qu'il est superflu de rapporter. Il y avait encore, selon son récit, des récompenses plus grandes pour ceux qui avaient honoré les dieux et respecté leurs parents, et des supplices extraordinaires pour les impies et les parricides.

« J'étais présent, ajoutait-il, lorsqu'une âme demanda à une autre où était le grand Ardiée. Cet Ardiée avait été tyran d'une ville de Pamphylie mille ans auparavant ; il avait tué son père, qui était dans un âge avancé, son frère aîné, et commis, à ce qu'on disait, plusieurs autres crimes énormes. Il ne vient point, répondit l'âme, et il ne viendra jamais ici. Nous avons toutes été témoins à son occasion du spectacle le plus effrayant. Lorsque nous étions sur le point de sortir de l'abîme souterrain, après avoir accompli nos peines, nous vîmes Ardiée et un grand nombre d'autres, dont la plupart étaient des tyrans comme lui ; il y avait aussi quelques particuliers qui, dans une condition privée, avaient été de grands scélérats. Au moment qu'ils s'attendaient à sortir, l'ouverture leur refusa le passage ; et toutes les fois qu'un de ces misérables, dont les crimes étaient sans remède, ou n'avaient pas été suffisamment expiés, se présentait pour sortir, elle poussait un mugissement. A ce bruit, des personnages hideux, et qui paraissaient tout de feu, accoururent. Ils emmenèrent d'abord de vive force un certain

nombre de ces criminels, puis ils se saisirent d'Ardiée et
des autres, leur lièrent les pieds, les mains, la tête, et,
après les avoir jetés à terre et écorchés à force de coups,
ils les traînèrent hors de la route à travers les ronces san-
glantes, disant aux ombres qu'ils rencontraient la raison
pour laquelle ils traitaient de la sorte ces criminels, et
qu'ils allaient les précipiter dans le Tartare. Cette âme
ajoutait que, parmi les diverses frayeurs dont elles avaient
été agitées pendant la route, aucune n'égalait la crainte
que le mugissement ne se fît entendre de nouveau, et que
c'avait été pour elles un plaisir inexprimable de ne pas
l'avoir entendu en sortant.

» Voilà ce qui se passa à l'égard des jugements, des
supplices et des récompenses. Après que chacune de ces
âmes eut passé sept jours dans cette prairie, elles en
partirent le huitième, et se rendirent en quatre jours de
marche dans un lieu marqué, d'où l'on voyait une lumière
traversant le ciel et la terre, droite comme une colonne,
et semblable à l'arc-en-ciel, mais plus éclatante et plus
pure. Elles arrivèrent à cette lumière après un autre jour
de marche. Là, elles virent que les extrémités du ciel
aboutissaient au milieu de cette lumière, qui leur servait
d'attache et qui embrassait toute la circonférence du ciel,
à peu près comme ces pièces de bois qui ceignent les flancs
des galères et qui en soutiennent la charpente. A ces extrémités était suspendu le fuseau de la Nécessité, lequel
donnait le branle à toutes les révolutions célestes. La tige
du fuseau et le crochet étaient d'acier, et le peson, un
mélange d'acier et d'autres matières.

» Ce peson ressemblait, pour la forme, aux pesons
d'ici-bas. Mais, pour en avoir une juste idée, il faut se
représenter un grand peson creusé en dedans, dans lequel
était enchâssé un autre peson plus petit, comme des vases
qui entrent l'un dans l'autre; dans le second, il y en avait
un troisième; dans celui-ci, un quatrième, et ainsi de
suite, jusqu'au nombre de huit, disposés entre eux de la
même façon que des cercles concentriques. On voyait le

bord supérieur de chacun, et tous ne présentaient à l'extérieur que la surface continue d'un seul peson à l'entour
du fuseau, dont la tige passait par le centre du huitième.
Les bords circulaires du peson extérieur étaient les plus
larges; puis ceux du sixième, du quatrième, du huitième,
du septième, du cinquième, du troisième et du second,
allaient diminuant de largeur selon cet ordre. Le cercle
formé par les bords du plus grand peson était de différentes couleurs. Celui du septième était d'une couleur
très-éclatante; celui du huitième empruntait du septième
sa couleur et son éclat. La couleur des cercles du second
et du cinquième était presque la même, et tirait davantage sur le jaune. Le troisième était le plus blanc de tous;
le quatrième était un peu rouge. Enfin, le second sur-
passait en blancheur le sixième. Le fuseau tout entier roulait sur lui-même d'un mouvement uniforme, tandis que,
dans l'intérieur, les sept pesons concentriques se mou-
vaient lentement dans une direction contraire. Le mouvement du huitième était le plus rapide. Ceux du septième,
du sixième et du cinquième étaient moindres, et égaux
entre eux. Le quatrième était le troisième pour la vitesse;
le troisième était le quatrième, et le mouvement du second
était le plus lent de tous. Le fuseau lui-même tournait sur
les genoux de la Nécessité. Sur chacun de ces cercles était
portée une sirène, qui tournait avec lui, chantant une
seule note de sa voix, toujours sur le même ton; de
sorte que de ces huit notes différentes résultait un accord
parfait [1].

[1] Cet emblème est facile à expliquer. Les huit pesons enchâssés les uns
dans les autres sont les huit cieux, celui des étoiles fixes et ceux des sept planètes; les cercles formés par les bords de chaque peson sont les orbites que
décrivent les astres. Cette sirène portée sur chacun de ces cercles, c'est l'astre
même. On sait ce que Pythagore a dit de l'harmonie des corps célestes. Ce
serait lui faire injustice que d'entendre ce qu'il en a dit autrement que dans
un sens métaphorique. C'est dans le même sens qu'il faut prendre ces paroles
de l'Écriture : *Quis concentum cæli dormire faciet ?* Job, 38. Le reste de
l'emblème regarde la vitesse respective des planètes; leur grosseur ou leur

» Autour du fuseau, et à des distances égales, siégeaient
sur des trônes les trois Parques, filles de la Nécessité,
Lachésis, Clotho et Atropos, vêtues de blanc et la tête
couronnée d'une bandelette. Elles accompagnaient de leur
chant celui des sirènes : Lachésis chantait le passé ; Clotho, le présent ; Atropos, l'avenir. Clotho, touchant par
intervalles le fuseau de la main droite, lui faisait faire
la révolution extérieure. Atropos, de la main gauche,
imprimait le mouvement à chacun de ses pesons intérieurs, et Lachésis, de l'une et de l'autre main, touchait
tantôt le fuseau, tantôt les pesons intérieurs. Aussitôt
que les âmes furent arrivées, il leur fallut se présenter devant Lachésis. Et d'abord un hiérophante leur
assigna à chacune leur rang ; ensuite, ayant pris sur les
genoux de Lachésis les sorts et les différentes conditions
humaines, il monta sur une estrade élevée, et parla ainsi :
« Voici ce que dit la vierge Lachésis, fille de la Nécessité :
» Ames passagères, vous allez commencer une nouvelle
» carrière et rentrer dans un corps mortel. Le génie ne
» vous choisira point ; vous choisirez chacune le vôtre.
» La première que le sort désignera choisira la première,
» et son choix sera irrévocable. La vertu n'a point de
» maître ; elle s'attache à celui qui l'honore, et fuit celui
» qui la méprise. La faute du choix tombera sur vous.
» Dieu en est innocent. »

» A ces mots, l'hiérophante ayant jeté les sorts, chaque
âme ramassa celui qui tomba devant elle, excepté moi, à
qui on ne le permit pas. Chacune connut alors dans quel
rang elle devait choisir. Ensuite le même hiérophante mit
à terre devant elles des genres de vie de toute espèce,
dont le nombre était beaucoup plus grand que celui des

diamètre mesuré par la largeur des bords de chaque peson, leur couleur
représentée par celle des cercles.　　　　　　　(Note de Grou.)

(Voir, pour de plus amples détails, dus aux travaux mieux dirigés de la
critique moderne, les savantes observations de Schleiermacher dans sa traduction allemande de Platon.)

âmes qui devaient choisir : car toutes les conditions, tant
des hommes que des animaux, s'y trouvaient rassemblées.
Il y avait des tyrannies, les unes devant durer jusqu'à la
mort, les autres devant être brusquement interrompues,
et finir par la pauvreté, l'exil, la mendicité. On y voyait
aussi des conditions d'hommes célèbres, ceux-ci pour la
beauté, pour la force, pour la réputation dans les combats;
ceux-là pour leur noblesse et les grandes qualités de leurs
ancêtres; on voyait aussi des conditions obscures sous tous
ces rapports. Il y avait pareillement des destinées de femmes de la même variété. Mais il n'y avait rien de réglé sur
le rang des âmes, parce que chacune devait nécessairement changer de nature selon son choix. Du reste, les richesses, la pauvreté, la santé, les maladies, se rencontraient dans toutes les conditions; ici sans aucun mélange,
là dans un juste tempérament de biens et de maux. » Or,
voilà évidemment, mon cher Glaucon, l'épreuve redoutable pour l'humanité. Aussi chacun de nous, négligeant
toutes les autres sciences, doit s'appliquer à acquérir celle-
là seule qui lui fera découvrir l'homme dont les leçons le
mettront en état de discerner les conditions heureuses et
malheureuses, et de choisir toujours la meilleure; et il y
parviendra en repassant dans son esprit tout ce qui a été
dit ci-dessus, et en jugeant de ce qui peut contribuer
davantage au bonheur de la vie par l'examen que nous
avons fait des différentes conditions considérées ensemble
ou séparément. C'est ainsi qu'il apprendra, par exemple,
quel degré de beauté mêlé avec une certaine mesure de
richesse ou de pauvreté, et une certaine disposition de
l'âme, rend l'homme méchant ou vertueux; quel effet
doivent produire la naissance illustre et la naissance
obscure, la vie privée et les dignités, la force du corps et
la faiblesse, le plus ou le moins d'aptitude aux sciences;
en un mot, les différentes qualités naturelles ou acquises,
assorties les unes avec les autres; en sorte qu'après avoir
réfléchi sur tout cela, sans perdre de vue la nature de
l'âme, il pourra distinguer le genre de vie qui lui est

avantageux de celui qui lui serait funeste ; et qu'il appellera funeste celui qui aboutirait à rendre l'âme plus injuste,
et avantageux celui qui la rendrait plus vertueuse, sans
avoir aucun égard à tout le reste. Car nous avons vu que
c'est le meilleur parti qu'on puisse prendre, soit pour
cette vie, soit pour l'autre. Il faut donc conserver jusqu'à
la mort son âme ferme et inébranlable dans ce sentiment,
afin qu'elle ne se laisse éblouir là-bas, ni par les richesses,
ni par les autres maux de cette nature ; qu'elle ne s'expose
point, en se jetant avec avidité sur la condition de tyran,
ou sur quelque autre semblable, à commettre un grand
nombre de maux sans remède, et à en souffrir encore de
plus grands ; mais plutôt qu'elle sache se fixer pour toujours à un état médiocre, et éviter également les deux
extrémités, autant qu'il dépendra d'elle, soit dans la vie
présente, soit dans toutes les autres par où elle passera.
C'est à cela qu'est attaché le bonheur de l'homme. Aussi,
selon le rapport de l'Arménien, l'hiérophante avait-il
ajouté : « Celui qui choisira le dernier, pourvu qu'il le
» fasse avec discernement, et qu'ensuite il soit conséquent
» dans sa conduite, peut se promettre une vie heureuse
» et exempte de maux. Ainsi donc, que celui qui doit
» choisir le premier se garde de trop de confiance, et
» que le dernier ne désespère point. » Après que l'hiérophante eut parlé de la sorte, celui à qui le premier sort
était échu s'avança avec empressement, et prit sans examen la plus considérable tyrannie qu'il trouva, emporté
par son avidité et son imprudence ; mais quand il eut tout
considéré, qu'il eut vu que sa destinée était de manger
ses propres enfants, et de commettre d'autres crimes énormes, il se lamenta, et, oubliant les avertissements de
l'hiérophante, accusa de son sort la fortune, les dieux,
tout enfin, excepté lui-même. Cette âme était du nombre
de celles qui venaient du ciel ; elle avait vécu précédemment dans un État bien gouverné, et avait été redevable
de sa vertu à la bonté de son naturel et à la force de l'habitude plutôt qu'à la philosophie. Voilà pourquoi les âmes

venues du ciel n'étaient pas les moins nombreuses à se tromper dans leur choix, faute d'avoir l'expérience des maux de la vie. Au contraire, la plupart de celles qui avaient séjourné dans la région souterraine, et qui, à l'expérience de leurs propres souffrances joignaient la connaissance des maux d'autrui, ne choisissaient pas ainsi à la légère. Cette expérience, d'une part, et cette inexpérience, de l'autre, indépendamment du hasard qui décidait du rang dans lequel on devait être appelé pour choisir, faisaient que la plupart des âmes échangeaient une bonne condition contre une mauvaise, et une mauvaise contre une bonne. Aussi un homme qui, à chaque retour à la vie d'ici-bas, s'appliquerait constamment à la saine philosophie, pourvu que son tour de choisir ne vînt point après tous les autres, il y a grande apparence, d'après ce récit, non-seulement qu'il serait heureux sur la terre, mais encore que, dans son voyage d'ici là-bas, et dans le retour, il marcherait par la route unie du ciel, et non par le sentier souterrain et pénible. »

» Her disait encore que c'était un spectacle curieux de voir de quelle manière chaque âme faisait son choix; rien n'est plus étrange, ni plus digne tout à la fois de compassion et de risée; la plupart, dans leur choix, étaient guidées par les habitudes de la vie précédente. Il avait vu l'âme d'Orphée choisir la condition de cygne, en haine des femmes qui lui avaient donné la mort autrefois, ne voulant devoir sa naissance à aucune d'elles; et l'âme de Thamyris choisir la condition de rossignol. Il avait vu pareillement un cygne adopter la condition humaine, ainsi que quelques autres oiseaux musiciens. Une autre âme avait choisi la condition d'un lion : c'était celle d'Ajax, fils de Télamon, qui, se rappelant le souvenir de l'affront qu'elle avait reçu dans le jugement rendu touchant les armes d'Achille, refusa de prendre un corps humain. Après celle-là vint l'âme d'Agamemnon, qui, ayant aussi en aversion le genre humain à cause de ses malheurs passés, choisit la condition d'aigle. L'âme d'Atalante, ayant fait réflexion aux grands honneurs rendus aux athlètes, n'avait pu résister à l'envie de devenir athlète elle-même. L'âme d'Épée [1], fils de Panope, préféra la condition d'une femme habile aux ouvrages de main ; l'âme du bouffon Thersite, qui se présenta des dernières, revêtit le corps d'un singe. L'âme d'Ulysse, à qui le dernier sort était tombé, vint aussi pour choisir ; mais, se rappelant ses infortunes passées, et désormais exempte d'ambition, elle chercha longtemps, et découvrit enfin dans un coin, à l'écart, la condition paisible d'un simple particulier que toutes les autres âmes avaient laissée, et elle s'écria, en la voyant, que, quand elle aurait été la première à choisir, elle n'aurait pas fait un autre choix. « Il y avait, ajoutait l'Arménien, des âmes d'animaux qui échangeaient leur condition contre la nôtre, et des âmes humaines qui passaient dans des corps d'animaux. Les âmes passaient indifféremment des corps des animaux dans ceux des hommes, et de ceux-ci dans ceux-là : celles des méchants dans les espèces féroces ; celles des bons dans les espèces apprivoisées : ce qui donnait lieu à des mélanges de toute sorte.

» Après que toutes les âmes eurent choisi leur genre de vie selon le rang marqué par le sort, elles s'approchèrent dans le même ordre de Lachésis, qui donna à chacune le génie qu'elle avait préféré, afin qu'il lui servît de gardien durant le cours de sa vie mortelle, et qu'il lui aidât à remplir sa destinée. Ce génie la conduisait d'abord à Clotho, pour que, de sa main et d'un tour de fuseau, elle confirmât la destinée choisie. Après que l'âme avait touché le fuseau, le génie la menait de là vers Atropos, qui roulait le fil entre ses doigts, pour rendre irrévocable ce qui avait déjà été filé par Clotho. Ensuite, sans qu'il fût désormais possible de retourner en arrière, on s'avançait vers le trône de la Nécessité, sous lequel l'âme et son démon passaient ensemble. Aussitôt que toutes eurent passé,

---

[1] Épée est celui qui construisit le cheval de bois dont les Grecs se servirent pour prendre Troie. *Doli fabricator Epeus. Æneid, II.*

elles se rendirent dans la plaine du Léthé [1], où elles essuyèrent une chaleur insupportable, parce qu'il n'y avait dans cette plaine ni arbre ni plante. Le soir étant venu, elles passèrent la nuit auprès du fleuve Amélès [2], dont l'eau ne peut être contenue par aucun vase. Il faut que chaque âme boive de cette eau en certaine quantité. Celles qui ne sont pas retenues par la prudence en boivent bien au delà de la mesure prescrite, et perdent absolument tout souvenir. On s'endormit après; mais, vers le milieu de la nuit, le tonnerre éclata, accompagné d'un tremblement de terre; et aussitôt les âmes, s'étant réveillées en sursaut, furent dispersées çà et là, comme des étoiles filantes, vers les différents lieux où elles devaient renaître. Quant à lui, disait Her, on l'avait empêché de boire de l'eau du fleuve; cependant il ne savait par où ni comment son âme s'était rejointe à son corps; mais, ayant tout à coup ouvert les yeux le matin, il s'était aperçu qu'il était étendu sur le bûcher. »

» Cette tradition, mon cher Glaucon, s'est conservée jusqu'à nous, et, si nous y ajoutons foi, elle est très-propre à nous sauver nous-mêmes; nous passerons heureusement le fleuve Léthé, et nous préserverons notre âme de toute souillure. Si donc tu veux m'en croire, convaincus que notre âme est immortelle, et qu'elle est capable par sa nature de tous les biens comme de tous les maux, nous marcherons toujours par la route céleste, et nous nous attacherons de toutes nos forces à la pratique de la justice et de la sagesse. Par là, nous serons en paix avec nous-mêmes et avec les dieux; et, après avoir remporté sur la terre le prix destiné à la vertu, semblables à des athlètes victorieux qu'on mène en triomphe, nous serons encore couronnés là-bas, et le bonheur nous accompagnera durant ce voyage de mille ans dont nous avons parlé. »

[1] Oubli.
[2] Absence de soucis.

FIN.

TABLE SOMMAIRE.

LIVRE SIXIÈME.

LIVRE HUITIÈME.

LIVRE NEUVIÈME.

LIVRE DIXIÈME.